RÊVEZ

le français sans frontières

bref cours de français intermédiaire

Cherie Mitschke

VISTA
HIGHER LEARNING

Boston, Massachusetts

Publisher: José A. Blanco
Managing Editors: Rafael Ríos, Paola Ríos Schaaf (Technology)
Senior Project Manager: Armando Brito
Editor: Christian Biagetti (Technology)
Production and Design Director: Marta Kimball
Design Manager: Susan Prentiss
Design and Production Team: Sarah Cole, Oscar Díez, Paula Díez, Mauricio Henao, Jhoany Jiménez, Erik Restrepo, Nick Ventullo

Copyright © 2012 by Vista Higher Learning.

All rights reserved.

No part of this work may be reproduced or distributed in any form or by any means, electronic or mechanical, including photocopying and recording, or by any information storage or retrieval system without prior written permission from Vista Higher Learning, 31 St. James Avenue, Boston, MA 02116-4104.

Student Text ISBN-13: 978-1-60576-880-9
Instructor's Annotated Edition ISBN-13: 978-1-60576-887-8
Library of Congress Card Number: 2010941163

2 3 4 5 6 7 8 9 RM 16 15 14 13 12 11

Introduction

Welcome to RÊVEZ, an exciting intermediate French program designed to provide you with an active and rewarding learning experience as you continue to strengthen your language skills and develop your cultural competency.

Here are some of the key features you will find in **RÊVEZ**:

- A cultural focus integrated throughout the entire lesson

- Engaging short-subject dramatic films by contemporary francophone filmmakers that carefully tie in the lesson theme

- A fresh, magazine-like design and lesson organization that both supports and facilitates language learning

- An abundance of photos, illustrations, charts, and diagrams, all specifically chosen or created to help you learn

- An emphasis on authentic language and practical vocabulary for communicating in real-life situations

- Numerous guided and communicative activities

- Clear, comprehensive, and well-organized grammar explanations that highlight the most important concepts in intermediate French

- A built-in, optional **Fiches de grammaire** section for reference, review, and additional practice

- Authentic video clips from the francophone world

- A highly structured easy-to-navigate design based on spreads of two facing pages

- Short and comprehensible literary and cultural readings that celebrate the diversity of the francophone world

- A complete set of print and technology ancillaries to equip you with the materials you need to make learning French easier

TABLE DES MATIÈRES

	POUR COMMENCER	COURT MÉTRAGE	IMAGINEZ
Leçon 1 Ressentir et vivre	Les relations personnelles ... 4 　l'état civil 　la personnalité 　les relations 　les sentiments	*Le Télégramme* (12 min.) .... 6 France, 2003 Réalisatrice: Coralie Fargeat	Les États-Unis .... 12 Le Zapping .... 15 GALERIE DE CRÉATEURS: Julia Child, Pierre Charles L'Enfant, George Rodrigue, Philippe Starck ... 16
Leçon 2 Habiter en ville	En ville .... 42 　les activités 　les gens 　les indications 　les lieux 　pour décrire	*J'attendrai le suivant…* (4.5 min.) .... 44 France, 2002 Réalisateur: Philippe Orreindy	La France .... 50 Le Zapping .... 53 GALERIE DE CRÉATEURS: Yann Arthus-Bertrand, Paul Bocuse, Marguerite Duras, Sonia Rykiel 54
Leçon 3 L'influence des médias	L'univers médiatique ..... 82 　le cinéma et la télévision 　les gens des médias 　les médias 　la presse	*Émilie Muller* (20 min.) ..... 84 France, 1993 Réalisateur: Yvon Marciano	Le Québec .... 90 Le Zapping .... 93 GALERIE DE CRÉATEURS: Marcelle Ferron, Guy Laliberté, Édouard Lock, Antonine Maillet ... 94
Leçon 4 La valeur des idées	La justice et la politique ... 120 　les gens 　les lois et les droits 　la politique 　la sécurité et le danger	*Bon anniversaire!* (12 min.) .... 122 France, 2007 Réalisateurs: Hichem Yacoubi et Daniel Kupferstein	Les Antilles .... 128 Le Zapping .... 131 GALERIE DE CRÉATEURS: Franky Amete, Léna Blou, Aimé Césaire, Paulette Poujol-Oriol 132

TABLE DES MATIÈRES

STRUCTURES	FICHES DE GRAMMAIRE Optional Sequence	CULTURE	LITTÉRATURE
1.1 Spelling-change verbs... 18 1.2 The irregular verbs être, avoir, faire, and aller.... 22 1.3 Forming questions...... 26	1.4 Present tense of regular -er, -ir, and -re verbs...... 392 1.5 The imperative........ 394	Les Francophones d'Amérique............... 31	Le Pont Mirabeau .... 35 Guillaume Apollinaire, France poème
2.1 Reflexive and reciprocal verbs................. 56 2.2 Descriptive adjectives and adjective agreement .... 60 2.3 Adverbs.............. 64	2.4 Nouns and articles..... 396 2.5 Il est and c'est 398	Rythme dans la rue: La fête de la Musique....... 69	Tout bouge autour de moi... 73 Dany Laferrière, Haïti témoignage
3.1 The passé composé with avoir .... 96 3.2 The passé composé with être .... 100 3.3 The passé composé vs. the imparfait 104	3.4 Possessive adjectives .. 400 3.5 The imparfait: formation and uses..... 402	Guy Laliberté: Un homme hors du commun.............. 109	La Télé et la mort......... 113 Marguerite Duras, France essai
4.1 The plus-que-parfait .. 134 4.2 Negation and indefinite adjectives and pronouns............. 138 4.3 Irregular -ir verbs...... 142	4.4 Demonstrative adjectives .... 404 4.5 The passé simple 406	Haïti, soif de liberté 147	Chien maigre et chien gras .... 151 Jean Juraver, Guadeloupe conte

TABLE DES MATIÈRES

	POUR COMMENCER	COURT MÉTRAGE	IMAGINEZ

Leçon 5
La société en évolution
	Crises et horizons 158
	   en mouvement
	   les changements
	   les problèmes et les solutions
		Samb et le commissaire
		(15 min.) 160
		Suisse, 1997
		Réalisateur: Olivier Sillig
			L'Afrique de l'Ouest............ 166
			Le Zapping 169
			GALERIE DE CRÉATEURS:
			Seydou Keïta, Ousmane Sembène,
			Ousmane Sow, Véronique Tadjo.... 170

Leçon 6
Les générations qui bougent
	En famille 198
	   la cuisine
	   les étapes de la vie
	   les générations
	   les membres de la famille
	   la personnalité
	   la vie familiale
		De l'autre côté (29 min.).... 200
		Algérie/France, 2004
		Réalisateur: Nassim Amaouche
			L'Afrique du Nord et le Liban 206
			Le Zapping 209
			GALERIE DE CRÉATEURS:
			Azzedine Alaia, Djura, Yves Saint
			Laurent, Nadia Tuéni 210

APPENDICES

Fiches de grammaire 235

Appendice A
Dialogues des courts métrages 286

Appendice B
Tables de conjugaison 303

TABLE DES MATIÈRES

STRUCTURES	FICHES DE GRAMMAIRE Optional Sequence	CULTURE	LITTÉRATURE
5.1 Partitives............ 172 5.2 The pronouns y and en .... 176 5.3 Order of pronouns 180	5.4 Object pronouns....... 408 5.5 Past participle agreement 410	*Un demi-siècle d'indépendance* 185	*Le Marché de l'espoir* ..... 189 Ghislaine Sathoud, Congo nouvelle
6.1 The subjunctive: impersonal expressions; will, opinion, and emotion .... 212 6.2 Relative pronouns ..... 216 6.3 Irregular -re verbs 220	6.4 Disjunctive pronouns ... 412 6.5 Possessive pronouns ... 414	*Jour de mariage* 225	*Père mère*............... 229 Lamine Sine Diop, Sénégal poème

Appendice C
Vocabulaire
Français–Anglais 317
Anglais–Français 328

Appendice D
Index.. 339

Appendice E
Sources 342

RÊVEZ at a glance

SOMMAIRE
outlines the content and features of each lesson

Lesson opener A two-page spread introduces you to the lesson theme with a dynamic photo and a theme-related introductory paragraph ideal for class discussion.

Destination A locator map highlights the country or region of study.

Lesson overview Brief paragraphs provide you with a synopsis of each section in the lesson.

RÊVEZ at a glance

POUR COMMENCER
introduces the thematic lesson vocabulary with engaging activities

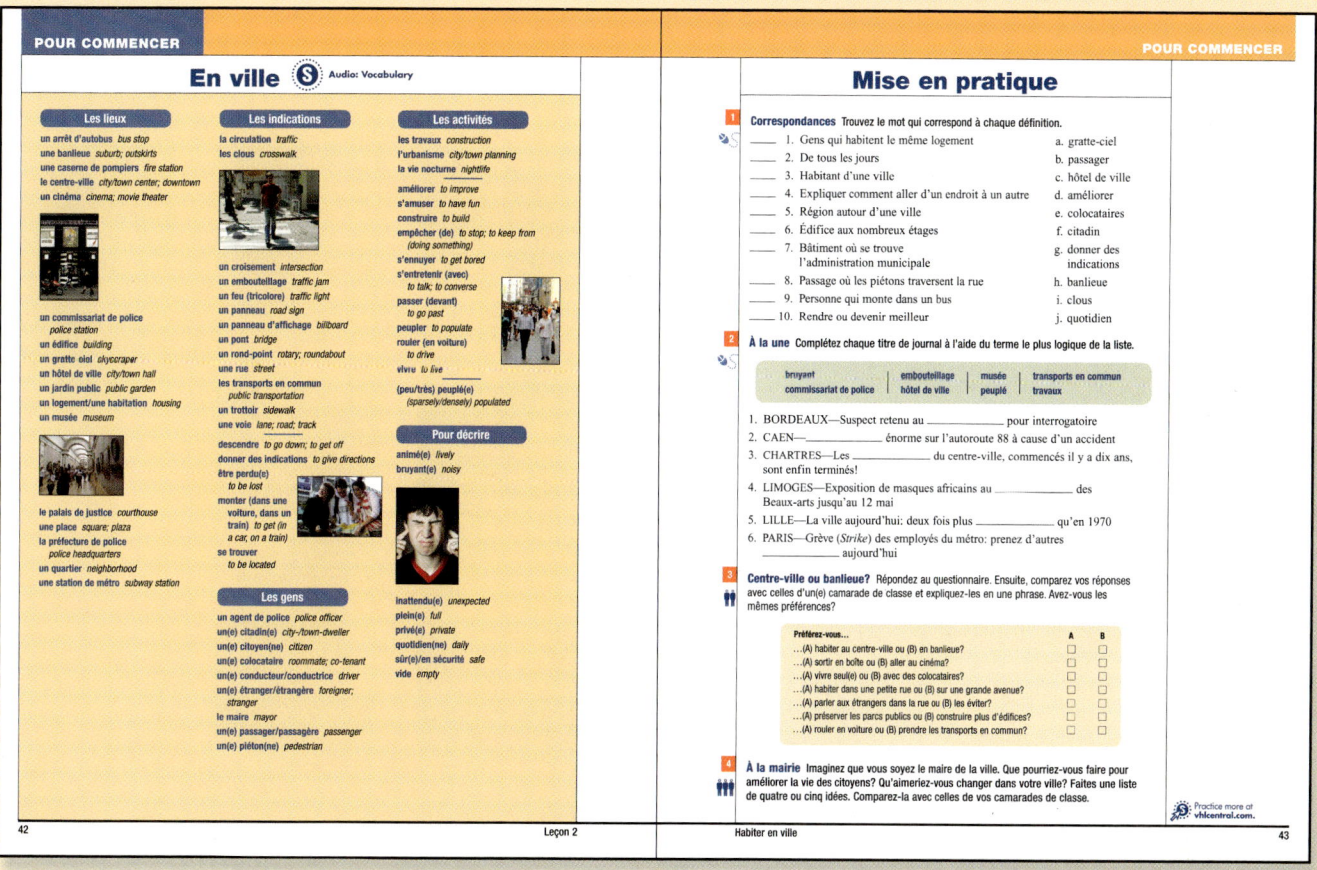

Photos and Illustrations Dynamic, full-color photos or art visually illustrate selected vocabulary terms.

Vocabulary Easy-to-study thematic lists present useful vocabulary.

Mise en pratique This set of activities practices vocabulary in diverse formats and engaging contexts.

Icons The icons provide on-the-spot visual cues for pair or small group activities and supplemental materials on the RÊVEZ Supersite. Mouse icons identify activities also on the Supersite for self-correction.

RÊVEZ at a glance

COURT MÉTRAGE

features an award-winning, short-subject dramatic film by a contemporary francophone filmmaker

Posters Dynamic and eye-catching movie posters visually introduce the film.

Scènes A synopsis of the film's plot with captioned video stills prepares you visually for the film and introduces some of the expressions you will encounter.

Note culturelle These sidebars provide relevant cultural information related to the **Court métrage**.

RÊVEZ at a glance

PRÉPARATION & ANALYSE
reinforce and expand upon the Court métrage

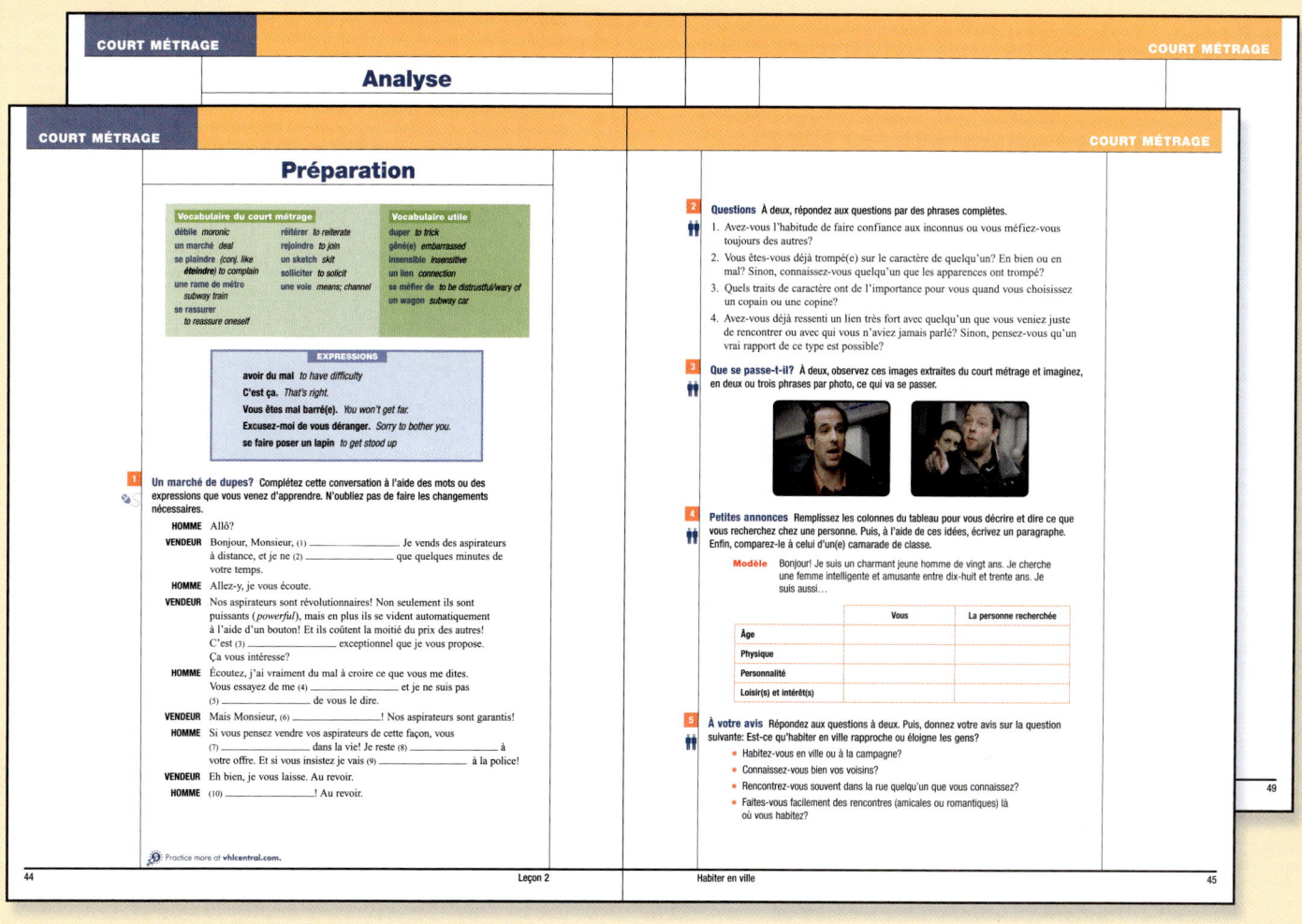

Préparation Pre-viewing activities set the stage for the short-subject film and provide key background information, facilitating comprehension.

Vocabulaire This section features the words that you will encounter and actively use in the **Court métrage** section.

Expressions This feature highlights phrases and expressions useful in understanding the film.

Analyse Post-viewing activities go beyond checking comprehension, allowing you to explore and analyze broader themes.

RÊVEZ at a glance

IMAGINEZ
simulates a voyage to the featured country or region

Magazine-like design Each reading is presented in the attention-grabbing visual style you would expect from a magazine.

Country- and Region-specific readings High-interest readings draw your attention to culturally significant aspects of the country or region.

D'ailleurs... These boxes provide key information to understanding the context of the reading.

Lexical variations Terms and expressions specific to the country or region are highlighted in easy-to-reference lists.

Qu'avez-vous appris? Post-reading activities check your comprehension of the readings.

Projet Task-based projects encourage you to investigate the country or region further, connecting real-world learning to the classroom.

LE ZAPPING

features video clips from the francophone world

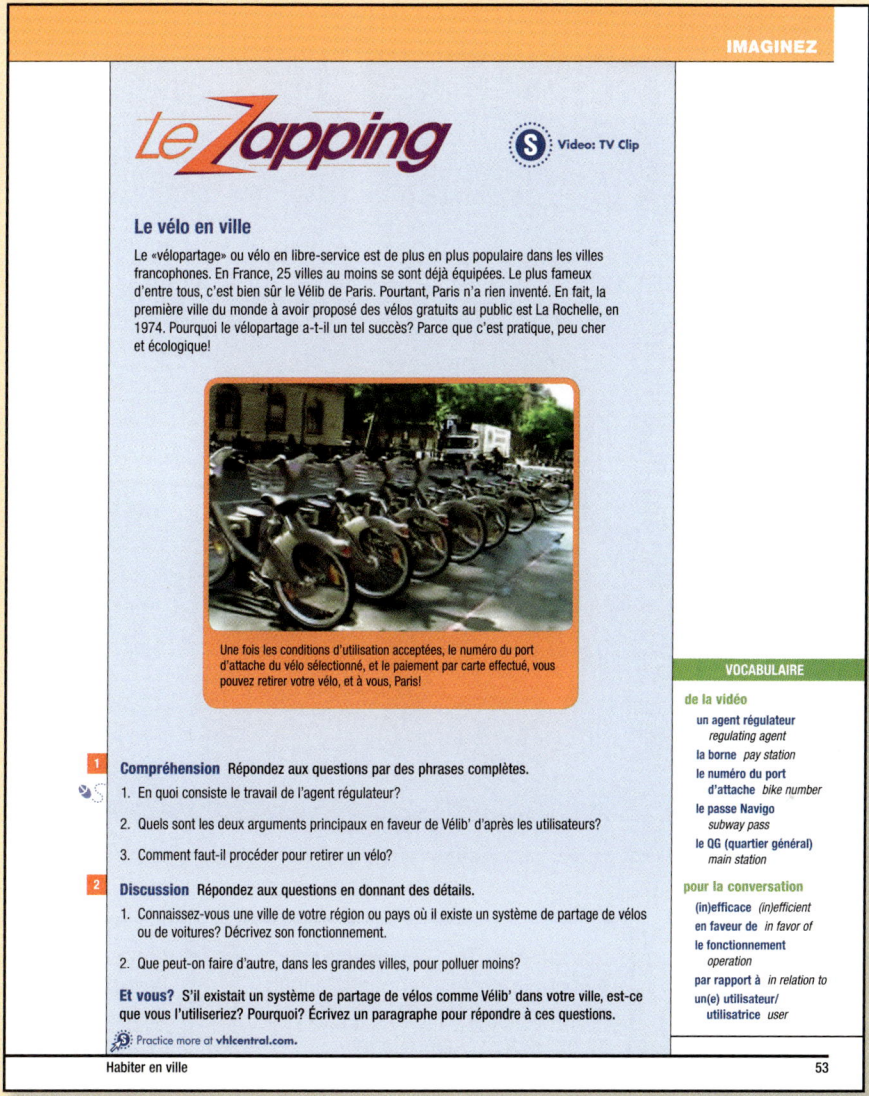

Le Zapping This section features video clips in French—commercials, news reports, etc.—supported by background information and images from the videos.

Compréhension et Discussion Post-viewing activities check your understanding of the video clip's content and provide discussion items to expand on its themes.

RÊVEZ at a glance

GALERIE DE CRÉATEURS
highlights important cultural and artistic figures from the country or region

Profiles Brief paragraphs provide a synopsis of the featured people's lives and cultural importance.

Sur Internet This box directs you to more in-depth information about the people and Internet activities on the RÊVEZ Supersite for additional avenues of discovery.

Compréhension et Rédaction Post-reading activities check your understanding of the paragraphs' content and provide topics for writing assignments that go beyond the basic information.

STRUCTURES

reviews and introduces grammar points key to intermediate French in a graphic-intensive format

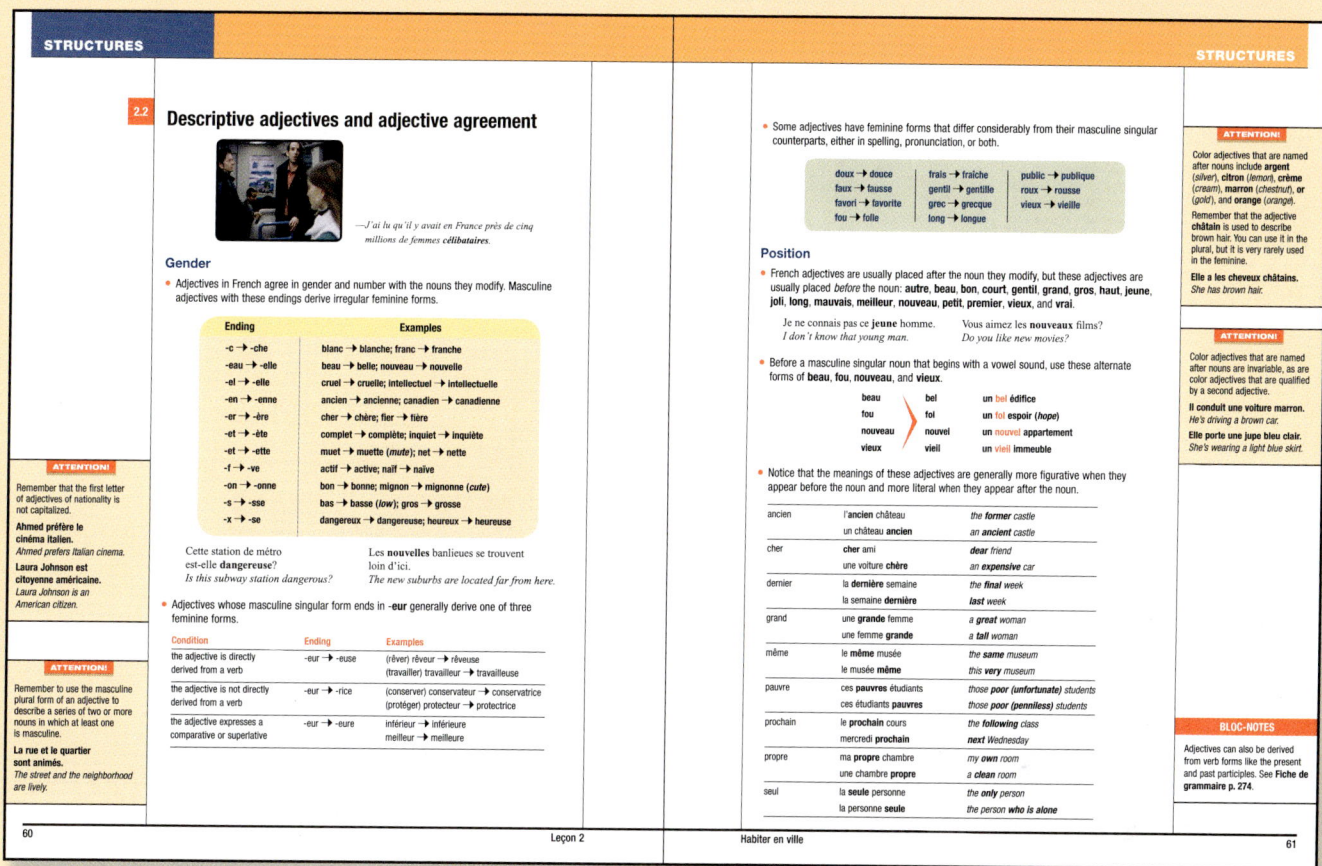

Integration of *Court métrage* Photos with quotes or captions from the lesson's short film show the new grammar structures in meaningful and relevant contexts.

Charts and diagrams Easy-to-understand charts and diagrams highlight key grammar structures and related vocabulary.

Grammar explanations Explanations are written in clear, comprehensible language for easy understanding and reference both in and out of class.

Attention! These sidebars provide you with on-the-spot linguistic or language-learning information related to the grammar point.

Bloc-notes These sidebars reference other grammar points relevant to the structures presented and refer you to the supplemental **Fiches de grammaire** found at the end of the book.

RÊVEZ at a glance

STRUCTURES
provides directed and communicative practice

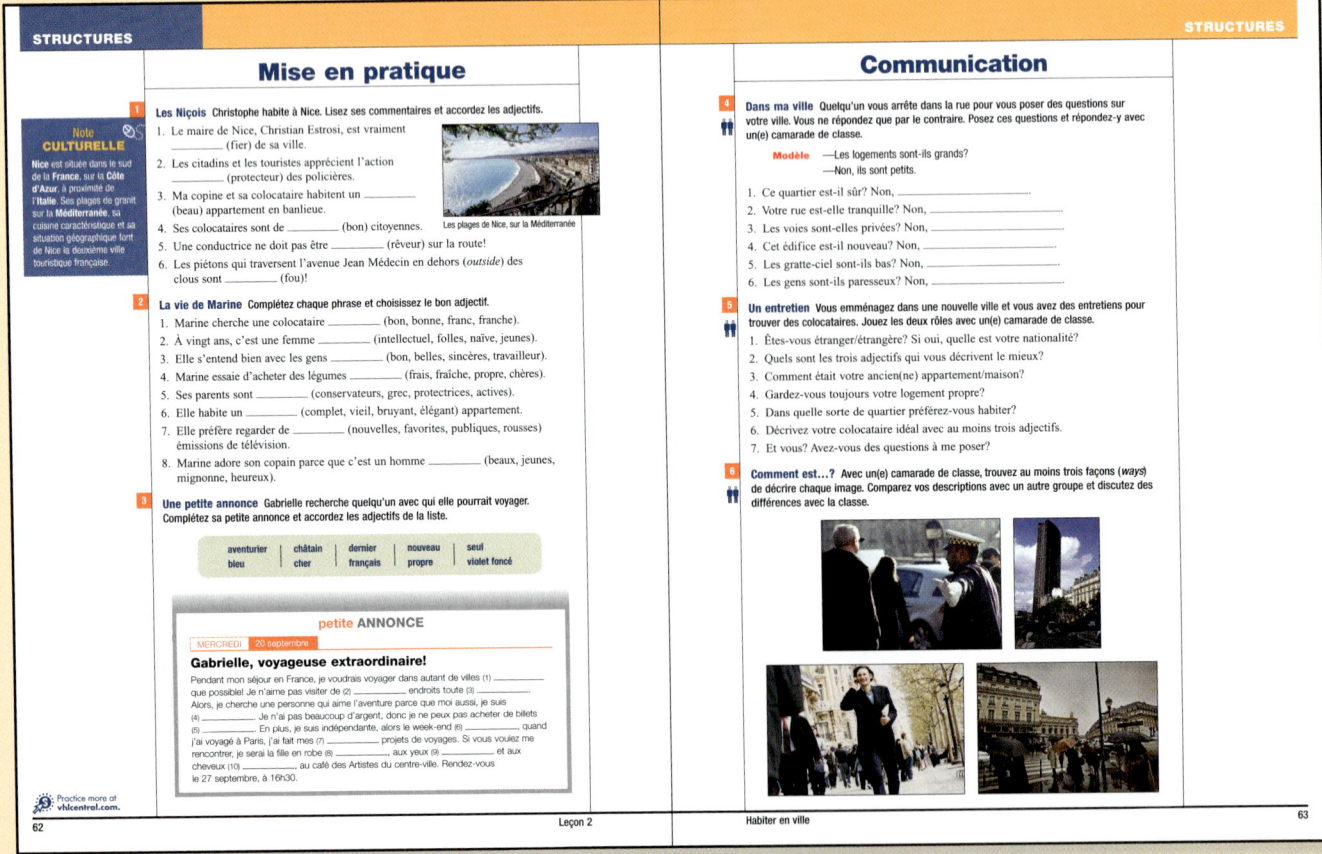

Mise en pratique Meaningful, guided activities support you as you begin working with the grammar structures.

Communication Open-ended, communicative activities help you internalize the grammar point in a range of contexts involving pair and group work.

Fiches de grammaire Additional grammar points related to those taught in **Structures** are included at the end of the book for review and/or enrichment.

Note culturelle These sidebars expand coverage of the francophone world with additional cultural information.

RÊVEZ at a glance

SYNTHÈSE

brings together the vocabulary, grammar, and lesson theme in a variety of contexts

Reading Theme-related readings and realia reinforce the grammar structures and lesson vocabulary in a short, captivating format.

Activities This section integrates the three grammar points of the lesson, providing built-in, consistent review and recycling as you progress though the text.

CULTURE

presents a cultural reading tied to the lesson theme

Reading Comprehensible readings present you with additional cultural information related to the lesson theme and country or region of focus.

Photos Vibrant, eye-catching photos visually illustrate the reading.

Glosses Definitions of unfamiliar words aid in comprehension without interrupting the reading flow.

RÊVEZ at a glance

LITTÉRATURE
provides literary readings by well-known writers from across the francophone world

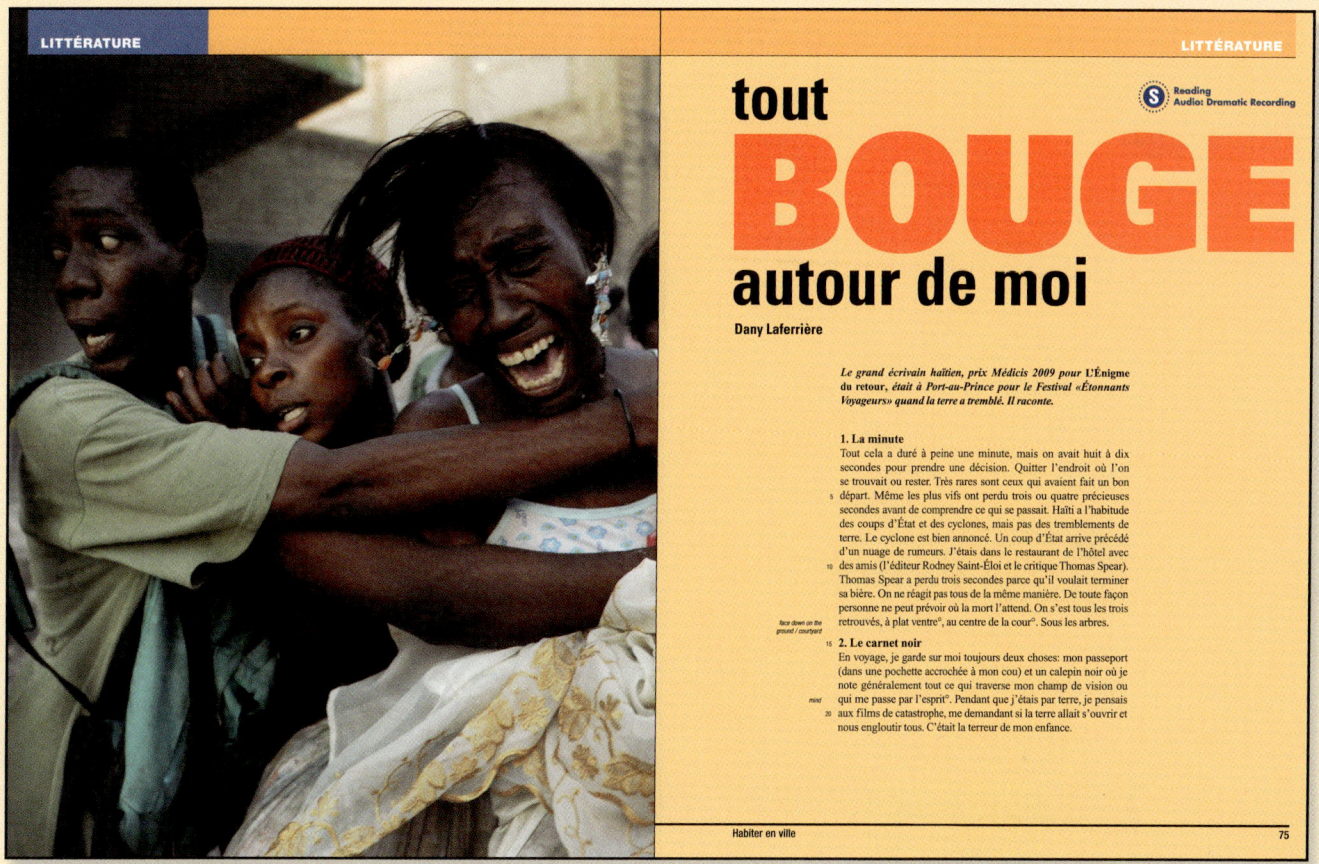

Littérature Thought-provoking, yet comprehensible readings present new avenues for using the lesson's grammar, vocabulary, and themes.

Design Each reading is presented in the attention-grabbing visual style you would expect from a magazine, along with glosses of unfamiliar words that aid in comprehension.

xix

RÊVEZ at a glance

PRÉPARATION & ANALYSE

activities provide in-depth pre-reading and post-reading support for each selection in Culture and Littérature

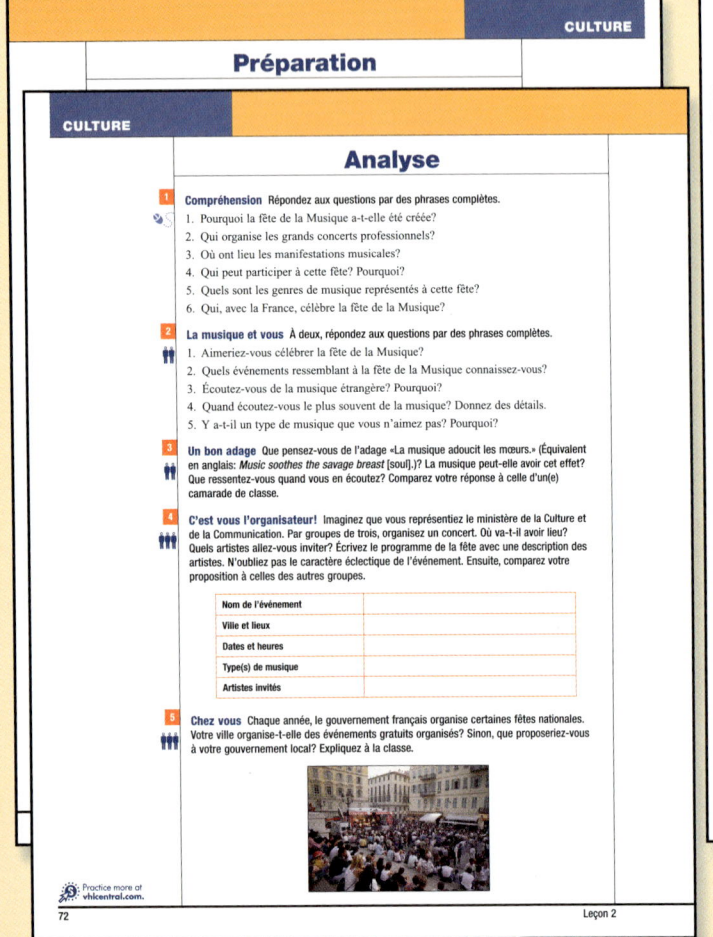

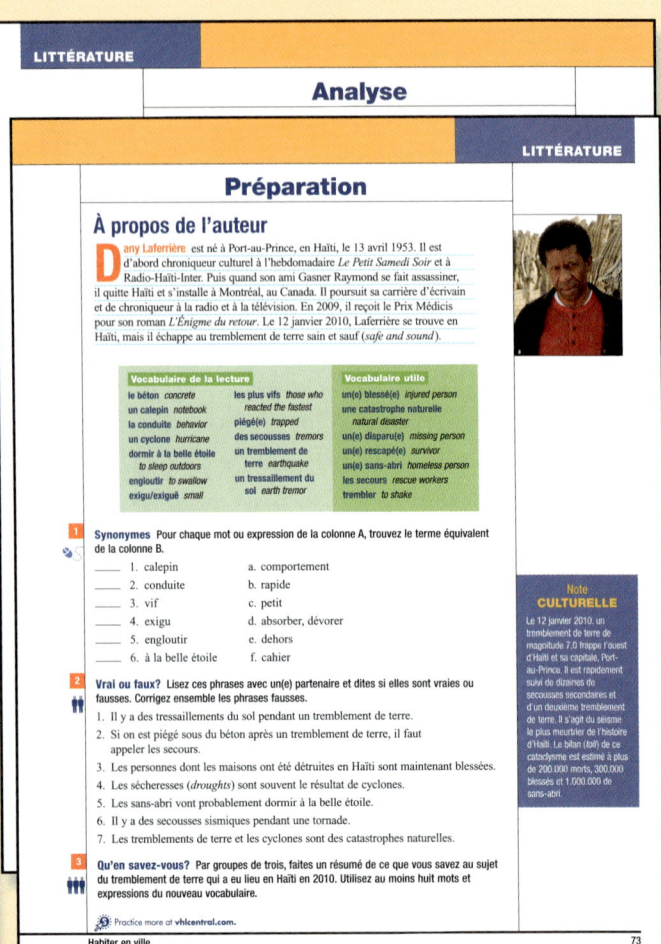

Préparation Helpful lists highlight active vocabulary that you will encounter in each reading, as well as other words that might prove useful for discussions. Diverse activities then allow you to practice the vocabulary.

À propos de l'auteur A brief description of the author gives you background information about the writer and the reading.

Analyse Post-reading activities check your understanding and motivate you to discuss the topic of the reading, express your opinions, and explore how it relates to your own experiences.

Rédaction A guided writing assignment concludes every **Littérature** section.

RÊVEZ at a glance

VOCABULAIRE
summarizes the active vocabulary in each lesson

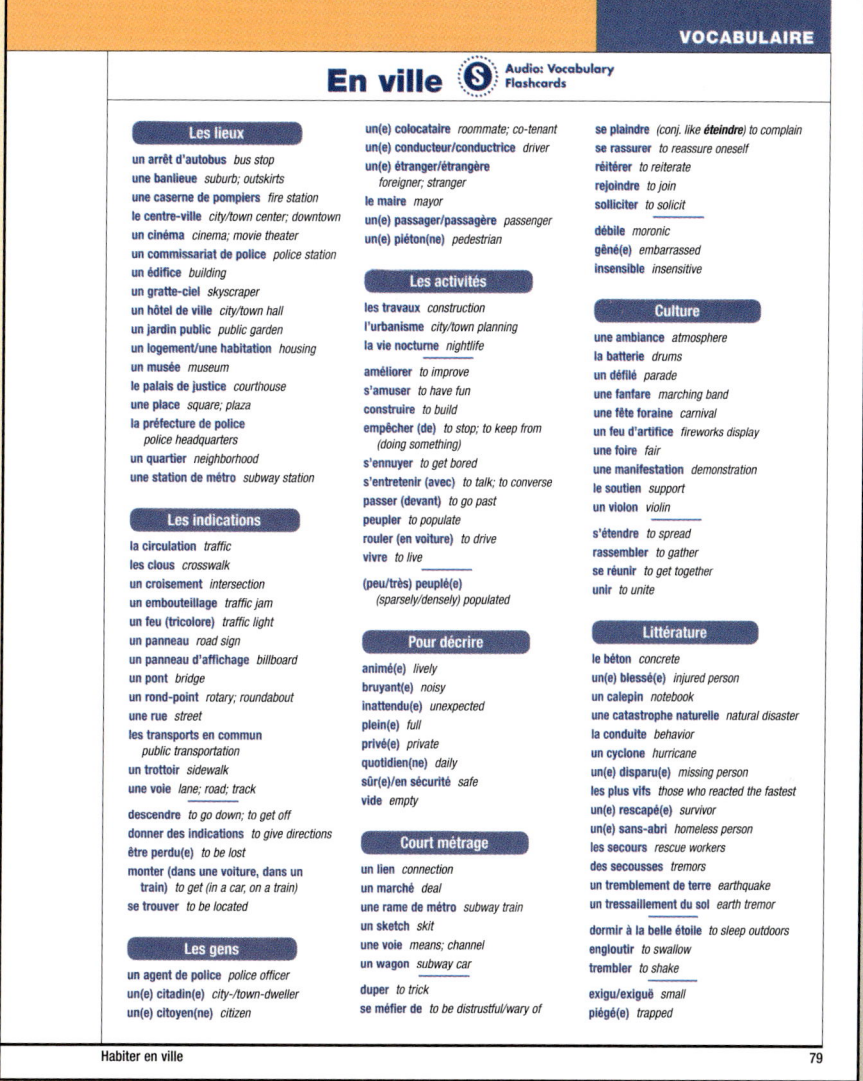

FILM COLLECTION

RÊVEZ Film Collection

Fully integrated with your textbook, the **RÊVEZ** Film Collection contains short-subject films by francophone filmmakers that are the basis for the pre- and post-viewing activities in the **Court métrage** section of each lesson. These films offer entertaining and thought-provoking opportunities to build your listening comprehension skills and your cultural knowledge of French speakers and the francophone world.

Besides providing entertainment, the films serve as a useful learning tool. As you watch the films, you will observe characters interacting in various situations, using real-world language that reflects the lesson themes as well as the vocabulary and grammar you are studying.

Film Synopses

LEÇON 1
Le Télégramme
(France; 12 minutes)

In a remote village, two mothers with sons in the war impatiently await telegrams bringing news from the front. When the postman appears, the two women can see only one thing: the death that will inevitably knock on one of the village doors.

LEÇON 2
J'attendrai le suivant…
(France; 4.5 minutes)

Tonight's ride on the Lyons **métro** is far from ordinary for one young woman. She may have finally found love.

LEÇON 3
Émilie Muller
(France; 20 minutes)

When a young woman shows up for her first movie casting, the director surprises her with a number of personal questions. Will her thoughtful responses win her the part?

FILM COLLECTION

LEÇON 4
Bon anniversaire!
(France; 12 minutes)

It is both Ramadan and Walid's birthday when a figure from his past walks back into his life. Suddenly, Walid has to reevaluate family, friends, love, and religion as he goes through the motions of a normal day.

LEÇON 5
Samb et le commissaire
(Suisse; 15 minutes)

Police Commissioner Knöbel's holiday is interrupted by a report of a stolen soccer ball, and he finds himself face to face with an African boy named Samb.

LEÇON 6
De l'autre côté
(Algérie/France; 29 minutes)

Samir, the son of Algerian immigrants living in France, left home and became a lawyer. When he returns to the old neighborhood for his little brother's circumcision ceremony, he is confronted by an unexpected culture shock. While his life has taken on a new direction, Samir realizes that the lives of his friends and family have not.

ICONS AND ANCILLARIES

Icons

Familiarize yourself with these icons that appear throughout **RÊVEZ**.

 Supersite content available   Pair activity

 Activity available on Supersite   Group activity

Text next to the Supersite icon will let you know exactly what type of content is available online. Additional practice on the Supersite, not included in the textbook, is indicated with this icon feature: *Practice more at* **vhlcentral.com.**

Student Ancillaries

Student Activities Manual
The Student Activities Manual consists of the Workbook, the Lab Manual, Video Activities, and Integrated Writing Activities. The Workbook activities provide additional practice of the vocabulary and grammar for each textbook lesson. They also reinforce the content of the **Imaginez** sections, including the main reading and the **Galerie de créateurs**. The Lab Manual activities for each textbook lesson focus on building your listening comprehension skills in French. They provide additional practice of the vocabulary, grammar points, and literary readings in each textbook lesson. The Video and Integrated Writing Activities provide writing topics to expand on those presented in the textbook.

Lab Audio Program
The Lab Audio Program, available as MP3 files on the **RÊVEZ** Supersite, contains the recordings to be used with the activities of the Lab Manual.

Supersite (vhlcentral.com)
Free with each purchase of a new student text, the **RÊVEZ** Supersite Access Code delivers a wide range of online resources to you. Audio, video, and auto-graded practice directly correlate to your textbook and go beyond it. See page xxvi for more information.

Supersite Plus
In addition to the resources on the **RÊVEZ** Supersite, this option offers a WebSAM and Wimba Pronto. See p. xxvi.

Instructor Ancillaries

In addition to the student ancillaries, all of which are available to the instructor, these supplements are also available.

Instructor's Annotated Edition
The Instructor's Annotated Edition (IAE) provides a wealth of information designed to support classroom teaching. The IAE contains answers to exercises overprinted on the page, cultural information, suggestions for implementing and extending student activities, supplemental activities, and cross-references to student and instructor ancillaries.

Supersite (vhlcentral.com)
The **RÊVEZ** Supersite provides a wealth of instructional resources, including a powerful gradebook and course management system. Here are some of the resources available for instructors on the Supersite.

- **Instructor's Resource Manual**
  The Instructor's Resource Manual contains teaching suggestions, lab audioscripts, **Court métrage** scripts and their English translations, plus SAM answer keys.

- **Testing Program with Audio**
  The Testing Program contains quizzes for each vocabulary and grammar strand of each of the textbook's six lessons, tests for each lesson, semester exams, and quarter exams. All tests and exams include sections on listening comprehension, vocabulary, grammar, and communication. Optional **Court métrage** and **Imaginez** testing sections are also provided. Listening scripts, answer keys, and audio files are also included. The Testing Program is available in three formats: ready-to-print PDFs, editable word-processing files, and in a Test Generator.

- **Student Activities Manual Answer Key**
  This component includes answer keys for all discrete-answer activities in the Student Activities Manual.

Supersite Plus
In addition to the resources on the **RÊVEZ** Supersite, this option offers a WebSAM and Wimba Pronto. See p. xxvi.

RÊVEZ Film Collection DVD
This DVD contains the short-subject films by francophone filmmakers that are the basis for the pre- and post-viewing activities in the **Court métrage** strand of each lesson. All video content has subtitles and is also available online.

SUPERSITE

Supersite

The **RÊVEZ** Supersite provides a wealth of resources for both students and instructors. Icons indicate exactly which resources are available on the Supersite for each strand of every lesson.

For Students
Student resources, available through a Supersite code, are provided free of charge with the purchase of a new student text. Here is an example of what you will find at **vhlcentral.com**:

- Activities from the student text, with auto-grading
- Additional practice for each and every textbook section  Practice more at **vhlcentral.com.**
- Record & Submit oral assessment activities
- The **RÊVEZ** Film Collection in streaming video
- MP3 files for the complete **RÊVEZ** Lab Program
- **NEW!** Oxford French Mini Dictionary
- **NEW!** Flashcards with audio
- **NEW!** Wimba Voice Board

For Instructors
Instructors have access to the entire student site, as well as these key resources:

- The Testing Program and Instructor Resources in downloadable and printable formats
- MP3 files for the complete **RÊVEZ** Testing Program
- A robust course management system
- Voice Board capabilities for you to create additional activities
- And much, much more…

Supersiteplus

In addition to the resources already listed, Supersite Plus offers:

- **WebSAM** The online, interactive Student Activities Manual includes audio record-submit activities, auto-grading for select activities, and a single gradebook for Supersite and WebSAM activities.
- **Wimba Pronto** Extend communication beyond the classroom with this powerful tool that features synchronous chat, online tutoring, online office hour capabilities, and more.

ACKNOWLEDGMENTS

Reviewers

On behalf of its author and editors, Vista Higher Learning expresses its sincere appreciation to the many instructors who reviewed **RÊVEZ**. Their insights and detailed comments were invaluable to the final product.

Nicole Aas-Rouxparis
Lewis and Clark College, OR

Bonnie Adachi
St. Paul's School, MD

Cecilia Allen
Arlington Public Schools, VA

Elaine Ancekewicz
George Mason University, VA

Mary Jane Baughman
The Latin School of Chicago, IL

Kyra Beaver Mench
Eastbrook High School, IN

Pascale Birien
James Madison University, VA

Melissa Boudreau
John Hugh Gillis Regional High School, Nova Scotia, Canada

Amy Brotschul
The Kiski School, PA

Thomas Buresi
Southern Polytechnic State University, GA

Gwenola Caradec
University of Wisconsin, Madison, WI

Chantal Cassan-Moudoud
St. Andrew's Episcopal School, MD

Sylvain Chabra
University of South Carolina, SC

Matthieu ChanTsin
Coastal Carolina University, SC

Brigitte Codron
College of Charleston, SC

Amy Cornish
Pikes Peak Community College, CO

Naomi Danton
Arizona State University, AZ

Rita Davis
The Agnes Irwin School, PA

Vicki DeVries
Calvin College, MI

Amanda Dolphin
Helix Charter High School, CA

Olha Drobot
Lancaster Country Day School, PA

Dominique Duvert
Ohio University, OH

Béatrice Eldredge
Charlotte Country Day, SC

Mélanie Enkoff
Columbus East High School, IN

Eduardo Febles
Simmons College, MA

Shirley Flittie
Minneapolis Community and Technical College, MN

Lynda Fox
Perrysburg High School, OH

Françoise Frégnac-Clave
Washington and Lee University, VA

Barbara M. Galbraith
Wright State University, OH

Martha Goodge
University of Wisconsin, Madison, WI

Luc Guglielmi
Kennesaw State University, GA

Georgia Gurrieri
Seattle University, WA

Martha Haveron
Hamburg Central Schools, NY

Rose Marie Hawver
Shaker High School, NY

Corinne Hayes
Southwest Schools, OH

Béatrice N. Henrioulle
Washington State University, WA

Sherril Hixon
Cherry Creek Schools, CO

Jennifer Hollandbeck
Irvington Community HS/IU Kokomo, IN

Michael Houston
The Montclair Kimberley Academy, NJ

Amy L. Hubbell
Kansas State University, KS

Andrew Irving
University of Wisconsin, Madison, WI

Laura Jean
Belmont Public Schools, MA

Patrick Kinne
Bishop Grimes Junior/Senior High School, NY

Carrie Klaus
DePauw University, IN

Christophe Lagier
California State University, Los Angeles, CA

Maureen Lefèvre
Cromwell Public Schools, CT

William Leonard
Chatham Hall, VA

Lara Lomicka
University of South Carolina, SC

Michelle Martin
Brebeuf Jesuit Preparatory School, IN

Kathleen Meyer
Bemidji State University, MN

William Miller
Taft School, CT

Christine Moritz
University of Northern Colorado, CO

Starlight Murray
Mesa Verde High School, CA

Stéphane Natan
Rider University, NJ

Sylvia Newman
Cannon School, NC

Kory Olson
Richard Stockton College, PA

Anne Poncet-Montange
Bentley University, MA

Joseph Price
Texas Tech University, TX

Christiane E. Reese
Florida Atlantic University, Boca Raton, FL

Sheilagh Riordan
Florida Atlantic University, Jupiter, FL

Peggy Rocha
San Joaquin Delta College, CA

Jaymes Rohrer
Randolph College, VA

Marian Rothstein
Carthage College, WI

Catherine Schmitz
Wofford College, SC

Laura Scott
Lord Botetourt High School, VA

Sandra Simmons
University of Wisconsin, Madison, WI

Linda Smith
Dover High School, DE

Emese Soos
Tufts University, MA

Susan F. Spillman
Xavier University of Louisiana, LA

Phillip S. Stewart
The Elon School, NC

Bernadette Takano
University of Oklahoma, OK

Dominique Thévenin
University of Wisconsin, Eau Claire, WI

Viola Thomas
Tufts University, MA

Larry Thornton
Trinity College School, Ontario, Canada

Erin Toews
Rock Canyon High School, CO

Alan M. Tomaszewski
Malvern Preparatory School, PA

Flavia Vernescu
University of Northern Iowa, IA

Alexia Vikis
Northern Virginia Community College, VA

Karen Walsh
Chautauqua Lake Central School, NY

Catherine Webster
University of Central Oklahoma, OK

Kao-Ly Yang
California State University, Fresno, CA

Patricia Zema
The Pennington School, NJ

Le monde francophone

La France

L'Europe

L'Afrique

RÊVEZ

le français sans frontières

bref cours de français intermédiaire

Mitschke

LEÇON 1

Ressentir et vivre

Si tous les êtres humains ont la capacité d'éprouver des émotions, tous ne se sentent pas nécessairement libres de les exprimer. Pour diverses raisons, personnelles, sociales ou autres, certains ont du mal à révéler aux autres leurs vrais sentiments. Ils pensent peut-être que c'est une faiblesse. La plupart des gens que vous connaissez sont-ils plutôt ouverts ou réservés? Et vous? De quelle façon votre personnalité affecte-t-elle vos relations avec les autres?

Par une chaude journée d'été, des amis ressentent la même joie de vivre.

SOMMAIRE

6 COURT MÉTRAGE
Le drame psychologique *Le Télégramme* explore les sentiments de deux mères qui attendent des nouvelles de leur fils, dans un village de France, pendant la Seconde Guerre mondiale. La réalisatrice, **Coralie Fargeat**, nous montre une richesse d'émotions pendant ce court moment d'attente qui semble interminable à ces deux mères.

12 IMAGINEZ
Des côtes du Maine à la ville de Juneau, en Alaska, la francophonie a imprégné la culture américaine. Vous allez découvrir quatre créateurs francophones qui ont laissé leurs marques en Amérique du Nord. Vous allez aussi regarder une publicité pour les produits **Clairefontaine**.

31 CULTURE
L'article *Les Francophones d'Amérique* parle de l'histoire et de la culture cajuns.

35 LITTÉRATURE
Dans son poème *Le Pont Mirabeau*, **Guillaume Apollinaire** nous rappelle que les relations amoureuses sont parfois précaires. Aujourd'hui, comme en 1907, l'amour reste fragile.

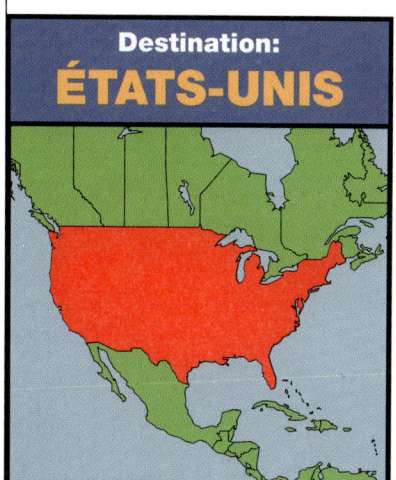

Destination: ÉTATS-UNIS

4 POUR COMMENCER

18 STRUCTURES

    1.1 Spelling-change verbs

    1.2 The irregular verbs être, avoir, faire, and aller

    1.3 Forming questions

39 VOCABULAIRE

POUR COMMENCER

Les relations personnelles

 Audio: Vocabulary

Les relations

une âme sœur soul mate
une amitié friendship

des commérages (*m.*) gossip
un esprit spirit
un mariage marriage; wedding
un rendez-vous date
une responsabilité responsibility

compter sur to rely on
draguer to flirt; to try to "pick up"
s'engager (envers quelqu'un) to commit (to someone)
faire confiance (à quelqu'un) to trust (someone)
mentir (conj. like **sentir**) to lie
mériter to deserve; to be worth
partager to share
poser un lapin (à quelqu'un) to stand (someone) up
quitter quelqu'un to leave someone
rompre (*irreg.*) to break up

sortir avec to go out with
(in)fidèle (un)faithful

Les sentiments

agacer/énerver to annoy
aimer to love; to like
avoir honte (de) to be ashamed (of)/ embarrassed
en avoir marre (de) to be fed up (with)
s'entendre bien (avec) to get along well (with)
gêner to bother; to embarrass
se mettre en colère contre to get angry with
ressentir (conj. like **sentir**) to feel
rêver de to dream about
tomber amoureux/amoureuse (de) to fall in love (with)

accablé(e) overwhelmed
anxieux/anxieuse anxious
contrarié(e) upset
déprimé(e) depressed
enthousiaste enthusiastic; excited
fâché(e) angry; mad
inquiet/inquiète worried

jaloux/jalouse jealous
passager/passagère fleeting

L'état civil

divorcer to get a divorce
se fiancer to get engaged
se marier avec to marry
vivre (*irreg.*)* en union libre to live together (as a couple)

célibataire single
veuf/veuve widowed; widower/widow

La personnalité

avoir confiance en soi to be confident
affectueux/affectueuse affectionate

charmant(e) charming
économe thrifty
franc/franche frank; honest
génial(e) great; terrific
(mal)honnête (dis)honest
idéaliste idealistic
inoubliable unforgettable
(peu) mûr (im)mature
orgueilleux/orgueilleuse proud
prudent(e) careful
séduisant(e) attractive
sensible sensitive
timide shy
tranquille calm; quiet

---

*The verb **vivre** is irregular in the present tense: **je vis, tu vis, il/elle vit, nous vivons, vous vivez, ils/elles vivent**.

POUR COMMENCER

Mise en pratique

1 **L'intrus** Quel mot ne va pas avec les autres? Entourez-le.

1. affectueux • contrarié • déprimé • accablé
2. inquiet • tranquille • anxieux • prudent
3. fidèle • honnête • sincère • malhonnête
4. direct • franc • loyal • jaloux
5. beau • orgueilleux • séduisant • charmant
6. fiancés • commérages • âme sœur • union libre
7. agacer • en avoir marre • bien s'entendre • se mettre en colère
8. rompre • aimer • compter sur • faire confiance

2 **La description** Quel terme de la liste correspond le mieux à chaque phrase? Soyez logique!

avoir honte	draguer	poser un lapin	sensible
déprimé	inoubliable	responsabilité	veuf/veuve

1. Je rêve de sortir avec elle depuis longtemps. Chaque fois que je la vois, j'essaie de la convaincre d'aller au restaurant ou au cinéma.
2. Ma tante habite seule. Son mari est mort il y a quatre ans.
3. Je suis souvent triste et je n'ai pas envie de sortir ni de voir des gens.
4. J'ai vu un film dont je me souviendrai toujours.
5. Ma petite sœur pleure facilement si on lui fait une critique.
6. J'avais rendez-vous avec quelqu'un. Je l'ai attendu au restaurant jusqu'à dix heures et quart mais il n'est jamais venu.

3 **Votre personnalité** Répondez aux questions puis calculez vos points. Quel est le résultat de votre test? Comparez-le avec celui d'un(e) camarade de classe.

Oui	Quelquefois	Non		Barème (Key)
☐	☐	☐	1. Devenez-vous anxieux/anxieuse quand il y a beaucoup de monde?	**Oui** = 0 point **Quelquefois** = 1 point **Non** = 2 points
☐	☐	☐	2. Est-ce que ça vous gêne de montrer vos émotions?	**Résultats**
☐	☐	☐	3. Avez-vous peur d'être le premier/la première à parler?	0 à 7 Vous avez tendance à être introverti(e). Sortez plus souvent!
☐	☐	☐	4. L'idée d'avoir un rendez-vous avec quelqu'un que vous ne connaissez pas vous fait-elle peur?	
☐	☐	☐	5. Est-ce que ça vous intimide de flirter avec quelqu'un que vous ne connaissez pas?	8 à 11 Vous n'êtes ni introverti(e) ni extraverti(e). Bon équilibre!
☐	☐	☐	6. Avez-vous peur de parler en public?	
☐	☐	☐	7. Réfléchissez-vous longtemps avant de prendre une décision?	12 à 20 Vous avez tendance à être extraverti(e). Écoutez un peu les autres!
☐	☐	☐	8. Est-il plus important d'être agréable que franc dans la vie?	
☐	☐	☐	9. Diriez-vous que vous êtes d'accord avec un(e) de vos ami(e)s juste pour éviter un conflit?	
☐	☐	☐	10. Vous sentez-vous facilement gêné(e) dans certaines situations?	

Practice more at **vhlcentral.com**.

Ressentir et vivre

COURT MÉTRAGE

Préparation

Vocabulaire du court métrage

avancer *to move forward*
la boue *mud*
crier *to yell*
une crise d'hystérie *attack of hysteria*
s'enfoncer *to drown*
un(e) estropié(e) *cripple*
frapper *to knock; to hit*
une guerre *war*
humain(e) *human*
pourtant *though; however*
le pouvoir *power*
un supplice *torture*

Vocabulaire utile

boiter *to limp*
un cauchemar *nightmare*
désespéré(e) *desperate*
émotif/émotive *emotional*
paniquer *to panic*
raconter (une histoire) *to tell (a story)*
réagir *to react*
une route *road*
soulager *to relieve*
se tromper *to be wrong/mistaken*

EXPRESSIONS

Alors… *So… /Well…*
Bonté du ciel! *Good heavens!*
faire mourir quelqu'un à petit feu *to make someone die a slow death*
faire un rêve *to have a dream*
Pas tant de manières! *Don't be so polite!*
se tenir à l'écart *to keep to oneself*
Taisez-vous! *Be quiet!*

1 Un moment inoubliable Thomas raconte à un ami son dernier match de foot. Cherchez dans la liste de vocabulaire les mots qui complètent l'histoire.

«Imagine un peu la situation. C'est le match du championnat contre notre grand rival, Marseille, donc c'est (1) _____! Les conditions sont vraiment mauvaises. Il n'y a pas d'herbe sur le terrain et il pleut, alors nous jouons dans (2) _____. Tout le monde sait que Marseille est moins forte que nous. (3) _____, elle joue très bien. Il reste seulement un quart d'heure et nous avons un point d'avance... Sans faire attention, quelqu'un (4) _____ Sylvain, notre meilleur joueur, et en fait un véritable (5) _____. (6) _____, Marseille marque un but (*scores a goal*) et notre équipe est (7) _____. C'est à moi de sauver le match! Je suis anxieux et prêt à paniquer, mais tout dépend de moi. C'est (8) _____ pour les spectateurs, mais nous (9) _____ vers le but, je (10) _____ pour qu'on me passe le ballon, et je tire (*shoot*)!»

2 À vous de continuer À votre avis, est-ce que le tir de Thomas est bon? et qui gagne le match? Quelles sont alors les émotions de Thomas et des autres joueurs? Avec des mots de la liste de vocabulaire, terminez l'histoire en trois ou quatre phrases.

Practice more at vhlcentral.com.

COURT MÉTRAGE

3 Et vous? Répondez aux questions avec un(e) camarade de classe.
1. Quand vous êtes-vous trouvé(e) dans une situation stressante? Décrivez la situation. Qu'avez-vous ressenti? Comment avez-vous réagi?
2. Avez-vous regretté votre réaction? Pourquoi?
3. À votre avis, quel effet une situation stressante a-t-elle sur les réactions d'une personne?

4 Comment réagissez-vous?

A. Dites quelle réaction vous correspond le mieux.

Test de Personnalité

1. **Vous attendez un e-mail de quelqu'un que vous aimez beaucoup.**
   a. Vous regardez vos e-mails toutes les cinq minutes.
   b. Vous avez beaucoup à faire, mais vous regardez vos e-mails quand c'est possible.
   c. Ce n'est pas très important. Vous regardez quand vous y pensez.

2. **L'e-mail que vous recevez de votre professeur ou de votre patron/patronne est entièrement écrit en majuscules.**
   a. Vous pensez que la personne qui l'a envoyé est fâchée contre vous.
   b. Vous pensez que c'est une erreur.
   c. Vous n'y faites pas attention.

3. **Vous avez une mauvaise nouvelle à annoncer à quelqu'un.**
   a. Vous la lui annoncez tout de suite, face à face. C'est la meilleure manière de procéder.
   b. Vous évitez la personne pendant quelques jours avant de lui annoncer la nouvelle.
   c. Vous préférez ne pas le lui dire face à face. Vous lui envoyez un e-mail.

4. **Quelqu'un que vous connaissez est très triste. Il vient de se passer quelque chose de terrible dans sa vie.**
   a. Vous êtes aussi triste que cette personne.
   b. Vous compatissez (*sympathize*).
   c. À votre avis, cela ne vous regarde pas.

5. **Votre téléphone portable sonne à trois heures du matin. Quelle est votre première réaction?**
   a. Vous êtes inquiet/inquiète. Il s'est peut-être passé quelque chose.
   b. Vous êtes fâché(e) d'être dérangé(e) au milieu de la nuit.
   c. Vous n'y faites pas attention et continuez à dormir.

6. **Vous achetez quelque chose sur Internet. Comment voulez-vous qu'on vous l'envoie?**
   a. En priorité. Vous êtes impatient(e).
   b. Par le courrier normal. Pour le plaisir d'attendre.
   c. Vous allez le chercher vous-même. Vous n'avez pas confiance dans le système.

B. Échangez vos réponses avec un(e) camarade et dites ce que ses réponses révèlent de sa personnalité.

5 Photographies Regardez les deux photos et imaginez les gens qui habitent le village. Que font-ils? Sont-ils heureux? Quelle est la personnalité de la femme? Est-ce que ses voisins lui ressemblent ou sont-ils différents?

Ressentir et vivre

COURT MÉTRAGE

Le Télégramme

Prix du Public au Festival International d'Aubagne, 2003 ; Prix Lanterna Magica au Festival «De l'Encre à l'Écran» de Tours, 2004

Une production de BUTTERFLY PRODUCTIONS
Scénario et réalisation CORALIE FARGEAT   Production PIERRE-FRANÇOIS BERNET
Production exécutive TATIANA MAKSIMENKO   Directeur de la photographie OLIVIER GALLOIS
Montage JÉRÉMY LUC   Décors CLÉMENT DUCROIX   Musique GILLES MIGLIORI   Son PATRICK VALLEY
Acteurs MYRIAM BOYER/STÉPHANE DAUSSE/ARLETTE TÉPHANY

SCÈNES

COURT MÉTRAGE

INTRIGUE *Pendant la Seconde Guerre mondiale, dans un petit village de France, deux mères attendent des nouvelles de leur fils.*

BLANCHE Alors, vous avez eu des nouvelles?
PIERRETTE Non, depuis sa dernière permission°, toujours pas. Et vous?
BLANCHE Mon fils, il n'a jamais aimé écrire.

BLANCHE Le courrier met tellement de temps pour venir jusqu'ici. C'est tellement désorganisé.
PIERRETTE Sauf pour les télégrammes. Voilà McLaurie.

BLANCHE Dieu sait chez qui il va aujourd'hui.
PIERRETTE Ne vous inquiétez pas, Blanche. Ça ne peut pas être pour vous. Félix est parti il y a si peu.
BLANCHE Vous dites ça à chaque fois. Vous ne pouvez pas savoir. Personne ne peut savoir.

BLANCHE Bien sûr, pour vous c'est différent. Votre fils est officier°. Tout le monde sait... c'est plus facile pour eux.
PIERRETTE Ça ne dispense° pas du champ de bataille° ni de mourir comme les autres.
BLANCHE Oui... peut-être...

BLANCHE Il est fier de ce qu'il fait. Il est fier de savoir avant tout le monde.
PIERRETTE C'est vrai que ça lui donne un certain pouvoir.
BLANCHE Je ne l'ai jamais beaucoup aimé. Même avant la guerre. Ce McLaurie... Regardez-moi ça! Il avance si lentement... on dirait que c'est pour faire durer° le supplice!

BLANCHE C'est sûrement pour moi. J'ai fait ce rêve... Ce n'est pas possible. Dieu ne peut pas me prendre mon fils comme ça!
PIERRETTE Il a passé votre maison.
BLANCHE Pierrette!
PIERRETTE Taisez-vous! Il n'y a plus rien à dire.

permission *leave* **officier** *officer* **dispense** *exempts*
champ de bataille *battlefield* **faire durer** *prolong*

Note CULTURELLE

L'évolution du rôle du facteur

C'est avec la création de la poste de Paris, en 1760, que le facteur a fait son apparition° en France. La distribution du courrier a d'abord été le privilège des villes. Mais au 19ᵉ siècle, elle s'est développée à la campagne, dans les villages. Aujourd'hui, le facteur est plus qu'un simple facteur dans les endroits les plus reculés°, parce qu'il est l'une des seules personnes qui vient voir les habitants, souvent des personnes âgées. Il est devenu un intermédiaire essentiel entre le village et le monde. Il apporte lettres et colis en donnant° l'occasion d'un échange° verbal.

apparition *appearance* **reculés** *remote* **donnant** *giving* **échange** *exchange*

Ressentir et vivre

Analyse

1 Compréhension Répondez aux questions par des phrases complètes.
1. Comment Pierrette et Blanche se connaissent-elles?
2. Que font-elles dans le film?
3. Quelle mère reçoit des nouvelles de son fils?
4. Qui est l'homme?
5. Qu'apporte-t-il?
6. Où sont les fils des deux femmes?
7. Quel est le grade (*rank*) du fils de Pierrette?
8. Finalement, pour qui est le télégramme?

2 Réaction On voit, dans le film, que Pierrette et Blanche réagissent différemment face à la même situation. Leur manière de s'exprimer, aussi, est différente. Par groupes de trois, décrivez leur manière de s'exprimer et parlez de leur personnalité à l'aide du vocabulaire. Comparez vos idées avec celles des autres groupes.

agacer	une amitié	accablé
avoir honte	des commérages	anxieux
crier	une crise d'hystérie	contrarié
s'enfoncer	un esprit	désespéré
gêner	une guerre	émotif
mentir	le pouvoir	fâché
paniquer	une responsabilité	humain
soulager	un supplice	jaloux

3 Interprétation Avec un(e) camarade, répondez aux questions.
1. Quels sont les thèmes principaux du film?
2. Entre Pierrette et Blanche, laquelle aimez-vous le mieux? Pourquoi?
3. À la fin du film, pourquoi Pierrette dit-elle «Il n'y a plus rien à dire» et ferme-t-elle les yeux?
4. Que pensent Pierrette et Blanche quand elles voient que McLaurie est passé sans avoir frappé à aucune porte du village? À votre avis, savent-elles pour qui est le télégramme?
5. Où va le facteur à la fin du film? Que va-t-il faire? Que ressent-il?
6. Est-ce que Blanche espère vraiment que McLaurie s'arrête chez une de ses voisines?

4 Imaginez Dans ce court métrage, les gens du village dépendent de McLaurie. Mais que fait-il en dehors du travail? Quelle vie a-t-il? Qui d'autre dépend de lui? Quelle est sa personnalité? Avec un(e) camarade, décrivez la vie et la personnalité de McLaurie en cinq ou six phrases.

Practice more at **vhlcentral.com**.

5 **Dialogue** Lisez le dialogue entre Pierrette et Blanche. Puis imaginez ce que dirait McLaurie aux deux femmes s'il pouvait entendre leur conversation. Par groupes de trois, créez un dialogue entre les trois personnages et jouez-le devant la classe.

BLANCHE Il est fier de ce qu'il fait. Il est fier de savoir avant tout le monde.
PIERRETTE C'est vrai que ça lui donne un certain pouvoir.
BLANCHE D'ailleurs, moi, je ne l'ai jamais beaucoup aimé, même avant la guerre… Toujours à se tenir à l'écart, à garder ses distances…

6 **À vous la parole!** Répondez individuellement aux questions avant de comparer vos réponses avec celles de votre camarade de classe.

1. Est-ce que vos parents s'inquiètent pour vous? Expliquez votre réponse.
2. Avez-vous de bonnes relations avec vos parents? et avec le reste de votre famille? Pourquoi?
3. Combien de fois par semaine parlez-vous avec vos parents?
4. Est-ce que vos parents vous connaissent bien? Savent-ils ce que vous aimez et ce que vous n'aimez pas? Donnez des exemples.
5. Pour qui vous inquiétez-vous? Pourquoi?
6. Connaissez-vous quelqu'un dans l'armée? Si oui, est-ce que vous vous inquiétez pour cette personne?

7 **Moyens de communication** Aujourd'hui, il existe plusieurs moyens de communication. À votre avis, lesquels sont les plus efficaces pour communiquer ses émotions et ses sentiments? Pourquoi? Quels sont les avantages et les inconvénients de chaque moyen de communication? À l'aide de ce tableau, expliquez vos réponses et discutez-en par groupes de trois.

	Les avantages	Les inconvénients
une lettre		
un télégramme		
le téléphone		
un e-mail		
un SMS (*text message*)		
un autre moyen…?		

Ressentir et vivre

IMAGINEZ

La statue de la Liberté à New York

IMAGINEZ
Les États-Unis

Une amitié historique

D'ailleurs…
Avec environ 1.300.000 étudiants, le français est la deuxième langue la plus étudiée aux USA, après l'espagnol. Plus de 100 programmes d'échanges scolaires existent entre la France et les États-Unis, et il y a plus de 130 Alliances françaises sur le territoire américain, qui organisent plus de 1.000 manifestations culturelles par an.

Les liens° qui unissent la **France** et les **États-Unis** sont solides, fondés sur une histoire commune. À l'époque° coloniale, plusieurs Français ont participé à l'exploration de l'Amérique du Nord. Ainsi°, l'explorateur **Cavelier de La Salle** a été le premier Européen à descendre le **fleuve du Mississippi** et c'est **Antoine Cadillac**, un aventurier acadien°, qui a fondé la ville de **Detroit** en 1701. La **Louisiane française** était alors° un immense territoire avec, en son centre, le Mississipi. Elle s'étendait° des **Grands Lacs** au **golfe du Mexique**. Cet espace représente aujourd'hui dix États américains, et c'est pour cette raison que beaucoup de lieux dans cette région, comme **Belleville**, **Illinois** ou **Des Moines, Iowa**, portent° des noms français.

L'alliance franco-américaine s'est surtout renforcée° pendant la **guerre° d'Indépendance**. Avec le **marquis de Lafayette** et le **comte de Rochambeau**, l'armée française a offert une aide cruciale aux révolutionnaires américains, comme pendant la bataille° de la **baie de Chesapeake**, à la fin de la guerre. Ensuite, la France a été la première nation à reconnaître officiellement les nouveaux **États-Unis d'Amérique**. Des personnalités de cette période révolutionnaire comme **Benjamin Franklin**, **John Adams** et **Thomas Jefferson** étaient très francophiles et ont tous fait des séjours en France. De plus, les deux pays ont créé leur constitution en même temps et ont partagé la philosophie des **Lumières**°. Au cours des années, d'étroites° relations économiques et culturelles se sont développées entre eux, et en 1886, pour symboliser cette amitié, la France a offert aux États-Unis la **statue de la Liberté**, qu'on voit à l'entrée du port de **New York**.

Aujourd'hui, la France est le neuvième partenaire commercial des États-Unis, et hors de° l'Union Européenne, les États-Unis constituent le premier marché d'exportation

Leçon 1

Audrey Tautou

de la France. Au niveau de la culture, les films français figurent parmi les films étrangers les plus vus aux États-Unis et les plus appréciés du public américain. Quel Américain ne connaît pas **Gérard Depardieu**, **Catherine Deneuve** ou **Audrey Tautou**, qui a incarné° l'héroïne d'*Amélie*? De même, les grands artistes sont toujours appréciés, et dans les musées américains, les expositions sur **Monet**, **Gauguin** ou **Cézanne** sont très populaires. Enfin, les liens touristiques sont forts: pour les Américains, la France est le pays de la bonne cuisine, des petits cafés, de la mode et du romantisme; et l'Amérique reste l'une des destinations préférées des touristes français. En somme, l'amitié entre ces deux pays semble faite pour durer°!

liens *ties* **À l'époque** *At the time* **Ainsi** *In this way* **acadien** *from the Canadian region of Acadia* **alors** *at that time* **s'étendait** *stretched* **portent** *have* **s'est renforcée** *strengthened* **guerre** *war* **bataille** *battle* **Lumières** *Enlightenment* **étroites** *tight* **hors de** *outside* **a incarné** *embodied* **durer** *last*

Le français dans l'anglais

Mots et expressions venus du français

à la carte	en route
art déco	hors-d'œuvre
avant-garde	je ne sais quoi
camouflage	protégé
cliché	raison d'être
crème de la crème	rendez-vous
déjà vu	résumé
encore	touché

Mots anglais empruntés au français au Moyen Âge

armée	army
bœuf	beef
espion	spy
honneur	honor
joie	joy
liberté	liberty
loisir	leisure
mariage	marriage
mouton	mutton
oncle	uncle
salaire	salary
vallée	valley

IMAGINEZ

La francophonie aux USA

Chevrolet C'est un Suisse francophone, **Louis Chevrolet** (1878–1941), qui a fondé cette compagnie maintenant américaine. Après avoir été mécanicien en France et au Canada, Chevrolet déménage à New York en 1901. Là, il travaille pour **Fiat** et, en 1905, commence sa carrière de pilote de course°. Plus tard, Chevrolet dessine des voitures de course et bat° le record du monde de vitesse! La **Chevrolet Motor Car Company** est devenue une division de **General Motors** en 1918.

Les contes de Perrault Les contes du Français **Charles Perrault** (1628–1703) divertissent° les petits et les grands depuis des siècles, dans le monde occidental. Ses histoires, comme *Cendrillon*, *Le Petit Chaperon° rouge*, *La Belle au bois dormant°*, et *Le Chat botté°* ont inspiré des films, des ballets et des opéras. La compagnie Walt Disney en a même fait des films d'animation.

Tony Parker Malgré° son nom anglophone, **Tony Parker**, joueur professionnel de basket, est en fait° d'origine belge et française. Il est né à **Bruges**, en Belgique, et a été élevé en France. On le connaît bien aux États-Unis, parce qu'il joue dans l'équipe des **Spurs** à **San Antonio, Texas**. Avant de rejoindre° cette équipe de la **NBA** en 2001, Tony jouait en France dans la **LNB** (**Ligue Nationale de Basket-ball**).

Céline Dion Dernière-née d'une famille québécoise de 14 enfants, **Céline Dion** enregistre sa première chanson à 12 ans. Sa carrière commence en français, mais à l'âge de 18 ans elle apprend l'anglais et part à la conquête du monde anglophone. Son succès aux États-Unis est considérable; elle a vendu des millions d'albums, chanté pour la bande originale° de plusieurs films américains, et gagné de nombreux **Grammys**. Céline a encore connu un énorme succès avec son spectacle *A New Day…* créé en 2003, à **Las Vegas**.

pilote de course *race car driver* **bat** *breaks* **divertissent** *entertain* **Chaperon** *hood* **dormant** *sleeping* **Le Chat botté** *Puss in Boots* **Malgré** *Despite* **en fait** *in fact* **rejoindre** *join* **bande originale** *sound track*

Ressentir et vivre

IMAGINEZ

Qu'avez-vous appris?

ÉPREUVE

1 Vrai ou faux? Indiquez si ces affirmations sont vraies ou fausses et corrigez celles qui sont fausses.

1. C'est Cavelier de La Salle qui a fondé Detroit en 1701.
2. La Louisiane française s'étendait des Grands Lacs au golfe du Mexique.
3. Les films français ne sont pas appréciés des Américains.
4. Tony Parker est un joueur de basket d'origine belge et française.
5. Louis Chevrolet a écrit des contes connus dans le monde occidental.
6. Les films de Céline Dion connaissent un énorme succès aux États-Unis.

2 Que sais-je? Répondez aux questions.

1. Qui a été le premier Européen à descendre le fleuve du Mississippi?
2. Quelles personnalités américaines de la période révolutionnaire étaient très francophiles?
3. Qu'est-ce que la France et les États-Unis ont créé en même temps?
4. Que symbolise la statue de la Liberté?
5. Qui a fondé la compagnie Chevrolet et de quelle nationalité était-il?
6. De quoi les films d'animation de Walt Disney s'inspirent-ils beaucoup?

Projet

Aux États-Unis

Où trouve-t-on la culture francophone aux États-Unis? Faites des recherches sur **vhlcentral.com** pour créer une page de présentation au sujet d'un événement ou d'un lieu francophone.

- Notez les détails les plus intéressants.
- Choisissez des photos.
- Présentez votre page à la classe.
- Expliquez pourquoi vous avez choisi ce sujet.

Practice more at **vhlcentral.com**.

Trouvez la bonne réponse.

1. À l'époque coloniale, la Louisiane avait la taille _____.
   a. de la région des Grands Lacs
   b. de dix États américains
   c. du golfe du Mexique
   d. d'un État américain

2. L'alliance franco-américaine s'est renforcée _____.
   a. vers 1886   b. à l'époque coloniale
   c. vers 1701   d. pendant la guerre d'Indépendance

3. La France a été la première nation à _____ les États-Unis.
   a. reconnaître   b. aider
   c. explorer   d. nommer

4. À l'époque révolutionnaire, la France et les États-Unis partageaient _____.
   a. la même constitution   b. le même espace
   c. la philosophie des Lumières d. la même économie

5. La France a offert la statue de la Liberté aux États-Unis, en _____.
   a. 1701   b. 1846
   c. 1886   d. 1776

6. Catherine Deneuve, Gérard Depardieu et Audrey Tautou sont connus pour leur carrière _____.
   a. dans le cinéma   b. d'écrivain
   c. de musicien   d. sportive

7. Il y a _____ Alliances françaises sur le territoire américain.
   a. 1.000   b. plus de 130
   c. plus de 250 d. 50

8. Le joueur de basket Tony Parker a été élevé _____.
   a. au Québec   b. en Belgique
   c. en France   d. à San Antonio

9. Céline Dion a présenté son premier _____ à Las Vegas.
   a. hôtel   b. salon de beauté
   c. magasin   d. spectacle

10. Charles Perrault n'a pas écrit _____.
    a. Le Chat botté
    b. Cendrillon
    c. La Princesse au petit pois
    d. La Belle au bois dormant

Leçon 1

IMAGINEZ

Comment bien écrire le français

Les produits Clairefontaine sont généralement connus pour leur qualité. Les cahiers scolaires, par exemple, ont un papier spécial extra blanc. Beaucoup d'élèves aiment bien les utiliser. À la rentrée 2007, Clairefontaine a lancé (*launched*) une campagne télévisée qui a particulièrement plu au jeune public. Celle-ci met en scène Sophie et Jeff, dont les lettres d'amour sont tout de suite plus sophistiquées dès qu'ils les écrivent dans un cahier Clairefontaine.

Sophie, c'est fou comme c'était la lose dans ma vie avant que je te kiffe.

1 Compréhension Répondez aux questions par des phrases complètes.

1. Où est la jeune fille? Que fait-elle?
2. Qu'est-ce que le garçon a tout de suite remarqué quand il a rencontré la jeune fille? Et la jeune fille?
3. Quelle différence remarquez-vous entre ce qui est écrit et ce qui est dit?

2 Discussion Répondez aux questions en donnant des détails.

1. Avez-vous déjà écrit une lettre pour déclarer votre amour à quelqu'un? Si oui, qu'est-ce que vous lui avez dit? Sinon, imaginez ce qu'on dirait dans ce genre de situation.
2. Expliquez le slogan «On écrit mieux sur du papier Clairefontaine. Clairefontaine, ça vous réussit.» À votre avis, est-ce que c'est une bonne publicité? Pourquoi?

Et vous? Comment communiquez-vous avec les personnes qui vous sont chères? À votre avis, quel mode de communication est le plus approprié pour une déclaration d'amour? Expliquez.

Practice more at **vhlcentral.com**.

VOCABULAIRE

de la vidéo

un baiser *kiss*
emprisonner *to imprison*
hanter *to haunt*
je te kiffe = je t'aime
un regard *look, glance*
réussir (à quelqu'un) *to work (for someone)*
un sourire *smile*

pour la conversation

l'argot (m.) *slang*
un banc *bench*
cher/chère *dear*
une lettre d'amour *love letter*
un texto *text message*

Ressentir et vivre

IMAGINEZ

GALERIE DE CRÉATEURS

SUR INTERNET
Pour plus de renseignements sur ces créateurs et pour explorer des aspects précis de leurs créations, à l'aide d'activités et de projets de recherche, visitez vhlcentral.com.

PEINTURE
George Rodrigue (1944–)
En 1964, ce Cajun découvre la grande différence qui existe entre la Louisiane, sa région natale (*native*) et le reste des États-Unis. Les tableaux du début de sa carrière représentent les purs Cajuns dont on lui a parlé dans les histoires hautes en couleur (*colorful*) de sa famille. Mais c'est la série de tableaux contemporains, *Chien bleu*, créée en 1984, qui va surtout le rendre célèbre. Sa chienne Tiffany, morte en 1980, y est représentée comme un fantôme. *Chien bleu* a eu un tel succès qu'il a paru dans la série télévisée *Friends* et même dans une campagne présidentielle. Rodrigue est aussi le peintre des portraits de présidents américains comme George Bush et Bill Clinton.

URBANISME Pierre Charles L'Enfant (1754–1825)
Venu pour aider Washington pendant la guerre d'Indépendance, l'ingénieur français Pierre L'Enfant a gagné le concours (*contest*) pour la construction de la nouvelle capitale américaine, Washington D.C. Le travail commence en 1791, mais L'Enfant ne termine pas le projet. Au début du 20ᵉ siècle, les plans de L'Enfant sont repris pour construire le *National Mall* de Washington, et le génie (*genius*) de l'architecte français est enfin reconnu. Aujourd'hui, la vision de L'Enfant se révèle dans le système de quadrillage, les boulevards avec les grands monuments et les espaces verts de Washington, D.C. L'Enfant est enterré (*buried*) au cimetière d'Arlington.

IMAGINEZ

GASTRONOMIE
Julia Child (1912–2004)

Vers 1948, Julia Child découvre la cuisine française dans un restaurant de Rouen. Elle prend alors des cours au Cordon Bleu (*Blue Ribbon*), célèbre école de cuisine parisienne, puis elle écrit plusieurs guides culinaires français, dont le volumineux *Mastering the Art of French Cooking*. Elle est invitée à participer à une émission aux États-Unis, et en février 1963, l'émission culinaire, *The French Chef*, est lancée. Cette émission et ses guides culinaires ont eu un très grand succès. Julia Child devient une ambassadrice de la culture française aux États-Unis. Depuis 2001, on peut voir sa cuisine personnelle au *Smithsonian National Museum of American History*.

DESIGN/ARCHITECTURE
Philippe Starck (1949–)

Le designer et architecte, Philippe Starck, est tout aussi connu aux États-Unis où il réside, qu'en France où il est né. Avec plusieurs projets d'architecture et de décoration d'intérieur à l'étranger, entre autres aux États-Unis, en Australie, au Japon, en Argentine et en Turquie, il est l'un des décorateurs les plus originaux de sa génération. On compte, parmi ses créations, l'hôtel Mondrian à Los Angeles, le Royalton et le Hudson à New York et l'École Nationale Supérieure des Arts Décoratifs à Paris. L'ancien président de la République française, François Mitterrand, lui a même demandé d'apporter des modifications à ses appartements privés, dans le Palais de l'Élysée, sa résidence officielle. En 1979, l'architecte a fondé Starck Products, sa propre ligne d'objets pour la maison, de meubles et d'objets décoratifs.

Compréhension

Vrai ou faux? Indiquez si chaque phrase est vraie ou fausse. Corrigez les phrases fausses.

1. Pierre L'Enfant a gagné le concours pour la construction de Washington, D.C.
2. George Rodrigue est le peintre des portraits de présidents américains comme George Washington et John Adams.
3. Julia Child découvre la cuisine française dans une école de cuisine de New York.
4. Philippe Starck n'est pas encore bien connu en France.
5. La construction de la nouvelle capitale américaine commence au début du 20e siècle.
6. La série de tableaux *Chien bleu* rend George Rodrigue célèbre.
7. Les guides culinaires de Julia Child ont eu beaucoup de succès, mais pas son émission *The French Chef*.
8. François Mitterrand, l'ancien président français, a demandé à Philippe Starck d'apporter des modifications à sa résidence officielle.

Rédaction

À vous! Choisissez un de ces thèmes et écrivez un paragraphe d'après les indications.

- **Promenade dans la capitale** Vous visitez Washington, D.C. dessinée par Pierre L'Enfant. Décrivez les rues et les bâtiments de la capitale.
- **Chez les présidents** Le président des États-Unis demande à Philippe Starck de redécorer ses appartements privés, à la Maison Blanche. Décrivez ce que va faire M. Starck.
- **La cuisine française** Vous voulez suivre l'exemple de Julia Child. Décrivez ce que vous allez faire pour devenir un grand chef cuisinier.

Practice more at **vhlcentral.com**.

Ressentir et vivre

STRUCTURES

1.1 Spelling-change verbs

—*Ne vous **inquiétez** pas, Blanche.*

- Several **-er** verbs require spelling changes in certain forms of the present tense. These changes usually reflect variations in pronunciation or are made to avoid a change in pronunciation.

- For verbs that end in **-ger**, add an **e** before the **-ons** ending of the **nous** form.

voyager (*to travel*)	
je voyage	nous voyag**e**ons
tu voyages	vous voyagez
il/elle voyage	ils/elles voyagent

Nous **mangeons** ensemble.

- Other verbs like **voyager** are **déménager** (*to move*), **déranger** (*to bother*), **manger** (*to eat*), **partager** (*to share*), **plonger** (*to dive*), and **ranger** (*to tidy up*).

- In verbs that end in **-cer**, the **c** becomes **ç** before the **-ons** ending of the **nous** form.

commencer (*to begin*)	
je commence	nous commen**ç**ons
tu commences	vous commencez
il/elle commence	ils/elles commencent

Nous **commençons** à 8h30.

- Other verbs like **commencer** are **avancer** (*to advance, to move forward*), **effacer** (*to erase*), **forcer** (*to force*), **lancer** (*to throw*), **menacer** (*to threaten*), **placer** (*to place*), and **remplacer** (*to replace*).

- The **y** in verbs that end in **-yer** changes to **i** in all forms *except* for the **nous** and **vous** forms.

envoyer (*to send*)	
j'envo**i**e	nous envoyons
tu envo**i**es	vous envoyez
il/elle envo**i**e	ils/elles envo**i**ent

Elle **paie** par chèque.

- Other verbs like **envoyer** are **balayer** (*to sweep*), **ennuyer** (*to annoy; to bore*), **essayer** (*to try*), **nettoyer** (*to clean*), and **payer** (*to pay*).

> **ATTENTION!**
>
> The **y** in verbs that end in **-ayer** can either remain **y** or change to **i**. Both forms are correct.
>
> **je paie** *or* **je paye**
> **ils essaient** *or* **ils essayent**

STRUCTURES

- Often the spelling change is simply the addition of an accent. Notice that the **nous** and **vous** forms of verbs like **acheter** have no accent added.

acheter (*to buy*)	
j'ach**è**te	nous achetons
tu ach**è**tes	vous achetez
il/elle ach**è**te	ils/elles ach**è**tent

Il **achète** un appareil photo.

- Other verbs like **acheter** are **amener** (*to bring someone*), **élever** (*to raise*), **emmener** (*to take someone*), **lever** (*to lift*), **mener** (*to lead*), and **peser** (*to weigh*).

- In verbs like **préférer**, the **é** in the last syllable of the verb stem changes to **è** in all forms *except* for the **nous** and **vous** forms.

préférer (*to prefer*)	
je préf**è**re	nous préférons
tu préf**è**res	vous préférez
il/elle préf**è**re	ils/elles préf**è**rent

Je **préfère** cette robe rouge.

ATTENTION!

The **é** in the first syllable of verbs like **élever** and **préférer** never changes. Spelling changes occur only in the last syllable of the verb stem.

- Other verbs like **préférer** are **considérer** (*to consider*), **espérer** (*to hope*), **posséder** (*to possess*), and **répéter** (*to repeat; to rehearse*).

- In certain verbs that end in **-eler** or **-eter**, the last consonant in the stem is doubled in all forms *except* for the **nous** and **vous** forms.

appeler (*to call*)		jeter (*to throw*)	
j'appe**ll**e	nous appelons	je je**tt**e	nous jetons
tu appe**ll**es	vous appelez	tu je**tt**es	vous jetez
il/elle appe**ll**e	ils/elles appe**ll**ent	il/elle je**tt**e	ils/elles je**tt**ent

Seydou **appelle** son ami.

BLOC-NOTES

To review the present tense of **-er** verbs and the forms of regular **-ir** and **-re** verbs, see **Fiche de grammaire 1.4, p. 238**.

- Other verbs like **appeler** and **jeter** are **épeler** (*to spell*), **projeter** (*to plan*), **rappeler** (*to recall; to call back*), **rejeter** (*to reject*), and **renouveler** (*to renew*).

Ressentir et vivre

STRUCTURES

Mise en pratique

1 **Les fiancés** Jérôme et Mathilde vont bientôt se marier. Jérôme a fait une liste de toutes les tâches à accomplir. Dites ce que fait chaque personne mentionnée.

Modèle appeler le fleuriste: Mathilde et moi
Nous appelons le fleuriste.

1. payer le pâtissier: moi
2. remplacer les invitations: ma sœur
3. amener les grands-parents: maman et papa
4. ranger l'appartement: Mathilde et moi
5. nettoyer la salle de bains: mon frère
6. répéter demain soir: les musiciens
7. jeter les vieux journaux: moi
8. acheter de nouvelles chaussures: mon frère et moi

2 **En famille** Kader est déprimé et il en donne les raisons aux membres de sa famille. Formez des phrases complètes.

1. mes enfants / préférer / leur mère
2. nous / ne… aucune / payer / dette
3. je / s'ennuyer / souvent / le dimanche
4. personne / ne… jamais / balayer dehors
5. Martine et Sonya / effacer / messages / sur / répondeur
6. mon frère / élever / mal / mes neveux
7. nous / ne… pas / remplacer / les fleurs fanées (*withered*)
8. vous / me / déranger / quand / je / amener / clients / à la maison

3 **Les amis** Avec un(e) camarade, faites des phrases complètes avec les éléments de chaque colonne.

Modèle Les vrais amis appellent souvent.

A	B	
je	acheter	menacer
tu	amener	nettoyer
un(e) bon(ne) ami(e)	appeler	partager
nous	commencer	payer
vous	considérer	préférer
les faux/fausse(s) ami(e)s	emmener	rejeter
?	ennuyer	voyager
	envoyer	?

 Practice more at **vhlcentral.com**.

Leçon 1

Communication

4 Les jeunes mariés Jacqueline et Thierry viennent de se marier. Avec un(e) camarade, décrivez leur vie ensemble à l'aide des mots de la liste.

commencer	espérer	préférer
considérer	essayer	projeter
déménager	mener	renouveler

Modèle —Thierry projette de chercher un nouveau travail.
—Jacqueline préfère vivre près de Marseille.

5 Conversation Avec un(e) camarade, décrivez chaque personne à l'aide du verbe qui lui correspond.

Modèle préférer: mon frère
—Mon frère préfère travailler très tard le soir.
—Ma sœur aussi. Elle préfère commencer ses devoirs après dix heures.

1. acheter: mon père
2. posséder: le prof de français
3. rejeter: nos camarades de classe
4. ennuyer: je
5. avancer: nous
6. déranger: mes amis

6 J'en ai besoin. Par groupes de trois, dites pourquoi vous avez besoin des éléments de la liste ou pourquoi vous n'en avez pas besoin. Employez des verbes comme **voyager**, **commencer**, **envoyer**, **acheter**, **préférer** ou **appeler**. Chaque phrase doit avoir un verbe différent.

Modèle une chaîne stéréo
J'ai besoin d'une chaîne stéréo parce que j'achète beaucoup de CD.

- de l'argent
- une voiture
- un portable
- un appartement
- un ordinateur
- un aspirateur
- un(e) camarade de chambre
- ?

Ressentir et vivre

STRUCTURES

1.2 The irregular verbs *être*, *avoir*, *faire*, and *aller*

—Ils **ont** de meilleurs vêtements aussi.

- The four most common irregular verbs in French are **être**, **avoir**, **faire**, and **aller**. These verbs are considered irregular because they do not follow the predictable patterns of regular -**er**, -**ir**, or -**re** verbs.

- The verb **être** means *to be*. It is often followed by an adjective.

être (*to be*)	
je suis	nous sommes
tu es	vous êtes
il/elle est	ils/elles sont

Je **suis** américain.
I am American.

C'**est** un bon film.
It is a good movie.

Ils **sont** timides.
They are shy.

Nous **sommes** fiancés.
We are engaged.

- The verb **avoir** means *to have*.

avoir (*to have*)	
j'ai	nous avons
tu as	vous avez
il/elle a	ils/elles ont

Ils **ont** froid.

- The verb **avoir** is used in many idiomatic expressions.

avoir... ans *to be ... years old*	avoir envie de *to feel like*	avoir de la patience *to be patient*
avoir besoin de *to need*	avoir faim *to be hungry*	avoir peur de *to be afraid*
avoir de la chance *to be lucky*	avoir froid *to be cold*	avoir raison *to be right*
avoir chaud *to be hot*	avoir honte de *to be ashamed*	avoir soif *to be thirsty*
avoir du courage *to be brave*	avoir mal à *to ache, to hurt*	avoir sommeil *to be sleepy*
		avoir tort *to be wrong*

ATTENTION!

An idiomatic expression is one that cannot be translated or interpreted literally. Notice that many expressions with **avoir** correspond to English expressions with the verb *to be*.

J'ai dix-neuf ans.
I am nineteen years old.

Mireille a sommeil.
Mireille is sleepy.

STRUCTURES

- The verb **faire** means *to do* or *to make*.

faire (*to do; to make*)	
je fais	nous faisons
tu fais	vous faites
il/elle fait	ils/elles font

Elle **fait** de l'exercice.

- **Faire** is also used in numerous idiomatic expressions. Many of these expressions are related to weather, sports and leisure activities, or household tasks.

les sports et les loisirs
faire de l'aérobic to do aerobics
faire du camping to go camping
faire du cheval to ride a horse
faire de l'exercice to exercise
faire la fête to party
faire de la gym to work out
faire du jogging to go jogging
faire de la planche à voile to go windsurfing
faire une promenade to go for a walk
faire une randonnée to go for a hike
faire un séjour to spend time (somewhere)

faire du shopping to go shopping
faire du ski to go skiing
faire du sport to play sports
faire un tour (en voiture) to go for a walk (for a drive)
faire les valises to pack one's bags
faire du vélo to go cycling

le temps
Il fait beau. The weather's nice.
Il fait chaud. It's hot.
Il fait froid. It's cold.
Il fait mauvais. The weather's bad.
Il fait (du) soleil. It's sunny.
Il fait du vent. It's windy.

les tâches ménagères
faire la cuisine to cook
faire la lessive to do laundry
faire le lit to make the bed
faire le ménage to do the cleaning
faire la poussière to dust
faire la vaisselle to do the dishes

d'autres expressions
faire attention (à) to pay attention (to)
faire la connaissance de to meet (someone)
faire mal to hurt
faire peur to scare
faire des projets to make plans
faire la queue to wait in line

BLOC-NOTES
The verb **faire** followed by an infinitive means *to have something done* or *to cause something to happen*. To learn more about **faire causatif**, see **Fiches de grammaire, p. 276.**

- The verb **aller** means *to go*.

aller (*to go*)	
je vais	nous allons
tu vas	vous allez
il/elle va	ils/elles vont

Ils **vont** au cinéma.

- You can use **aller** with another verb to tell what is going to happen in the near future. The second verb is in the infinitive. This construction is called the **futur proche** (*immediate future*).

Je **vais quitter** mon mari.
I'm going to leave my husband.

Vous **allez lui mentir**?
Are you going to lie to him?

ATTENTION!
Remember, when you negate a sentence in the **futur proche**, place **ne... pas** around the form of **aller**.

Tu ne vas pas regarder le match?
Are you not going to watch the game?

STRUCTURES

Mise en pratique

1 **Le mariage** Complétez toutes les phrases. Soyez logique!

1. Soraya et Georges sont _____
2. Alors, ils vont _____
3. La mère de Soraya a _____
4. Son père est _____
5. Le jour du mariage, il fait _____
6. Soraya et Georges ont _____
7. Nous, leurs amis, nous sommes _____
8. La semaine prochaine, les jeunes mariés font _____

a. du soleil.
b. se marier.
c. amoureux.
d. déprimé parce qu'il pense au coût (*cost*) du mariage!
e. avec eux.
f. de la chance.
g. un séjour à Tahiti.
h. peur de perdre sa fille.

2 **Au musée** Complétez cette histoire à l'aide d'une forme correcte des verbes **être**, **avoir**, **faire** ou **aller**. Employez le présent de l'indicatif.

Kristen Aucoin et son frère Matt habitent dans le Rhode Island, et ils (1) _____ des ancêtres franco-canadiens. Ils adorent le sport et ils (2) _____ du vélo presque tous les week-ends, mais cet après-midi, il (3) _____ mauvais et il pleut. Alors, ils (4) _____ visiter le musée du Travail et de la Culture. Ils (5) _____ curieux de connaître l'histoire de leur région, et ce musée (6) _____ le meilleur endroit pour ça. Au musée, on (7) _____ la possibilité de voir des expositions sur l'immigration québécoise en Nouvelle-Angleterre. Kristen (8) _____ envie d'acheter quelques livres. Matt (9) _____ parler en français aux employés du musée. Il (10) _____ des efforts pour ne pas perdre la langue de ses grands-parents.

Note CULTURELLE

Le musée du Travail et de la Culture se trouve à **Woonsocket**, dans le **Rhode Island**. Pendant tout le 19ᵉ siècle, des milliers (*thousands*) de **Québécois** sont venus dans le Rhode Island pour travailler dans les usines de la vallée du **fleuve Blackstone**. Au début du 20ᵉ siècle, Woonsocket était la ville la plus francophone des États-Unis. Aujourd'hui, on peut visiter les sites historiques de la ville pour y découvrir la forte influence de son passé francophone.

Practice more at **vhlcentral.com**.

Communication

3 Comparaisons Avec un(e) camarade, décrivez les personnes de la liste à l'aide de ces expressions. Expliquez vos choix. Ensuite, comparez vos réponses avec celles d'un autre groupe.

Modèle Madonna fait évidemment de la gym parce qu'elle est en forme.

avoir du courage	faire la cuisine
avoir honte	faire la fête
avoir de la patience	faire de la gym
avoir sommeil	faire le ménage
avoir tort	faire du shopping
?	?

- Mariah Carey
- Brad Pitt
- Céline Dion
- Will Smith
- Audrey Tautou
- Johnny Depp

4 Conseils À deux, donnez des conseils à ces personnes. Employez à chaque fois le verbe **être** ou **avoir**, une expression avec **faire** et un verbe au futur proche.

Modèle Vous êtes fatiguée. Si vous faites une promenade, vous n'allez pas vous endormir.

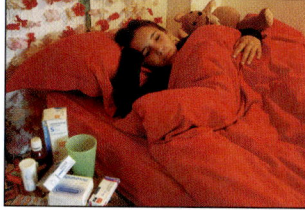

5 Promesses Vous avez beaucoup agacé votre petit(e) ami(e) qui menace de vous quitter. Vous promettez de ne plus faire ce qui l'énerve. Il/Elle vous pose des questions pour en être sûr(e). Jouez la scène pour la classe.

Modèle —Je ne vais plus draguer les filles!
—Bon, mais est-ce que tu vas être plus affectueux?

Ressentir et vivre

STRUCTURES

1.3 Forming questions

—*Et pourquoi ce ne serait pas pour vous, d'abord?*

- Rising intonation is the simplest way to ask a question. Just say the same words as when making a statement and raise your pitch at the end.

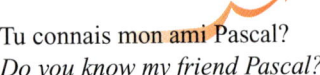

Tu connais mon ami Pascal?
Do you know my friend Pascal?

- You can also ask a question using **est-ce que**. If the next word begins with a vowel sound, **est-ce que** becomes **est-ce qu'**.

Est-ce que vous prenez des risques?
Do you take risks?

Est-ce qu'il a cinq ans?
Is he five years old?

- You can place a tag question at the end of a statement.

Tu es canadien, **n'est-ce pas**?
You are Canadian, right?

On va partir à 8h00, **d'accord**?
We're going to leave at 8 o'clock, OK?

- You can invert the order of the subject pronoun and the verb. Remember to add a hyphen whenever you use inversion. If the verb ends in a vowel and the subject is **il**, **elle**, or **on**, add **-t-** between the verb and the pronoun.

Aimes-tu les maths?
Do you like math?

Préfère-t-il le bleu ou le vert?
Does he prefer blue or green?

- To ask for specific types of information, use the appropriate interrogative words.

Interrogative words

combien (de)? *how much/many?*
comment? *how?*
où? *where?*
pourquoi? *why?*
quand? *when?*
que/qu'? *what?*
(à/avec/pour) qui? *(to/with/for) who(m)?*
(avec/de) quoi? *(with/about) what?*

ATTENTION!

You may recall that some ways of formulating a question are more informal than others. Intonation questions are considered informal. **Est-ce que** is somewhat more formal. Inversion is generally more formal.

ATTENTION!

Use inversion only with pronouns. If the subject is a noun, add the corresponding pronoun and then invert it with the verb.

Votre femme arrive-t-elle ce week-end?
Is your wife arriving this weekend?

To invert **il y a**, use **y a-t-il**.

Y a-t-il une station de métro près d'ici?
Is there a subway station nearby?

Est-ce is the inverted form of **c'est**.

Est-ce ton père là-bas?
Is that your father over there?

Leçon 1

- You can use various methods of question formation with interrogative words.

    Quand est-ce qu'ils mangent? **Combien** d'étudiants y a-t-il?
    When are they eating? *How many students are there?*

- The interrogative adjective **quel** means *which* or *what*. Like other adjectives, it agrees in gender and number with the noun it modifies.

The interrogative adjective quel		
	singular	**plural**
masculine	quel	quels
feminine	quelle	quelles

    —Je suis à l'hôtel. —Carole aime cette chanson.
    —**Quel** hôtel? —**Quelle** chanson?

- **Quel(le)(s)** can be used with a noun or with a form of the verb **être**.

    Quelle est ton adresse? **Quelles sont** tes fleurs préférées?
    What is your address? *What are your favorite flowers?*

- To avoid repetition, use the interrogative pronoun **lequel**. Like **quel**, it agrees in number and gender with the noun it modifies. Since it is a pronoun, the noun is not stated.

The interrogative pronoun lequel		
	singular	**plural**
masculine	lequel	lesquels
feminine	laquelle	lesquelles

    —Je vais prendre cette jupe. —Laure adore ces bonbons.
    —*I'm going to take this skirt.* —*Laure loves these candies.*

    —**Laquelle**? —**Lesquels**?
    —*Which one?* —*Which ones?*

- **Lequel** and its forms can be used with the prepositions **à** and **de**. When this occurs, the usual contractions with **à** and **de** are made. In the singular, contractions are made only with the masculine forms.

    à + lequel = **auquel**   *but*   à + laquelle = **à laquelle**
    de + lequel = **duquel** *but*   de + laquelle = **de laquelle**

    —Mon frère a peur du chien. —Nous allons au cinéma. —Je vais à l'université.
    —**Duquel** est-ce qu'il a peur? —**Auquel** allez-vous? —**À laquelle** vas-tu?

- In the plural, contractions are made with both the masculine and feminine forms: **auxquels, auxquelles; desquels, desquelles**.

    —Le prof parle aux étudiantes. —Il a besoin de livres.
    —**Auxquelles** est-ce qu'il parle? —**Desquels** a-t-il besoin?

STRUCTURES

Mise en pratique

1 **Les copains** Posez des questions à Gisèle. Formulez chaque question deux fois, d'abord avec **est-ce que**, puis avec l'inversion.

> **Modèle** nous / avoir rendez-vous / avec Karim / au café
> Est-ce que nous avons rendez-vous avec Karim au café? Avons-nous rendez-vous avec Karim au café?

1. tu / avoir confiance / en Myriam
2. Lucie et Ahmed / aller / faire / du sport
3. vous / rêver / de / tomber / amoureux
4. Alain / draguer / filles / de / la classe
5. Stéphanie / se mettre / souvent / en colère
6. mes copines / espérer / faire / un séjour / Canada

2 **Des parents contrariés** Ces parents sont fâchés contre leurs deux enfants adolescents. La mère pose des questions et le père les réitère avec des interrogatifs. Avec un(e) camarade, alternez les rôles, puis jouez la scène pour la classe.

> **Modèle** Tu rentres <u>à trois heures du matin</u>?
> À quelle heure est-ce que tu rentres?!

1. Vous mangez <u>cinq</u> éclairs par jour?
2. Tu travailles <u>avec Laurent</u>?
3. <u>Ce</u> mauvais élève est ton meilleur ami?
4. Vous allez <u>au parc</u> pendant les cours?
5. Vos amis achètent <u>des jeux vidéo</u> avec leur argent?

3 **Chez le conseiller matrimonial** D'après (*According to*) les réponses, devinez les questions. Employez l'inversion.

CONSEILLER (1) _____

M. LEROUX Ah, oui! Ma femme travaille trop!

CONSEILLER (2) _____

M. LEROUX Elle est psychologue.

CONSEILLER (3) _____

MME LEROUX Non, malheureusement, nous ne sortons jamais ensemble.

CONSEILLER (4) _____

MME LEROUX Oui, mon mari me demande souvent de rentrer plus tôt.

CONSEILLER (5) _____

M. LEROUX Bien sûr que ses heures de travail me gênent!

CONSEILLER Bon, (6) _____

M. LEROUX Prenons le prochain rendez-vous pour onze heures.

Communication

4 À vous de décrire! Par groupes de trois, regardez chaque photo et posez-vous mutuellement des questions pour décrire ce qui se passe.

Modèle —Combien de personnes y a-t-il?
—Il y a cinq personnes.
—Que font-elles?

5 Des curieux Dites à votre camarade ce que vous allez faire pendant les prochaines vacances, à l'aide des mots de la liste. Ensuite, votre camarade va formuler une question avec **lequel** pour avoir plus de détails.

Modèle —Je vais lire un livre.
—Ah bon? Lequel?
—Je vais lire *De la démocratie en Amérique*.

bronzer sur une plage	sortir avec des copains/copines
descendre dans une auberge	visiter des musées
manger dans un restaurant	visiter une ville
regarder des émissions à la télé	voir un film
?	?

6 Questions personnalisées Avec un(e) camarade, posez-vous mutuellement au moins trois questions sur ces thèmes. Présentez ensuite vos réponses à la classe.

Modèle **le/la petit(e) ami(e)**
As-tu un(e) petit(e) ami(e)? Comment est-ce qu'il/elle s'appelle? À quelle université va-t-il/elle?

- les cours
- les parents
- les copains
- l'argent
- les passe-temps
- la nourriture

Note CULTURELLE

En 1831, le gouvernement français envoie aux États-Unis un écrivain de science politique âgé de 25 ans, **Alexis de Tocqueville**, pour y étudier les prisons. Après un séjour de neuf mois, Tocqueville retourne en France, enthousiasmé par le système démocratique américain, et il écrit *De la démocratie en Amérique*. Cette analyse politique, qui décrit tout aussi bien la réalité d'aujourd'hui que celle du 19ᵉ siècle, est un classique de la littérature française.

Ressentir et vivre

STRUCTURES

Synthèse  Reading

Où allons-nous habiter?

De: Martin <martin.compeau@courriel.ca>
Pour: Docteur Lesage <etienne24@courriel.qc>
Sujet: Où allons-nous habiter?

J'ai 30 ans et je suis marié. Mon problème a commencé à cause d'une blague. Je fais des blagues tout le temps. Ma femme Pauline et moi déménageons bientôt à New York, où nous faisons un tour chaque année. Elle considère que c'est la ville idéale. Nous avons deux enfants, et nous sommes tous très heureux d'aller habiter à New York. Un week-end, j'y vais pour chercher un appartement, pendant que Pauline essaie de vendre notre maison. Mais on s'envoie des messages instantanés pour être en contact. Elle m'appelle aussi chaque soir.
La semaine dernière, pour rire, j'ai l'idée d'envoyer un e-mail à Pauline pour lui dire que je n'ai plus envie de déménager. Et je réussis à la convaincre°! C'est incroyable, n'est-ce pas? Cette situation m'inquiète beaucoup, parce que ma femme s'est mise en colère. Elle ne veut plus me parler. Quelle solution me suggérez-vous? Comment vais-je lui dire que c'est une blague? Ne va-t-elle pas se mettre encore plus en colère? Êtes-vous capable de m'aider?

to convince

1 **L'e-mail** Par groupes de trois, lisez l'e-mail que Martin a écrit au Docteur Lesage et répondez aux questions.

1. Qu'est-ce que Martin fait tout le temps?
2. Que font Martin et Pauline à New York?
3. Comment Martin et Pauline sont-ils en contact quand ils ne sont pas ensemble?
4. Quelle idée Martin a-t-il un jour?
5. Qu'est-ce que Martin réussit à faire?
6. Quel est l'effet de cette situation sur Martin?

2 **Discussion** Restez dans le même groupe de trois et parlez du problème de Martin. Suggérez une solution. Choisissez un membre du groupe pour la présenter à la classe.

3 **Solution** Écoutez les solutions suggérées par tous les groupes et parlez-en avec toute la classe. Travaillez ensemble pour trouver la meilleure solution au problème de Martin. Gardez en tête les questions suivantes.

1. Quelles sont les différentes réactions de chaque groupe au problème de Martin?
2. Y a-t-il une solution commune? Laquelle?
3. Y a-t-il des solutions plus réalisables (*workable*) que d'autres? Lesquelles?

Préparation

Vocabulaire de la lecture

à partir de *from*
fuir *(irreg.) to flee*
grâce à *thanks to*
un mélange *mix*
une nouvelle vague *new wave*
rejoindre *(irreg.) to join*
un soldat *soldier*

Vocabulaire utile

un(e) ancêtre *ancestor*
s'assimiler à *to blend in*
bilingue *bilingual*
un choc culturel *culture shock*
le dépaysement *change of scenery; disorientation*
émigrer *to emigrate*
immigrer *to immigrate*
s'intégrer (à un groupe) *to integrate (into a group)*

1 Vocabulaire Choisissez le bon mot de vocabulaire pour compléter chaque phrase.

1. _____ mes parents, je vais à l'université.
2. Il est normal de rendre hommage à nos _____, plusieurs fois dans l'année.
3. Une personne qui parle couramment deux langues est _____.
4. Dans les films d'horreur, le héros ou l'héroïne _____ toujours le monstre ou le méchant (*bad guy*).
5. Cette _____ artistique mélange le moderne et le traditionnel.
6. Benjamin Franklin a peut-être ressenti _____ quand il est arrivé pour la première fois en France, comme représentant des États-Unis.

2 Chez vous Répondez individuellement aux questions par des phrases complètes. Ensuite, comparez vos réponses avec celles de votre camarade.

1. Votre famille a-t-elle conservé des éléments de sa culture ancestrale? Si oui, lesquels? Lesquels préférez-vous? Sinon, quels sont les éléments des autres cultures que vous appréciez le plus?
2. Voudriez-vous que vos enfants et petits-enfants transmettent les traditions que vous avez maintenues dans votre famille?
3. Quelles communautés ethniques différentes de la vôtre existent près de chez vous? Ont-elles parfois des festivals ou des événements qui célèbrent leur culture? Si oui, y avez-vous déjà assisté? Décrivez votre expérience.

3 Sujets de réflexion Discutez de ces questions par groupes de trois et comparez vos réponses à celles des autres groupes.

1. Quelles sont les raisons pour lesquelles une personne immigre dans un autre pays?
2. Quand quelqu'un part vivre dans un pays étranger où on parle une autre langue, devrait-il/elle parler à ses futurs enfants dans sa langue ou dans la langue du pays? Expliquez votre réponse.
3. Comment peut-on préserver une culture? Quel rôle joue la langue dans cet effort de préservation?
4. Faut-il s'assimiler pour s'intégrer, ou peut-on arriver à l'intégration en gardant (*while keeping*) sa propre culture?

CULTURE

Les **Francophones** d'Amérique

CULTURE

Chaque année, vers le mois de septembre, les Festivals acadiens de Lafayette, en Louisiane, célèbrent les divers aspects de la culture cajun: musique, gastronomie, art et artisanat… Cette tradition a commencé à l'époque de la «fièvre» cajun qui a fait redécouvrir une culture en voie de disparition.

C'est au 17ᵉ siècle qu'une communauté francophone s'est installée en Acadie, à l'est du Canada, où on trouve aujourd'hui la Nouvelle-Écosse° et les régions voisines. La communauté a souffert de l'invasion des Britanniques pendant la guerre de Sept Ans (1754–1763) et de la déportation en France, en Angleterre et dans les colonies britanniques. De nombreux Acadiens ont fui. Ils ont suivi le fleuve Mississippi pour aboutir° en Louisiane, en 1765. C'est alors qu'est née la culture cajun, ce terme étant° une altération anglaise du mot «acadien». Jusqu'au 20ᵉ siècle, d'autres francophones, du Canada, des Antilles et d'ailleurs, ont rejoint les Cajuns.

En 1921, un nouvel obstacle se présente, quand le gouvernement de la Louisiane déclare obligatoire l'éducation en anglais. À partir de ce moment, la culture cajun est en danger d'extinction. Heureusement, en 1968, le gouvernement local crée le Conseil pour le Développement du Français en Louisiane (CODOFIL) et on appelle Acadiana le sud-ouest de l'État, où se trouve la majorité des Cajuns. Aujourd'hui, le français est enseigné dans les écoles, parfois dans des programmes d'immersion.

Outre° le retour de l'enseignement du français, la culture cajun a connu une renaissance, dans les domaines de la gastronomie et de la musique. Depuis ses origines, la musique est un mélange d'influences étrangères provenant d'Afrique, des Antilles ou du reste des États-Unis. Le musicien Dewey Balfa a contribué à la popularité de la musique acadienne depuis les années 1960, et la nouvelle vague de musiciens cajuns continue de la faire évoluer.

Celle-ci est devenue si populaire que des groupes se sont formés dans d'autres villes américaines, comme les Femmes d'enfer à Seattle ou Bone Tones à Minneapolis.

La gastronomie est l'autre ambassadeur culturel des Cajuns. Originaire de l'Acadiana, elle s'inspire de la cuisine provençale, et ses principaux ingrédients sont le poivron, l'oignon et le céleri. Grâce à des chefs comme Paul Prudhomme et Emeril Lagasse, dont on voit les émissions télévisées, cette gastronomie s'est répandue° dans beaucoup de villes et de cuisines américaines.

Les cultures acadienne et cajun ont su résister à tous les événements qui ont voulu les détruire. Le peuple cajun a réussi son intégration: il s'est assimilé à la société américaine sans abandonner ses traditions ni son mode de vie. ■

Nova Scotia — *end up* — *being* — *Besides*

> **La culture cajun a connu une renaissance aux États-Unis, dans les domaines de la gastronomie et de la musique.**

Les instruments de musique

Le violon° et l'accordéon, les principaux instruments de la musique cajun, sont accompagnés de la guitare, du triangle, de l'harmonica et de la planche à laver°, ou «frottoir» en cajun. Ce dernier instrument se joue à l'aide de dés à coudre° avec lesquels on frotte° la planche ou on tape° dessus.

fiddle — washboard — thimbles — rubs/hits — has spread

Ressentir et vivre

Analyse

1 Compréhension Répondez aux questions par des phrases complètes.

1. D'où est venue la majorité des francophones qui se sont installés en Louisiane au 18ᵉ siècle?
2. Pour quelle raison ont-ils quitté leur colonie?
3. Pourquoi la langue et la culture cajuns ont-elles été en danger d'extinction au 20ᵉ siècle?
4. À part (*Apart from*) la langue, quels sont les deux éléments les plus visibles de la culture cajun sur le continent américain?
5. Quels sont les deux instruments principaux de la musique cajun?
6. Quelle cuisine a influencé la gastronomie cajun?

2 Opinion Répondez à ces questions avec un(e) camarade.

1. Que ressentiriez-vous si le gouvernement vous interdisait de parler votre langue?
2. Pensez-vous que votre langue et votre culture fassent partie de votre personnalité? Expliquez votre réponse.
3. Pensez-vous que la coexistence de plusieurs cultures crée une société plus forte ou plus faible?

3 Prédiction Vous avez lu que d'autres cultures et des influences extérieures ont menacé l'existence de la culture cajun. Pourtant, cette culture existe encore et a de l'influence sur le continent nord-américain. Par groupes de trois ou quatre, imaginez la communauté cajun en 2100. Existera-t-elle encore, à votre avis? Le français cajun sera-t-il encore parlé?

4 Allez plus loin Pour aller plus loin, imaginez le continent nord-américain en 2100 et répondez aux questions par groupes de trois.

- À votre avis, quelles seront les cultures dominantes sur le territoire?
- Quelles seront les cultures en déclin?
- Quelles langues le peuple américain parlera-t-il?
- L'anglais persistera-t-il à dominer comme unique langue officielle?
- L'éducation bilingue ou plurilingue (*multilingual*) sera-t-elle une réalité?

Practice more at **vhlcentral.com**.

Préparation

À propos de l'auteur

Guillaume Apollinaire (1880–1918), de son vrai nom Wilhelm Apollinaris de Kostrowitcki, est né à Rome, d'une mère polonaise. Il passe son enfance avec sa mère et son frère sur la Côte d'Azur. En 1899, ils déménagent à Paris où Wilhelm devient précepteur (*tutor*) dans une famille allemande. Il accompagne cette famille en Allemagne, en Autriche et en Hollande. Ces voyages lui inspirent de nombreux poèmes, notamment *Nuit rhénane*. De retour à Paris, Apollinaire rencontre des artistes d'avant-garde: Derain, Vlaminck, Picasso et d'autres. En 1914, il s'engage dans l'armée où il continue d'écrire des poèmes. Il est grièvement (*seriously*) blessé en 1916 et meurt de la grippe espagnole deux ans plus tard. Guillaume Apollinaire a joué un rôle considérable dans la création de mouvements littéraires et artistiques.

Vocabulaire de la lecture	Vocabulaire utile
s'en aller to go/fade (away)	**des amants** (*m.*) lovers
couler to flow; to run (water)	**désabusé(e)** disillusioned
la joie joy	**une liaison** affair; relationship
las/lasse weary	**mélancolique** melancholic
la peine sorrow	**une rupture** breakup
sonner to strike; to sound	**la tristesse** sadness

1 **Définitions** Faites correspondre les mots avec leur définition.

___ 1. Fait de mettre fin à quelque chose
___ 2. Bonheur, grand plaisir
___ 3. Tourment, souffrance morale
___ 4. Relation amoureuse
___ 5. Symboliser ou décrire
___ 6. Action de l'eau qui se déplace ou du temps qui passe
___ 7. Qui a tendance à être triste et rêveur
___ 8. Qui n'a plus d'illusions

a. représenter
b. mélancolique
c. sonner
d. couler
e. désabusé
f. rupture
g. liaison
h. peine
i. onde
j. joie

2 **Préparation** Répondez individuellement à ces questions, puis discutez-en avec un(e) camarade de classe.

1. Quels sont les événements de la vie qui symbolisent la joie? Et la peine?
2. Peut-on dire que la vie a des vagues (*waves*) de bonheur ou de tristesse? Comment peut-on l'expliquer?
3. Dans l'art et la littérature, pourquoi l'eau représente-t-elle le temps qui passe? Quelles autres métaphores ou images vous font penser au temps qui passe?
4. Êtes-vous désabusé(e)? À cause de qui ou de quoi?
5. Avez-vous vécu une rupture? Comment cela s'est-il passé? Si non, connaissez-vous quelqu'un d'autre qui a vécu une rupture?

Practice more at vhlcentral.com.

Marie Laurencin

Note CULTURELLE

En 1907, **Pablo Picasso** présente **Marie Laurencin**, peintre et poétesse, à **Guillaume Apollinaire**. Ils tombent amoureux et vivent une liaison passionnée qui durera cinq ans. Le poème *Le Pont Mirabeau*, écrit en 1912, exprime les sentiments de l'auteur juste après sa rupture avec Marie. Le pont Mirabeau est un pont de Paris sur lequel Apollinaire passait souvent.

LITTÉRATURE

LE PONT Mirabeau

Guillaume Apollinaire

LITTÉRATURE

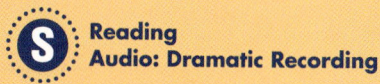
Reading
Audio: Dramatic Recording

Sous le pont Mirabeau coule la Seine
            Et nos amours
        Faut-il qu'il m'en souvienne
La joie venait toujours après la peine

5   Vienne la nuit sonne l'heure
remain   Les jours s'en vont je demeure°

Les mains dans les mains restons face à face
while   Tandis que° sous
        Le pont de nos bras passe
water 10 Des éternels regards l'onde° si lasse

        Vienne la nuit sonne l'heure
        Les jours s'en vont je demeure

La joie venait toujours après la peine

---

running L'amour s'en va comme cette eau courante°
            L'amour s'en va
15   Comme la vie est lente
hope   Et comme l'Espérance° est violente

        Vienne la nuit sonne l'heure
        Les jours s'en vont je demeure

Passent les jours et passent les semaines
20   Ni temps passé
        Ni les amours reviennent
Sous le pont Mirabeau coule la Seine

        Vienne la nuit sonne l'heure
        Les jours s'en vont je demeure ■

LITTÉRATURE

Analyse

1 Compréhension Répondez aux questions, si possible par des phrases complètes.

1. Qui parle, dans le poème? À qui parle cette personne?
2. De quoi se souvient le poète?
3. Qu'est-ce qui forme un «pont», à part le pont Mirabeau?
4. Dans le poème, quels sont les éléments que l'eau représente?
5. Quel est l'objet qui symbolise le poète quand il dit «je demeure»? Pourquoi?
6. Quelles sont des expressions de sentiments désabusés?
7. Y a-t-il du bonheur ou de l'optimisme dans le poème?
8. Quels sont les thèmes principaux du poème?

2 Interprétation Répondez aux questions par des phrases complètes.

1. Que ressent l'auteur? Ses sentiments changent-ils pendant le poème?
2. Que veut dire le poète quand il écrit que «… sous le pont de nos bras passe / des éternels regards l'onde si lasse»?
3. Et que veulent dire «Vienne la nuit sonne l'heure / Les jours s'en vont je demeure»? Pourquoi le poète répète-t-il ces vers quatre fois?
4. La liaison de ce couple était-elle heureuse, turbulente ou tranquille, à votre avis? Décrivez-la dans un court paragraphe.

3 Imaginez Avec un(e) camarade, imaginez l'histoire d'amour de ce poète et de son amie. Préparez une conversation qui explique pourquoi leur rupture est nécessaire. Servez-vous du nouveau vocabulaire et des nouvelles structures.

4 Rédaction Écrivez une lettre, réelle ou imaginaire, à votre (petit[e]) ami(e) ou à quelqu'un dont vous êtes amoureux / amoureuse. Suivez le plan de rédaction.

Plan

1 Préparation Pensez à la personne à laquelle vous adressez la lettre. Choisissez une salutation, comme: **Cher _____ / Chère _____, Mon amour, Mon cœur**…

2 Développement Organisez vos idées. Quels sont les sentiments que vous voulez exprimer? Aidez-vous de ces questions pour écrire votre lettre:
1. Comment est la personne qui va lire la lettre?
2. Que ressentez-vous quand vous pensez à cette personne?
3. Pourquoi aimez ou aimiez-vous cette personne?
4. Pensez-vous que vos sentiments sont ou étaient réciproques?
5. Quels contacts espérez-vous avoir avec cette personne à l'avenir?

3 Conclusion Terminez votre lettre par une phrase qui convient, telle que: **Amitiés, Bises / Bisous, Je t'embrasse, Je t'aime,** ou **Ton amour**. Ces exemples vont de la simple amitié au grand amour.

Les relations personnelles

 Audio: Vocabulary Flashcards

Les relations

une âme sœur soul mate
une amitié friendship
des commérages (*m.*) gossip
un esprit spirit
un mariage marriage; wedding
un rendez-vous date
une responsabilité responsibility

compter sur to rely on
draguer to flirt; to try to "pick up"
s'engager (envers quelqu'un) to commit (to someone)
faire confiance (à quelqu'un) to trust (someone)
mentir (*conj. like* **sentir**) to lie
mériter to deserve; to be worth
partager to share
poser un lapin (à quelqu'un) to stand (someone) up
quitter quelqu'un to leave someone
rompre (*irreg.*) to break up
sortir avec to go out with

(in)fidèle (un)faithful

Les sentiments

agacer/énerver to annoy
aimer to love; to like
avoir honte (de) to be ashamed (of)/embarrassed
en avoir marre (de) to be fed up (with)
s'entendre bien (avec) to get along well (with)
gêner to bother; to embarrass
se mettre en colère contre to get angry with
ressentir (*conj. like* **sentir**) to feel
rêver de to dream about
tomber amoureux/amoureuse (de) to fall in love (with)

accablé(e) overwhelmed
anxieux/anxieuse anxious
contrarié(e) upset
déprimé(e) depressed
enthousiaste enthusiastic; excited
fâché(e) angry; mad
inquiet/inquiète worried
jaloux/jalouse jealous
passager/passagère fleeting

L'état civil

divorcer to get a divorce
se fiancer to get engaged
se marier avec to marry
vivre (*irreg.*) en union libre to live together (as a couple)

célibataire single
veuf/veuve widowed; widower/widow

La personnalité

avoir confiance en soi to be confident

affectueux/affectueuse affectionate
charmant(e) charming
économe thrifty
franc/franche frank
génial(e) great; terrific
(mal)honnête (dis)honest
idéaliste idealistic
inoubliable unforgettable
(peu) mûr (im)mature
orgueilleux/orgueilleuse proud
prudent(e) careful
séduisant(e) attractive
sensible sensitive
timide shy
tranquille calm; quiet

Court métrage

la boue mud
un cauchemar nightmare
une crise d'hystérie attack of hysteria
un(e) estropié(e) cripple
une guerre war
le pouvoir power
une route road
un supplice torture

boiter to limp
crier to yell
s'enfoncer to drown
frapper to knock; to hit
paniquer to panic
raconter (une histoire) to tell (a story)
réagir to react
soulager to relieve
se tromper to be wrong/mistaken

désespéré(e) desperate
émotif/émotive emotional
humain(e) human

pourtant though, however

Culture

un(e) ancêtre ancestor
un choc culturel culture shock
le dépaysement change of scenery; disorientation
un mélange mix
une nouvelle vague new wave
un soldat soldier

s'assimiler à to blend in
émigrer to emigrate
fuir (*irreg.*) to flee
immigrer to immigrate
s'intégrer (à un groupe) to integrate (into a group)
rejoindre (*irreg.*) to join

bilingue bilingual

à partir de from
grâce à thanks to

Littérature

des amants (*m.*) lovers
la joie joy
une liaison affair; relationship
la peine sorrow
une rupture breakup
la tristesse sadness

s'en aller to go/fade (away)
couler to flow; to run (water)
sonner to strike; to sound

désabusé(e) disillusioned
las/lasse weary
mélancolique melancholic

LEÇON 2

Habiter en ville

Ah, l'attrait de la grande ville! Depuis des années, la campagne perd ses habitants. Qu'implique la vie urbaine, en fait? Est-il nécessairement plus facile de rencontrer des gens en ville qu'à la campagne? Oui, habiter en ville, c'est pratique... mais à quel prix?

Sur l'avenue des Champs-Élysées, des Parisiens sortent du métro en face de l'Arc de Triomphe.

SOMMAIRE

44 COURT MÉTRAGE
Un beau jour, à Lyon, une jeune femme pense trouver l'amour de sa vie dans le métro. Le réalisateur **Philippe Orreindy** nous fait participer à cette rencontre dans *J'attendrai le suivant...*

50 IMAGINEZ
Vous avez envie de visiter la France, mais vous ne savez pas où aller? Pas de problème! Destination: Marseille et Lyon, deux grandes cités qui se disputent le titre de deuxième ville de France. Toujours indécis? Le célèbre photographe **Yann Arthus-Bertrand** prend de l'altitude et nous expose sa vision singulière du monde.

69 CULTURE
L'article *Rythme dans la rue: La fête de la Musique* nous parle d'un phénomène culturel majeur qui a débuté en France et qui s'est développé dans d'autres pays.

73 LITTÉRATURE
La terre tremble un après-midi de janvier et Haïti ne sera plus le même pays. L'écrivain haïtien **Dany Laferrière** a vécu la tragédie et nous la raconte dans *Tout bouge autour de moi*.

Destination:
FRANCE

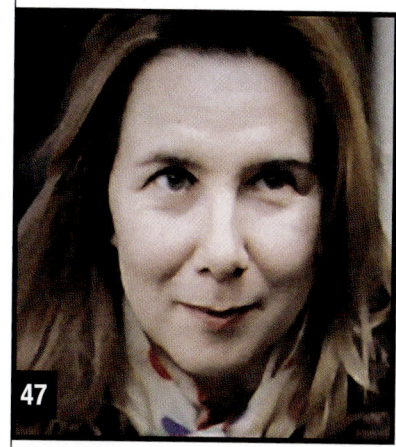

47

70

42 POUR COMMENCER
56 STRUCTURES
2.1 Reflexive and reciprocal verbs

2.2 Descriptive adjectives and adjective agreement

2.3 Adverbs

79 VOCABULAIRE

Habiter en ville

POUR COMMENCER

En ville Audio: Vocabulary

Les lieux

un arrêt d'autobus bus stop
une banlieue suburb; outskirts
une caserne de pompiers fire station
le centre-ville city/town center; downtown
un cinéma cinema; movie theater

un commissariat de police
  police station
un édifice building
un gratte-ciel skyscraper
un hôtel de ville city/town hall
un jardin public public garden
un logement/une habitation housing
un musée museum

le palais de justice courthouse
une place square; plaza
la préfecture de police
  police headquarters
un quartier neighborhood
une station de métro subway station

Les indications

la circulation traffic
les clous crosswalk

un croisement intersection
un embouteillage traffic jam
un feu (tricolore) traffic light
un panneau road sign
un panneau d'affichage billboard
un pont bridge
un rond-point rotary; roundabout
une rue street
les transports en commun
  public transportation
un trottoir sidewalk
une voie lane; road; track

descendre to go down; to get off
donner des indications to give directions
être perdu(e)
  to be lost
monter (dans une
  voiture, dans un
  train) to get (in
  a car, on a train)
se trouver
  to be located

Les gens

un agent de police police officer
un(e) citadin(e) city-/town-dweller
un(e) citoyen(ne) citizen
un(e) colocataire roommate; co-tenant
un(e) conducteur/conductrice driver
un(e) étranger/étrangère foreigner;
  stranger
le maire mayor
un(e) passager/passagère passenger
un(e) piéton(ne) pedestrian

Les activités

les travaux construction
l'urbanisme city/town planning
la vie nocturne nightlife

améliorer to improve
s'amuser to have fun
construire to build
empêcher (de) to stop; to keep from
  (doing something)
s'ennuyer to get bored
s'entretenir (avec)
  to talk; to converse
passer (devant)
  to go past
peupler to populate
rouler (en voiture)
  to drive
vivre to live

(peu/très) peuplé(e)
  (sparsely/densely) populated

Pour décrire

animé(e) lively
bruyant(e) noisy

inattendu(e) unexpected
plein(e) full
privé(e) private
quotidien(ne) daily
sûr(e)/en sécurité safe
vide empty

POUR COMMENCER

Mise en pratique

1 **Correspondances** Trouvez le mot qui correspond à chaque définition.

___ 1. Gens qui habitent le même logement
___ 2. De tous les jours
___ 3. Habitant d'une ville
___ 4. Expliquer comment aller d'un endroit à un autre
___ 5. Région autour d'une ville
___ 6. Édifice aux nombreux étages
___ 7. Bâtiment où se trouve l'administration municipale
___ 8. Passage où les piétons traversent la rue
___ 9. Personne qui monte dans un bus
___ 10. Rendre ou devenir meilleur

a. gratte-ciel
b. passager
c. hôtel de ville
d. améliorer
e. colocataires
f. citadin
g. donner des indications
h. banlieue
i. clous
j. quotidien

2 **À la une** Complétez chaque titre de journal à l'aide du terme le plus logique de la liste.

| bruyant | embouteillage | musée | transports en commun |
| commissariat de police | hôtel de ville | peuplé | travaux |

1. BORDEAUX—Suspect retenu au _____ pour interrogatoire
2. CAEN—_____ énorme sur l'autoroute 88 à cause d'un accident
3. CHARTRES—Les _____ du centre-ville, commencés il y a dix ans, sont enfin terminés!
4. LIMOGES—Exposition de masques africains au _____ des Beaux-arts jusqu'au 12 mai
5. LILLE—La ville aujourd'hui: deux fois plus _____ qu'en 1970
6. PARIS—Grève (*Strike*) des employés du métro: prenez d'autres _____ aujourd'hui

3 **Centre-ville ou banlieue?** Répondez au questionnaire. Ensuite, comparez vos réponses avec celles d'un(e) camarade de classe et expliquez-les en une phrase. Avez-vous les mêmes préférences?

Préférez-vous…	A	B
…(A) habiter au centre-ville ou (B) en banlieue?	☐	☐
…(A) sortir en boîte ou (B) aller au cinéma?	☐	☐
…(A) vivre seul(e) ou (B) avec des colocataires?	☐	☐
…(A) habiter dans une petite rue ou (B) sur une grande avenue?	☐	☐
…(A) parler aux étrangers dans la rue ou (B) les éviter?	☐	☐
…(A) préserver les parcs publics ou (B) construire plus d'édifices?	☐	☐
…(A) rouler en voiture ou (B) prendre les transports en commun?	☐	☐

4 **À la mairie** Imaginez que vous soyez le maire de la ville. Que pourriez-vous faire pour améliorer la vie des citoyens? Qu'aimeriez-vous changer dans votre ville? Faites une liste de quatre ou cinq idées. Comparez-la avec celles de vos camarades de classe.

Habiter en ville

Préparation

Vocabulaire du court métrage

débile *moronic*
un marché *deal*
se plaindre *(conj. like éteindre) to complain*
une rame de métro *subway train*
se rassurer *to reassure oneself*
réitérer *to reiterate*
rejoindre *to join*
un sketch *skit*
solliciter *to solicit*
une voie *means; channel*

Vocabulaire utile

duper *to trick*
gêné(e) *embarrassed*
insensible *insensitive*
un lien *connection*
se méfier de *to be distrustful/wary of*
un wagon *subway car*

EXPRESSIONS

avoir du mal *to have difficulty*
C'est ça. *That's right.*
Vous êtes mal barré(e). *You won't get far.*
Excusez-moi de vous déranger. *Sorry to bother you.*
se faire poser un lapin *to get stood up*

1 **Un marché de dupes?** Complétez cette conversation à l'aide des mots ou des expressions que vous venez d'apprendre. N'oubliez pas de faire les changements nécessaires.

HOMME Allô?

VENDEUR Bonjour, Monsieur, (1) _____. Je vends des aspirateurs à distance, et je ne (2) _____ que quelques minutes de votre temps.

HOMME Allez-y, je vous écoute.

VENDEUR Nos aspirateurs sont révolutionnaires! Non seulement ils sont puissants (*powerful*), mais en plus ils se vident automatiquement à l'aide d'un bouton! Et ils coûtent la moitié du prix des autres! C'est (3) _____ exceptionnel que je vous propose. Ça vous intéresse?

HOMME Écoutez, j'ai vraiment du mal à croire ce que vous me dites. Vous essayez de me (4) _____ et je ne suis pas (5) _____ de vous le dire.

VENDEUR Mais Monsieur, (6) _____! Nos aspirateurs sont garantis!

HOMME Si vous pensez vendre vos aspirateurs de cette façon, vous (7) _____ dans la vie! Je reste (8) _____ à votre offre. Et si vous insistez je vais (9) _____ à la police!

VENDEUR Eh bien, je vous laisse. Au revoir.

HOMME (10) _____! Au revoir.

COURT MÉTRAGE

2 **Questions** À deux, répondez aux questions par des phrases complètes.

1. Avez-vous l'habitude de faire confiance aux inconnus ou vous méfiez-vous toujours des autres?
2. Vous êtes-vous déjà trompé(e) sur le caractère de quelqu'un? En bien ou en mal? Sinon, connaissez-vous quelqu'un que les apparences ont trompé?
3. Quels traits de caractère ont de l'importance pour vous quand vous choisissez un copain ou une copine?
4. Avez-vous déjà ressenti un lien très fort avec quelqu'un que vous veniez juste de rencontrer ou avec qui vous n'aviez jamais parlé? Sinon, pensez-vous qu'un vrai rapport de ce type est possible?

3 **Que se passe-t-il?** À deux, observez ces images extraites du court métrage et imaginez, en deux ou trois phrases par photo, ce qui va se passer.

4 **Petites annonces** Remplissez les colonnes du tableau pour vous décrire et dire ce que vous recherchez chez une personne. Puis, à l'aide de ces idées, écrivez un paragraphe. Enfin, comparez-le à celui d'un(e) camarade de classe.

> **Modèle** Bonjour! Je suis un charmant jeune homme de vingt ans. Je cherche une femme intelligente et amusante entre dix-huit et trente ans. Je suis aussi…

	Vous	La personne recherchée
Âge		
Physique		
Personnalité		
Loisir(s) et intérêt(s)		

5 **À votre avis** Répondez aux questions à deux. Puis, donnez votre avis sur la question suivante: Est-ce qu'habiter en ville rapproche ou éloigne les gens?

- Habitez-vous en ville ou à la campagne?
- Connaissez-vous bien vos voisins?
- Rencontrez-vous souvent dans la rue quelqu'un que vous connaissez?
- Faites-vous facilement des rencontres (amicales ou romantiques) là où vous habitez?

Habiter en ville

COURT MÉTRAGE

SCÈNES — COURT MÉTRAGE

INTRIGUE *Une jeune femme pense trouver l'amour de sa vie dans le métro.*

ANTOINE Bonsoir. Je m'appelle Antoine et j'ai 29 ans. Rassurez-vous, je ne vais pas vous demander d'argent. J'ai lu récemment qu'il y avait, en France, près de cinq millions de femmes célibataires. Où sont-elles?

ANTOINE Je crois au bonheur. Je cherche une jeune femme qui aurait du mal à rencontrer quelqu'un et qui voudrait partager quelque chose de sincère avec quelqu'un.

ANTOINE Voilà. Si l'une d'entre vous se sent intéressée, elle peut descendre discrètement à la station suivante. Je la rejoindrai sur le quai.

HOMME Mais arrêtez! Restez célibataire! Moi ça fait cinq ans que je suis marié avec une emmerdeuse°. Si vous voulez, je vous donne son numéro et vous voyez avec elle. Mais il ne faudrait pas venir vous plaindre après!

ANTOINE C'est très aimable, Monsieur, mais je ne cherche pas la femme d'un autre. Je cherche l'amour, Monsieur. Je ne cherche pas un marché. (*À tout le monde*) Excusez ce monsieur qui, je pense, ne connaîtra jamais l'amour.

emmerdeuse *pain in the neck*

ANTOINE Mesdemoiselles, je réitère ma proposition. S'il y en a une parmi vous qui est sensible à ma vision de l'amour, eh bien, qu'elle descende.

La femme descend.

Note CULTURELLE

Faire la manche dans le métro

Ceux qui font la manche° passent dans les rames de métro, s'adressent aux passagers et les divertissent. Ils chantent, font de la musique ou autre chose pour récolter° de l'argent. Cette activité est interdite, mais, en général, les passagers trouvent ces gens sympathiques. On peut même dire qu'ils font partie de la vie du métro.

font la manche *panhandle*
récolter *collect*

Habiter en ville

Analyse

1. Compréhension Répondez aux questions par des phrases complètes.
1. Que demande Antoine aux passagers?
2. Comment se décrit-il?
3. Pourquoi dit-il qu'il cherche une femme célibataire de cette façon?
4. Pourquoi un homme dans la rame de métro l'interrompt-il?
5. Que propose cet homme?
6. Quelle est la vraie raison du discours d'Antoine?

2. Opinion À deux, répondez aux questions par des phrases complètes.
1. À quoi pense la jeune femme tout au début du film quand elle marche seule en ville?
2. À votre avis, que ressent Antoine quand la femme descend de la rame de métro?
3. Que ressent la jeune femme une fois sur le quai?
4. Pourquoi pensez-vous que le court métrage s'intitule *J'attendrai le suivant…*? Expliquez bien votre réponse.

3. Jeu de rôles Imaginez-vous dans une situation similaire à celle du film. Vous pensez trouver l'amour avec un(e) inconnu(e) (*stranger*) que vous trouvez séduisant(e). Que feriez-vous à la fin et que diriez-vous à l'inconnu(e)? Devant la classe, jouez vos rôles ou lisez votre réponse.

4. La fin Par groupes de trois, imaginez en cinq ou six phrases deux autres fins à cette histoire. Ensuite, comparez vos idées à celles des autres groupes.
- une fin heureuse
- une fin triste

Practice more at vhlcentral.com.

5 Comment faire? À deux, faites une liste de quatre ou cinq moyens qu'une personne a aujourd'hui de trouver l'âme sœur. Dites quels sont leurs avantages et leurs inconvénients. Ensuite, comparez votre liste à celles de vos camarades de classe et discutez-en.

6 Qui est-ce? Par groupes de trois, décrivez la vie des trois personnages du film. Pour chacun des personnages, écrivez au moins cinq phrases sur sa vie quotidienne, sa vie sentimentale et sa vie professionnelle.

- Où habite-t-il/elle?
- Quelle est sa profession?
- Comment est-il/elle physiquement?
- Qu'aime-t-il/elle faire le week-end?

7 À vous la parole! Répondez aux questions par des phrases complètes.

1. Avez-vous déjà joué un mauvais tour (*dirty trick*) à quelqu'un? Si oui, l'avez-vous regretté? Sinon, n'avez-vous jamais eu envie de le faire?
2. À votre avis, quel est le meilleur moyen de rencontrer quelqu'un quand on habite en ville?
3. Qu'aimeriez-vous trouver en ville?
4. Qu'y a-t-il en ville que vous n'aimeriez pas voir?
5. Est-ce mieux d'habiter en ville ou à la campagne? Pourquoi?
6. Pensez-vous qu'on se sente plus souvent seul(e) en ville ou à la campagne?

8 Réalisation À deux, imaginez que vous deviez faire un court métrage sur le thème de la ville. Quel sujet choisiriez-vous? Expliquez votre choix. Comparez-le à ceux de la classe.

IMAGINEZ

Les berges° de la Saône, à Lyon

La France

Marseille et Lyon  Reading

La France compte environ 36.000 villes et villages de toutes tailles. La ville la plus connue, c'est bien sûr Paris, mais d'autres villes ont aussi beaucoup d'intérêt. **Marseille** et **Lyon**, qui se disputent le titre de deuxième ville de France, ont toutes les deux leur charme propre et méritent le détour.

Appelée la «cité phocéenne» pour avoir été fondée par des **Grecs** de la ville de **Phocée**, en **Asie Mineure**, en 600 avant J.-C.°, Marseille est aujourd'hui une ville très peuplée de la **côte méditerranéenne**. Elle est d'une grande diversité culturelle grâce à sa situation géographique. Parler de Marseille, c'est parler de la bouillabaisse (soupe de poissons), de la pétanque, des plages, d'un grand port commercial et surtout du **Vieux-Port**. Celui-ci est maintenant un site touristique très animé, avec une succession de restaurants et de magasins. Marseille est une ville très urbanisée, mais elle possède aussi des atouts° naturels. Ses calanques°, qui donnent sur la mer, sont appréciées pour leur caractère secret et leur beauté. Au large de° la côte, les **îles du Frioul** constituent un site exceptionnel pour les plongeurs° et les amoureux de la nature. Non loin de là se trouve le **château d'If**, une prison rendue célèbre par la légende de l'homme au masque de fer et par **Alexandre Dumas** avec son roman *Le Comte de Monte-Cristo*.

De son côté, Lyon, antique cité romaine fondée en 43 avant J.-C., est une ville attirante° pour de multiples raisons. Traversée par deux fleuves, le **Rhône** et la **Saône**, et voisine des **Alpes** et de **Genève**, Lyon a été la capitale de la **Gaule** sous l'Antiquité, un grand centre de la **Renaissance** et la capitale de la **Résistance** pendant la **Seconde Guerre mondiale**. La richesse de son histoire a été reconnue par l'**UNESCO**, qui a fait d'une grande partie de la ville le plus grand espace classé° au patrimoine° mondial. Lyon est

D'ailleurs...

Marseille et **Lyon** se disputent la place de deuxième ville de France en raison de l'ambiguïté du nombre d'habitants. Si on parle de la ville intra-muros°, Marseille est deuxième avec 800.000 habitants contre 480.000 pour Lyon. Par contre, si on considère l'agglomération, c'est Lyon qui est deuxième avec 1.450.000 habitants contre 1.350.000 pour Marseille. C'est une question qui n'est toujours pas réglée°.

IMAGINEZ

Vue sur le Vieux-Port de Marseille

aussi un grand carrefour° économique européen depuis longtemps et elle est le siège° de quelques organisations internationales comme **Interpol**. Son statut de capitale de la gastronomie et de la soie, et de lieu de naissance du cinéma renforce sa notoriété. Lyon connaît un grand succès en France et en Europe avec un événement annuel: la **fête des Lumières**. Pendant cette célébration, les Lyonnais mettent des lumières à leurs fenêtres et les bâtiments de la ville sont illuminés par des jeux de lumière.

Les villes françaises composent toutes le visage du pays. Il serait dommage de passer à côté.

avant J.-C. *BC* **atouts** *assets* **calanques** *rocky coves* **Au large de** *Off* **plongeurs** *scuba divers* **attirante** *attractive* **classé** *listed* **patrimoine** *heritage* **carrefour** *hub* **siège** *headquarters* **intra-muros** *proper* **réglée** *settled* **berges** *river banks*

Le français parlé en France

Paris

balayer devant sa porte	s'occuper de ses affaires d'abord
Ça ne mange pas de pain.	Ça ne demande pas un gros effort.
le macadam	le trottoir
le trottoir	la croûte (*crust*) autour d'une tarte

Lyon

un bouchon	restaurant typique de Lyon
le dégraissage	le pressing; *dry-cleaning*
la ficelle	le funiculaire
une gâche	une place (dans un bus, dans un avion, etc.)
un(e) gone	un(e) enfant
s'en voir	avoir du mal à faire quelque chose: **Je m'en vois pour faire la cuisine.** (*I can't cook.*)

Marseille

et tout le bataclan	et tout le reste
fada	fou/folle
un(e) collègue	un(e) ami(e), copain/copine
Peuchère!	Le/La pauvre!
un(e) pitchoun(ette)	un(e) enfant
Zou!	Allez!

Découvrons la France

Rollers en ville On pratique la randonnée urbaine en rollers dans la France entière. Des associations organisent ces

randonnées dans les rues, de jour ou de nuit. Même les policiers sont en rollers pour en assurer la sécurité. C'est d'abord à Paris que les gens se sont enthousiasmés pour ce genre d'activité. Le but° de ces randonnées, qui peuvent compter jusqu'à 15.000 participants dans la capitale, est de partager le plaisir du sport et son sentiment de liberté.

Trompe-l'œil Une partie des murs en France sont nus, ce qui n'est pas joli. L'idée est alors née de couvrir ces murs de **fresques murales**° en trompe-l'œil. Ce sont des peintures qui simulent, de manière très réaliste, des façades d'immeubles. Les plus belles façades, comme la **Fresque des Lyonnais** à **Lyon** ou le **Mur du cinéma** à **Cannes**, trompent° beaucoup de visiteurs.

Les péniches Mode de transport fluvial°, les péniches° sont aussi à l'origine d'un nouveau style de vie depuis la

fin des années 1960; elles ont été transformées en **bateaux-logements**. Les berges, principalement à **Paris**, sont donc devenues l'adresse d'un grand nombre de personnes. Petit à petit, ces maisons-péniches sont devenues presque conventionnelles et elles ont aujourd'hui tout le confort nécessaire.

La fête du Citron Inaugurée en 1934, cette fête a le même esprit que les carnavals d'hiver. Chaque année en février, la ville de **Menton**, sur la **Côte d'Azur**, organise un ensemble de manifestations liées à un thème choisi. La décoration des chars°

et des expositions est faite de citrons, d'oranges et d'autres agrumes°. Pour finir, il y a un grand feu d'artifice°.

but *purpose* **fresques murales** *murals* **trompent** *fool* **fluvial** *on rivers* **péniches** *barges* **chars** *parade floats* **agrumes** *citrus fruit* **feu d'artifice** *fireworks display*

Habiter en ville

Qu'avez-vous appris?

1 Vrai ou faux?
Indiquez si ces affirmations sont vraies ou fausses, et corrigez les fausses.

1. Il existe environ 26.000 villes et villages en France.
2. Lyon est connue pour sa bouillabaisse, ses plages et son grand port de commerce.
3. La ville de Lyon est traversée par la Seine.
4. L'agglomération de Lyon est plus grande que celle de Marseille.
5. Les policiers autorisent les Français à faire des randonnées en rollers, dans les villes.
6. Les péniches sur les fleuves de France sont utilisées uniquement dans un but commercial.

2 Questions
Répondez aux questions.

1. Pourquoi appelle-t-on Marseille «la cité phocéenne»?
2. Comment certaines villes de France ont-elles décidé de s'embellir?
3. Comment le château d'If est-il devenu célèbre?
4. Quelle fête a lieu chaque année dans la ville de Menton?
5. De quoi la ville de Lyon est-elle la capitale aujourd'hui?
6. Quel événement lyonnais rassemble chaque année un grand nombre de Français et d'Européens?

Projet

Un voyage de Lyon à Marseille

Imaginez que vous alliez visiter Lyon et Marseille. Recherchez sur **vhlcentral.com** toutes les informations dont vous avez besoin pour créer votre itinéraire. Ensuite, préparez votre voyage.

- Choisissez le mois et la durée (*length*) de votre séjour dans chaque ville.
- Sélectionnez les endroits à visiter et les activités à pratiquer.
- Présentez votre itinéraire à la classe. Montrez-le avec le plan de chaque ville et expliquez pourquoi vous avez choisi ces endroits et ces activités. (Facultatif)

Practice more at **vhlcentral.com**.

ÉPREUVE

Trouvez la bonne réponse.

1. Marseille est une ville _____.
   a. peu peuplée   b. secrète
   c. cosmopolite   d. heureuse

2. Les îles du Frioul et les calanques près de Marseille sont des endroits _____ d'exception.
   a. naturels   b. chers
   c. urbains   d. habités

3. Parce que Marseille et Lyon ont été fondées sous l'Antiquité, elles sont _____.
   a. anciennes   b. modernes
   c. uniques   d. nouvelles

4. Le secteur financier est très représenté à Lyon. La ville a un _____.
   a. petit port touristique   b. quartier des affaires
   c. centre historique   d. domaine artistique

5. Par le passé, on envoyait les prisonniers _____.
   a. à la fête des Lumières   b. à l'UNESCO
   c. sur les îles du Frioul   d. au château d'If

6. Lyon est la capitale _____ de la France.
   a. industrielle   b. gastronomique
   c. culturelle   d. universelle

7. Lyon a été un grand centre de la/du _____.
   a. fête du Citron   b. Réforme
   c. roller   d. Renaissance

8. La fête du Citron date de _____.
   a. 1982   b. 1968
   c. 1934   d. 1908

9. On va à Marseille si on veut visiter _____.
   a. le Vieux-Port   b. la Côte d'Azur
   c. le Rhône   d. des péniches

10. Lyon est le lieu de naissance de la/du _____.
    a. médecine   b. gastronomie
    c. cinéma   d. soie

Le vélo en ville

Le «vélopartage» ou vélo en libre-service est de plus en plus populaire dans les villes francophones. En France, 25 villes au moins se sont déjà équipées. Le plus fameux d'entre tous, c'est bien sûr le Vélib de Paris. Pourtant, Paris n'a rien inventé. En fait, la première ville du monde à avoir proposé des vélos gratuits au public est La Rochelle, en 1974. Pourquoi le vélopartage a-t-il un tel succès? Parce que c'est pratique, peu cher et écologique!

Une fois les conditions d'utilisation acceptées, le numéro du port d'attache du vélo sélectionné, et le paiement par carte effectué, vous pouvez retirer votre vélo, et à vous, Paris!

VOCABULAIRE

de la vidéo

un agent régulateur *regulating agent*
la borne *pay station*
le numéro du port d'attache *bike number*
le passe Navigo *subway pass*
le QG (quartier général) *main station*

pour la conversation

(in)efficace *(in)efficient*
en faveur de *in favor of*
le fonctionnement *operation*
par rapport à *in relation to*
un(e) utilisateur/ utilisatrice *user*

1 Compréhension Répondez aux questions par des phrases complètes.
1. En quoi consiste le travail de l'agent régulateur?
2. Quels sont les deux arguments principaux en faveur de Vélib' d'après les utilisateurs?
3. Comment faut-il procéder pour retirer un vélo?

2 Discussion Répondez aux questions en donnant des détails.
1. Connaissez-vous une ville de votre région ou pays où il existe un système de partage de vélos ou de voitures? Décrivez son fonctionnement.
2. Que peut-on faire d'autre, dans les grandes villes, pour polluer moins?

Et vous? S'il existait un système de partage de vélos comme Vélib' dans votre ville, est-ce que vous l'utiliseriez? Pourquoi? Écrivez un paragraphe pour répondre à ces questions.

Practice more at **vhlcentral.com**.

Habiter en ville

GALERIE DE CRÉATEURS

 SUR INTERNET
Pour trouver plus de renseignements sur ces créateurs et pour explorer des aspects précis de leurs créations, à l'aide d'activités et de projets de recherche, visitez vhlcentral.com.

COUTURE Sonia Rykiel
Pour ses pulls, Sonia Rykiel a été consacrée en 1968 «Reine du tricot (*Queen of knitting*) dans le monde» par le journal américain *Women's Wear Daily*. Styliste, écrivain et gastronome, cette femme aux multiples talents est aujourd'hui un emblème de la mode française. Ses collections — qui incluent toujours le noir, les rayures (*stripes*) et la maille (*jersey*) — sont à la fois élégantes et bohèmes. Elles provoquent toujours. Pour Rykiel, la mode doit s'adapter à la personne, et non pas le contraire. L'empire Rykiel s'étend aujourd'hui aux chaussures, aux accessoires, au parfum et à la mode pour homme et pour enfant.

GASTRONOMIE Paul Bocuse (1926–)
Paul Bocuse est considéré comme un des chefs cuisiniers les plus importants de France. Né dans une famille de cuisiniers, il a reçu en 1965 trois étoiles du guide gastronomique *Michelin*, la plus grande distinction de la cuisine française. Plus tard, en 1989, le guide *Gault Millau* l'a nommé «Cuisinier du siècle». Aujourd'hui la base de son empire se trouve à Lyon, où il a des brasseries, son restaurant principal et l'Institut Paul Bocuse hôtellerie et arts culinaires, créé en 1990. Bocuse a aussi des épiceries fines au Japon, et il fait partie de l'équipe de chefs choisis pour le pavillon français d'Epcot Center, à Disney World.

LITTÉRATURE
Marguerite Duras (1914–1996)

Certains (*Some*) disent que la vie de Marguerite Duras est un roman. En effet, cette grande femme écrivain française a eu une vie mouvementée (*hectic*). Née en Indochine (à Gia Dinh, près de Saïgon), elle a rejoint (*joined*) la Résistance à Paris, aux côtés du futur président de la République française, François Mitterrand. Elle est l'auteur d'une quarantaine (*about forty*) de romans et d'une douzaine de pièces de théâtre, la scénariste (*scriptwriter*) et la réalisatrice d'une vingtaine de films. Avec un de ses romans, *L'Amant*, dans lequel elle recrée l'Indochine française des années 1930, elle gagne le prix Goncourt, grand prix de littérature français, en 1984.

L'Œil des Maldives, formation corallienne, Maldives

PHOTOGRAPHIE
Yann Arthus-Bertrand (1946–)

Amoureux de la nature, Yann Arthus-Bertrand a dirigé une réserve naturelle dans le sud de la France puis étudié les lions au Kenya. Là, il a découvert que la photographie permettait de faire passer ses messages mieux que les mots. Il s'est alors engagé dans ce domaine et a publié un grand nombre de livres sur la nature. Sa plus grande entreprise a été, avec l'aide de l'UNESCO, la création d'une banque d'images sous forme de livre, *La Terre vue du ciel*, qui a eu un succès international.

Compréhension

Questions Répondez à ces questions.

1. De quoi Sonia Rykiel est-elle un emblème aujourd'hui?
2. Quelle est la plus grande distinction de la cuisine française?
3. Dans quels genres littéraires Marguerite Duras a-t-elle écrit?
4. Qu'est-ce que Yann Arthus-Bertrand a découvert au Kenya?
5. D'après Sonia Rykiel, que doit faire la mode?
6. Que Paul Bocuse a-t-il ouvert à Lyon?
7. Quel grand prix de littérature français Marguerite Duras a-t-elle gagné en 1984?
8. Quelle a été la plus grande entreprise de Yann Arthus-Bertrand?
9. Que fait Paul Bocuse en Floride?
10. Avec quel futur président de France Marguerite Duras a-t-elle rejoint la Résistance à Paris?

Rédaction

À vous! Choisissez un de ces thèmes et écrivez un paragraphe d'après les indications.

- **Guide gastronomique** Vous écrivez des critiques culinaires pour le guide *Gault Millau*. Vous venez de dîner au restaurant de Paul Bocuse à Lyon et maintenant vous devez décrire et juger votre repas.

- **Toujours à la mode** Vous faites du shopping dans un grand magasin et, tout à coup, vous voyez le rayon (*department*) «Sonia Rykiel» avec les dernières créations de la couturière. Décrivez les vêtements que vous voyez.

- **Vu du ciel** Vous connaissez un endroit que Yann Arthus-Bertrand n'a jamais pris en photo. Vous pensez qu'une photo aérienne de cet endroit serait assez belle pour être ajoutée à son prochain livre, et vous lui écrivez un e-mail pour le persuader de le faire.

Practice more at vhlcentral.com.

STRUCTURES

2.1 Reflexive and reciprocal verbs

- Reflexive verbs typically describe an action that the subject does to or for himself, herself, or itself. Reflexive verbs are conjugated like their non-reflexive counterparts but always use reflexive pronouns.

Reflexive verb

Bruno se réveille.

Non-reflexive verb

Bruno réveille son fils.

Reflexive verbs	
se réveiller *to wake up*	
je	me réveille
tu	te réveilles
il/elle	se réveille
nous	nous réveillons
vous	vous réveillez
ils/elles	se réveillent

- Many verbs used to describe routines are reflexive.

s'arrêter to stop (oneself)	se fâcher (contre) to get angry (with)	se lever to get up
se brosser to brush	s'habiller to get dressed	se maquiller to put on makeup
se coucher to go to bed	s'habituer à to get used to	se peigner to comb
se couper to cut oneself	s'inquiéter to worry	se raser to shave
se déshabiller to undress	s'intéresser (à) to be interested (in)	se rendre compte de to realize
se dépêcher to hurry	se laver to wash oneself	se reposer to rest
se détendre to relax		

- Some verbs can be used reflexively or non-reflexively. Use the non-reflexive form if the verb acts upon something other than the subject.

La passagère **se fâche**.
The passenger is getting angry.

Tu **fâches** la passagère.
You are angering the passenger.

Leçon 2

STRUCTURES

- Many non-reflexive verbs change meaning when they are used with a reflexive pronoun and might not literally express a reflexive action.

aller to go	**s'en aller** to go away
amuser to amuse	**s'amuser** to have fun
apercevoir to catch sight of	**s'apercevoir** to realize
attendre to wait (for)	**s'attendre à** to expect
demander to ask	**se demander** to wonder
douter to doubt	**se douter de** to suspect
ennuyer to bother	**s'ennuyer** to get bored
entendre to hear	**s'entendre bien avec** to get along with
mettre to put	**se mettre à** to begin
servir to serve	**se servir de** to use
tromper to deceive	**se tromper** to be mistaken

- A number of verbs are used only in the reflexive form, but may not literally express a reflexive action.

se méfier de to distrust	**se souvenir de** to remember
se moquer de to make fun of	**se taire** to be quiet

- Form the affirmative imperative of a reflexive verb by adding the reflexive pronoun at the end of the verb with a hyphen in between. For negative commands, begin with **ne** and place the reflexive pronoun immediately before the verb.

  Habillons-nous. Il faut partir!
  Let's get dressed. We have to leave!

  Ne vous inquiétez pas.
  Don't worry.

- Remember to change **te** to **toi** in affirmative commands.

  Repose-toi avant de sortir ce soir.
  Rest before going out tonight.

  Tais-toi!
  Be quiet!

- In reciprocal reflexives, the pronoun means *(to) each other* or *(to) one another*. Because two or more subjects are involved, only plural verb forms are used.

  Nous **nous retrouvons** au stade.
  We are meeting each other at the stadium.

  Elles **s'écrivent** des e-mails.
  They write one another e-mails.

- Use **l'un(e) l'autre** and **l'un(e) à l'autre**, or their plural forms **les un(e)s les autres** and **les un(e)s aux autres**, to emphasize that an action is reciprocal.

  Béa et Yves se regardent.
  Béa and Yves look at each other.
  Béa and Yves look at themselves.

  but

  Béa et Yves se regardent **l'un l'autre**.
  Béa and Yves look at each other.

  Ils s'envoient des e-mails.
  They send each other e-mails.
  They send themselves e-mails.

  but

  Ils s'envoient des e-mails **les uns aux autres**.
  They send each other e-mails.

BLOC-NOTES

Commands with non-reflexive verbs are formed the same way as with reflexive verbs. See **Fiche de grammaire 1.5, p. 240** for a review of the imperative.

BLOC-NOTES

The pronoun **se** can also be used with verbs in the third person to express the passive voice. See **Fiche de grammaire p. 284**.

Habiter en ville

STRUCTURES

Mise en pratique

1 **Le lundi matin** Complétez le paragraphe sur ce que font Charles et Hélène le lundi matin. Utilisez la forme correcte des verbes pronominaux correspondants.

s'apercevoir	se dépêcher	se maquiller
se brosser	s'en aller	se quitter
se casser	s'habiller	se raser
se coucher	se laver	se réveiller
se couper	se lever	se sécher

Le dimanche soir, Charles et Hélène (1) _se couchent_ tard. Évidemment, ils mettent du temps à (2) _se réveiller_ le lendemain matin. Charles est celui qui (3) _se lève_ le premier. Il (4) _se dépêche_ de prendre sa douche et de (5) _se raser_ avec un rasoir électrique. Deux minutes plus tard, Hélène entre dans la salle de bain. Pendant qu'elle prend sa douche, (6) _se sèche_ les cheveux et (7) _se maquille_, Charles prépare le petit-déjeuner. Quand Hélène est prête, ils prennent leur petit-déjeuner. Puis, ils (8) _se brossent_ les dents et (9) _se lavent_ les mains. Ensuite, ils vont dans la chambre pour choisir leurs vêtements et (10) _s'habillent_. Puis ils (11) _s'en vont_ vite au travail. Charles (12) _s'aperçoit_ alors qu'il a mis des chaussures de couleurs différentes!

2 **Tous les samedis**

A. À deux, décrivez ce que fait Sylvie tous les samedis, d'après (*according to*) les illustrations.

B. Quelles sont les habitudes de quatre amis ou membres de la famille de Sylvie le samedi matin? Décrivez ce qu'ils font en cinq ou six phrases. Utilisez des verbes pronominaux et soyez créatifs.

Practice more at **vhlcentral.com**.

Communication

3 **Et toi?** À deux, posez-vous tour à tour ces questions. Répondez-y avec des phrases complètes et expliquez vos réponses.

1. À quelle heure te réveilles-tu généralement le samedi matin? Pourquoi?
2. T'endors-tu en cours?
3. En général, à quelle heure te couches-tu pendant le week-end?
4. Que fais-tu pour te détendre après une longue journée?
5. Te lèves-tu toujours juste après que tu t'es réveillé(e)? Pourquoi?

6. Comment t'habilles-tu pour sortir le week-end? Et tes amis?
7. Quand t'habilles-tu de façon élégante?
8. T'amuses-tu quand tu vas à une fête? Et quand tu vas à une réunion de famille?
9. Mets-tu beaucoup de temps à te préparer avant de sortir?
10. T'inquiètes-tu de ton apparence?

11. Est-ce que tes amis et toi vous téléphonez souvent? Combien de fois par semaine?
12. Connais-tu quelqu'un qui s'inquiète toujours de tout?
13. T'excuses-tu parfois pour des choses que tu as faites?
14. Te disputes-tu avec tes amis? Et avec ta famille?
15. T'est-il déjà arrivé de te tromper sur quelqu'un?

4 **Au café** Imaginez que vous soyez au café et que vous voyiez un(e) ami(e) se faire voler de l'argent (*have his/her money stolen*). Que faites-vous? Travaillez par groupes de trois pour représenter la scène. Employez au moins cinq verbes de la liste.

s'arrêter	se fâcher	se servir de
s'attendre à	se mettre à	se taire
se douter	se moquer de	se tromper
s'en aller	se rendre compte de	s'inquiéter

Habiter en ville

STRUCTURES

2.2 Descriptive adjectives and adjective agreement

—*J'ai lu qu'il y avait en France près de cinq millions de femmes **célibataires**.*

Gender

- Adjectives in French agree in gender and number with the nouns they modify. Masculine adjectives with these endings derive irregular feminine forms.

Ending	Examples
-c → -che	blanc → blanche; franc → franche
-eau → -elle	beau → belle; nouveau → nouvelle
-el → -elle	cruel → cruelle; intellectuel → intellectuelle
-en → -enne	ancien → ancienne; canadien → canadienne
-er → -ère	cher → chère; fier → fière
-et → -ète	complet → complète; inquiet → inquiète
-et → -ette	muet → muette (*mute*); net → nette
-f → -ve	actif → active; naïf → naïve
-on → -onne	bon → bonne; mignon → mignonne (*cute*)
-s → -sse	bas → basse (*low*); gros → grosse
-x → -se	dangereux → dangereuse; heureux → heureuse

Cette station de métro est-elle **dangereuse**?
Is this subway station dangerous?

Les **nouvelles** banlieues se trouvent loin d'ici.
The new suburbs are located far from here.

- Adjectives whose masculine singular form ends in **-eur** generally derive one of three feminine forms.

Condition	Ending	Examples
the adjective is directly derived from a verb	-eur → -euse	(rêver) rêveur → rêveuse (travailler) travailleur → travailleuse
the adjective is not directly derived from a verb	-eur → -rice	(conserver) conservateur → conservatrice (protéger) protecteur → protectrice
the adjective expresses a comparative or superlative	-eur → -eure	inférieur → inférieure meilleur → meilleure

ATTENTION!

Remember that the first letter of adjectives of nationality is not capitalized.

Ahmed préfère le cinéma italien.
Ahmed prefers Italian cinema.

Laura Johnson est citoyenne américaine.
Laura Johnson is an American citizen.

ATTENTION!

Remember to use the masculine plural form of an adjective to describe a series of two or more nouns in which at least one is masculine.

La rue et le quartier sont animés.
The street and the neighborhood are lively.

STRUCTURES

- Some adjectives have feminine forms that differ considerably from their masculine singular counterparts, either in spelling, pronunciation, or both.

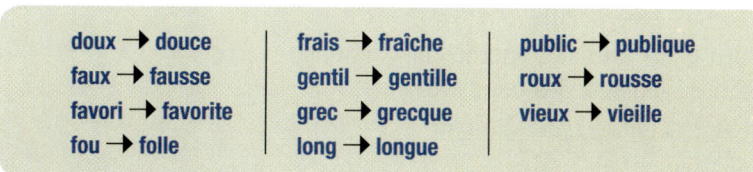

doux → douce	frais → fraîche	public → publique
faux → fausse	gentil → gentille	roux → rousse
favori → favorite	grec → grecque	vieux → vieille
fou → folle	long → longue	

Position

- French adjectives are usually placed after the noun they modify, but these adjectives are usually placed *before* the noun: **autre, beau, bon, court, gentil, grand, gros, haut, jeune, joli, long, mauvais, meilleur, nouveau, petit, premier, vieux,** and **vrai**.

  Je ne connais pas ce **jeune** homme. Vous aimez les **nouveaux** films?
  I don't know that young man. *Do you like new movies?*

- Before a masculine singular noun that begins with a vowel sound, use these alternate forms of **beau, fou, nouveau,** and **vieux**.

beau	bel	un **bel** édifice
fou	fol	un **fol** espoir (*hope*)
nouveau	nouvel	un **nouvel** appartement
vieux	vieil	un **vieil** immeuble

- Notice that the meanings of these adjectives are generally more figurative when they appear before the noun and more literal when they appear after the noun.

ancien	l'**ancien** château	the **former** castle
	un château **ancien**	an **ancient** castle
cher	**cher** ami	**dear** friend
	une voiture **chère**	an **expensive** car
dernier	la **dernière** semaine	the **final** week
	la semaine **dernière**	**last** week
grand	une **grande** femme	a **great** woman
	une femme **grande**	a **tall** woman
même	le **même** musée	the **same** museum
	le musée **même**	this **very** museum
pauvre	ces **pauvres** étudiants	those **poor (unfortunate)** students
	ces étudiants **pauvres**	those **poor (penniless)** students
prochain	le **prochain** cours	the **following** class
	mercredi **prochain**	**next** Wednesday
propre	ma **propre** chambre	my **own** room
	une chambre **propre**	a **clean** room
seul	la **seule** personne	the **only** person
	la personne **seule**	the person **who is alone**

ATTENTION!

Color adjectives that are named after nouns include **argent** (*silver*), **citron** (*lemon*), **crème** (*cream*), **marron** (*chestnut*), **or** (*gold*), and **orange** (*orange*).

Remember that the adjective **châtain** is used to describe brown hair. You can use it in the plural, but it is very rarely used in the feminine.

Elle a les cheveux châtains.
She has brown hair.

ATTENTION!

Color adjectives that are named after nouns are invariable, as are color adjectives that are qualified by a second adjective.

Il conduit une voiture marron.
He's driving a brown car.

Elle porte une jupe bleu clair.
She's wearing a light blue skirt.

BLOC-NOTES

Adjectives can also be derived from verb forms like the present and past participles. See **Fiche de grammaire p. 274**.

Habiter en ville

STRUCTURES

Mise en pratique

1 **Les Niçois** Christophe habite à Nice. Lisez ses commentaires et accordez les adjectifs.

1. Le maire de Nice, Christian Estrosi, est vraiment _____ (fier) de sa ville.
2. Les citadins et les touristes apprécient l'action _____ (protecteur) des policières.
3. Ma copine et sa colocataire habitent un _____ (beau) appartement en banlieue.
4. Ses colocataires sont de _____ (bon) citoyennes.
5. Une conductrice ne doit pas être _____ (rêveur) sur la route!
6. Les piétons qui traversent l'avenue Jean Médecin en dehors (*outside*) des clous sont _____ (fou)!

Les plages de Nice, sur la Méditerranée

Note CULTURELLE

Nice est située dans le sud de la **France**, sur la **Côte d'Azur**, à proximité de l'**Italie**. Ses plages de granit sur la **Méditerranée**, sa cuisine caractéristique et sa situation géographique font de Nice la deuxième ville touristique française.

2 **La vie de Marine** Complétez chaque phrase et choisissez le bon adjectif.

1. Marine cherche une colocataire _____ (bon, bonne, franc, franche).
2. À vingt ans, c'est une femme _____ (intellectuel, folles, naïve, jeunes).
3. Elle s'entend bien avec les gens _____ (bon, belles, sincères, travailleur).
4. Marine essaie d'acheter des légumes _____ (frais, fraîche, propre, chères).
5. Ses parents sont _____ (conservateurs, grec, protectrices, actives).
6. Elle habite un _____ (complet, vieil, bruyant, élégant) appartement.
7. Elle préfère regarder de _____ (nouvelles, favorites, publiques, rousses) émissions de télévision.
8. Marine adore son copain parce que c'est un homme _____ (beaux, jeunes, mignonne, heureux).

3 **Une petite annonce** Gabrielle recherche quelqu'un avec qui elle pourrait voyager. Complétez sa petite annonce et accordez les adjectifs de la liste.

| aventurier | châtain | dernier | nouveau | seul |
| bleu | cher | français | propre | violet foncé |

petite ANNONCE

MERCREDI **20 septembre**

Gabrielle, voyageuse extraordinaire!

Pendant mon séjour en France, je voudrais voyager dans autant de villes (1) _____ que possible! Je n'aime pas visiter de (2) _____ endroits toute (3) _____. Alors, je cherche une personne qui aime l'aventure parce que moi aussi, je suis (4) _____. Je n'ai pas beaucoup d'argent, donc je ne peux pas acheter de billets (5) _____. En plus, je suis indépendante, alors le week-end (6) _____, quand j'ai voyagé à Paris, j'ai fait mes (7) _____ projets de voyages. Si vous voulez me rencontrer, je serai la fille en robe (8) _____, aux yeux (9) _____ et aux cheveux (10) _____, au café des Artistes du centre-ville. Rendez-vous le 27 septembre, à 16h30.

Communication

4 **Dans ma ville** Quelqu'un vous arrête dans la rue pour vous poser des questions sur votre ville. Vous ne répondez que par le contraire. Posez ces questions et répondez-y avec un(e) camarade de classe.

> **Modèle** —Les logements sont-ils grands?
> —Non, ils sont petits.

1. Ce quartier est-il sûr? Non, _____.
2. Votre rue est-elle tranquille? Non, _____.
3. Les voies sont-elles privées? Non, _____.
4. Cet édifice est-il nouveau? Non, _____.
5. Les gratte-ciel sont-ils bas? Non, _____.
6. Les gens sont-ils paresseux? Non, _____.

5 **Un entretien** Vous emménagez dans une nouvelle ville et vous avez des entretiens pour trouver des colocataires. Jouez les deux rôles avec un(e) camarade de classe.

1. Êtes-vous étranger/étrangère? Si oui, quelle est votre nationalité?
2. Quels sont les trois adjectifs qui vous décrivent le mieux?
3. Comment était votre ancien(ne) appartement/maison?
4. Gardez-vous toujours votre logement propre?
5. Dans quelle sorte de quartier préférez-vous habiter?
6. Décrivez votre colocataire idéal avec au moins trois adjectifs.
7. Et vous? Avez-vous des questions à me poser?

6 **Comment est…?** Avec un(e) camarade de classe, trouvez au moins trois façons (*ways*) de décrire chaque image. Comparez vos descriptions avec un autre groupe et discutez des différences avec la classe.

Habiter en ville

STRUCTURES

2.3 Adverbs

—*Eh bien, elle peut descendre **discrètement** à la station suivante.*

Formation of adverbs

- To form an adverb from an adjective whose masculine singular form ends in a consonant, add the ending **-ment** to the adjective's feminine singular form. If the masculine singular ends in a vowel, simply add the ending **-ment** to that form.

absolu	**absolu**ment *absolutely*
doux	**douce**ment *gently*
franc	**franche**ment *frankly*
naturel	**naturelle**ment *naturally*
poli	**poli**ment *politely*

- To form an adverb from an adjective whose masculine singular form ends in **-ant** or **-ent**, replace the ending with **-amment** or **-emment**, respectively.

bruyant	**bruy**amment *noisily*
constant	**const**amment *constantly*
évident	**évid**emment *obviously*
patient	**pati**emment *patiently*

- An exception to this rule is the adjective **lent**, whose corresponding adverb is **lentement**. Remember that the endings **-amment** and **-emment** are pronounced identically.

- A limited number of adverbs are formed by adding **-ément** to the masculine singular form of the adjective. If this form ends in a silent final **-e**, drop it before adding the suffix.

confus	**confus**ément *confusedly*
énorme	**énorm**ément *enormously*
précis	**précis**ément *precisely*
profond	**profond**ément *profoundly*

- A few adverbs, like **bien**, **gentiment**, **mal**, and **mieux**, are entirely irregular. The irregular adverb **brièvement** (*briefly*) is derived from **bref** (**brève**).

Categories of adverbs

- Most common adverbs can be grouped by category.

time	alors, aujourd'hui, bientôt, d'abord, de temps en temps, déjà, demain, encore, enfin, ensuite, hier, jamais, maintenant, parfois, quelquefois, rarement, souvent, tard, tôt, toujours
manner	ainsi (*thus*), bien, donc, en général, lentement, mal, soudain, surtout, très, vite
opinion	heureusement, malheureusement, peut-être, probablement, sans doute
place	dedans, dehors, ici, là, là-bas, nulle part (*nowhere*), partout (*everywhere*), quelque part (*somewhere*)
quantity	assez, autant, beaucoup, peu, trop

Position of adverbs

- In the case of a simple tense (present indicative, **imparfait**, future, etc.), an adverb immediately follows the verb it modifies.

    Gérard s'arrête **toujours** au centre-ville.
    Gérard always stops downtown.

    Il attend **patiemment** au feu.
    He waits patiently at the traffic light.

- In the **passé composé**, place short or common adverbs before the past participle. Place longer or less common adverbs after the past participle.

    Nous sommes **déjà** arrivés à la gare.
    We already arrived at the train station.

    Vous avez **vraiment** compris ses indications?
    Did you really understand his directions?

    Il a conduit **prudemment**.
    He drove prudently.

    Tu t'es levée **régulièrement** à six heures.
    You got up regularly at six o'clock.

- In negative sentences, the adverbs **peut-être**, **sans doute**, and **probablement** usually precede **pas**.

    Elle n'est pas **souvent** chez elle.
    She is not often at home.

    but

    Elle n'a **peut-être** pas lu ton e-mail.
    She probably has not read your e-mail.

- Common adverbs of time and place typically follow the past participle.

    Elle a commencé **tôt** ses devoirs.
    She started her homework early.

    Nous ne sommes pas descendus **ici**.
    We did not get off here.

- In a few expressions, an adjective functions as an adverb. Therefore, it is invariable.

    coûter cher *to cost a lot*
    parler bas/fort *to speak softly/loudly*
    sentir bon/mauvais *to smell good/bad*
    travailler dur *to work hard*

ATTENTION!

In English, adverbs sometimes immediately follow the subject. In French, this is *never* the case.

*My roommate **constantly** wakes me up.*
Mon colocataire me réveille constamment.

BLOC-NOTES

There are other compound tenses in French that require a form of **avoir** or **être** and a past participle. See **Structures 4.1, pp. 134–135** for an introduction to the **plus-que-parfait**.

STRUCTURES

Mise en pratique

1 **Les adverbes** Écrivez l'adverbe qui correspond à chaque adjectif.

1. facile _____
2. heureux _____
3. jaloux _____
4. quotidien _____
5. mauvais _____
6. conscient _____
7. profond _____
8. meilleur _____
9. public _____
10. indépendant _____

2 **Deux sortes d'amis** Décidez s'il faut placer les adverbes avant ou après les mots qu'ils modifient.

Jérôme et Patricia (1) _____ habitent _____ (maintenant) à Lyon. Ils ont beaucoup d'amis à Paris qui leur (2) _____ rendent _____ (souvent) visite. Ils sont (3) _____ heureux _____ (toujours) de les recevoir parce qu'ils sont (4) _____ fiers _____ (très) de leur ville. Ils ont deux sortes d'amis: ceux qui (5) _____ sortent _____ (fréquemment) en boîte, et ceux qui (6) _____ aiment _____ (mieux) les musées. Les amis qui préfèrent les musées ont (7) _____ téléphoné _____ (hier) pour dire qu'ils ne viendront (8) _____ pas _____ (peut-être) cet été. Ils ont (9) _____ fait _____ (déjà) des projets! Ils ont (10) _____ choisi _____ (tôt) leurs vacances cette année: ils ne visiteront (11) _____ pas _____ (obligatoirement) Lyon tous les ans. Ils dansent (12) _____ bien _____ (incroyablement) et ils ont envie d'aller chez des amis qui sortent en boîte!

3 **La famille Giscard** Travaillez à deux pour dire, à tour de rôle, comment les membres de cette famille font les choses quand ils sont en ville.

Modèle Isabelle est à la poste. Elle est rapide.
Elle achète rapidement des timbres.

1. Martin est au magasin. Il est impatient.
2. Mme Giscard est à la banque. C'est une femme polie.
3. Paul et Franck sont au café. Ce sont des frères bruyants.
4. Maryse est à la gare. Elle est nerveuse.
5. Les grands-parents sont au supermarché. Ils sont lents.
6. M. Giscard se promène avec son fils Alain. C'est un bon père.
7. Alain est avec M. Giscard. C'est un garçon très franc.
8. Les cousines sont au cinéma. C'est cher.
9. Sophie va au restaurant ce soir. Elle a une robe élégante.
10. Isabelle va au jardin public avec sa petite cousine. Elle est gentille quand elle parle à sa cousine.

Practice more at vhlcentral.com.

Communication

4 **Sondage** Interviewez un maximum de camarades différent(e)s. Font-ils/elles ces choses toujours, fréquemment, parfois, rarement ou jamais? Comparez vos résultats avec ceux du reste de la classe.

Modèle travailler à la bibliothèque
—Travailles-tu toujours à la bibliothèque?
—Non, mais j'y travaille parfois.

	Toujours	Fréquemment	Parfois	Rarement	Jamais
1. sortir en boîte de nuit					
2. se retrouver dans un embouteillage					
3. prendre le métro					
4. brûler (*to run*) les feux rouges					
5. aller en cours à pied					
6. visiter un musée le week-end					
7. assister à des concerts					
8. s'ennuyer le samedi soir					

5 **Vivre en ville** À tour de rôle, posez ces questions à un(e) camarade de classe. Dans vos réponses, employez les adverbes de la liste ou d'autres adverbes.

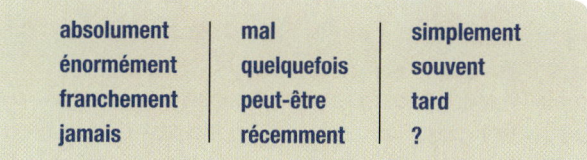

1. Traverses-tu la rue dans les clous? Pourquoi?
2. As-tu déjà été obligé(e) d'aller à la préfecture de police? Pourquoi?
3. Es-tu monté(e) au dernier étage d'un gratte-ciel? Lequel?
4. Fais-tu des promenades dans les jardins publics? Où?
5. As-tu fait du sport cette semaine? Où? Quand?
6. Que fais-tu quand on te demande des indications en ville?
7. T'es-tu entretenu(e) avec quelqu'un en particulier cette semaine? Qui? De quoi avez-vous parlé?
8. Que fais-tu pour éviter les embouteillages?

6   **Les gens heureux** Travaillez à deux pour dire ce que les gens font pour être heureux. Employez des adverbes dans vos réponses.

Modèle Pour rester heureux, ils font souvent de la gym.

Habiter en ville

STRUCTURES

Synthèse  Reading

Un rendez-vous inattendu

Depuis un bon moment, je me rends compte que je ne vais presque jamais en ville! J'habite dans une belle ville animée, pourtant je reste trop souvent à la maison, le soir et le week-end. Je m'ennuie! Il est évident qu'il faut faire des projets…

Je décide donc de me lever tôt parce que j'ai rendez-vous avec cette ville merveilleuse! Je me réveille précisément à 7h00. Je me lave et je me rase juste avant de prendre tranquillement un bon petit-déjeuner: du thé chaud et des fruits frais. Je m'habille rapidement. Je mets un jean, une chemise blanche, et un pull bleu. Ensuite, je prends mon sac à dos et je m'en vais!

À la station de métro près de chez moi, j'achète un carnet de dix tickets parce que ça coûte moins cher. En attendant° le prochain train, j'aperçois sur le quai° une jolie musicienne folklorique qui chante agréablement et joue de la guitare. La musique de la charmante jeune femme est mélodieuse mais son chapeau est vide! Je lui laisse quelques modestes pièces. Je me demande comment elle s'appelle, mais je suis tellement timide que je reste muet. Fâché contre moi-même, je monte dans le métro sans rien dire.

Je passe une matinée passionnante au centre-ville. Je vois des tableaux splendides et de belles sculptures au musée d'art moderne. L'après-midi, je me perds complètement! Avant même que je demande des indications, un conducteur sympa m'indique que l'édifice juste en face de moi, c'est l'hôtel de ville. Heureusement, je m'oriente facilement.

Il est tard et je suis fatigué, alors je me détends dans le parc municipal. Tout à coup, la belle musicienne du métro se présente devant moi. Nous nous regardons longuement. Ensuite, nous nous parlons!

Une fin de journée inoubliable et inattendue en ville… j'espère en vivre d'autres comme celle-là!

While waiting for / platform

1 **Qu'avez-vous compris?** Répondez aux questions par des phrases complètes.

1. Pourquoi le jeune homme a-t-il rendez-vous avec sa ville?
2. Comment va-t-il de sa maison jusqu'au centre-ville?
3. Qui aperçoit-il sur le quai du métro?

2 **À vous de raconter** À deux, inspirez-vous des questions pour continuer l'histoire.

1. Comment est le jeune homme qui raconte cette histoire?
2. Que fait-il de son après-midi à part se perdre en ville? Où va-t-il?
3. Quand est-ce que le jeune homme et la charmante musicienne vont se revoir? Qu'est-ce qu'ils vont faire?

3 **L'inattendu** Avez-vous récemment vécu une coïncidence ou une situation inattendue? Écrivez un paragraphe de cinq ou six lignes qui explique ce qui vous est arrivé. Employez des adverbes dans votre description. Ensuite, racontez votre histoire par petits groupes.

CULTURE

Préparation

Vocabulaire de la lecture
une ambiance *atmosphere*
s'étendre *to spread*
une fanfare *marching band*
une manifestation *demonstration*
rassembler *to gather*
le soutien *support*

Vocabulaire utile
la batterie *drums*
un défilé *parade*
une fête foraine *carnival*
un feu d'artifice *fireworks display*
une foire *fair*
se réunir *to get together*
unir *to unite*
un violon *violin*

1 **À choisir** Choisissez le mot qui correspond à chaque définition. Ensuite, utilisez cinq de ces mots pour écrire des phrases.

1. Ce que fait un groupe de personnes dans la rue pour exprimer leurs idées ou leurs opinions
   a. une ambiance   b. une manifestation   c. un défilé
2. Le climat psychologique d'un événement ou d'un endroit
   a. la promotion   b. la fanfare   c. l'ambiance
3. Le fait que quelque chose prenne de plus grandes proportions
   a. se promener   b. s'étendre   c. rassembler
4. Quand quelqu'un aide quelqu'un d'autre, physiquement ou moralement
   a. le soutien   b. la publicité   c. la fanfare
5. L'action de réunir plusieurs personnes
   a. inviter   b. protéger   c. rassembler
6. Un groupe de musiciens qui défilent dans la rue
   a. une fanfare   b. des spectateurs   c. un chanteur

2 **Sujets de réflexion** Répondez individuellement aux questions par des phrases complètes. Ensuite, comparez vos réponses avec celles d'un(e) camarade de classe.

1. À quels événements culturels avez-vous assisté? Étaient-ils locaux, régionaux, nationaux ou internationaux?
2. Qu'est-ce que vous aimez dans les grands événements culturels?
3. Vous est-il arrivé de participer activement à l'un de ces événements?
4. Allez-vous souvent à des concerts?
5. Jouez-vous d'un instrument de musique? Si oui, lequel? Sinon, de quel instrument aimeriez-vous jouer?
6. Quel est votre genre de musique préféré? Pourquoi?
7. À quoi vous fait penser le concept d'une fête de la musique?

3 **À votre avis** Par groupes de trois, donnez votre avis sur les avantages que peut avoir un événement culturel ou artistique organisé par le gouvernement local ou fédéral. Qu'est-ce que ce genre d'événement apporte à un peuple?

Practice more at **vhlcentral.com**.

Habiter en ville

CULTURE

Rythme dans la rue :
La fête de la Musique

Leçon 2

CULTURE

Le 21 juin 1982, le Ministre de la Culture, Jack Lang, a inauguré la fête de la Musique, destinée à promouvoir la musique au quotidien, en France. Plus manifestation musicale que festival, cette fête encourage les musiciens amateurs et professionnels à descendre dans la rue et à partager leur musique avec le public.

La France s'y connaît en manifestations. Ses citoyens descendent le plus souvent dans la rue pour exprimer leur colère. Mais le 21 juin, la rue devient, pendant toute une journée, un lieu où on exprime sa joie et l'amour de la musique, et où on célèbre l'arrivée de l'été.

Le ministère de la Culture et de la Communication supervise l'organisation de cette fête, aujourd'hui l'un des événements les plus importants de France. La principale fonction du ministère dans cette manifestation est d'organiser de grands concerts de musiciens professionnels, sur les places ou dans les édifices publics des grandes villes. La place de la République à Paris et la place Bellecour à Lyon, par exemple, deviennent des lieux de concerts de rock en plein air, alors que° *(while)* les musées, les écoles et les hôpitaux accueillent° *(host)* des spectacles moins importants. On trouve partout en France d'autres événements plus modestes. Ceux-ci sont en grande partie organisés par des personnes ou des groupes de personnes, avec le soutien du ministère. Une promenade en ville peut amener° *(lead)* à la rencontre d'un groupe d'enfants qui chantent devant leur école, d'étudiants en musique qui testent leur dernière composition sur le trottoir ou d'un cadre qui saisit l'occasion de montrer ses talents de guitariste.

Tous les concerts et spectacles de la fête de la Musique sont gratuits, ce qui permet aux Français de tous âges et de toutes catégories socioprofessionnelles d'y

Faites de la musique

Ce slogan est particulièrement bien choisi. C'est un jeu de mots qui illustre la raison pour laquelle la fête de la Musique a été créée: permettre à tout le monde d'y participer, d'une manière ou d'une autre.

participer. Cela crée une ambiance populaire et conviviale.

Un des buts° *(goals)* de la fête de la Musique est de révéler les musiques du monde. Elle prête autant d'attention à la musique contemporaine qu'aux genres musicaux plus traditionnels. Par exemple, on trouve un DJ de musique électronique à deux rues d'un quatuor à cordes° *(string quartet)*, ou on peut voir une fanfare passer devant un concert de rap. Le reggae, le jazz, la musique classique, le funk, la pop, l'opéra, le hip-hop, le hard rock… tous les genres y sont représentés. C'est ce côté éclectique qui donne de l'intérêt à cette célébration.

Au cours de° *(in the course of)* son histoire, la France a connu peu d'événements qui aient réussi à rassembler les Français. Mais en voilà un qui relève le défi° *(rises to the challenge)* chaque année, depuis plusieurs décennies. On voit ce désir d'unir les gens s'étendre toujours plus loin. La fête de la Musique a eu un tel° *(such)* succès en France que depuis 1985, à l'occasion de l'Année européenne de la musique, des villes comme Berlin, Bruxelles, Rome et Londres organisent leur propre manifestation, le même jour. Aujourd'hui, le 21 juin représente la célébration de la musique dans plus de cent pays. Cela prouve que cette fête de la joie a encore un bel avenir devant elle. ■

> **La rue devient, pendant toute une journée, un lieu où on exprime sa joie.**

Habiter en ville

CULTURE

Analyse

1 **Compréhension** Répondez aux questions par des phrases complètes.
1. Pourquoi la fête de la Musique a-t-elle été créée?
2. Qui organise les grands concerts professionnels?
3. Où ont lieu les manifestations musicales?
4. Qui peut participer à cette fête? Pourquoi?
5. Quels sont les genres de musique représentés à cette fête?
6. Qui, avec la France, célèbre la fête de la Musique?

2 **La musique et vous** À deux, répondez aux questions par des phrases complètes.
1. Aimeriez-vous célébrer la fête de la Musique?
2. Quels événements ressemblant à la fête de la Musique connaissez-vous?
3. Écoutez-vous de la musique étrangère? Pourquoi?
4. Quand écoutez-vous le plus souvent de la musique? Donnez des détails.
5. Y a-t-il un type de musique que vous n'aimez pas? Pourquoi?

3 **Un bon adage** Que pensez-vous de l'adage «La musique adoucit les mœurs.» (Équivalent en anglais: *Music soothes the savage breast* [soul].)? La musique peut-elle avoir cet effet? Que ressentez-vous quand vous en écoutez? Comparez votre réponse à celle d'un(e) camarade de classe.

4 **C'est vous l'organisateur!** Imaginez que vous représentiez le ministère de la Culture et de la Communication. Par groupes de trois, organisez un concert. Où va-t-il avoir lieu? Quels artistes allez-vous inviter? Écrivez le programme de la fête avec une description des artistes. N'oubliez pas le caractère éclectique de l'événement. Ensuite, comparez votre proposition à celles des autres groupes.

Nom de l'événement	
Ville et lieux	
Dates et heures	
Type(s) de musique	
Artistes invités	

5 **Chez vous** Chaque année, le gouvernement français organise certaines fêtes nationales. Votre ville organise-t-elle des événements gratuits organisés? Sinon, que proposeriez-vous à votre gouvernement local? Expliquez à la classe.

LITTÉRATURE

Préparation

À propos de l'auteur

Dany Laferrière est né à Port-au-Prince, en Haïti, le 13 avril 1953. Il est d'abord chroniqueur culturel à l'hebdomadaire *Le Petit Samedi Soir* et à Radio-Haïti-Inter. Puis quand son ami Gasner Raymond se fait assassiner, il quitte Haïti et s'installe à Montréal, au Canada. Il poursuit sa carrière d'écrivain et de chroniqueur à la radio et à la télévision. En 2009, il reçoit le Prix Médicis pour son roman *L'Énigme du retour*. Le 12 janvier 2010, Laferrière se trouve en Haïti, mais il échappe au tremblement de terre sain et sauf (*safe and sound*).

Vocabulaire de la lecture

- **le béton** concrete
- **un calepin** notebook
- **la conduite** behavior
- **un cyclone** hurricane
- **dormir à la belle étoile** to sleep outdoors
- **engloutir** to swallow
- **exigu/exiguë** small
- **les plus vifs** those who reacted the fastest
- **piégé(e)** trapped
- **des secousses** tremors
- **un tremblement de terre** earthquake
- **un tressaillement du sol** earth tremor

Vocabulaire utile

- **un(e) blessé(e)** injured person
- **une catastrophe naturelle** natural disaster
- **un(e) disparu(e)** missing person
- **un(e) rescapé(e)** survivor
- **un(e) sans-abri** homeless person
- **les secours** rescue workers
- **trembler** to shake

1 **Synonymes** Pour chaque mot ou expression de la colonne A, trouvez le terme équivalent de la colonne B.

_____ 1. calepin   a. comportement
_____ 2. conduite   b. rapide
_____ 3. vif   c. petit
_____ 4. exigu   d. absorber, dévorer
_____ 5. engloutir   e. dehors
_____ 6. à la belle étoile f. cahier

2 **Vrai ou faux?** Lisez ces phrases avec un(e) partenaire et dites si elles sont vraies ou fausses. Corrigez ensemble les phrases fausses.

1. Il y a des tressaillements du sol pendant un tremblement de terre.
2. Si on est piégé sous du béton après un tremblement de terre, il faut appeler les secours.
3. Les personnes dont les maisons ont été détruites en Haïti sont maintenant blessées.
4. Les sécheresses (*droughts*) sont souvent le résultat de cyclones.
5. Les sans-abri vont probablement dormir à la belle étoile.
6. Il y a des secousses sismiques pendant une tornade.
7. Les tremblements de terre et les cyclones sont des catastrophes naturelles.

3 **Qu'en savez-vous?** Par groupes de trois, faites un résumé de ce que vous savez au sujet du tremblement de terre qui a eu lieu en Haïti en 2010. Utilisez au moins huit mots et expressions du nouveau vocabulaire.

Practice more at **vhlcentral.com**.

Note CULTURELLE

Le 12 janvier 2010, un tremblement de terre de magnitude 7,0 frappe l'ouest d'Haïti et sa capitale, Port-au-Prince. Il est rapidement suivi de dizaines de secousses secondaires et d'un deuxième tremblement de terre. Il s'agit du séisme le plus meurtrier de l'histoire d'Haïti. Le bilan (*toll*) de ce cataclysme est estimé à plus de 200.000 morts, 300.000 blessés et 1.000.000 de sans-abri.

Habiter en ville

LITTÉRATURE

tout BOUGE autour de moi

Dany Laferrière

Le grand écrivain haïtien, prix Médicis 2009 pour L'Énigme du retour, *était à Port-au-Prince pour le Festival «Étonnants Voyageurs» quand la terre a tremblé. Il raconte.*

1. La minute

Tout cela a duré à peine une minute, mais on avait huit à dix secondes pour prendre une décision. Quitter l'endroit où l'on se trouvait ou rester. Très rares sont ceux qui avaient fait un bon
5 départ. Même les plus vifs ont perdu trois ou quatre précieuses secondes avant de comprendre ce qui se passait. Haïti a l'habitude des coups d'État et des cyclones, mais pas des tremblements de terre. Le cyclone est bien annoncé. Un coup d'État arrive précédé d'un nuage de rumeurs. J'étais dans le restaurant de l'hôtel avec
10 des amis (l'éditeur Rodney Saint-Éloi et le critique Thomas Spear). Thomas Spear a perdu trois secondes parce qu'il voulait terminer sa bière. On ne réagit pas tous de la même manière. De toute façon personne ne peut prévoir où la mort l'attend. On s'est tous les trois retrouvés, à plat ventre°, au centre de la cour°. Sous les arbres.

face down on the ground / courtyard

15 ### 2. Le carnet noir

En voyage, je garde sur moi toujours deux choses: mon passeport (dans une pochette accrochée à mon cou) et un calepin noir où je note généralement tout ce qui traverse mon champ de vision ou qui me passe par l'esprit°. Pendant que j'étais par terre, je pensais
20 aux films de catastrophe, me demandant si la terre allait s'ouvrir et nous engloutir tous. C'était la terreur de mon enfance.

mind

Habiter en ville

3. Le silence

Je m'attendais à entendre des cris, des hurlements°. Rien. Un silence assourdissant°. On dit en Haïti que tant qu'on n'a pas hurlé, il n'y a pas de mort. Quelqu'un a crié que ce n'était pas prudent de rester sous les arbres. On s'est alors réfugié sur le terrain de tennis de l'hôtel. En fait, c'était faux, car pas une fleur n'a bougé malgré les 43 secousses sismiques. J'entends encore ce silence.

4. Les projectiles

Même à 7,3 sur l'échelle de Richter, ce n'est pas si terrible. On peut encore courir. C'est le béton qui a tué. Les gens ont fait une orgie de béton ces 50 dernières années. De petites forteresses. Les maisons en bois et en tôle°, plus souples, ont résisté. Dans les chambres d'hôtel souvent exiguës, l'ennemi, c'était le téléviseur. On se met toujours en face de lui. Il a foncé° droit sur nous. Beaucoup de gens l'ont reçu à la tête.

5. La nuit

La plupart des gens de Port-au-Prince ont dormi cette nuit-là à la belle étoile. Je crois que c'est la première fois que c'est arrivé. Le dernier tremblement de terre d'une telle ampleur° remonte à près de 200 ans. Les nuits précédentes étaient assez froides. Celle-là, chaude et étoilée. Comme on était couché par terre, on a pu sentir chaque tressaillement du sol au plus profond de soi. On faisait corps avec la terre. Je pissais dans les bois quand mes jambes se sont mises à trembler. J'ai eu l'impression que c'était la terre qui tremblait.

6. Le temps

Je ne savais pas que soixante secondes pouvaient durer aussi longtemps. Et qu'une nuit pouvait n'avoir plus de fin. Plus de radio, les antennes étant cassées. Plus de télé. Plus d'Internet. Plus de téléphone portable. Le temps n'est plus un objet qui sert à communiquer. On avait l'impression que le vrai temps s'était glissé° dans les soixante secondes qu'ont duré les premières violentes secousses.

7. La prière

Subitement un homme s'est mis debout et a voulu nous rappeler que ce tremblement de terre était la conséquence de notre conduite inqualifiable. Sa voix enflait° dans la nuit. On l'a fait taire car il réveillait les enfants qui venaient juste de s'endormir. Une dame lui a demandé de prier dans son cœur. Il est parti après s'être défendu longuement. Son argument c'est qu'on ne peut demander pardon à Dieu à voix basse. Des jeunes filles ont entamé° un chant religieux si doux que certains adultes se sont endormis. Deux heures plus tard, on a entendu une clameur. Des centaines de personnes priaient et chantaient dans les rues. C'était pour eux la fin du monde que Jéhovah annonçait. Une petite fille, près de moi, a voulu savoir s'il y avait classe demain. Un vent d'enfance a soufflé° sur nous tous.

8. L'horreur

Une dame qui habite dans un appartement dans la cour de l'hôtel a passé la nuit à parler à sa famille encore piégée sous une tonne de béton. Assez vite, le père n'a plus répondu. Ensuite l'un des trois enfants. Plus tard, un autre. Elle n'arrêtait pas de les supplier° de tenir encore un peu. Plus de douze heures après, on a pu sortir le bébé qui n'avait pas cessé de pleurer. Une fois dehors, il s'est mis à sourire comme si rien ne s'était passé.

to beg

9. Les animaux

Les chiens et les coqs nous ont accompagnés durant toute la nuit. Le coq de Port-au-Prince chante n'importe quand. Ce que je déteste généralement. Cette nuit-là j'attendais sa gueulante.°

crowing

10. La révolution

Le palais national cassé. Le bureau des taxes et contributions détruit. Le palais de justice détruit. Les magasins par terre. Le système de communication détruit. La cathédrale détruite. Les prisonniers dehors. Pendant une nuit ce fut la révolution. ■

Source: Ceci est la version intégrale du texte de Dany Laferrière publié dans *Le Nouvel Observateur* du 21 janvier 2010.

LITTÉRATURE

Analyse

1 **Le bon ordre** Numérotez ces événements dans l'ordre chronologique d'après le texte de Dany Laferrière.

____ Il y a un grand silence.
____ Les gens chantent et prient dans les rues.
____ L'auteur se demande si la terre va s'ouvrir et l'engloutir.
____ L'auteur boit un verre avec des amis dans le restaurant d'un hôtel.
____ Une femme passe la nuit à parler à sa famille qui est piégée sous le béton.
____ Un bébé est sauvé.
____ L'auteur se réfugie sur un terrain de tennis.

2 **Vrai ou faux?** Indiquez si chaque phrase est vraie ou fausse. Corrigez les phrases fausses.

1. Les bâtiments et les maisons en béton ont bien résisté au tremblement de terre.
2. Haïti ne connaît pas les coups d'État.
3. La personne qui a crié qu'il n'était pas prudent de rester sous les arbres a eu raison.
4. La plupart des systèmes de communication ont été détruits par le tremblement de terre.
5. Beaucoup de victimes ont trouvé du réconfort dans les chants et les prières.
6. Une femme que l'auteur connaît a perdu toute sa famille.

3 **Discussion** À deux, répondez à ces questions.

1. En quoi les tremblements de terre sont-ils différents des cyclones ou des coups d'État, d'après l'auteur? Expliquez.
2. Au paragraphe 4, Laferrière dit «C'est le béton qui a tué.» Que veut-il dire par cette constatation?
3. Un homme a dit que le tremblement de terre était la conséquence d'une «conduite inqualifiable». Que voulait-il dire, à votre avis?
4. Pourquoi Laferrière a-t-il choisi le titre **La révolution** pour le dernier paragraphe, à votre avis? Expliquez cette analogie.

4 **Rédaction** Pensez à un événement marquant de votre vie. Que s'est-il passé? Comment avez-vous réagi? En quoi cet événement vous a-t-il changé(e)? Vous allez raconter cet événement sous la forme d'un journal à paragraphes, comme le texte que vous venez de lire.

Plan

1 **Choix du sujet** Tout d'abord, pensez à plusieurs événements de votre vie que vous considérez marquants. Choisissez celui qui vous paraît le plus important et notez les idées qui vous viennent à l'esprit au sujet de cet événement: où, quand, qui, quoi, comment, pourquoi, etc.

2 **Organisation** Organisez vos idées de façon logique en essayant de vous concentrer sur cinq thèmes ou aspects particuliers de l'événement.

3 **Écriture** Écrivez cinq paragraphes de quelques lignes pour présenter vos idées. Inspirez-vous de l'organisation et du style du texte de Laferrière.

4 **Titres** Relisez chaque paragraphe, puis donnez-lui un titre approprié, comme dans le texte.

VOCABULAIRE

En ville Audio: Vocabulary Flashcards

Les lieux

un arrêt d'autobus bus stop
une banlieue suburb; outskirts
une caserne de pompiers fire station
le centre-ville city/town center; downtown
un cinéma cinema; movie theater
un commissariat de police police station
un édifice building
un gratte-ciel skyscraper
un hôtel de ville city/town hall
un jardin public public garden
un logement/une habitation housing
un musée museum
le palais de justice courthouse
une place square; plaza
la préfecture de police police headquarters
un quartier neighborhood
une station de métro subway station

Les indications

la circulation traffic
les clous crosswalk
un croisement intersection
un embouteillage traffic jam
un feu (tricolore) traffic light
un panneau road sign
un panneau d'affichage billboard
un pont bridge
un rond-point rotary; roundabout
une rue street
les transports en commun public transportation
un trottoir sidewalk
une voie lane; road; track

descendre to go down; to get off
donner des indications to give directions
être perdu(e) to be lost
monter (dans une voiture, dans un train) to get (in a car, on a train)
se trouver to be located

Les gens

un agent de police police officer
un(e) citadin(e) city-/town-dweller
un(e) citoyen(ne) citizen
un(e) colocataire roommate; co-tenant
un(e) conducteur/conductrice driver
un(e) étranger/étrangère foreigner; stranger
le maire mayor
un(e) passager/passagère passenger
un(e) piéton(ne) pedestrian

Les activités

les travaux construction
l'urbanisme city/town planning
la vie nocturne nightlife

améliorer to improve
s'amuser to have fun
construire to build
empêcher (de) to stop; to keep from (doing something)
s'ennuyer to get bored
s'entretenir (avec) to talk; to converse
passer (devant) to go past
peupler to populate
rouler (en voiture) to drive
vivre to live

(peu/très) peuplé(e) (sparsely/densely) populated

Pour décrire

animé(e) lively
bruyant(e) noisy
inattendu(e) unexpected
plein(e) full
privé(e) private
quotidien(ne) daily
sûr(e)/en sécurité safe
vide empty

Court métrage

un lien connection
un marché deal
une rame de métro subway train
un sketch skit
une voie means; channel
un wagon subway car

duper to trick
se méfier de to be distrustful/wary of

se plaindre (conj. like **éteindre**) to complain
se rassurer to reassure oneself
réitérer to reiterate
rejoindre to join
solliciter to solicit

débile moronic
gêné(e) embarrassed
insensible insensitive

Culture

une ambiance atmosphere
la batterie drums
un défilé parade
une fanfare marching band
une fête foraine carnival
un feu d'artifice fireworks display
une foire fair
une manifestation demonstration
le soutien support
un violon violin

s'étendre to spread
rassembler to gather
se réunir to get together
unir to unite

Littérature

le béton concrete
un(e) blessé(e) injured person
un calepin notebook
une catastrophe naturelle natural disaster
la conduite behavior
un cyclone hurricane
un(e) disparu(e) missing person
les plus vifs those who reacted the fastest
un(e) rescapé(e) survivor
un(e) sans-abri homeless person
les secours rescue workers
des secousses tremors
un tremblement de terre earthquake
un tressaillement du sol earth tremor

dormir à la belle étoile to sleep outdoors
engloutir to swallow
trembler to shake

exigu/exiguë small
piégé(e) trapped

Habiter en ville

LEÇON 3
L'influence des médias

La télévision. La radio. Internet. Les journaux. Les magazines. Nous sommes bombardés 24 heures sur 24, sept jours sur sept. Les médias divertissent. Ils informent. Ils mobilisent. Ils agacent. Ils font peur. Les médias sont-ils trop présents dans notre vie? Quelle influence ont-ils sur nous?

Peut-on absorber tout ce que les médias ont à proposer?

SOMMAIRE

84 COURT MÉTRAGE
Une jeune actrice, Émilie Muller, arrive dans un studio pour passer une audition et le réalisateur la surprend par des questions personnelles. Comment va-t-elle réagir? **Yvon Marciano** fait en noir et blanc le portrait d'*Émilie Muller*.

87

90 IMAGINEZ
À la fois vaste et intime, traditionnel et moderne, le **Québec**, c'est la vie au rythme de l'**Amérique du Nord** mais en français. Si vous n'y êtes jamais allé(e), vous allez certainement en avoir envie. Vous allez découvrir la créativité de quatre **Québécois** connus dans le monde des arts et de la littérature.

110

109 CULTURE
Créateur du Cirque du Soleil, homme d'affaires, touriste spatial... Mais qui est vraiment **Guy Laliberté**? Découvrons-le ensemble.

113 LITTÉRATURE
Marguerite Duras explique, dans *La Télé et la mort*, l'esprit derrière ce média. Sommes-nous sûrs de ce que nous voulons de la télé?

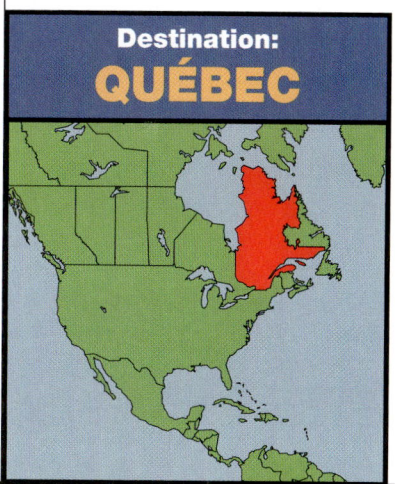
Destination: QUÉBEC

82 POUR COMMENCER

96 STRUCTURES

  3.1 The passé composé with avoir

  3.2 The passé composé with être

  3.3 The passé composé vs. the imparfait

117 VOCABULAIRE

L'influence des médias

POUR COMMENCER

L'univers médiatique

 Audio: Vocabulary

Les médias

l'actualité (*f.*) current events
la censure censorship
un événement event
un message/spot publicitaire; une publicité (une pub) advertisement
les moyens (*m.*) de communication; les médias (*m.*) media
la publicité (la pub) advertising
un reportage news report
un site web/Internet web/Internet site
une station de radio radio station

s'informer (par les médias) to keep oneself informed (through the media)
naviguer/surfer sur Internet/le web to search the web

actualisé(e) updated
en direct live
frappant(e)/marquant(e) striking
influent(e) influential
(im)partial(e) (im)partial; (un)biased

Les gens des médias

un(e) animateur/animatrice de radio radio presenter
un auditeur/une auditrice (radio) listener
un(e) critique de cinéma film critic
un(e) éditeur/une éditrice publisher
un(e) envoyé(e) spécial(e) correspondent
un(e) journaliste journalist
un(e) photographe photographer
un réalisateur/une réalisatrice director
un rédacteur/une rédactrice editor
un reporter reporter (male or female)

un téléspectateur/une téléspectatrice television viewer
une vedette (de cinéma) (movie) star (male or female)

Le cinéma et la télévision

une bande originale sound track
une chaîne network
un clip vidéo; un vidéoclip music video
un divertissement entertainment
un documentaire documentary
l'écran (*m.*) screen
les effets (*m.*) spéciaux special effects
un entretien/une interview interview
un feuilleton soap opera; series
une première premiere
les sous-titres (*m.*) subtitles

divertir to entertain
enregistrer to record

retransmettre to broadcast
sortir un film to release a movie

La presse

une chronique column
la couverture cover
un extrait excerpt
les faits (*m.*) divers news items
un hebdomadaire weekly magazine
un journal newspaper

la liberté de la presse freedom of the press
un mensuel monthly magazine
les nouvelles (*f.*) locales/internationales local/international news
la page sportive sports page
la presse à sensation tabloid(s)
la rubrique société lifestyle section
un gros titre headline

enquêter (sur) to research; to investigate
être à la une to be on the front page
publier to publish

POUR COMMENCER

Mise en pratique

1 **Les analogies** Complétez chaque analogie à l'aide du mot le plus logique de la liste.

| actualisé | la censure | frappant | un réalisateur | un site web |
| un auditeur | enregistrer | un journaliste | retransmettre | la une |

1. un reporter : un reportage :: _____ : un journal
2. la télévision : un téléspectateur :: la radio : _____
3. important : influent :: marquant : _____
4. un rédacteur : un magazine :: _____ : un film
5. _____ : un journal :: la couverture : un magazine
6. un film : le cinéma :: _____ : Internet
7. une émission : _____ :: un divertissement : divertir
8. l'impartialité : la partialité :: la liberté de la presse : _____

2 **Quelques nouvelles** Complétez chaque phrase à l'aide des mots ou des expressions les plus logiques.

| animateur | écran | en direct | média |
| clip vidéo | effets spéciaux | frappante | vedette |

Reportage exclusif (1) _____ sur la chaîne TV5.

Cette (2) _____ de cinéma sort un nouveau film avec beaucoup d' (3) _____.

Son nouveau (4) _____ a détruit la réputation de ce chanteur.

L'influence des sites Internet : une enquête (5) _____ !

Les déclarations partiales d'un (6) _____ de radio mettent ses auditeurs en colère.

3 **À votre avis** Dites si vous êtes d'accord ou pas avec chaque affirmation. Ensuite, comparez vos réponses avec celles de vos camarades de classe.

	Oui	Non
1. Aujourd'hui, il est plus facile de s'informer qu'avant.	☒	☐
2. Grâce aux médias, les gens connaissent mieux le monde.	☐	☐
3. La liberté de la presse est un mythe.	☐	☐
4. La publicité essaie de divertir le public.	☐	☐
5. La presse à sensation n'a qu'un seul objectif : informer le public.	☐	☐
6. On trouve plus de reportages impartiaux sur Internet que dans la presse.	☐	☐
7. Dans les médias, les images ont plus d'influence que les mots.	☐	☐
8. Si on veut s'informer, il vaut mieux regarder la télévision que lire les journaux.	☐	☐

4 **Un reportage** Avec un(e) camarade, imaginez que vous soyez reporter. Quel sujet choisiriez-vous pour votre prochain reportage? Préparez le reportage.

Practice more at vhlcentral.com.

L'influence des médias

COURT MÉTRAGE

Préparation

ATTENTION!

Only certain forms of the irregular verb **émouvoir** are used in conversation.

Ce film m'a vraiment ému.
That film really moved me.

Il s'émeut facilement.
He is easily moved.

Vocabulaire du court métrage

une bague *ring*
un(e) comédien(ne) *actor*
un cours d'art dramatique *drama course*
un défaut *flaw*
émouvoir *(irreg.)* *to move*
un rôle *part, role*
séduire *(conj. like* **conduire***)* *to seduce; to captivate*
tourner *to shoot (a film)*

Vocabulaire utile

s'attendre à quelque chose *to expect something*
avoir le trac *to have stage fright*
le comportement *behavior*
se comporter *to behave, to act*
égocentrique *egocentric*
exprimer *to express*

EXPRESSIONS

Et encore! *If that!*
Moteur! *Action!*
Va/Allez savoir pourquoi! *Go figure!*

1 **Les acteurs** Magali et Sylvain parlent avec leur professeur d'art dramatique. Choisissez les mots de la liste de vocabulaire qui complètent leur conversation.

PROFESSEUR Bonjour, et bienvenue dans mon (1) _____. Je suis votre professeur, le grand acteur Georges Gaboury. Pourquoi êtes-vous dans ma classe?

MAGALI Monsieur, je voudrais être actrice.

PROFESSEUR Vous voulez devenir une vraie (2) _____ ou une vedette de cinéma, Mademoiselle?

MAGALI Je veux jouer des (3) _____ dans lesquels j'aurai la capacité d'(4) _____ le public.

SYLVAIN Moi, j'ai envie d'être réalisateur, mais avant de (5) _____ un film, j'aimerais mieux comprendre les acteurs.

PROFESSEUR C'est admirable, jeune homme, mais pensez-vous que les comédiens (6) _____ d'une manière différente des autres?

SYLVAIN Bien sûr! La plupart des acteurs ne pensent qu'à eux-mêmes: ils sont tellement (7) _____!

PROFESSEUR Mon garçon, vous avez encore beaucoup à apprendre!

2 **Au cinéma** Répondez aux questions par des phrases complètes.

1. Quels genres de films aimez-vous le mieux? Les comédies? Les films d'action? Les films dramatiques? Les documentaires? Pourquoi?
2. Connaissez-vous des films presque entièrement basés sur un dialogue ou sur un monologue? Aimez-vous ce type de film? ou préférez-vous les films avec beaucoup d'action?
3. Est-ce qu'un bon dialogue dans un film est important pour vous? Expliquez votre réponse.

 Practice more at **vhlcentral.com**.

3 Les comédiens dans les médias Répondez aux questions avec un(e) camarade.

1. Les comédien(ne)s d'aujourd'hui sont harcelé(e)s par les médias et les paparazzi. Considérez-vous qu'ils doivent s'y attendre s'ils veulent être célèbres?
2. Les médias présentent tous les jours des interviews avec des comédien(ne)s. Y voit-on la «vraie» personne ou continuent-ils à jouer un rôle?
3. Croyez-vous ce que vous disent les médias à propos de ces personnes?

4 Devant la caméra

A. Répondez à chaque question et expliquez vos réponses à un(e) camarade.

	Oui	Non
1. Aimez-vous vous voir en photo ou en vidéo?	☐	☐
2. À votre avis, est-ce qu'une personne change de comportement devant une caméra?	☐	☐
3. Aimez-vous être le centre d'intérêt?	☐	☐
4. Seriez-vous prêt(e) à divulguer les détails de votre vie privée devant une caméra?	☐	☐
5. Parleriez-vous de votre vie privée devant un public?	☐	☐
6. Êtes-vous déjà, ou aimeriez-vous être un jour, comédien(ne)?	☐	☐

B. Discutez des questions par petits groupes.

1. Que ressentez-vous quand vous êtes le centre d'intérêt?
2. Quels traits de caractère faut-il avoir pour être comédien(ne)?

5 L'audition Répondez aux questions par groupes de trois.

1. Avez-vous déjà auditionné pour un rôle ou passé un entretien (*job interview*)? Quelles émotions ressent-on dans ce genre de situation? Avez-vous eu le rôle ou le poste?
2. Est-il plus important d'être soi-même ou de «jouer un rôle» pendant ces épreuves? Expliquez.
3. À votre avis, que faut-il faire si on n'est pas sélectionné?

6 Photographies Dans ce court métrage, une jeune fille passe une audition pour un rôle dans un film. À deux, regardez les photographies et imaginez ce qui va se passer. Est-ce que ce sera une expérience mémorable? Aura-t-elle le rôle?

L'influence des médias

COURT MÉTRAGE

 Short Film

Émilie Muller

Grand Prix du Meilleur Film du British Short Film Festival de Londres, 1994; Second Prix du Public au Festival d'Istanbul, 1995; Nominé aux Césars du Court-métrage, 1995

Une production de GRADIVA FILMS
Scénario, réalisation et production YVON MARCIANO   Photographie PIERRE BEFVE
Montage MARIANNE RIGAUD   Musique KHALIL CHAHINE   Son XAVIER GRIETTE
Acteurs VERONIKA VARGA/YVON MARCIANO/OLIVIER RAMON/MARIE DAVID

SCÈNES

COURT MÉTRAGE

INTRIGUE Une jeune comédienne passe une audition.

RÉALISATEUR Bonjour, asseyez-vous… Vous vous appelez comment?
ÉMILIE Émilie Muller…
RÉALISATEUR Vous êtes comédienne?
ÉMILIE J'ai joué un petit rôle une fois, mais on ne peut pas appeler ça comédienne.

RÉALISATEUR Est-ce que vous pourriez me montrer ce qu'il y a dans votre sac à main?
ÉMILIE Dans mon sac?… Vous voulez que je vide mon sac°…
RÉALISATEUR Mmm… Vous tirez° un objet et vous me racontez ce que ça fait dans votre sac.

ÉMILIE Il n'y a rien d'extraordinaire… Un porte-monnaie… Un petit carnet° pour noter une histoire, une phrase que j'ai lue… c'est une manie° absurde…
RÉALISATEUR Pourquoi absurde?
ÉMILIE Ce qui compte vraiment, c'est inutile de le noter, on s'en souvient.

ÉMILIE Un… un stylo… C'est un cadeau de mon ami, pour son anniversaire.
RÉALISATEUR Pour son anniversaire?
ÉMILIE Oui, il a toujours préféré faire des cadeaux plutôt qu'en recevoir… Une carte postale… D'une amie… Elle vit au Brésil.
RÉALISATEUR Il reste des choses?

ÉMILIE Je crois que c'est fini là… Ah non, là, c'est ma mère. Elle était jeune. J'ai trouvé cette photo il y a quelques jours. C'est la première fois que je la vois dans les bras d'un autre homme que mon père.

RÉALISATEUR Bon, on peut couper, c'est fini. Merci beaucoup. On vous rappellera dans une semaine…
ÉMILIE D'accord, d'accord.
ÉMILIE s'en va.

vide mon sac *empty my bag/lay it all on the table* **tirez** *pull out* **carnet** *notebook* **manie** *habit*

Note CULTURELLE

Henri Matisse (1869–1954)

Émilie dit qu'elle a un billet Paris-Nice parce qu'elle a envie de voir une tombe: celle du grand peintre Henri Matisse. On considère qu'il est le chef d'un mouvement artistique, le Fauvisme. Bien que ce mouvement ne dure pas longtemps, les œuvres de Matisse connaissent un succès international, même de son vivant°. Il devient Citoyen d'Honneur de la ville de Nice dès sa mort en 1954. Matisse repose aujourd'hui dans le cimetière du Monastère de Cimiez qui se trouve près de sa dernière résidence et du musée Matisse.

de son vivant *during his lifetime*

L'influence des médias

Analyse

1 Compréhension Répondez aux questions par des phrases complètes.
1. De quelle origine est Émilie?
2. Comment a-t-elle appris qu'on cherchait une comédienne?
3. Qu'est-ce que le réalisateur demande à Émilie de faire?
4. Où Émilie a-t-elle reçu la pomme?
5. Quels emplois Émilie a-t-elle eus par le passé?
6. D'après Émilie, que signifie une nouvelle maison?
7. Qu'écrit-elle dans son carnet?
8. Que dit Émilie du stylo dans le sac?
9. Quels sont deux autres objets qu'Émilie montre au réalisateur?
10. À quoi Émilie compare-t-elle la recherche d'un livre unique?

2 Interprétation Répondez aux questions avec un(e) camarade.
1. Que pense le réalisateur quand Émilie lui dit qu'elle n'a pas beaucoup d'expérience comme comédienne?
2. Pourquoi le réalisateur court-il chercher Émilie à la fin du film?
3. À votre avis, est-il vrai qu'Émilie n'a que très peu d'expérience comme actrice? ou pensez-vous que c'est déjà une actrice professionnelle?
4. Pensez-vous que tout ce que dit Émilie est fictif? ou dit-elle parfois la vérité dans son monologue?

3 La vie d'Émilie Muller Émilie répond à beaucoup de questions personnelles pendant son audition. Mais quelle est sa vie en dehors de ce studio de cinéma? À deux, répondez aux questions et comparez vos réponses avec celles de vos camarades.

- Où habite-t-elle?
- Quel travail a-t-elle?
- Qu'est-ce qu'elle aime faire?
- Sera-t-elle contente des résultats de son audition?
- Sera-t-elle une grande star du cinéma? ou restera-t-elle une jeune femme «normale»?
- Est-ce qu'elle achètera une maison dans la forêt?

4 Le métier de comédien Un(e) comédien(ne) a la responsabilité de séduire et de convaincre son public. Par groupes de trois, discutez de cette idée et décidez si Émilie Muller a réussi à vous séduire et à vous convaincre.

5 L'improvisation Répondez aux questions avec un(e) camarade.
1. Avez-vous déjà assisté à un spectacle d'improvisation? ou en avez-vous vu un à la télévision? Aimez-vous ce type de spectacle? Expliquez votre réponse.
2. Avez-vous déjà fait de l'improvisation? Êtes-vous doué(e) pour cela? Que ressentiriez-vous si quelqu'un vous demandait d'improviser devant une caméra?

Practice more at **vhlcentral.com**.

6 À vous d'auditionner Imitez l'audition d'Émilie Muller. Sortez cinq articles de votre sac et racontez à un(e) camarade une histoire pour chaque article, en quatre ou cinq phrases. Utilisez le court métrage comme modèle.

Des petites annonces… ça m'arrive de chercher du travail. J'aime bien lire les annonces de maisons aussi, parce que… je rêve d'avoir une maison à moi.

Une carte de donneur d'organes… Si je meurs, je fais don de mes organes…

7 La télé-réalité Les émissions de télé-réalité envahissent la télévision depuis les années 1990, avec *The Real World* sur MTV, puis *Survivor*, *Big Brother* et plusieurs autres. En principe, ces émissions montrent de vraies personnes qui réagissent à des situations parfois extrêmes. Par groupes de trois, discutez de ces émissions et répondez aux questions.

1. Aimez-vous ces émissions? Pourquoi?
2. Les personnages de ces émissions se comportent-ils de manière habituelle?
3. Quel effet a la caméra sur le comportement de ces personnes, à votre avis?
4. Qu'est-ce qu'il y a de réel dans ces émissions?

> Qui saura peser (*weigh*) ce qu'il entre du comédien
> dans tout homme public toujours en vue?
> —*Alfred de Vigny, écrivain français*

L'influence des médias

IMAGINEZ

Une manifestation en faveur de la souveraineté du Québec

Le Québec

La souveraineté du Québec

Un **Québec** francophone et souverain, voilà l'idée que va défendre **René Lévesque** (1922–1987) pendant toute sa carrière politique. D'abord journaliste, Lévesque occupera plusieurs postes de ministre sous le gouvernement de **Jean Lesage** (1912–1980), **Premier ministre** du Québec dans les années 1960.

Pendant cette période, qu'on a appelée la **Révolution tranquille**, l'idée de la souveraineté du Québec, c'est-à-dire de la création d'un pays québécois à part entière°, domine le débat politique. L'éducation francophone et laïque° se développe et une vraie politique culturelle est mise en place. Les Québécois prennent conscience de leur identité propre et de leur culture francophone.

Ce phénomène se reflète surtout dans la chanson et dans le cinéma. Des chanteurs comme **Félix Leclerc** (1914–1988) et **Gilles Vigneault** (1928–) défendent l'idée de la souveraineté et font renaître la tradition de la chanson francophone québécoise. **Robert Charlebois** (1944–) reprend cette tradition et la modernise. Le cinéma québécois francophone se développe grâce à la création, en 1967, de la **Société de Développement de l'Industrie Cinématographique Canadienne** (SDICC) qui apporte une aide financière aux réalisateurs comme **Denys Arcand**.

Sur le plan politique, c'est en 1968 que René Lévesque fonde le **Parti québécois** ou PQ, qui demande la souveraineté du Québec. Quand Lévesque est élu Premier ministre en 1976, c'est la première fois qu'un tel° parti arrive au pouvoir. Dès° l'année suivante, la **Loi 101** pour la défense du français est votée. En effet°, beaucoup de jeunes Québécois choisissaient de recevoir une éducation en anglais. Cette loi oblige tous les immigrants à aller à l'école française. En outre°, l'affichage° doit être en français dans les lieux publics et dans les magasins.

D'ailleurs...

Le 24 juillet 1967, le président français, **Charles de Gaulle**, qui est en visite à **Montréal**, proclame son soutien au mouvement de souveraineté du Québec. Pendant un discours° qu'il prononce du balcon de l'Hôtel de ville, il s'exclame: «Vive Montréal! Vive le Québec! Vive le Québec... libre! Vive le Canada français et vive la France!»

IMAGINEZ

René Lévesque, fondateur du Parti québécois

Aujourd'hui, grâce à ces mesures, le Québec est à plus de 82% francophone. Cependant, le cœur° du programme indépendantiste est bien la souveraineté totale. Celle-ci ne peut vraiment se faire que si la majorité des Québécois votent en sa faveur.

Une série de **référendums** est organisée: si la population répond «oui», le Québec s'émancipera. Mais voilà: à chaque fois, le «non» l'emporte°! Au référendum de 1995, il n'y avait plus que 50.000 voix° de différence, alors les partisans du «oui» n'ont pas encore dit leur dernier mot. Affaire à suivre…

à part entière *on its own* **laïque** *secular* **un tel** *such a* **Dès** *From* **En effet** *Indeed* **En outre** *In addition* **affichage** *display/posting* **cœur** *core* **emporte** *wins* **voix** *votes* **discours** *speech*

Découvrons le Québec

Je me souviens Cette devise° est apparue sur les plaques d'immatriculation° québécoises en 1939. **Eugène-Étienne Taché**, architecte et homme politique québécois, fait graver°, en 1883, «Je me souviens» au-dessus de° la porte du parlement québécois. Taché n'a jamais précisé ce qu'il a voulu dire par ces mots, mais ils sont probablement liés à l'histoire de la Province que cette façade rappelle.

La fête de la Saint-Jean Le 24 juin, c'est le jour de la **Saint-Jean-Baptiste**, le patron des Canadiens francophones. C'est aussi, depuis 1977, la Fête nationale du Québec. Arrivée en Amérique avec les premiers colons français, cette fête, qui a des racines° à la fois païennes° et religieuses, y est célébrée depuis 1638 environ. Aujourd'hui, c'est un immense festival qui donne aux Québécois l'occasion de montrer leur fierté° et leur héritage culturel.

La poutine Elle consiste en un mélange de frites et de fromage Cheddar râpé°, le tout recouvert d'une sauce brune chaude qui fait fondre° le fromage. C'est une spécialité québécoise très appréciée qui trouve son origine dans les milieux ruraux° des années 1950. Aujourd'hui, au Québec, presque tous les restaurants à service rapide offrent de la poutine.

La ville souterraine de Montréal Construite vers 1960 et appelée RÉSO depuis 2004, la ville souterraine° comprend 60 complexes résidentiels et commerciaux reliés par° 30 kilomètres de tunnels. On y trouve sept stations de métro et deux gares qui desservent° la banlieue, des banques, des centres commerciaux, des bureaux et même des hôtels. Plus de 500.000 personnes y passent chaque jour, surtout en hiver!

devise *motto* **plaques d'immatriculation** *licence plates* **graver** *to engrave* **au-dessus de** *above* **racines** *roots* **païennes** *pagan* **fierté** *pride* **râpé** *grated* **fondre** *melt* **ruraux** *rural* **souterraine** *underground* **reliés par** *linked by* **desservent** *serve*

Le français parlé au Québec

Le joual (français québécois)

un abreuvoir	une fontaine; *drinking fountain*
l'achalandage (*m.*)	la circulation
une aubaine	une promotion; *sale, promotion*
avoir l'air bête	être désagréable, impoli
bienvenue	de rien
une blonde	une copine; *girlfriend*
bonjour	au revoir
un breuvage	une boisson
un char	une voiture
chauffer	conduire
un chum	un copain; *boyfriend, male friend*
la crème glacée	la glace
débarquer (du bus, du métro)	descendre
le déjeuner	le petit-déjeuner
le dîner	le déjeuner
être plein	avoir trop mangé; *to be full*
magasiner (faire du magasinage)	faire des courses
ça mouille	il pleut
le souper	le dîner

L'influence des médias

Qu'avez-vous appris?

1 Vrai ou faux?
Indiquez si les affirmations sont vraies ou fausses, et corrigez les fausses.

1. L'un des plus grands défenseurs d'un Québec francophone et souverain était Félix Leclerc.
2. La notion de la souveraineté du Québec domine le débat politique, pendant la Révolution tranquille.
3. Le cinéma québécois francophone se développe grâce à la création du Parti québécois.
4. L'ancien président français Charles de Gaulle était pour la souveraineté du Québec.
5. «Je me souviens» est l'hymne national du Québec.
6. RÉSO est le nom donné à une fête québécoise importante.

2 Questions
Répondez aux questions.

1. Pourquoi 1976 est-elle une année importante pour le Parti québécois?
2. Quelle est une des conséquences de la Loi 101?
3. Qui sont les deux chanteurs qui contribuent à la renaissance de la chanson francophone québécoise?
4. Quelle sorte de fête est la Saint-Jean aujourd'hui?
5. Qu'est-ce que la poutine?
6. Qu'est-ce que la Révolution tranquille?

ÉPREUVE
Trouvez la bonne réponse.

1. _____ est un réalisateur francophone québécois.
   a. Denys Arcand   b. Robert Charlebois
   c. Jean Lesage   d. René Lévesque

2. _____ fonde le Parti québécois en 1968.
   a. Félix Leclerc   b. Saint-Jean Baptiste
   c. Jean Lesage   d. René Lévesque

3. _____ est pour la souveraineté du Québec.
   a. La population canadienne   b. Le Parti québécois
   c. La devise du Québec   d. La loi 101

4. Charles de Gaulle a soutenu _____.
   a. le mouvement de souveraineté du Québec
   b. Eugène-Étienne Taché
   c. la Loi 101
   d. la construction du RÉSO

5. La devise du Québec est _____.
   a. «Vive le Québec libre!»
   b. «Au bout de la route»
   c. un rappel de l'histoire
   d. un hommage à Lévesque

6. La phrase «Je me souviens» est inscrite sur _____.
   a. les permis de conduire québécois
   b. le drapeau québécois
   c. les plaques d'immatriculation
   d. les cartes d'électeurs

7. La Saint-Jean-Baptiste est _____.
   a. un parti politique
   b. un quartier souterrain
   c. une spécialité québécoise
   d. la Fête nationale du Québec

8. La poutine a son origine dans les _____ du Québec.
   a. chaînes internationales   b. restaurants rapides
   c. milieux ruraux   d. quartiers industriels

9. Dans le RÉSO, il y a des complexes résidentiels et commerciaux reliés par des _____.
   a. tunnels   b. minibus
   c. tramways   d. autoroutes

10. Plus de _____ personnes passent par le RÉSO tous les jours, surtout en hiver.
    a. 300.000   b. 50.000   c. 500.000   d. 400.000

Projet
Festivals au Québec

Vous connaissez déjà la fête de la Saint-Jean, mais le Québec est une Province aux multiples festivals. Imaginez que vous soyez agent de publicité et que vous deviez créer une brochure pour un festival francophone au Québec. Faites des recherches sur **vhlcentral.com** pour choisir un festival et trouver les informations nécessaires.

- Quel est le nom du festival?
- Quelles sont ses dates?
- Quel est son thème?
- Que fait-on au festival pour s'amuser? (trois activités)

IMAGINEZ

Un OVNI dans l'information numérique

Dans le paysage (*landscape*) médiatique français, *Vendredi* est un véritable OVNI (*UFO*) parce qu'il va à l'inverse de la presse traditionnelle. Quand la plupart des journaux s'efforcent (*are trying hard*) encore de publier leurs articles sur Internet, *Vendredi*, lui, transfère chaque semaine les «meilleures infos du Net» sur papier. Dans cette pub, *Vendredi* remet en cause (*challenges*) l'aspect pratique de l'information en ligne et prône (*advocates*) un retour au papier, support (*medium*) aux usages multiples.

Internet, c'est pas mal, mais le papier, ça reste utile. Surtout vendredi, c'est le jour du poisson!

1 **Compréhension** Répondez aux questions par des phrases complètes.
1. Qu'est-ce qui constitue une révolution, d'après le clip?
2. Qu'est-ce que l'homme moderne a la possibilité de faire grâce à Internet?
3. Qu'est-ce qu'on trouve dans *Vendredi*, d'après le clip?

2 **Discussion** Répondez aux questions en donnant des détails.
1. Utilisez-vous l'Internet pour vous tenir au courant des infos? Expliquez.
2. Expliquez l'ironie de la dernière phrase de la vidéo: «Internet, c'est pas mal, mais le papier, ça reste utile. Surtout vendredi, c'est le jour du poisson!»

Et vous? Y a-t-il un journal dans votre région qui résume les informations trouvées sur Internet? Si oui, décrivez-le. Sinon, dites si vous aimeriez avoir accès à un tel journal et expliquez pourquoi.

Practice more at **vhlcentral.com**.

VOCABULAIRE

de la vidéo
croustillant(e) *(referring to news)* spicy
un désagrément nuisance
fournir to relay
subsister to remain

pour la conversation
grâce à thanks to
imprimé(e) printed
numérique digital

L'influence des médias

IMAGINEZ

GALERIE DE CRÉATEURS

SUR INTERNET
Pour plus de renseignements sur ces créateurs et pour explorer des aspects précis de leurs créations, à l'aide d'activités et de projets de recherche, visitez **vhlcentral.com**.

DANSE Édouard Lock (1954–)
Né au Maroc, ce Québécois a vite trouvé son bonheur dans l'univers de la danse contemporaine. En 1975, à l'âge de 21 ans, il présente sa première chorégraphie. Quelques années plus tard, les Grands Ballets Canadiens l'invitent à réaliser des chorégraphies. Fort de ses expériences, il fonde, à 26 ans, sa propre troupe de danseurs, Lock-Danseurs, qui devient plus tard La La La Human Steps. Ses chorégraphies connaissent un succès international. En 1986, il reçoit le prestigieux Bessie Award à New York pour la reconnaissance (*recognition*) de son talent. Aujourd'hui, il travaille dans les théâtres du monde entier. Il a su créer un style, un langage qui n'appartiennent qu'à lui, où il cherche à retrouver les impressions de l'enfance.

SCULPTURE/VERRERIE Marcelle Ferron (1924–2001)
Peintre, femme sculpteur et artiste verrier (*stained glass maker*), Marcelle Ferron était une figure importante de l'art contemporain québécois. Dès les années 1940, elle fait partie d'un mouvement artistique révolutionnaire de la Province, les Automatistes, dérivé du Surréalisme. Ce mouvement influence toute sa carrière. Elle prend aussi part à un manifeste politique et artistique appelé le Refus global. Publié le 9 août 1948, ce manifeste remet en question les valeurs traditionnelles de la société québécoise; il est à l'origine de la «Révolution tranquille», dans les années 1960, période de grandes transformations politiques, sociales, économiques et religieuses, comparable à mai 1968 en France. En 1953, Marcelle Ferron part vivre à Paris où elle apprend l'art du vitrail (*stained glass*), grâce auquel elle devient plus connue. On peut admirer ses œuvres dans certaines stations du métro de Montréal et dans d'autres villes du Québec.

IMAGINEZ

LITTÉRATURE
Antonine Maillet (1929–)

Née en Acadie, dans le Nouveau-Brunswick, cette romancière (*novelist*) et dramaturge de grand talent, qui a passé sa vie au Québec, commence sa carrière comme professeur de littérature à l'université. Elle se lance ensuite dans (*went into*) l'écriture avec un premier roman en 1958, suivi par une trentaine (*about thirty*) d'œuvres. Ses livres s'inspirent de la langue, de l'histoire, des traditions et des caractéristiques géographiques de l'Acadie. Antonine Maillet a été lauréate (*winner*) de plusieurs prix (*awards*) littéraires, dont le prix Goncourt en France, en 1979, pour son roman, *Pélagie la charrette*. Elle est la première femme écrivain francophone qui n'habite pas en France à l'avoir reçu. Membre du Haut conseil de la francophonie depuis 1987, elle contribue, par ses œuvres et son action, à promouvoir la littérature francophone.

CIRQUE Guy Laliberté (1959–)

Le co-fondateur du Cirque du Soleil commence sa carrière à 14 ans, après avoir quitté la maison familiale. En 1982, il fait partie du Club des talons hauts (*high heels*), groupe d'acrobates des rues montés sur des échasses (*stilts*) qui jonglent, jouent de l'accordéon et crachent le feu (*eat fire*). C'est le début d'un nouveau concept du cirque. Et en 1984, l'année du 450e anniversaire de l'arrivée de Jacques Cartier au Canada, il crée le Cirque du Soleil avec un ami, Daniel Gauthier. Ils ont su imposer une idée novatrice du cirque où la beauté est aussi essentielle que les exploits des acrobates. Laliberté a été président du cirque jusqu'en 1990. Depuis, devenu homme d'affaires, il est l'administrateur du Cirque du Soleil qui rayonne (*shines*) sur plusieurs continents.

Compréhension

À compléter Complétez chaque phrase logiquement.

1. En 1975, à l'âge de 21 ans, Édouard Lock présente sa première _____.
2. Dès les années 1940, Marcelle Ferron fait partie des Automatistes, mouvement _____ révolutionnaire.
3. Les livres d'Antonine Maillet s'inspirent de la langue, de l'histoire et des traditions de l'_____.
4. Co-fondateur du _____, Guy Laliberté commence sa carrière à 14 ans.
5. Édouard Lock a su créer un style où il cherche à retrouver les _____ de l'enfance.
6. La «Révolution tranquille» est une période de grandes _____ politiques et sociales au Québec.
7. Antonine Maillet est la première femme écrivain francophone qui n'habite pas en France à recevoir le prestigieux prix _____.
8. Les _____ du Club des talons hauts jonglent et crachent du feu montés sur des échasses.

Rédaction

À vous! Choisissez un de ces thèmes et écrivez un paragraphe d'après les indications.

- **Resto U** Vous aimeriez qu'on installe des vitraux (*stained glass*) inspirés du style de Marcelle Ferron dans le resto U. Décrivez ce que vous envisagez.
- **Lumière sur l'Acadie** Vous êtes Antonine Maillet et vous avez gagné le prix Goncourt. Expliquez l'importance de ce grand prix littéraire pour l'Acadie.
- **Au cirque** Décrivez un spectacle au Cirque du Soleil. En quoi diffère-t-il des cirques traditionnels?

Practice more at **vhlcentral.com**.

L'influence des médias

STRUCTURES

3.1 The *passé composé* with *avoir*

—Il **a** toujours **préféré** faire des cadeaux plutôt qu'en recevoir.

- To talk about completed events in the past, you can use the **passé composé**. The **passé composé** of most verbs is formed by combining the past participle of the main verb with the present tense of **avoir**.

- In the **passé composé**, the form of **avoir** changes according to the subject, but the past participle usually remains the same. The past participles of regular -**er**, -**ir**, and -**re** verbs follow predictable patterns.

Marcel **a gagné** au loto!

The *passé composé* of regular -*er*, -*ir*, and -*re* verbs			
	manger	choisir	vendre
j'ai			
tu as			
il/elle a	mangé	choisi	vendu
nous avons			
vous avez			
ils/elles ont			

- Several irregular verbs also have irregular past participles.

avoir	eu	mettre	mis
boire	bu	ouvrir	ouvert
conduire	conduit	pleuvoir	plu
connaître	connu	pouvoir	pu
courir	couru	prendre	pris
croire	cru	recevoir	reçu
devoir	dû	rire	ri
dire	dit	savoir	su
écrire	écrit	suivre	suivi
être	été	vivre	vécu
faire	fait	voir	vu
lire	lu	vouloir	voulu

ATTENTION!

Whenever a direct object is placed before a past participle, the past participle agrees with it in gender and number. Compare these sentences:

Sophie a lu la bande dessinée.
(No agreement)
Sophie read the comic strip.

Sophie l'a lue.
(Past participle agrees with **bande dessinée**.)
Sophie read it.

BLOC-NOTES

For more information about past participle agreement with **avoir**, see **Fiche de grammaire 5.5, p. 256.**

STRUCTURES

Nous **avons pris** le train ce matin.

Il **a couru** longtemps.

- Use the **passé composé** to talk about completed actions or events in the past or to describe a reaction or change in state of mind or condition.

   On **a enregistré** le feuilleton **lundi**.
   We recorded the soap opera Monday.

   J'**ai vécu** en France **pendant six mois**.
   I lived in France for six months.

   Soudain, on **a eu** peur.
   Suddenly, we were afraid

   Hier, il a commencé à pleuvoir.
   Yesterday, it started to rain.

- Sentences in the **passé composé** often include a reference to a specific moment in time or duration. These expressions are used frequently in the **passé composé**:

à ce moment-là *at that moment*	pendant une heure (un mois, etc.) *for an hour (a month, etc.)*
enfin *at last*	récemment *recently*
finalement *finally*	soudain *suddenly*
hier (matin, soir, etc.) *yesterday (morning, evening, etc.)*	tout à coup *all of a sudden*
immédiatement *immediately*	tout de suite *right away*
longtemps *for a long time*	une fois (deux fois, etc.) *once (twice, etc.)*
lundi (mardi, etc.) dernier *last Monday (Tuesday, etc.)*	

- In the **passé composé**, the placement of adverbs varies. These short adverbs go between the helping verb and the past participle:

assez	déjà	peut-être	toujours
beaucoup	encore	presque	trop
bien	enfin	seulement	vite
bientôt	longtemps	souvent	vraiment
	mal	sûrement	

- Some common longer adverbs, such as **probablement** and **certainement**, are also placed between the helping verb and the past participle.

   Ils ont **certainement** invité Claude.
   Certainly they invited Claude.

   Elle a **probablement** oublié le rendez-vous.
   She probably forgot the appointment.

- Longer adverbs can also follow the past participle, especially if they express the manner in which something is done.

   J'ai trouvé le cinéma **facilement**.
   I found the movie theater easily.

   Elle a parlé **rapidement** de sa carrière.
   She spoke quickly about her career.

BLOC-NOTES

You will learn more about when to use the **passé composé** and when to use the imparfait in **Structures 3.3, pp. 104–105**.

ATTENTION!

Remember, to negate a sentence in the **passé composé**, place the **ne... pas** (**ne... jamais**, etc.) around the helping verb.

Nous n'avons jamais vu ce documentaire.

L'influence des médias

STRUCTURES

Mise en pratique

Note CULTURELLE

Fondées en 1986, les éditions **L'instant même** ont commencé par publier des écrivains québécois. Aujourd'hui, cette maison d'édition québécoise publie des auteurs du monde francophone et d'ailleurs, principalement des essais, des nouvelles et des romans.

1 À compléter Mettez les verbes au passé composé.

1. La maison d'édition «L'instant même» _a publié_ (publier) cette anthologie.
2. Tu _____ (ne pas enregistrer) mon émission préférée jeudi dernier?
3. Nous _avons attendu_ (attendre) deux heures sous la pluie.
4. Après avoir réfléchi, j' _____ (choisir) une carrière dans le cinéma.
5. Céline Dion et Roch Voisine _ont chanté_ (chanter) une chanson ensemble.
6. Vous _avez entendu_ (entendre) la publicité pour le nouveau reportage à la radio?
7. Hier soir, au cinéma, je _n'ai pas pu_ (ne pas pouvoir) lire les sous-titres.
8. Pendant deux ans, ma famille et moi _avons vécu_ (vivre) à Montréal.
9. Au centre-ville, je _n'ai pas conduit_ (ne pas conduire) ma voiture.
10. Vous _avez appris_ (apprendre) le français au Québec?

2 À transformer Mettez chaque phrase au passé composé.

1. L'envoyée spéciale travaille tard. _L'envoyée spéciale a travaillé tard._
2. Je ne bois pas trop de café. _Je n'ai pas bu trop de café._
3. D'abord, vous devez vérifier vos sources. _D'abord, vous avez dû vérifier vos sources._
4. Les acteurs jouent bien leur rôle. _Les acteurs ont bien joué leur rôle._
5. Malheureusement, il pleut sans arrêt. _Il a plu sans arrêt._
6. On veut s'informer. _On a voulu s'informer._
7. Dans ton métier de journaliste, tu dis toujours la vérité. _Tu as toujours dit la vérité._
8. Nous ne croyons jamais la presse à sensation. _____
9. Ils suivent les documentaires sur l'histoire canadienne. _____
10. Je ris à cause de cette bande dessinée. _J'ai ri_

3 À vous la parole! Assemblez les parties de chaque colonne pour écrire une histoire au passé. Utilisez votre imagination!

A	B	C	D
récemment	je	connaître	
une fois	mon/ma camarade de chambre/colocataire	mettre	
la semaine dernière		savoir	
à ce moment-là	mes amis/copains	conduire	?
tout à coup	mon/ma (petit[e]) ami(e)	courir	
enfin	la vedette de cinéma	suivre	
?	le photographe	?	
	?		

Practice more at vhlcentral.com.

Communication

4 **Vos activités** Voici une liste d'activités. Quand avez-vous fait ces choses récemment? Avec un(e) camarade de classe, posez-vous des questions à tour de rôle.

Modèle écouter une bande originale
—Quand est-ce que tu as écouté une bande originale récemment?
—J'ai écouté une bande originale ce matin.
—Quelle bande originale as-tu écoutée?
—J'ai écouté la bande originale du film *Slumdog Millionaire*.

regarder un documentaire	lire un hebdomadaire	naviguer sur le web
voir un feuilleton	réussir à un examen	faire une annonce
écrire/recevoir un e-mail	graver un CD pour un(e) ami(e)	ouvrir un journal
être en vacances	prendre une photographie	rire aux éclats

5 **La première** Imaginez que quelqu'un vous ait invité(e) à la première d'un film populaire. Avec un(e) camarade, discutez de l'événement auquel vous avez assisté le week-end passé.

- Quels vêtements as-tu mis?
- As-tu vu des personnes célèbres?
- Les reporters ont-ils interviewé les vedettes?
- Quelles questions ont-ils posées?
- Comment ont-elles répondu?
- Tes amis et toi, avez-vous pris des photos?
- De qui avez-vous fait la connaissance?
- …?

6 **Les divertissements** Que faites-vous pour vous divertir? Quelles sortes d'activités pratiquez-vous?

A. Faites une liste de dix à quinze choses amusantes que vous avez faites ou que vous avez eu envie de faire le mois dernier.

B. À deux, demandez à votre camarade s'il/si elle a pratiqué les activités de votre liste et écrivez oui ou non à côté de chacune.

C. Par groupes de quatre, décrivez tour à tour ce que votre camarade a fait ou n'a pas fait le mois dernier. Limitez-vous à quatre ou cinq activités par personne.

L'influence des médias

STRUCTURES

3.2 The *passé composé* with *être*

—Finalement c'est elle qui **n'est pas venue**.
—Et vous **êtes venue** quand même?

- Some verbs use the present tense of **être** instead of **avoir** as the helping verb in the **passé composé**. Notice that most of them are verbs of motion.

Infinitive	Past participle	
aller	allé	to go
arriver	arrivé	to arrive
descendre	descendu	to go down, to descend
devenir	devenu	to become
entrer	entré	to enter
monter	monté	to go up, to ascend
mourir	mort	to die
naître	né	to be born
partir	parti	to leave
passer	passé	to pass by
rentrer	rentré	to go back (home)
rester	resté	to stay
retourner	retourné	to return
revenir	revenu	to come back
sortir	sorti	to go out
tomber	tombé	to fall
venir	venu	to come

- When the helping verb is **être**, the past participle agrees in gender and number with the subject.

Mélanie est **rentrée** tôt.
Mélanie came home early.

Ses parents sont **sortis**.
Her parents went out.

Je suis **arrivée** à l'hôtel.

Nous sommes **allés** au supermarché.

ATTENTION!

These verbs usually do not take direct objects. When they do take one, their meanings are usually different and they use the helping verb **avoir** instead of **être**.

Elle est sortie.
She went out.

Il a sorti un livre de son sac.
He took a book out of his bag.

Nous sommes passés par là.
We went through there.

Nous avons passé une semaine à faire ce reportage.
We spent a week doing that piece.

The verbs **monter**, **descendre**, and **rentrer** can also take direct objects.

BLOC-NOTES

For more information about past participle agreement, see **Fiche de grammaire 5.5, page 256**.

STRUCTURES

- Reflexive and reciprocal verbs also use the helping verb **être** in the **passé composé**. The reflexive or reciprocal pronoun is placed before the form of **être**.

    Vous **vous êtes** blessé?
    Did you hurt yourself?

    On **s'est** téléphoné.
    We phoned one another.

- To negate a reflexive or reciprocal verb in the **passé composé**, place the **ne… pas** (**ne… jamais**, etc.) around the pronoun and the helping verb.

    Je **ne** me suis **pas** rappelé son nom.
    I did not remember her name.

    Tu **ne** t'es **pas** endormi avant minuit?
    You didn't fall asleep before midnight?

- Like other verbs that take **être** in the **passé composé**, the past participle *usually* agrees in gender and number with the subject when the subject is also the direct object.

    Elle s'est **habillée** rapidement.
    She got dressed quickly.

    Nous nous sommes **disputés**.
    We argued.

Ils se sont **regardés** dans le miroir.

- If the verb is followed by a direct object, the past participle *does not agree* with the subject. Compare these two sentences.

    Elle s'est **lavée**.
    She washed (herself).

    Elle s'est **lavé** les cheveux.
    She washed her hair.

- Some reciprocal verbs take indirect rather than direct objects. In this case, the past participle *does not agree*. Here is a partial list of reciprocal verbs that take indirect objects: **s'écrire**, **se dire**, **se téléphoner**, **se parler**, **se demander**, and **se sourire**.

    Nous nous sommes **écrit**.
    We wrote to one another.

    Elles se sont **demandé** pourquoi.
    They wondered why.

Ils se sont **parlé**.

> **ATTENTION!**
>
> In the expression **se rendre compte de**, the past participle never agrees, because **compte** acts as the direct object and follows the verb.
>
> **Elle s'est rendu compte de la situation.**
> *She became aware of the situation.*

> **ATTENTION!**
>
> Remember, an indirect object in French is preceded by the preposition **à** when no pronoun is used.
>
> **Elle parle à Monsieur Guy.**
> *She's talking to Mr. Guy.*
>
> **Je téléphone souvent à mes parents.**
> *I often call my parents.*

L'influence des médias

STRUCTURES

Mise en pratique

1 **Des accusations** Votre patron accuse souvent ses employés. Employez le passé composé pour lui prouver que ses accusations sont injustes.

Modèle **PATRON** Édouard arrive toujours en retard!
VOUS Mais non. Il _est arrivé_ tôt hier.

PATRON Vous partez toujours à quatre heures!
VOUS Mais non. Nous (1) _____ à six heures hier.
PATRON Élisabeth rentre toujours chez elle à midi!
VOUS Mais non. Elle (2) _____ chez elle, à sept heures hier soir.
PATRON Vous revenez du déjeuner au bout de (*after*) trois heures!
VOUS Mais non. Je (3) _____ au bout de vingt minutes aujourd'hui.
PATRON Personne ne vient au bureau le week-end!
VOUS Mais si. Abdel et Sofia (4) _____ samedi.
PATRON Valérie et Carine descendent trop souvent au café!
VOUS Mais non. Elles (5) _____ au café une fois.

2 **Grand reportage** Hier, l'équipe de la chaîne de télé a eu beaucoup de travail. Dites comment la journée a différé d'une journée normale.

Modèle Le rédacteur se réveille à six heures normalement. (cinq heures)
Hier, il s'est réveillé à cinq heures.

1. La journaliste se maquille une fois normalement. (trois fois)
2. Les réalisatrices se lèvent tôt normalement. (encore plus tôt)
3. Les envoyés spéciaux se couchent à minuit normalement. (une heure du matin)
4. La rédactrice et l'envoyée spéciale s'écrivent dix e-mails normalement. (trente)
5. Normalement, le reporter s'endort après le déjeuner. (après le dîner)

3 **Soirée romantique** Employez au passé composé chaque verbe de la liste, une fois avec **avoir** et une fois avec **être**.

~~descendre~~ | ~~monter~~ | ~~passer~~ | ~~sortir~~

Samedi, mon petit ami Arnaud et moi, nous (1) _sommes sortis_ pour aller au cinéma. Arnaud voulait voir le nouveau film que Gaumont (2) _a sorti_. Il (3) _est passé_ chez moi vers 18h00. Après le film, nous (4) _avons descendu_ la rue des Orfèvres, où Arnaud m'a acheté de belles fleurs. Nous avons dîné au Café des vedettes et ensuite, nous (5) _sommes montés_ sur la colline (*hill*), derrière la place du général de Gaulle. Nous (6) _sommes descendus_ une heure plus tard. Arnaud a pris un bus pour rentrer chez lui, et moi, j'ai pris un taxi. Chez moi, ma mère (7) _a monté_ les fleurs dans sa chambre, parce que j'ai un secret qu'Arnaud ne connaît pas: je suis allergique aux fleurs! Mais nous (8) _avons passé_ une très bonne soirée quand même.

Note CULTURELLE

La société de production cinématographique **Gaumont**, établie en 1895, est la plus ancienne du monde. Son fondateur, **Léon Gaumont**, est un pionnier de la production et de la distribution cinématographiques. Il met au point (*develops*) le projecteur avant de passer à la production de films et à l'ouverture de salles de cinéma. Aujourd'hui, Gaumont est une des sociétés françaises de cinéma les plus importantes.

Communication

4 **La semaine dernière** Circulez dans la classe pour demander à différent(e)s camarades s'ils/si elles ont fait ces choses la semaine dernière. Écrivez leur nom dans la colonne de droite.

Modèle aller au cinéma
—Es-tu allé(e) au cinéma la semaine dernière?
—Oui, je suis allé(e) au cinéma. J'ai vu un excellent film!
—Ah bon? Lequel?

Activités	Noms
1. s'endormir pendant une émission	
2. rentrer après minuit	
3. se réveiller après onze heures du matin	
4. partir en voyage	
5. arriver en retard quelque part (*somewhere*)	
6. se disputer avec quelqu'un	
7. passer chez quelqu'un	
8. tomber	
9. se coucher avant neuf heures du soir	
10. devenir impatient(e)	

5 **En ville** Avec un(e) partenaire, parlez de la dernière fois que vous avez visité une ville.

Modèle —Et où es-tu allé(e) à Québec?
—Je suis allé(e) au musée de la Civilisation. Ma famille et moi, nous nous sommes promené(e)s sur la terrasse Dufferin aussi.

- Pourquoi y es-tu allé(e)?
- Quand es-tu parti(e)?
- Où t'es-tu promené(e)?
- Où es-tu sorti(e) le soir?
- Où es-tu resté(e)?
- Quand es-tu rentré(e)?

6 **Interview** Par groupes de trois, jouez le rôle d'un reporter et d'un couple vedette. Le couple décrit au reporter sa journée d'hier, une journée typique… de vedette! Utilisez les verbes de la liste au passé composé et jouez la scène pour la classe.

aller	s'habiller	se raser
arriver	se lever	rentrer
se brosser les dents	se maquiller	se réveiller
se coucher	partir	…?

L'influence des médias

STRUCTURES

3.3 The *passé composé* vs. the *imparfait*

—Sa mère **est morte** sans avoir jamais rien lu de lui. Il se **disait** que le prochain serait meilleur.

- Although the **passé composé** and the **imparfait** both express past actions or states, the two tenses have different uses and, therefore, are not interchangeable.

- In general, the **passé composé** is used to describe events that were *completed* in the past, whereas the **imparfait** refers to *continuous* states of being or repetitive actions.

Uses of the *passé composé*

- Use the **passé composé** to express actions viewed by the speaker as completed.

- Use it to express the beginning or end of a past action.

    L'émission **a commencé** à huit heures. J'**ai fini** mes devoirs.
    The show started at eight o'clock. *I finished my homework.*

- Use it to tell the duration of an event or the number of times it occurred in the past.

    J'**ai habité** en Europe pendant six mois. Il **a regardé** le clip vidéo trois fois.
    I lived in Europe for six months. *He watched the music video three times.*

- Use it to describe a series of past actions.

- Use it to indicate a reaction or change in condition or state of mind.

    Il **s'est fâché**. À ce moment-là, j'**ai eu** envie de partir.
    He became angry. *At that moment, I wanted to leave.*

Uses of the *imparfait*

- Use the **imparfait** to describe ongoing past actions without reference to beginning or end.

    Tu **faisais** la cuisine. Et moi, je **faisais** la vaisselle.
    You used to cook. *And I would do the dishes.*

- Use it to express habitual actions in the past.

    D'habitude, je **prenais** le métro. On se **promenait** dans le parc.
    Usually, I took the subway. *We used to take walks in the park.*

- Use it to describe mental, physical, and emotional states.

- Use it to describe conditions or to tell what things were like in the past.

    Les effets spéciaux **étaient** superbes! Il **faisait** froid.
    The special effects were superb! *It was cold.*

Ils **sont arrivés** à 14h00, ils **ont pris** un café et ils **sont partis**.

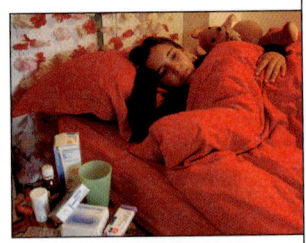

Hier, Martine **était** malade.

STRUCTURES

The **passé composé** and the **imparfait** used together

- The **passé composé** and the **imparfait** often appear together in the same sentence or paragraph.

- When narrating in the past, the **imparfait** describes *what was happening*, while the **passé composé** describes the actions that *occurred* or *interrupted* the ongoing activity. Use the **imparfait** to provide background information and the **passé composé** to tell what happened.

Je **faisais** mes devoirs quand tu **es arrivé**.

Samedi soir, je **regardais** la télévision quand j'**ai entendu** un bruit bizarre. J'**avais** l'impression que c'**était** un animal. Le bruit **semblait** venir de la cuisine. J'**ai ouvert** la porte très lentement. Sur la table, il y **avait** un écureuil! Il **mangeait** mon pain. Quand il m'**a vue**, il **a eu** peur et il **est parti** par la fenêtre.

Saturday evening, I was watching television when I heard a strange noise. I had the impression that it was an animal. The noise seemed to be coming from the kitchen. I opened the door very slowly. On the table, there was a squirrel! It was eating my bread. When it saw me, it got scared and went out the window.

Different meanings in the **imparfait** and the **passé composé**

- The verbs **vouloir**, **pouvoir**, **devoir**, **savoir**, and **connaître** have particular meanings in the **passé composé** and in the **imparfait**.

infinitive	passé composé	imparfait
connaître	Quand as-tu **connu** ma femme? *When have you **met** my wife?*	Je **connaissais** très bien la ville. *I **knew** the city very well.*
devoir	Nous **avons dû** payer en espèces. *We **had to** pay in cash.* Il **a dû** oublier. *He **must have** forgotten.*	Je **devais** arriver à sept heures. *I **was supposed to** arrive at 7 o'clock.* Il **devait** faire ses devoirs le soir. *He **used to have to** do his homework in the evening.*
pouvoir	Il pleuvait, mais Florent **a pu** venir quand même. *It was raining, but Florent **managed to** come anyway.*	Elle **pouvait** m'aider. *She **could** help me.*
savoir	Il **a su** qui était le rédacteur. *He **found out** who the editor was.*	Elle **savait** vraiment chanter. *She really **knew** how to sing.*
vouloir	Véronique **a voulu** faire du ski. *Véronique **tried to** ski.* Je **n'ai pas voulu** aller avec lui. *I **refused** to go with him.*	Nous **voulions** aller à la première. *We **wanted** to go to the premiere.*

ATTENTION!

Here are some transitional words that are useful for narrating past events:

d'abord *first*
après *afterwards*
au début *in the beginning*
avant *before*
enfin *at last*
ensuite *next*
finalement *finally*
pendant que *while*
puis *then*

BLOC-NOTES

Remember that **savoir** and **connaître** are *not* interchangeable.

STRUCTURES

Mise en pratique

1 **À compléter** Choisissez le passé composé ou l'imparfait pour compléter ces phrases. *(used to read)*

1. Dans mon enfance, je/j' **lisais** (lire) presque tous les soirs *Stuart Little*.
2. Après avoir terminé leurs études, Hélène et Danielle **sont devenues** (devenir) rédactrices.
3. Le documentaire **était** (être) intéressant au début, mais on **n'a pas aimé** (ne pas aimer) la fin.
4. Le jour où tu **as eu** (avoir) dix-huit ans, tu **as décidé** (décider) de passer une année au Canada.
5. Les enfants **se sont couchés** (se coucher) quand vous _____ (rentrer).

2 **Une célébrité** Monique et Étienne sont allés au cinéma plus tôt ce soir. Complétez ce courriel et conjuguez logiquement les verbes à l'imparfait ou au passé composé.

| arriver | bien rentrer | ne pas encore répondre | ne rien faire | recevoir |
| avoir | être | ne pas se parler | pleuvoir | voir |

De: Étienne <etienne24@courriel.qu>
Pour: Monique <monique.compeau@courriel.ca>
Sujet: Une histoire incroyable!

Salut Monique,
Tu (1) _____ chez toi? Je m'inquiète parce que tu (2) _____ à mon texto. ☹ Tu l' (3) _____?

Tu ne vas jamais croire ce qui me/m' (4) _____ après notre rendez-vous au ciné. Tu te souviens qu'il (5) _____ à verse? Alors, je/j' (6) _____ en train de marcher vers mon arrêt de bus quand, tout à coup, je/j' (7) _____ notre réalisateur préféré—Denys Arcand! Son épouse et lui (8) _____ l'air pressé, donc nous (9) _____ immédiatement. Je/J' (10) _____ de mal, mais j'ai réussi à converser avec eux!

Appelle-moi bientôt pour qu'on en parle!

Grosses bises,
Étienne

3 **Des interruptions** Combinez les mots de chaque colonne pour dire ce que les gens faisaient quand ils ont été interrompus.

Modèle Vous écoutiez la radio quand le téléphone a sonné.

je	aller		vous	commencer à...
tu	conduire	q	le professeur	dire que...
nous	dormir	u	mes parents	savoir que...
la vedette	écouter	a	mon ami(e)	sortir de...
vous	manger	n	le public	voir...
?	?	d	?	?

Note CULTURELLE

Denys Arcand est né en 1941 à Deschambault, au **Québec**. Il est réalisateur et scénariste de films comme *Le déclin de l'empire américain*, sorti en 1986 et nominé pour l'**Oscar** du meilleur film en langue étrangère en 1987. La suite de ce film, et un de ses autres chefs-d'œuvre, *Les Invasions barbares*, a reçu cet Oscar en 2003. Ces deux films (et *Jésus de Montréal* en 1990) ont aussi reçu le **Prix Génie** (*Genie Award*).

Communication

4 Des dates marquantes

A. Voici cinq événements marquants dans la vie de Benoît. À deux, posez-vous les questions à tour de rôle pour compléter la description de chaque événement.

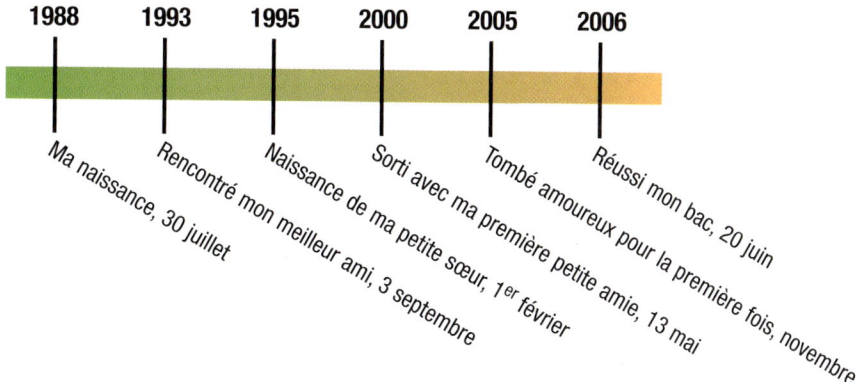

- 1988 — Ma naissance, 30 juillet
- 1993 — Rencontré mon meilleur ami, 3 septembre
- 1995 — Naissance de ma petite sœur, 1er février
- 2000 — Sorti avec ma première petite amie, 13 mai
- 2005 — Tombé amoureux pour la première fois, novembre
- 2006 — Réussi mon bac, 20 juin

Modèle
—Qu'est-ce qui s'est passé dans la vie de Benoît en 1988?
—Le 30 juillet 1988, Benoît est né.
—Où et avec qui était-il?
—Il était à l'hôpital avec sa mère.

B. Maintenant, pensez à cinq dates marquantes de votre vie et écrivez-les. Ensuite, par petits groupes, décrivez les détails de chaque événement.

Date	Qu'est-ce qui s'est passé?	Avec qui étiez-vous?	Où étiez-vous?	Quel temps faisait-il?
Modèle				
le 3 août 2006	J'ai fait la connaissance du président.	J'étais avec un copain.	Nous étions à New York.	Il pleuvait.

5 Une histoire Par groupes de trois ou quatre, complétez ces phrases, en utilisant (*using*) le passé composé ou l'imparfait. Ensuite, changez l'ordre des phrases pour raconter une histoire logique.

1. Ensuite, sur la chaîne 2, …
2. Pendant que nous…
3. Puis, à la station de radio, …
4. À ce moment-là, …
5. Soudain, …
6. Récemment, …

6 Interview À deux, jouez les rôles d'un reporter et d'une personne célèbre. Le reporter doit informer le public sur le passé de la personne et c'est à vous de décider ce que l'interviewé(e) a fait pour devenir célèbre. Utilisez le passé composé et l'imparfait dans toutes les questions et toutes les réponses.

Modèle
REPORTER Saviez-vous que votre ex-fiancé s'est marié en secret avec l'actrice vedette de son dernier film?
VEDETTE Oui, bien sûr, je l'ai su tout de suite.

L'influence des médias

STRUCTURES

Synthèse  Reading

Au bout de trente ans

LES FAITS DIVERS

Le grand réveil

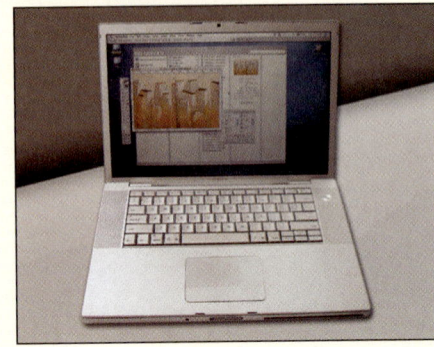

Marguerite Bouchard, de Jonquière, s'est réveillée vendredi dernier, après avoir passé trente ans dans le coma. Toute sa famille était choquée. Marguerite se promenait rue des Victoires en avril 1977 quand une voiture, qui roulait trop vite, l'a renversée°.

Christophe, le frère aîné de Marguerite, était près d'elle et tapait° une lettre sur son ordinateur, au moment où elle a ouvert les yeux et commencé à parler. Elle lui a demandé pourquoi sa machine à écrire° avait ce petit écran. Il s'est immédiatement rendu compte que sa sœur vivait encore dans le passé.

Pendant ces trente dernières années, bien sûr, Marguerite ne s'est pas informée. Elle a cru, d'après° sa famille, que les vieilles vedettes de la télé qu'elle connaissait en 1977 étaient toujours célèbres. Toutes les émissions qu'elle préférait ne sont plus à la mode, et quand elle est sortie du coma, elle ne savait même pas qu'il est possible aujourd'hui de les enregistrer.

Marguerite, qui pendant si longtemps n'a pas eu de contact avec les moyens de communication, n'a jamais navigué sur Internet. Avant son accident, elle écoutait tous les jours des reportages à la radio et regardait les nouvelles à la télévision. Depuis 1977, Marguerite n'a lu ni journaux ni magazines.

struck
was typing
typewriter
according to

1 **Compréhension** À deux, répondez aux questions.

1. Qu'est-il arrivé à Marguerite au bout de trente ans?
2. Comment l'accident est-il arrivé?
3. Qu'est-ce que Marguerite a demandé à son frère?
4. De quoi Christophe s'est-il rendu compte?
5. Qu'est-ce que Marguerite a cru au sujet des vieilles vedettes?
6. Qu'est-ce que Marguerite n'a jamais fait?

2 **Discussion** Par groupes de trois, posez-vous ces questions.

1. Comment vous informez-vous? Lisez-vous le journal? Regardez-vous la télé? Y a-t-il un moyen de communication que vous préférez aux autres? Pourquoi?
2. Est-il important de connaître toute l'actualité? Pourquoi?
3. Combien de temps peut-il se passer au maximum sans que vous vous informiez des dernières nouvelles? Une heure? Une journée? Trente ans? Pourquoi?
4. Vous est-il arrivé de ne pas lire le journal, de ne pas regarder la télé, etc. pendant longtemps? Pendant combien de temps? Y a-t-il eu une nouvelle qui vous a surpris(e) après cette période?

3 **Dans le journal** Avez-vous déjà été le sujet d'un fait divers dans le journal? Que vous est-il arrivé? Par groupes de quatre, expliquez à vos camarades ce que le journal a écrit sur vous. Ensuite, partagez l'histoire la plus intéressante du groupe avec la classe.

Préparation

Vocabulaire de la lecture
apparaître *to appear*
un cirque *circus*
un milliardaire *billionaire*
une multinationale *multinational company*
la notoriété *fame*
redoutable *formidable*
un saltimbanque *street performer; entertainer*
sensibiliser (le public à un problème) *to increase (public) awareness (of an issue)*

Vocabulaire utile
attirer l'attention sur *to draw attention to*
convaincre *to convince, to persuade*
s'engager *to get involved*
se mobiliser *to rally*
un réseau *network*
soutenir (une cause) *to support (a cause)*

1 Vocabulaire Complétez les phrases à l'aide des mots de vocabulaire présentés sur cette page. Faites les conjugaisons ou ajoutez les articles nécessaires.

1. Marie m'a dit que George Clooney allait encore _____ dans une nouvelle publicité pour le café.
2. De nos jours, de plus en plus d'acteurs _____ en faveur d'une cause.
3. Les hommes politiques utilisent les médias pour _____ le public à leur programme.
4. Certains journaux _____ les hommes politiques lors des campagnes électorales.
5. Cet homme est _____, il est si riche qu'il ne sait quoi faire de son argent.
6. La publicité _____ du public sur un produit ou une idée.
7. Quand il était petit, Pierre voulait toujours aller au _____ car il adorait les clowns.
8. Cet artiste est si connu que sa _____ dépasse les frontières de son pays.

2 Discussion À deux, répondez aux questions.

1. Est-ce que vous êtes influencé(e)s par les publicités qui utilisent une personne célèbre pour vendre un produit ou défendre une cause? Pourquoi ou pourquoi pas?
2. Connaissez-vous des artistes, des hommes ou des femmes célèbres qui défendent des causes humanitaires?
3. À votre avis, quel est le meilleur média pour sensibiliser le public à une cause humanitaire? Pourquoi?
4. De nombreux acteurs utilisent leur image pour soutenir des causes humanitaires. La notoriété aide-t-elle à mobiliser l'opinion publique? Comment?
5. Les acteurs qui mettent leur célébrité au service d'une cause humanitaire le font-ils par générosité ou pour améliorer leur propre image auprès du public? Discutez.

3 Dur dur d'être célèbre! En petits groupes, jouez la situation suivante: Vous êtes des célébrités internationales. Vous vous retrouvez par hasard en première classe dans un avion entre New York et Paris. Vous discutez des aspects positifs et des aspects négatifs de votre notoriété. Vous essayez aussi de comprendre la fascination que la popularité exerce sur le public en général.

CULTURE

GUY LALIBERTÉ
Un homme hors du commun

Leçon 3

CULTURE

 Audio: Reading

Vous avez dû entendre parler de Guy Laliberté. Ce Québécois mondialement connu ne cesse° d'apparaître dans les médias. Jongleur°, cracheur de feu°, accordéoniste, créateur du célèbre Cirque du Soleil mais aussi redoutable° joueur de poker, homme d'affaires° des plus fortunés de la planète et même touriste spatial, Guy Laliberté ne cesse de nous surprendre.

Guy Laliberté est né à Québec en 1959. À quatorze ans, il quitte sa famille pour devenir saltimbanque°, cracheur de feu et accordéoniste. En 1984, il a l'idée géniale de donner au spectacle de rue une dimension internationale. Il fonde alors avec un ami le Cirque du Soleil, une entreprise québécoise de divertissement° artistique dont la spécialité est le cirque contemporain. Il crée ainsi une toute nouvelle forme d'art du spectacle où se mélangent théâtre, musique, danse, spectacle de rue et magie du cirque. Le concept est extrêmement novateur° et va connaître un succès extraordinaire. En effet, le Cirque du Soleil est désormais° une multinationale qui emploie plus de 4.000 personnes de par le monde, parmi lesquels plus de 1.000 artistes dont certains sont d'anciens sportifs professionnels reconvertis. Cette compagnie présente de nombreux spectacles au Canada et dans le monde entier. Longue est la liste des villes qui ont accueilli°, accueillent ou accueilleront les productions de divertissement artistique de Guy Laliberté: Las Vegas, Orlando, New York, mais aussi Tokyo, Macao et bientôt Dubaï, Los Angeles et très certainement bien d'autres villes encore car Laliberté voit grand, toujours plus grand.

- cease
- juggler / fire-eater
- formidable
- businessman
- street acrobat
- entertainment
- innovative
- now
- have hosted

La personnalité et la fortune fulgurante de Laliberté continuent de fasciner les médias.

L'homme qui a commencé comme saltimbanque dans une petite ville du Québec est devenu milliardaire. Laliberté règne sur un véritable empire car les ramifications de la première multinationale de divertissement artistique sont multiples. Il y a, par exemple, la maison de disque qui distribue les produits musicaux des productions de la compagnie, la société de production cinématographique qui distribue les documentaires et les enregistrements° des spectacles. La liste de ces ramifications est longue et loin d'être close°.

La personnalité et la fortune fulgurante° de Laliberté ont fait l'objet de très nombreux articles de journaux et continuent de fasciner les médias du monde entier. Son dernier coup de théâtre° médiatique est surprenant°: Laliberté est parti comme touriste spatial à bord d'un vaisseau° en compagnie d'un cosmonaute russe et d'un astronaute américain. En s'envolant ainsi dans l'espace, l'artiste cherche par sa notoriété à sensibiliser le monde à l'importance de la conservation des réserves d'eau potable°. En effet, Laliberté défend le développement durable et l'environnement. En 2007, il a créé One Drop, une fondation qui cherche à assurer un meilleur accès à l'eau potable aux populations les plus pauvres du monde. En se servant des médias pour aider les autres, Guy Laliberté se place du côté de ces fondateurs de multinationales qui cherchent par leur pouvoir financier, mais aussi par leur immense notoriété médiatique, à changer le monde. ■

- recordings
- finished
- dazzling
- stunt
- surprising
- spaceship
- drinking water

L'influence des médias

111

CULTURE

Analyse

1 **Compréhension** Répondez aux questions par des phrases complètes.
1. De quelle nationalité est Guy Laliberté?
2. Pourquoi Guy Laliberté quitte-t-il sa famille à quatorze ans?
3. Pour quelle raison Guy Laliberté est-il tellement connu?
4. Qu'est-ce que le Cirque du Soleil?
5. Combien de personnes est-ce que le Cirque du Soleil emploie?
6. Pour qui le Cirque du Soleil représente-t-il une deuxième carrière?
7. Quel nouveau type de multinationale Guy Laliberté a-t-il créé?
8. Qu'est-ce que Guy Laliberté cherche à faire en devenant (*by becoming*) touriste spatial?
9. Qu'est-ce que Guy Laliberté a créé en 2007?
10. Par quels moyens certains grands fondateurs d'entreprise multinationale cherchent-ils à changer le monde?

2 **Réflexion** À deux, répondez aux questions par des phrases complètes.
1. À votre avis, pourquoi Guy Laliberté est-il un homme hors du commun?
2. Est-il facile d'utiliser les médias comme le fait Guy Laliberté?
3. Comment expliquez-vous le succès de Guy Laliberté?
4. Pourquoi la fondation One Drop de Guy Laliberté est-elle une fondation importante?
5. Pourquoi être le premier artiste dans l'espace est-il un coup de théâtre médiatique?

3 **L'utilisation des médias** Guy Laliberté est un homme d'affaires qui utilise les médias pour défendre une cause. À deux, trouvez dans l'actualité des exemples d'autres hommes/femmes d'affaires ou d'autres personnes qui utilisent les médias et leur notoriété pour changer le monde. Comment font-ils? Quelles causes défendent-ils? Les trouvez-vous sincères ou manipulateurs?

4 **Les médias au service d'une cause** Par groupes de trois, imaginez que vous ayez tous les trois créé une entreprise qui est maintenant une puissante multinationale. Vous êtes extrêmement riches et célèbres et vous décidez de créer une fondation.

- Trouvez un nom et dessinez un logo pour cette fondation.
- Quelle cause est-ce que votre fondation défend?
- Comment allez-vous utiliser les médias d'une manière originale pour présenter et faire connaître votre cause?

Practice more at **vhlcentral.com**.

Préparation

À propos de l'auteur

Marguerite Duras (1914–1996), de son vrai nom Marguerite Germaine Marie Donnadieu, est née et a grandi près de Saïgon, en Indochine, où ses parents étaient enseignants. Son œuvre littéraire, dont les thèmes principaux sont l'amour et la sensualité, est diverse. Son roman *L'Amant* (Prix Goncourt 1984), dans lequel elle raconte son adolescence en Indochine, lui a apporté un immense succès auprès du public. Duras a aussi écrit pour le théâtre (*Le Square*) et pour le cinéma (*Hiroshima mon amour*). Dans l'extrait de *La Vie matérielle* que vous allez lire, Duras réfléchit à la mort, telle qu'elle est présentée à la télévision.

Vocabulaire de la lecture
- **le décès** death
- **un(e) défunt(e)** deceased
- **divertissant(e)** entertaining
- **écrasé(e)** run over
- **un grésillement lointain** distant crackling
- **insolite** unusual
- **le journal télévisé** news broadcast
- **un lapsus** slip of the tongue
- **recouvert(e)** covered
- **une règle** rule
- **se marrer** (*fam.*) to have fun, to laugh

Vocabulaire utile
- **un(e) blessé(e)** injured
- **une célébrité** celebrity
- **des dégâts** (*m.*) damages
- **une émeute** riot
- **les forces** (*f.*) **de l'ordre** police
- **un meurtre** murder
- **des morts** (*m.*) dead people
- **les nouvelles** (*f.*) news
- **les téléspectateurs** (*m.*) TV audience

Note CULTURELLE

L'Indochine française, où Marguerite Duras a grandi, a été une colonie française de 1887 à 1954. Elle regroupait le Tonkin, l'Annam, la Cochinchine, le Laos et le Cambodge. C'était une colonie dite «d'exploitation» car la France y avait le monopole d'exploitation de nombreuses ressources. En 1946, la guerre d'Indochine commence. Elle oppose les forces du Corps expéditionnaire français en Extrême-Orient aux forces du Viêt Minh, le Front de l'indépendance du Viêt Nam, sous la direction d'Hô Chi Minh. Cette guerre se terminera par la défaite des Français en 1954, date de l'indépendance du Viêt Nam.

1 **Définitions** Trouvez le mot ou l'expression qui correspond à chaque définition.
1. C'est un acte criminel qui a pour conséquence la mort de quelqu'un.
2. Qui n'est pas commun; qui est original.
3. Un programme que l'on regarde si on veut se tenir au courant de l'actualité.
4. Le contraire d'ennuyeux.
5. Une loi; quelque chose que l'on doit respecter.
6. Une parole qu'on n'aurait pas dû prononcer.

2 **À compléter** Complétez ces phrases avec un(e) partenaire en utilisant les mots des listes de vocabulaire.
1. Mon oncle est mort du cancer l'année dernière. Après son _____, ma tante a eu du mal à retrouver le moral.
2. Notre prof de maths n'est pas très drôle. Crois-moi, on _____ ne pas en classe!
3. Il y a eu un accident de voiture dans la rue Richelieu. Il y a eu deux _____, mais ce n'était pas très grave. On ne les a même pas emmenés à l'hôpital.
4. La manifestation est devenue violente et elle a fini en une véritable _____.

3 **Journal télévisé** Par groupes de quatre, préparez un script pour un journal télévisé dans lequel vous parlez des événements importants de la semaine. Ensuite, jouez le rôle des journalistes et, à tour de rôle, présentez ces événements à la classe.

L'influence des médias

LITTÉRATURE

LA TÉLÉ
et la mort

Marguerite Duras

Ça a commencé avec la mort de Michel Foucault; Michel Foucault est mort et à la télévision le lendemain° de sa mort, on a vu un reportage sur lui en train de faire un cours au Collège de France. On n'entendait presque rien de sa voix qu'un grésillement lointain. Elle était là mais recouverte par la voix du journaliste qui disait que c'était la voix de Michel Foucault en train de faire son cours au Collège de France. Et puis peu après, Orson Welles est mort et ça a été pareil°. On entendait une voix très claire

the next day

the same thing

LITTÉRATURE

qui disait que cette voix qu'on entendait, inaudible et lointaine, c'était celle d'Orson Welles qui venait de mourir. C'est devenu la règle à chaque décès de personnalité°, l'image parlante du défunt est recouverte par celle du journaliste qui dit que ce qu'on entend c'est bien entendu° la voix d'un tel ou d'un tel° qui vient de mourir. Un chef de service° qui a découvert ça sans doute, que si le journaliste et le défunt parlaient ensemble, ça économiserait une minute d'antenne° pour parler ensuite, pas forcément du sport, non, mais d'autres choses, de choses différentes, divertissantes, intéressantes.

En France nous n'avons aucun moyen d'atteindre les journalistes de la télévision pour leur dire qu'ils ne devraient pas passer avant le moment précis du sourire lugubre qu'ils arborent° avec les otages° au sourire ravi° avec la météo. Ce n'est pas possible. On peut toujours faire autrement, par exemple prendre un air entre deux airs, un air de rien. Faire de toute information un événement insolite, ce n'est pas possible non plus, même si c'est une exigence° des chefs. De même cette obligation de la bonne humeur. Il faut que tu l'abandonnes pour annoncer les tremblements de terre, les attentats° au Liban, la mort des gens célèbres, les accidents d'autocar°, et toi tu vas tellement vite vers l'information comique que tu te marres déjà sur celle de l'autocar. Alors tu es foutu°. Tu dors plus la nuit. Tu sais plus ce que tu racontes. Ça fait des journaux télévisés comiques de fond en comble° et toi tu fais la dépression.

En général, en dehors des grands événements ponctuels, tels que la mort des gens célèbres, le Nobel, les votes au Parlement, rien ne se passe à la télévision. Personne ne parle à la télévision. Parler comme parler. C'est-à-dire: à partir de n'importe quoi, un chien écrasé, remettre en route l'imaginaire de l'homme, de sa lecture créatrice de l'univers, cet étrange génie, si répandu°, cela à partir d'un chien qui a été écrasé. Parler c'est autre chose que ce qui se passe à la télévision. Il faut dire que nous, clients, acheteurs de postes de télévision et imposables à ce titre, nous attendons beaucoup des lapsus et autres accidents de la télé, d'où qu'ils viennent, des membres du gouvernement ou des journalistes à dix millions de salaire mensuel. Chirac disant à l'inauguration du Salon du Livre en 84 qu'il lisait de la poésie parce que la poésie c'est court et que c'est donc le mieux indiqué pour quelqu'un qui prend souvent l'avion, ou le type qui annonce que télé-Noir sera diffusé à telle heure, c'est ce qu'on préfère. Moi j'ai entendu à la télévision, à propos de *Hiroshima mon amour*: le célèbre film d'Alain René et de Jacqueline Duval. J'ai entendu aussi: *L'Amante anglaise* jouée par la célèbre comédienne Madeleine Barrault. Une petite jeune fille timide qui venait d'être engagée° à la télé.

Peut-être que si l'on entendait tout le temps un vrai langage tenu par des personnes sans rôle à jouer, qui parleraient entre elles des choses de l'actualité°, on ne pourrait plus les supporter° à la télévision. Elles ne seraient pas assez décalées°, pas assez marginales, trop vraies. On se tient devant la télévision parce que là on y ment° obligatoirement, sur le fond et sur la forme°. Quand des journalistes disent exactement ce que nous attendons comme dans la grève miraculeuse des étudiants, en décembre 86, on a peur pour les journalistes. On a envie de les embrasser, de leur écrire. Leur prestation° avait rejoint la grève et ne faisait qu'un avec elle. Ça n'arrive presque jamais. C'est arrivé en France en décembre 86. Tout Paris en parlait, autant que de la grève. Une fête vraiment ces journaux, jusqu'à ce que Pasqua et Pandraud lâchent° leurs chiens. ■

L'influence des médias

LITTÉRATURE

Analyse

1 **Vrai ou faux?** Indiquez si chaque phrase est vraie ou fausse. Corrigez les phrases fausses.

1. Michel Foucault était journaliste à la télévision.
2. On a annoncé la mort de Michel Foucault et on a fait un reportage sur lui à la télévision.
3. L'humeur et l'expression des journalistes doivent changer en fonction de la gravité des nouvelles dont ils parlent.
4. Il est facile, pour les journalistes, de faire la transition entre un événement drôle et un événement tragique.
5. D'après l'auteur, la plupart de (*most of*) l'actualité présentée à la télévision est intéressante.

2 **Compréhension** Répondez aux questions par des phrases complètes.

1. Quand on annonce le décès d'une personne célèbre à la télévision, pourquoi le journaliste et le défunt parlent-ils en même temps, d'après l'auteur?
2. Que doivent faire les journalistes quand ils parlent d'une prise d'otages? Et quand ils annoncent la météo?
3. D'après l'auteur, que se passerait-il si l'on disait la vérité à la télévision?
4. Que se passe-t-il quand les journalistes disent exactement ce que le public veut entendre?
5. Expliquez ce qui s'est passé en 1986.

3 **Un événement récent de l'actualité** Pensez à un événement récent dont vous avez entendu parler à la télévision. Écrivez un paragraphe pour résumer ce qui s'est passé et dites si vous pensez que cet événement a été présenté de façon réaliste.

4 **Discussion** Que pensez-vous des informations qu'on voit au journal télévisé? Y a-t-il une émission télévisée ou une chaîne de télévision en qui vous avez particulièrement confiance? Discutez de ces idées avec un(e) partenaire.

5 **Rédaction** La grève des étudiants mentionnée à la fin de l'extrait est survenue (*arose*) quand le projet de loi Devaquet a proposé une réforme de l'enseignement supérieur. Créez une chronologie de ces événements.

Plan

1 **Recherches** Faites des recherches sur le projet de loi Devaquet et sur les manifestations qu'il a entraînées (*generated*).

2 **Notes** Choisissez les événements qui vous paraissent les plus importants. Notez les dates et des détails intéressants.

3 **Résumé** Pour chaque date, résumez ce qui s'est passé en deux ou trois phrases.

4 **Chronologie** Organisez les événements choisis de façon chronologique.

5 **Introduction et conclusion** Écrivez une introduction de quelques lignes pour expliquer le contexte des événements que vous avez décrits, puis terminez votre rédaction par une conclusion qui présente les conséquences de ces événements.

L'univers médiatique

 Audio: Vocabulary Flashcards

Les médias

l'actualité (*f.*) current events
la censure censorship
un événement event
un message/spot publicitaire; une publicité (une pub) advertisement
les moyens (*m.*) de communication; les médias (*m.*) media
la publicité (la pub) advertising
un reportage news report
un site web/Internet web/Internet site
une station de radio radio station

s'informer (par les médias) to keep oneself informed (through the media)
naviguer/surfer sur Internet/le web to search the web

actualisé(e) updated
en direct live
frappant(e)/marquant(e) striking
influent(e) influential
(im)partial(e) (im)partial; (un)biased

Les gens des médias

un(e) animateur/animatrice de radio radio presenter
un auditeur/une auditrice (radio) listener
un(e) critique de cinéma film critic
un éditeur/une éditrice publisher
un(e) envoyé(e) spécial(e) correspondent
un(e) journaliste journalist
un(e) photographe photographer
un réalisateur/une réalisatrice director
un rédacteur/une rédactrice editor
un reporter reporter (male or female)
un téléspectateur/une téléspectatrice television viewer
une vedette (de cinéma) (movie) star (male or female)

Le cinéma et la télévision

une bande originale sound track
une chaîne network
un clip vidéo; un vidéoclip music video
un divertissement entertainment
un documentaire documentary
l'écran (*m.*) screen
les effets (*m.*) spéciaux special effects
un entretien/une interview interview
un feuilleton soap opera; series
une première premiere
les sous-titres (*m.*) subtitles

divertir to entertain
enregistrer to record
retransmettre to broadcast
sortir un film to release a movie

La presse

une chronique column
la couverture cover
un extrait excerpt
les faits (*m.*) divers news items
un hebdomadaire weekly magazine
un journal newspaper
la liberté de la presse freedom of the press
un mensuel monthly magazine
les nouvelles (*f.*) locales/internationales local/international news
la page sportive sports page
la presse à sensation tabloid(s)
la rubrique société lifestyle section
un gros titre headline

enquêter (sur) to research; to investigate
être à la une to be on the front page
publier to publish

Court métrage

une bague ring
un(e) comédien(ne) actor
le comportement behavior
un cours d'art dramatique drama course
un défaut flaw
un rôle part, role

s'attendre à quelque chose to expect something
avoir le trac to have stage fright
se comporter to behave, to act
émouvoir (*irreg.*) to move
exprimer to express
séduire (conj. like **conduire**) to seduce; to captivate
tourner to shoot (a film)

égocentrique egocentric

Culture

un cirque circus
un milliardaire billionaire
une multinationale multinational company
la notoriété fame
un réseau network
un saltimbanque street performer; entertainer

apparaître to appear
attirer l'attention sur to draw attention to
convaincre to convince, persuade
s'engager to get involved
se mobiliser to rally
sensibiliser (le public à un problème) to increase (public) awareness (of an issue)
soutenir (une cause) to support (a cause)

redoutable formidable

Littérature

un(e) blessé(e) injured
une célébrité celebrity
le décès death
des dégâts (*m.*) damages
un(e) défunt(e) deceased
une émeute riot
les forces (*f.*) de l'ordre police
un grésillement lointain distant crackling
le journal télévisé news broadcast
un lapsus slip of the tongue
un meurtre murder
des morts (*m.*) dead people
les nouvelles (*f.*) news
une règle rule
les téléspectateurs (*m.*) TV audience

se marrer (*fam.*) to have fun, to laugh

divertissant(e) entertaining
écrasé(e) run over
insolite unusual
recouvert(e) covered

L'influence des médias

LEÇON 4

La valeur des idées

Qu'est-ce qui donne de la valeur à une idée? Son originalité, l'impact qu'elle peut avoir sur un groupe ou sur une société? Cependant, une nouvelle idée fait parfois peur aux membres d'un groupe, parce qu'elle les oblige à changer, et il faut souvent du courage pour la faire adopter. Une idée, même bonne, sert-elle à quelque chose, s'il n'y a personne pour la mettre en pratique?

Une société a toujours besoin de groupes qui défendent des idées.

SOMMAIRE

122 COURT MÉTRAGE
Dans *Bon anniversaire!* d'**Hichem Yacoubi** et **Daniel Kupferstein**, Walid, un musulman qui vit à Paris, a une petite amie française. Il est dérangé en pleine prière par l'appel téléphonique inattendu d'une jeune femme qui lui dit qu'il lui manque. Walid a-t-il un secret?

125

128 IMAGINEZ
Les pirates vous fascinent-ils? Un article sur les pirates des Caraïbes vous fera découvrir des aspects peu connus de leur existence, en particulier l'aide qu'ils ont apportée aux révolutionnaires. Puis, de la Négritude à la Techni'ka, vous explorerez la **culture antillaise** d'aujourd'hui.

148

147 CULTURE
La république d'**Haïti**, vous connaissez. Mais saviez-vous que ce pays est le premier État noir indépendant du monde? C'est aussi un pays de peintres.

151 LITTÉRATURE
Le conte, *Chien maigre et chien gras*, de l'auteur guadeloupéen, **Jean Juraver**, est une fable où un chien, étranger et pauvre, est accusé d'un crime qu'il n'a pas commis.

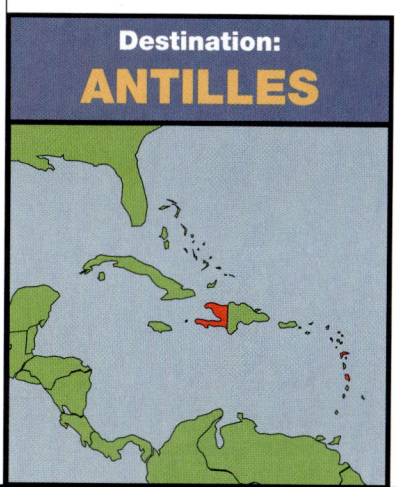
Destination: ANTILLES

120 POUR COMMENCER

134 STRUCTURES

    4.1 The **plus-que-parfait**

    4.2 Negation and indefinite adjectives and pronouns

    4.3 Irregular **-ir** verbs

155 VOCABULAIRE

La valeur des idées

POUR COMMENCER

La justice et la politique

 Audio: Vocabulary

Les lois et les droits

un crime *murder, violent crime*
la criminalité *crime (in general)*
un délit *(a) crime*
les droits (*m.*) de l'homme *human rights*
une (in)égalité *(in)equality*

une (in)justice *(in)justice*
la liberté *freedom*
un tribunal *court*

abuser *to abuse*
approuver une loi *to pass a law*
défendre *to defend*
emprisonner *to imprison*
juger *to judge*

analphabète *illiterate*
coupable *guilty*
(in)égal(e) *(un)equal*
(in)juste *(un)fair*
opprimé(e) *oppressed*

La politique

un abus de pouvoir *abuse of power*

une armée *army*
une croyance *belief*
la cruauté *cruelty*

la défaite *defeat*
une démocratie *democracy*
une dictature *dictatorship*
un drapeau *flag*

le gouvernement *government*
la guerre (civile) *(civil) war*
la paix *peace*
un parti politique *political party*
la politique *politics*
la victoire *victory*

avoir de l'influence (sur) *to have influence (over)*
se consacrer à *to dedicate oneself to*
élire *to elect*
gagner/perdre les élections *to win/lose elections*
gouverner *to govern*
voter *to vote*

conservateur/conservatrice *conservative*
libéral(e) *liberal*
modéré(e) *moderate*
pacifique *peaceful*
puissant(e) *powerful*
victorieux/victorieuse *victorious*

Les gens

un(e) activiste *militant activist*
un(e) avocat(e) *lawyer*

un(e) criminel(le) *criminal*
un(e) député(e) *deputy (politician); representative*
un homme/une femme politique *politician*
un(e) juge *judge*
un(e) juré(e) *juror*
un(e) président(e) *president*
un(e) terroriste *terrorist*
une victime *victim*
un voleur/une voleuse *thief*

La sécurité et le danger

une arme *weapon*
une menace *threat*
la peur *fear*

un scandale *scandal*
la sécurité *security, safety*
le terrorisme *terrorism*
la violence *violence*

combattre (*irreg.*) *to fight*
enlever/kidnapper *to kidnap*
espionner *to spy*
faire du chantage *to blackmail*
sauver *to save*

POUR COMMENCER

Mise en pratique

1 **Synonymes et antonymes** Remplissez la liste de synonymes et d'antonymes pour les mots suivants.

Synonymes		Antonymes	
1. équivalence	_____	6. défaite	_____
2. terreur	_____	7. guerre	_____
3. protéger	_____	8. victime	_____
4. pacifiste	_____	9. conservateur	_____
5. opinion	_____	10. innocent	_____

2 **Qui est-ce?** Dites qui parle dans chaque situation.

> 1. une activiste   2. un terroriste   3. un voleur   4. une avocate   5. un homme politique

____ a. J'espionnais des résidences dans un quartier riche. Quand une famille est partie en vacances, je suis entré dans leur maison. Je n'ai pas eu le temps de prendre l'argent, parce que des policiers sont arrivés. J'ai essayé de fuir, mais ils m'ont arrêté. Au tribunal, le juge m'a condamné à trois mois de prison.

____ b. Je suis membre d'un groupe politique qui croit en la démocratie. Nous sommes pour la liberté des citoyens du monde et contre la dictature. Nous combattons les dictatures, parce que nous pensons que c'est une forme d'emprisonnement.

____ c. Je m'occupe des affaires publiques dans ma région. Aux dernières élections, soixante-quinze pour cent des habitants qui ont voté m'ont choisi. J'ai aussi gagné les élections il y a quatre ans.

____ d. Je m'intéresse beaucoup plus à la justice qu'à la politique. Chaque jour, je défends mes clients, qui sont souvent victimes d'injustices. En plus, je me consacre à la défense des droits de l'homme.

____ e. Je suis membre d'une armée spéciale. Nous faisons peur aux gens pour les informer sur nos croyances et sur nos luttes. Nous utilisons aussi la violence et la cruauté pour détruire ce qui est injuste dans le monde. Nous utilisons fréquemment le chantage pour atteindre notre but.

3 **Définir et inventer** Dans un groupe de trois ou quatre, définissez les mots de la liste. Ensuite, inventez une histoire qui inclut au moins huit des douze mots.

> chantage   démocratie   espionner   politique
> combattre   dictature   libéral   scandale
> criminel   égalité   pacifique   sécurité

4 **Au tribunal** Imaginez que vous soyez avocat(e). Décrivez quelle sorte de droit vous pratiquez. Si vous choisissez le droit pénal (*criminal*), défendez-vous des clients qui sont coupables? Qu'est-ce qui est le plus important: défendre la justice ou gagner un salaire élevé? Discutez de vos idées avec celles d'un(e) camarade de classe.

Practice more at vhlcentral.com.

La valeur des idées

COURT MÉTRAGE

Préparation

Vocabulaire du court métrage

baragouiner *to jabber*
un(e) chrétien(ne) *Christian*
un devoir *duty*
une galère *nightmare*
un mec *guy*
un(e) musulman(e) *Muslim*
un péché *sin*
le poids *weight*
se tirer *to leave, take off*

Vocabulaire utile

l'acceptation (*f.*) *acceptance*
le christianisme *Christianity*
un couple mixte *mixed couple*
des croyances (*f.*) *beliefs*
l'islam (*m.*) *Islam*
le manque de communication *lack of communication*
une prière *prayer*

renier quelqu'un *to disown someone*
le respect des autres *respect for others*
la tolérance *tolerance*
une trahison *betrayal*

EXPRESSIONS

Comme d'hab(itude). *As usual.*
Je n'en peux plus. *I can't stand it anymore.*
Je t'en supplie. *I'm begging you.*
On s'en fout. *Who cares?*
Tu abuses. *You're blowing this out of proportion.*

1 **Vrai ou faux?** Indiquez si ces affirmations sont vraies ou fausses. Corrigez les fausses.

1. Quand on a des galères, tout va bien.
2. Les parents renient parfois leurs enfants quand ils n'approuvent pas leurs actions.
3. Deux personnes de religions ou de races différentes forment un couple mixte.
4. La tolérance et le respect des autres sont des qualités.
5. Un péché est une pratique religieuse.
6. Un père ou une mère qui se tire abandonne sa famille.
7. Quand on ne s'intéresse pas à quelque chose, on s'en fout.
8. Quand on parle très bien une langue étrangère, on baragouine.

2 **À compléter** Complétez le dialogue avec les mots et les expressions appropriés du vocabulaire.

MOHAMMED Oh, j'en ai vraiment marre de la situation chez moi. _je n'en peux plus_. Il faut vraiment que ça change.

SAMIR Qu'est-ce qui se passe?

MOHAMMED Eh bien, tu vois, il y a un grand _manque de communication_. Personne ne se parle! Ma sœur refuse de suivre les pratiques religieuses musulmanes et elle ne fait plus ses _prières_. Mon père voit cela comme une _____.

SAMIR J'espère qu'il ne va pas _____ ta sœur.

MOHAMMED Écoute, j'en ai peur.

SAMIR Il faut que ton père respecte les autres et qu'il fasse preuve de _tolérance_.

MOHAMMED Je sais bien. Hier, je lui ai même dit: «Papa, _je t'en supplie_, arrête de traiter Khadija comme ça!» Mais il ne m'a pas écouté!

3 **Questions** Répondez aux questions par des phrases complètes.

1. Qu'est-ce qu'un Gaulois? Les Gaulois sont-ils musulmans d'habitude?
2. Connaissez-vous un couple mixte? Sont-ils parfois victimes de discrimination? Pourquoi?
3. Qu'est-ce qui peut faire que quelqu'un abandonne sa famille? Est-ce que cet acte peut être excusé dans certaines circonstances? Expliquez.
4. Avez-vous déjà été trahi(e) par quelqu'un ou connaissez-vous quelqu'un qui l'a été? Expliquez les circonstances. Peut-on ou doit-on pardonner une telle trahison? Pourquoi?
5. À votre avis, la mondialisation (*globalization*) contribue-t-elle à améliorer la tolérance et le respect des autres? Expliquez votre point de vue.

4 **Anticipation** Avec un(e) camarade, observez ces images du court métrage et répondez aux questions.

A

B

Image A
- Que voit-on sur l'image? Décrivez la scène dans le parc. Que fait l'homme à la veste en cuir?
- Comment sont les autres personnages? Que font-ils? Imaginez les relations entre les personnages.

Image B
- Qui sont les deux personnages sur la photo, d'après vous? Décrivez-les.
- Ces deux personnes ont-elles l'air heureux? Imaginez leur relation.

5 **À vous** On entend parfois dire que «l'amour n'a pas de frontières». Par petits groupes, discutez de cette idée. Êtes-vous d'accord? Pourquoi?

  Practice more at **vhlcentral.com**.

La valeur des idées

COURT MÉTRAGE

Bon Anniversaire!

Un film écrit et réalisé par **Hichem Yacoubi** et **Daniel Kupferstein** Produit par **Neyrac Films**
Acteurs **Hichem Yacoubi, Samia Haddjaj, Karine Huguenin, Olivier Mansart**

SCÈNES

COURT MÉTRAGE

INTRIGUE Leïla, une jeune femme maghrébine, a quitté sa famille il y a six mois pour partir avec un jeune homme français.

Note CULTURELLE

Le ramadan

Le ramadan est le neuvième mois du calendrier musulman. Pendant le ramadan, les musulmans ne doivent ni manger ni boire de l'aube au crépuscule (*dawn to dusk*). Le ramadan est un moment de réflexion et d'adoration d'Allah et le jeûne (*fasting*) a pour but d'enseigner la patience, la modestie et la spiritualité. Le premier jour du mois suivant, l'Aïd el-Fitr, est un jour de fête au cours duquel on offre des cadeaux aux enfants et on organise de grands festins.

WALID Allô?
LEÏLA Walid? C'est Leïla. Ça fait des jours et des jours que j'ai envie de te parler.
WALID Attends, là! Mais pourquoi tu m'appelles? Pourquoi tu m'appelles?

MARIE Un petit café... Mais tu as pété un câble°, Walid, ou quoi? Tu ne vas pas me faire un petit café alors que c'est ramadan.
WALID Et alors? Je peux te faire un petit café même si je fais le ramadan. Où est le problème?

MARIE Mais tu ne décroches° pas?
WALID Non, non, non, ce n'est rien, on s'en fout, ce n'est rien.
MARIE Comment ça, on s'en fout?
LEÏLA (*voix sur le répondeur*) Allez, Walid, réponds!
MARIE C'est qui?

WALID Et le pire, c'est que c'est un Gaoli°, le mec. Tu imagines la tête de mes parents? [...]
FRED Je comprends ta rage, Walid, mais ta sœur, elle est grande! Il fallait bien qu'un jour ou l'autre, elle fasse sa vie°, tu ne crois pas?

FRED Walid, arrête de noyer le poisson°. C'est un problème uniquement parce que c'est une fille. Tiens, toi et Marie, a priori°, ça ne dérange personne.
WALID Attends, qu'est-ce que tu racontes? Qu'est-ce que tu en sais si ça ne dérange personne? Tu es dans ma tête, toi? Tu sais à quel point c'est compliqué?

WALID Fred, non mais sérieux, tu imagines mon père appeler ses petits-enfants Marie-Pierre, Christophe, Jean-Pierre. Non, mais c'est vrai, franchement, tu rigoles!

tu as pété un câble... ? *are you crazy... ?* **décroches** *pick up*
Gaoli *Frenchman* **fasse sa vie** *make her own decisions*
noyer le poisson *clouding the issue* **a priori** *apparently*

La valeur des idées

Analyse

1 **De qui s'agit-il?** Indiquez quel personnage est décrit dans chaque phrase.

1. Cette personne observe le ramadan.
2. Cette personne est à moitié bretonne et à moitié portugaise.
3. Cette personne pense que ses parents ne vont pas tolérer la situation.
4. Cette personne est amoureuse d'un Français.
5. Le partenaire de cette personne est musulman.
6. Cette personne pense que son/sa partenaire le/la trompe (*cheats*) peut-être.

2 **Chronologie** Numérotez ces événements dans l'ordre chronologique. Ensuite, faites deux prédictions pour l'avenir des deux couples.

Numéro	Événement
	Marie part fâchée.
	Walid fait sa prière.
	Walid explique à Fred que sa sœur est partie avec un Français.
	Fred et Walid vont boire un verre au café.
	Walid va à la salle de sport.
	La serveuse souhaite un joyeux anniversaire à Walid.
	Walid découvre l'identité du petit ami de Leïla.
	Marie rend visite à Walid.
	Fred pense que Walid a des problèmes.
	Walid ne veut pas décrocher le téléphone quand Marie est chez lui.

3 **Le bon choix** Complétez chaque phrase de façon logique d'après le court métrage.

1. D'après Walid, ses parents préféreraient sûrement _____.
   a. que leurs petits-enfants aient des prénoms musulmans
   b. que leurs petits-enfants aient des prénoms comme Jean-Pierre
   c. ne pas avoir de petits-enfants

2. La famille de Walid _____.
   a. aime les spécialités bretonnes   b. mange la journée pendant le ramadan
   c. ne mange pas de porc

3. Fred a un secret qu'il _____.
   a. n'a pas révélé à son ami   b. n'a pas révélé à Leïla
   c. veut révéler aux parents de Walid

4. D'après Fred, Walid réagirait différemment à la situation s'il s'agissait _____.
   a. d'une autre sœur plus âgée   b. d'un garçon   c. d'une cousine

5. Les parents de Fred _____.
   a. sont musulmans   b. font aussi le ramadan
   c. forment un couple mixte

4 Questions Répondez aux questions d'après le court métrage.

1. Que fait Walid au début du film? Qu'est-ce qui l'interrompt?
2. Pourquoi la jeune femme téléphone-t-elle à Walid?
3. Qui arrive chez Walid? Quelle est leur relation?
4. Pourquoi Marie est-elle surprise que Walid lui propose un café? Marie observe-t-elle aussi cette tradition? Pourquoi?
5. Pourquoi Marie part-elle brusquement?
6. Fred est-il d'accord avec les commentaires de Walid au sujet de la situation de sa sœur? Expliquez.
7. Décrivez la dernière scène du court métrage. Walid est-il surpris, à votre avis? Expliquez.

5 Et si c'était un homme... Dans le court métrage, Fred fait cette remarque. Discutez-en par petits groupes.

> «Walid, arrête de noyer le poisson. C'est un problème uniquement parce que c'est une fille. Tiens, toi et Marie, a priori, ça ne dérange personne.»

6 Une lettre à Leïla Imaginez que vous soyez Walid. Pardonnez-vous sa «trahison» à votre sœur? Écrivez-lui une lettre dans laquelle vous lui exprimez vos sentiments.

7 Jeu de rôles Imaginez la conversation qui va avoir lieu entre Walid et Fred après la dernière scène du film. À deux, préparez le dialogue puis jouez-le devant la classe.

La valeur des idées

IMAGINEZ

Vue aérienne d'une île de l'archipel des Saintes, Guadeloupe

IMAGINEZ
Les Antilles

Alerte! Les pirates! Reading

«À l'abordage°!» Au 17e siècle, tous les voyageurs des **Antilles** avaient peur d'entendre ce cri. En effet, chaque traversée° les livrait à la merci° d'horribles pirates qui hantaient la **mer des Caraïbes**. Des noms comme le **capitaine Morgan** ou le **capitaine Kidd** pour les **Britanniques**, et **Jean Bart** ou **Robert Surcouf** pour les **Français** semaient l'épouvante°. **Pirates**, corsaires, et boucaniers… leur réputation était terrible!

Pourtant la piraterie avait son utilité. À l'époque, les nations européennes se disputaient les Caraïbes et n'avaient pas les moyens financiers de mettre en place une force navale dans une région aussi vaste. Les **Espagnols** constituaient la plus grande puissance coloniale des Antilles, mais en 1564, ce sont les **Français** qui ont été les premiers non-espagnols à s'y installer, à **Fort Caroline**, aujourd'hui près de **Jacksonville**, en **Floride**. Bien qu'ils n'y soient pas restés très longtemps — ils en ont vite été chassés par les **Espagnols** — les Français ont profité de l'emplacement de leurs colonies pour saisir° l'or et l'argent que les **Espagnols** extrayaient° des mines sud-américaines. La piraterie permettait aussi de s'emparer° des bateaux marchands qui visitaient les ports de **Saint-Pierre** en **Martinique**, **Basse-Terre** en **Guadeloupe** ou **Cap Français** à **Saint-Domingue** (aujourd'hui **Haïti**), trois colonies françaises à l'époque.

Un galion, bateau armé des temps anciens

Il existait différents types d'équipages°. Les **corsaires** étaient souvent des nobles ou de riches entrepreneurs qui travaillaient directement pour le roi. Cette piraterie-là rapportait bien°. Les pirates ordinaires, eux, étaient indépendants et beaucoup vivaient sur **l'île de la Tortue**, colonie française au nord de Saint-Domingue. Les **boucaniers**, les pirates des Antilles, étaient de véritables

Leçon 4

aventuriers. Leur nom vient du «boucan», une grille de bois sur laquelle ils faisaient griller la viande et les poissons, à la manière des populations locales, les **Amérindiens Arawak**. Les Arawaks étaient un groupe linguistique qui comprenait plusieurs tribus. Ils étaient aussi les premiers à avoir été en contact avec des Européens. Sinon, les boucaniers étaient réputés pour leur vie en plein air et leurs festins bruyants. Parmi leurs lieux favoris: **Saint-Barthélemy, Port-de-Paix** à Saint-Domingue et des petites îles comme **les Saintes**, en Guadeloupe.

Les sociétés de pirates, qu'on appelait aussi des **flibustiers**, étaient égalitaires, et même révolutionnaires pour l'époque. Les pirates étaient les seuls marins à pouvoir élire leur capitaine démocratiquement. Celui-ci combattait avec eux, au lieu de° leur donner des ordres de loin. Le butin° était partagé entre tous les membres de l'équipage, et les invalides recevaient des indemnités°. En temps de guerre, la piraterie devenait très active. En temps de paix, les pirates faisaient de la contrebande°, pour le bonheur de tous. Beaucoup allaient par exemple au petit village de **Pointe-Noire**, en Guadeloupe, pour vendre leurs marchandises à très bon prix. Ce village doit son nom aux roches volcaniques qu'on aperçoit au nord.

Aujourd'hui, si vous allez aux Antilles, vous aurez peu de chance de rencontrer des pirates. Par contre, vous pourrez toujours déguster° un bon poulet boucané en souvenir du passé!

À l'abordage! *a pirate cry used when taking over another ship* **traversée** *crossing* **livrait à la merci** *put at the mercy* **semaient l'épouvante** *spread terror* **saisir** *seize* **extrayaient** *extracted* **s'emparer** *to grab* **équipages** *crews* **rapportait bien** *was profitable* **au lieu de** *instead of* **butin** *booty* **indemnités** *compensation* **contrebande** *smuggling* **déguster** *savor*

Des mots utilisés aux Antilles

Guadeloupe et Martinique

un acra	un beignet de poisson ou de légumes
une anse	une baie
une doudou	une chérie
le giraumon	le potiron; *pumpkin*
une habitation	une plantation, un domaine agricole
le maracudja	le fruit de la passion
une morne	une colline; *hill*
une trace	un chemin; *path*
le vesou	le jus de la canne à sucre
un zombi	un revenant; *ghost; zombie*

IMAGINEZ

Découvrons les Antilles

Saint-Barthélemy **Saint-Barth** est une île du nord des Caraïbes, qui porte le nom du frère de **Christophe Colomb**.

Aujourd'hui, l'île fait partie des **Antilles françaises**, mais elle a aussi été espagnole et suédoise. À présent, elle est connue pour son tourisme de luxe. Entre une chaîne de montagnes et une barrière de corail°, ses 14 plages ont chacune un caractère unique. Cette grande diversité s'accompagne d'un climat paradisiaque. L'île fait ainsi le bonheur des vacanciers et des stars.

Les yoles rondes La yole ronde est un voilier° inventé en **Martinique**, dans les années 1940. Elle s'inspire du **gommier**, le bateau traditionnel, et de la yole européenne. Ses premiers utilisateurs étaient les marins pêcheurs°, qui faisaient la course° quand ils rentraient de la pêche. La yole ronde est aujourd'hui un véritable sport nautique, dont l'événement le plus populaire est le **Tour de la Martinique**, une course en sept étapes° autour de l'île.

Le carnaval de Guyane En **Guyane française**, le carnaval ne ressemble à aucun autre. Il est d'abord exceptionnellement long, parce qu'il dure deux mois: du jour de l'Épiphanie, le 6 janvier, au mercredi des Cendres, début mars. Il est aussi à la fois populaire, multiethnique et traditionnel, avec des costumes historiques comme celui du boulanger ou de l'ours°. C'est surtout une grande fête qui rassemble tous les Guyanais.

John James Audubon (1785–1851) Tout le monde en Amérique connaît **J. J. Audubon**, le fameux ornithologue et naturaliste, et la **National Audubon Society** créée en sa mémoire. Audubon, d'origine française, est né en Haïti. Il a grandi en France, près de Nantes,

et a émigré aux États-Unis en 1803. Dans son œuvre, *Les oiseaux d'Amérique* (1840), il a dessiné, en quatre volumes, toutes les espèces connues d'oiseaux d'Amérique du Nord.

barrière de corail *coral reef* **voilier** *sailboat* **marins pêcheurs** *fishermen* **faisaient la course** *raced* **étapes** *stages* **ours** *bear*

La valeur des idées

IMAGINEZ

Qu'avez-vous appris?

1 Correspondances
Faites correspondre les mots et les noms avec les définitions.

1. _____ John James Audubon
2. _____ le boucan
3. _____ Saint-Barthélemy
4. _____ la yole ronde
5. _____ le Tour de la Martinique
6. _____ l'ours

a. une course nautique en sept étapes
b. une île qui fait le bonheur des touristes et des stars
c. un des costumes traditionnels du carnaval de Guyane
d. un voilier qui s'inspire du gommier et de la yole européenne
e. une grille de bois pour faire cuire le poisson ou la viande
f. un ornithologue né en Haïti

2 Complétez
Complétez chaque phrase de manière logique.

1. …est un cri qui faisait peur aux voyageurs du 17ᵉ siècle.
2. Aux Antilles, au 17ᵉ siècle, on risquait de rencontrer des pirates…
3. La piraterie était utile quand les nations…
4. Les touristes qui visitent Saint-Barth peuvent apprécier…
5. Le carnaval de Guyane est…
6. John James Audubon était gardien du patrimoine naturel américain parce qu'…

Projet
Dans la peau d'un boucanier

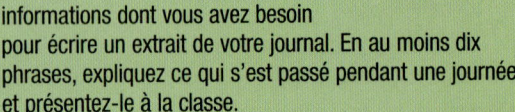

Imaginez que vous soyez un pirate ou un boucanier du 17ᵉ siècle. Recherchez sur **vhlcentral.com** les informations dont vous avez besoin pour écrire un extrait de votre journal. En au moins dix phrases, expliquez ce qui s'est passé pendant une journée, et présentez-le à la classe.

- Inventez des aventures et donnez des détails. Où êtes-vous allé(e)s? Qui avez-vous rencontré? Quels problèmes avez-vous eus? Comment avez-vous survécu?
- Dessinez un plan de la route que vous avez suivie.

Practice more at **vhlcentral.com**.

ÉPREUVE

Trouvez la bonne réponse.

1. Des noms comme le capitaine Morgan, le capitaine Kidd, Jean Bart et Robert Surcouf semaient _____.
   a. la joie b. l'épouvante
   c. le bonheur d. le calme

2. _____ travaillaient directement pour le roi.
   a. Les flibustiers b. Les corsaires
   c. Les pirates d. Les boucaniers

3. Les pirates ordinaires étaient _____.
   a. riches b. anglais
   c. nobles d. indépendants

4. Le boucan était à l'origine utilisé par _____.
   a. les boucaniers b. les colons
   c. les Amérindiens Arawak d. les marins

5. Les sociétés pirates étaient très avancées pour leur époque, parce qu'elles étaient _____.
   a. hiérarchiques b. célèbres
   c. riches d. égalitaires

6. Le butin était partagé entre _____ de l'équipage.
   a. tous les membres b. tous les capitaines
   c. tous les bateaux d. tous les invalides

7. En temps de paix, les pirates faisaient _____.
   a. du commerce b. de la contrebande
   c. la guerre d. des réparations

8. La recette qui rappelle les pirates des Antilles s'appelle _____.
   a. le poulet boucané b. le rhum
   c. le poisson d. la viande cuite

9. _____ porte le nom du frère de Christophe Colomb.
   a. Saint-Barthélemy b. Cap Français
   c. Saint-Domingue d. Fort Caroline

10. Les premiers utilisateurs des yoles rondes étaient _____.
    a. les boucaniers b. les Espagnols
    c. les marins pêcheurs d. les Amérindiens Arawak

Qu'en pensent les jeunes Belges?

Aux élections européennes de 2009 en Belgique, les primo-votants représentaient environ 8% des électeurs (*voters*). Les primo-votants sont les personnes qui votent pour la première fois, c'est-à-dire une majorité de jeunes. Un sondage (*survey*) réalisé par l'Université de Liège et Dedicated Research a résumé les opinions des jeunes électeurs belges francophones. Même si deux jeunes sur trois (*two out of three*) déclarent s'intéresser peu à la politique, 86% d'entre eux estiment que voter est «utile» ou «très utile».

Mais il ne faut pas oublier que c'est un droit et que ce n'est pas un acquis et que, la démocratie, ça se travaille.

VOCABULAIRE

de la vidéo

- **un acquis** *something taken for granted*
- **une convocation** *registration notice*
- **un devoir** *duty*
- **un droit** *right*
- **en sous-main** *secretly*
- **sauter sur l'occasion** *to jump on the opportunity*
- **traîner** *to lie around*
- **une voix** *vote*

pour la conversation

- **un chef d'état** *head of state*
- **les droits** (*m.*) **civiques** *civil rights*
- **un(e) élu(e)** *elected official*
- **les enjeux** (*m.*) *stakes*
- **être au pouvoir** *to be in power*
- **la majorité** *majority*
- **la minorité** *minority*
- **prendre au sérieux** *to take seriously*
- **un sénateur** *senator*

1 Compréhension Répondez aux questions par des phrases complètes.

1. Pourquoi la première personne n'a-t-elle pas l'air de prendre le droit de vote au sérieux?
2. Que pense la troisième jeune femme de l'idée de voter?
3. Qu'est-ce que le jeune homme de la dernière interview apprécie au sujet de la candidate dont il parle?

2 Discussion Répondez aux questions en donnant des détails.

1. Avez-vous déjà voté dans des élections? Si oui, expliquez. Sinon, aimeriez-vous voter? Pourquoi?
2. Pour vous, que doit-on prendre en considération avant de décider pour qui voter?

Et vous? Quelles vont être les prochaines élections dans votre ville, votre état ou votre pays? Quel va être l'enjeu de ces élections?

Practice more at **vhlcentral.com**.

La valeur des idées

GALERIE DE CRÉATEURS

SUR INTERNET
Pour plus de renseignements sur ces créateurs et pour explorer des aspects précis de leurs créations, à l'aide d'activités et de projets de recherche, visitez vhlcentral.com.

LITTÉRATURE
Aimé Césaire (1913–2008)
En 1934, ce Martiniquais, qui fait ses études à Paris, fonde le magazine *L'Étudiant noir* avec Léopold Sédar Senghor et Léon-Gontran Damas. Ces trois écrivains créent ensuite un grand mouvement littéraire et culturel, la Négritude. C'est Aimé Césaire qui invente ce nouveau mot. Puis en 1945, il décide de se consacrer à la politique et est élu maire de Fort-de-France. Il le restera jusqu'en 2001. Il est à l'origine de la création du concept des Départements d'Outre-Mer (DOM). Son *Discours sur le colonialisme* s'inscrit (*is engraved*) dans la lutte pour la reconnaissance de l'identité noire. Cette pensée révolutionnaire qui l'anime se reflète dans son œuvre littéraire: poésies, pièces de théâtre, essais… Aimé Césaire est resté une figure importante de la Martinique jusqu'à la fin de sa vie.

DANSE Léna Blou (1962–)
Cette danseuse et chorégraphe guadeloupéenne obtient plusieurs diplômes d'interprétation et d'enseignement pour les danses jazz et contemporaine. Elle perfectionne d'abord sa formation par des stages en Europe et aux États-Unis auprès d' (*with*) éminentes personnalités de cette discipline. Forte de son expérience, elle ouvre son école de danse à Pointe-à-Pitre puis crée en 1995 la compagnie Trilogie. Elle veut faire connaître l'esthétique chorégraphique traditionnelle des Caraïbes. Elle modernise même la danse traditionnelle guadeloupéenne, le Gwo-ka, en créant (*by creating*) la technique de danse «Techni'ka». Blou est ainsi une artiste à la fois (*both*) moderne et traditionnelle qui désire mettre la danse de son île au même rang de popularité que les techniques Graham ou Horton. Pour cela, elle dirige des stages de Techni'ka en Europe et aux États-Unis.

IMAGINEZ

LITTÉRATURE
Paulette Poujol-Oriol (1926–)

Paulette Poujol-Oriol est une Haïtienne aux multiples talents — professeur, metteur en scène et auteur. Elle écrit des romans et des nouvelles (*short stories*) qui présentent des personnages haïtiens, et elle enseigne le théâtre aux enfants. C'est aussi une femme très engagée qui milite (*is an activist*) dans plusieurs associations féministes. Elle connaît le succès dès qu'elle publie sa première œuvre, *Le Creuset*. Le style de Paulette Poujol-Oriol est caractéristique: elle mélange (*mixes*) depuis toujours le français et le créole haïtien. Pleins d'ironie, ses livres sont en général perçus comme des œuvres morales.

PEINTURE
Franky Amete (1966–)

Ce peintre guyanais est spécialisé dans l'art «tembé» hérité des «Noirs marrons» des plateaux de Guyane. Les «Noirs marrons» sont des esclaves noirs qui ont fui dans la forêt, pendant la période de l'esclavage. Ils se servaient de cet art pour communiquer d'une plantation à l'autre. Comme eux, Franky Amete est le gardien de la culture africaine présente en Amérique du Sud. Tout est équilibre (*balance*) et harmonie dans l'art tembé. Amete travaille ses œuvres à l'aide de la règle (*ruler*) et du compas pour créer un art géométrique très riche en couleurs. Il est le premier à avoir utilisé des sables (*sands*) de couleurs différentes comme éléments artistiques. Ses tableaux peuvent mesurer jusqu'à plusieurs mètres de long.

Compréhension

Vrai ou faux? Indiquez si chaque phrase est vraie ou fausse. Corrigez les phrases fausses.

1. Léna Blou enseigne une version modernisée du Gwo-ka, la danse traditionnelle guadeloupéenne.
2. La troupe de danseurs Trilogie se spécialise dans l'interprétation chorégraphique en jazz.
3. Aimé Césaire est un des pères de la Négritude.
4. En plus de sa carrière littéraire, Césaire a aussi été homme politique.
5. La Négritude est un mouvement politique dans les Départements d'Outre-Mer
6. Les livres de Paulette Poujol-Oriol mélangent le français et le créole haïtien.
7. Poujol-Oriol milite également pour la défense de l'environnement.
8. «Noirs marrons» est le nom donné aux esclaves noirs qui ont fui pendant la période de l'esclavage.
9. Franky Amete peint surtout des paysages guyanais.
10. Amete s'inspire beaucoup de l'art impressionniste.

Rédaction

À vous! Choisissez un de ces thèmes et écrivez un paragraphe d'après les indications.

- **La Négritude** Un(e) ami(e) vous demande des informations sur la Négritude. Expliquez-lui ce que vous savez au sujet de ce mouvement en un paragraphe.

- **Aimé Césaire** Vous devez préparer un exposé sur Aimé Césaire. Écrivez-lui un e-mail dans lequel vous lui posez des questions pour en apprendre plus sur sa vie et sa carrière.

- **Critique d'art** Vous êtes critique d'art et vous assistez à une exposition de Franky Amete. Écrivez un paragraphe dans lequel vous décrivez son style artistique et son inspiration.

Practice more at vhlcentral.com.

La valeur des idées

STRUCTURES

4.1 The *plus-que-parfait*

Quand Walid et Leïla ont parlé, elle lui avait déjà téléphoné plusieurs fois.

- The **plus-que-parfait** is used to talk about what someone *had done* or what *had occurred* before another past action, event, or state. Like the **passé composé**, the **plus-que-parfait** uses a form of **avoir** or **être** — in this case, the **imparfait** — plus a past participle.

The *plus-que-parfait*		
voter	finir	perdre
j'avais voté	j'avais fini	j'avais perdu
tu avais voté	tu avais fini	tu avais perdu
il/elle avait voté	il/elle avait fini	il/elle avait perdu
nous avions voté	nous avions fini	nous avions perdu
vous aviez voté	vous aviez fini	vous aviez perdu
ils/elles avaient voté	ils/elles avaient fini	ils/elles avaient perdu

RECENT PAST | REMOTE PAST
Nous lui avons dit | **que Sarkozy avait gagné les élections.**
We told her | *that Sarkozy had won the election.*

RECENT PAST | REMOTE PAST
L'accusé souriait | **parce que les juges ne l'avaient pas mis en prison.**
The accused was smiling | *because the judges had not put him in prison.*

- Recall that some verbs of motion, as well as a few others, take **être** instead of **avoir** as the auxiliary verb in the **passé composé**. Use the **imparfait** of **être** to form the **plus-que-parfait** of such verbs and make the past participle agree with the subject.

Les avocats ne savaient pas que vous **étiez** déjà **partie.**
The lawyers didn't know that you had already left.

On a découvert que les victimes **étaient mortes** à la suite de leurs blessures.
They discovered that the victims had died of their injuries.

- Use the **imparfait** of **être** as the auxiliary for reflexive and reciprocal verbs. Make agreement whenever you would do so for the **passé composé.**

Avant le dîner, le président et sa femme **s'étaient levés** pour recevoir les invités.
Before dinner, the president and his wife had gotten up to welcome the guests.

Il ne savait pas que nous **nous étions téléphoné** hier soir.
He didn't know that we had phoned each other last night.

BLOC-NOTES

See **Fiche de grammaire 5.5, p. 256**, for a review of agreement with past participles.

STRUCTURES

M. Vartan a reçu une amende. Il ne **s'était** pas **arrêté** au feu.

- In all other cases as well, agreement of past participles in the **plus-que-parfait** follows the same rules as in the **passé composé**.

> La police a trouvé les armes qu'il avait **cachées.**
> *The police found the weapons that he had hidden.*

> Le président a signé la loi que le congrès avait **approuvée.**
> *The president signed the law that the congress had passed.*

- Use the **plus-que-parfait** to emphasize that something happened in the past before something else happened. Use the **passé composé** to describe completed events in the more recent past and the **imparfait** to describe conditions or habitual actions in the more recent past.

Action in remote past . . .	completed action in recent past

> L'activiste n'**avait** pas **fini** de parler quand vous **avez coupé** le micro.
> *The activist hadn't finished talking when you cut off the microphone.*

Condition in recent past . . .	action in remote past

> Il y **avait** des drapeaux partout parce que le président **était arrivé** la veille.
> *There were flags everywhere because the president had arrived the day before.*

- The **plus-que-parfait** is also used after the word **si** to mean *if only... (something else had taken place)*. It expresses regret.

> **Si** j'**avais su** que tu avais un plan!
> *If only I had known you had a map!*

> **Si** seulement il n'**était** pas **arrivé** en retard!
> *If only he hadn't arrived late!*

- To say that something had *just* happened in the past, use a form of **venir** in the **imparfait** + **de** + the infinitive of the verb that describes the action.

> Je **venais de raccrocher** quand le téléphone a sonné de nouveau.
> *I had just hung up when the phone rang again.*

> Le président **venait de signer** l'accord quand on a entendu l'explosion.
> *The president had just signed the treaty when we heard the explosion.*

ATTENTION!

In informal speech, speakers of English sometimes use the simple past to imply the past perfect. In French, you still use the **plus-que-parfait**.

Le voleur a cherché les papiers que l'avocate avait posés sur son bureau.
The thief looked for the papers that the lawyer placed (had placed) on her desk.

BLOC-NOTES

Si clauses can also contain a verb in the present tense or **imparfait**. See **Fiches de grammaire, p. 282**, to learn more about **si** clauses.

La valeur des idées

STRUCTURES

Mise en pratique

1 **Un prix Nobel** Pendant une interview, une militante de l'organisation «Un monde tranquille» parle de sa vie avant 1998, année où elle a reçu le prix Nobel de la paix. Employez le plus-que-parfait pour compléter ses phrases.

Quand j'étais petite, mes parents m' (1) _____ (apprendre) que les gens avaient besoin d'aide et j' (2) _____ (essayer) de nombreuses fois de me rendre utile. À l'université aussi, avant 1998, j' (3) _____ (combattre) l'injustice et j' (4) _____ (défendre) la liberté. Mes amis et moi, nous (5) _____ (se promettre) d'aider les opprimés. À cette époque, j' (6) _____ (penser) devenir avocate. Mais avant de prendre ma décision, la présidente de l'organisation (7) _____ (venir) me parler et elle (8) _____ (finir) par me convaincre de devenir militante.

2 **Dans le journal** Les phrases suivantes viennent d'un journal politique. Mettez-les au plus-que-parfait.

| se consacrer | fuir | perdre |
| élire | gagner | retourner |

Modèle La femme politique _avait eu_ de l'influence dans son parti, mais au moment des élections, elle n'en avait plus.

1. Le candidat _____ les élections, et il ne le savait pas encore.
2. Les gouvernements _____ à la lutte contre l'inégalité.
3. Tu _____ un bon représentant, le meilleur depuis des années.
4. Les kidnappeurs du fils du président _____ à l'approche de la police.
5. Monsieur et Madame Duval, vous _____ au tribunal avant midi?
6. Je leur disais que nous _____ notre lutte contre la dictature.

3 **De cause à effet** Employez le plus-que-parfait pour expliquer pourquoi ces choses se sont passées.

Modèle Je me suis réveillé dans la nuit. Le téléphone a sonné.
Je me suis réveillé dans la nuit parce que le téléphone avait sonné.

1. Elle n'a pas pu rentrer chez elle le soir. Elle a perdu les clés de la maison le matin.
2. Nous avons voté dimanche. Nous avons regardé le débat politique à la télévision samedi.
3. Ma mère nettoyait la cuisine. Les invités sont partis.
4. Le parti conservateur a perdu les élections. Le peuple a voté pour le parti écologiste.
5. Elles sont sorties. Personne ne leur a dit que j'arrivais.
6. J'ai caché (*hid*) les confitures de fraises. Mon colocataire a mangé toutes les confitures de pêches.
7. Les activistes entraient dans la salle. Le maire a fini son discours.
8. La justice régnait. La démocratie a gagné.

Communication

4 **Vacances antillaises** Claire revient de ses vacances aux Antilles et raconte tout à son ami. À deux, créez le dialogue avec ces verbes. Employez le plus-que-parfait.

adorer	permettre
aller	préférer
apprécier	savoir
avoir de la chance	visiter
finir	voir

Modèle JULIEN Qu'est-ce que tu as apprécié à la Martinique?

CLAIRE J'ai vu des milliers de papillons dans un jardin. Jamais je n'avais eu la chance d'assister à un tel spectacle!

Note CULTURELLE

Le **Jardin des papillons** (*butterflies*), à l'**Anse Latouche**, en **Martinique**, est un parc dédié (*dedicated*) à l'élevage (*breeding*) des papillons du monde entier. Les plantes de ce jardin y créent un écosystème idéal. Les visiteurs ont la chance d'évoluer au milieu des innombrables (*countless*) insectes qui y vivent en toute liberté.

5 **À votre avis?** Que pensez-vous du gouvernement actuel? Est-il meilleur que le gouvernement précédent? À deux, donnez votre opinion et servez-vous du plus-que-parfait.

Modèle —Le gouvernement actuel a fait de bonnes choses jusqu'à maintenant.

—Peut-être, mais je pense que le gouvernement précédent avait réussi à…

6 **Avant la guerre** Une guerre a éclaté (*erupted*) dans un pays européen et le Conseil de l'Europe se réunit. Par groupes de trois, imaginez que chacun(e) de vous représente un pays différent. Utilisez le plus-que-parfait pour débattre du rôle du conseil avant la guerre. Consultez la carte de l'Europe au début du livre et servez-vous du vocabulaire suivant.

Modèle —Avant la guerre, nous avions déjà accusé votre président d'abus de pouvoir.

—Peut-être, mais c'est mon pays qui avait combattu pour les droits de tous les Européens.

—Tous nos pays avaient espionné leur armée, et personne n'avait rien dit!

abuser	espionner
approuver	faire du chantage
avoir de l'influence	juger
combattre	kidnapper
se consacrer à	sauver
défendre	voter

La valeur des idées

STRUCTURES

4.2 Negation and indefinite adjectives and pronouns

—*Pourquoi tu **n'**as **rien** dit?*

Negation

- To negate a phrase, you typically place **ne… pas** around the conjugated verb. If you are negating a phrase with a compound tense such as the **passé composé** or the **plus-que-parfait**, place **ne… pas** around the auxiliary verb.

Infinitive construction	Passé composé
Ça **ne** va **pas** faire un scandale, j'espère. *This won't cause a scandal, I hope.*	La famille **n'**a **pas** fui la ville pendant la guerre. *The family didn't flee the town during the war.*

- To be more specific, use variations of **ne… pas**, such as **ne… pas du tout** and **ne… pas encore**.

Le président **n'**aime **pas du tout** les brocolis.
The president doesn't like broccoli at all.

La voleuse **n'**a **pas encore** choisi sa victime.
The thief has not chosen her victim yet.

- Use **non plus** to mean *neither* or *not either*. Use **si**, instead of **oui**, to contradict a negative statement or question.

—Je n'aime pas la violence.
—*I don't like violence.*

—Moi **non plus**.
—*I don't either.*

—Tu n'aimes pas la démocratie?
—*You don't like democracy?*

—Mais **si**.
—*Yes, I do.*

- To say *neither… nor*, use **ne… ni… ni…** Place **ne** before the conjugated verb or auxiliary, and **ni** before the word(s) it modifies. Omit the indefinite and partitive articles after **ni**, but use the definite article when appropriate.

Il **n'**y a **ni** justice **ni** liberté dans une dictature.
There is neither justice nor liberty under a dictatorship.

Ni le juge **ni** l'avocat **ne** va juger l'accusé.
Neither the judge nor the lawyer will judge the accused.

- It is also possible to combine several negative elements in one sentence.

On **ne** fait **plus jamais rien**.
We never do anything anymore.

Personne n'a **plus rien** écouté.
No one listened to anything anymore.

ATTENTION!

When forming a question with inversion, place **ne** first, then any pronouns, then the verb. Place **pas** in last position.

Ne vous êtes-vous pas consacré à la lutte contre la criminalité?
Did you not dedicate yourself to the fight against crime?

BLOC-NOTES

To review commands and how to negate them, see **Fiche de grammaire 1.5, p. 240**.

Moi and **toi** are disjunctive pronouns. To learn more about them, see **Fiche de grammaire 6.4, p. 258**.

- Note how the placement of these expressions varies according to their function.

More negative expressions

ne… aucun(e) *none (not any)*	Le congrès **n**'a approuvé **aucune** loi cette année. *The congress didn't approve any laws this year.*
ne… jamais *never (not ever)*	Tu **n**'as **jamais** voté? *You've never voted?*
ne… nulle part *nowhere (not anywhere)*	On **n**'a trouvé l'arme du crime **nulle part**. *They didn't find the crime weapon anywhere.*
ne… personne *no one (not anyone)*	**Personne ne** peut voter; les machines sont en panne. *No one can vote; the machines are broken.* Ils **n**'ont vu **personne**. *They didn't see anyone.*
ne… plus *no more (not anymore)*	Il **ne** veut **plus** être analphabète. *He doesn't want to be illiterate anymore.*
ne… que *only*	Je **n**'ai parlé **qu**'à Mathieu. *I only spoke to Mathieu.*
ne… rien *nothing (not anything)*	Les jurés **n**'ont **rien** décidé. *The jury members haven't decided anything.* **Rien ne** leur fait peur. *Nothing frightens them.*

ATTENTION!

To negate a phrase with a partitive article, you usually replace the article with **de** or **d'**.

Il y a des activistes dans la capitale.
There are activists in the capital.

Il n'y a pas d'activistes dans la capitale.
There aren't any activists in the capital.

Indefinite adjectives and pronouns

- Many indefinite adjectives and pronouns can also be used in affirmative phrases.

Indefinite adjectives

- **autre(s)** *other*
- **un(e) autre** *another*
- **certain(e)(s)** *certain*
- **chaque** *each, every single*
- **plusieurs** *several*
- **quelques** *some*
- **tel(le)(s)** *such (a)*
- **tout(e)/tous/toutes (les)** *every, all*

Indefinite pronouns

- **chacun(e)** *each one*
- **la plupart** *most (of them)*
- **plusieurs** *several (of them)*
- **quelque chose** *something*
- **quelques-un(e)s** *some, a few (of them)*
- **quelqu'un** *someone*
- **tous/toutes** *all (of them)*
- **tout** *everything*

- The adjectives **chaque**, **plusieurs**, and **quelques** are invariable.

  Chaque élève a droit à des livres gratuits.
  Each student is entitled to free books.

  Plusieurs terroristes ont fui.
  Several terrorists fled.

- The pronouns **la plupart**, **plusieurs**, **quelque chose**, **quelqu'un**, and **tout** are invariable.

  Tout va bien au gouvernement.
  Everything goes well in the government.

  Il y a **quelqu'un** dehors?
  Is there someone outside?

ATTENTION!

Note that the final **-s** of **tous** is pronounced when it functions as a pronoun, but silent when it functions as an adjective.

When you wish to modify **personne, rien, quelqu'un,** or **quelque chose**, add **de** + [*masculine singular adjective*].

Ce week-end, nous ne faisons rien d'intéressant.
This weekend, we aren't doing anything interesting.

STRUCTURES

Mise en pratique

1 **Une nouvelle loi** Pendant un débat, un défenseur des droits de l'homme contredit les déclarations d'une avocate. Complétez leur dispute à l'aide des nouvelles structures.

Modèle
AVOCATE Il faut absolument approuver cette nouvelle loi!
DÉFENSEUR Mais non! Il __ne faut pas__ approuver cette loi!

AVOCATE La loi donne le pouvoir au peuple de notre nation.
DÉFENSEUR Mais non! La loi (1) _____ pouvoir au peuple, et tout le pouvoir au président.
AVOCATE Calmez-vous! Avec cette loi, nous serons toujours une démocratie.
DÉFENSEUR Mais non. Avec cette loi, nous (2) _____ une démocratie.
AVOCATE Le gouvernement sera juste et puissant avec ces changements.
DÉFENSEUR Mais non. Il (3) _____ avec ces changements.
AVOCATE Certains citoyens apprécient les choses que j'essaie de faire.
DÉFENSEUR Mais non. (4) _____ ce que vous essayez de faire.
AVOCATE Une telle loi va réduire la menace du terrorisme partout dans le pays.
DÉFENSEUR Mais non. Elle (5) _____ la menace du terrorisme.
AVOCATE (6) _____ m'a dit que vous étiez désagréable, et maintenant je vois pourquoi.

2 **Voyager** Imaginez que vous soyez un homme ou une femme politique qui voyage souvent avec un(e) collègue. Vous l'entendez parler de vos voyages, mais vous n'êtes pas d'accord.

Modèle Quand je voyage à l'étranger, je mange toujours des repas authentiques.
Non, quand vous voyagez à l'étranger, vous ne mangez jamais de repas authentiques.

1. J'ai toujours aimé voyager en avion.
2. Tous sortent dîner avec moi le soir.
3. Toutes les villes que je visite sont dangereuses.
4. Je suis allé(e) partout dans le monde francophone.
5. Je n'ai pas encore vu de pays où il y avait une guerre civile.
6. Je m'intéresse encore à la politique des pays que je visite.

3 **Disputes** À deux, imaginez les échanges qui provoqueraient ces réponses. Utilisez les adjectifs et les pronoms indéfinis. Ensuite, jouez l'un des dialogues devant la classe.

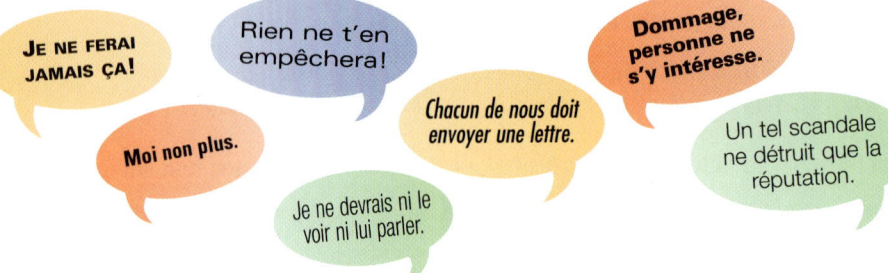

- Je ne ferai jamais ça!
- Rien ne t'en empêchera!
- Dommage, personne ne s'y intéresse.
- Moi non plus.
- Chacun de nous doit envoyer une lettre.
- Un tel scandale ne détruit que la réputation.
- Je ne devrais ni le voir ni lui parler.

Practice more at **vhlcentral.com**.

Communication

4 Vos idées Avec un(e) camarade de classe, posez-vous ces questions à tour de rôle. Développez vos réponses et utilisez les nouvelles structures le plus possible. Ensuite, discutez de vos opinions respectives.

Modèle —As-tu déjà été juré(e)?
—Non, je n'ai jamais été juré(e).

Les gens

As-tu déjà été juré(e)?

Es-tu un(e) militant(e)? En connais-tu un(e)?

As-tu déjà été la victime d'un voleur?

Les lois

Approuves-tu toutes les lois?

Un prisonnier est-il toujours coupable?

L'égalité est-elle présente partout? Dans quelles circonstances ne l'est-elle pas?

La sécurité

As-tu l'impression d'être en sécurité? Pourquoi?

Y a-t-il beaucoup de violence où tu habites?

La menace terroriste te fait-elle peur?

5 Débat politique Vous participez à un débat politique. Votre adversaire est le président sortant (*outgoing*) et vous n'êtes pas d'accord avec ce qu'il a fait pendant son mandat. Jouez le dialogue devant la classe.

Modèle —Vous n'avez pas encore démontré que vous êtes le meilleur candidat.
—Je ne l'ai peut-être pas encore démontré, mais pendant ces dernières années, vous ne l'avez jamais démontré non plus.

Note CULTURELLE

Née en **Guyane, Christiane Taubira** est une femme politique qui a été candidate aux élections présidentielles françaises de 2002. Elle est surtout connue pour être à l'origine d'une loi de 2001 où la France reconnaît que la traite négrière (*slave trade*) transatlantique et l'esclavage (*slavery*) sont des crimes contre l'humanité.

STRUCTURES

4.3 Irregular *-ir* verbs

—*Je suis parti en Inde.*

- Many commonly used **-ir** verbs are irregular.

- The following irregular **-ir** verbs have similar present-tense forms.

	courir	dormir	partir	sentir	sortir
je	cours	dors	pars	sens	sors
tu	cours	dors	pars	sens	sors
il/elle	court	dort	part	sent	sort
nous	courons	dormons	partons	sentons	sortons
vous	courez	dormez	partez	sentez	sortez
ils/elles	courent	dorment	partent	sentent	sortent

- The past participles of these verbs are, respectively, **couru**, **dormi**, **parti**, **senti**, and **sorti**. **Sortir** and **partir** take **être** as the auxiliary in the **passé composé** and **plus-que-parfait**.

Pourquoi est-ce que vous **avez dormi** au bureau hier soir?
Why did you sleep in the office last night?

Les armées **sont** définitivement **parties** en 1945, après la guerre.
The armies left for good in 1945, after the war.

- Use **sortir** to say that someone is leaving, as in exiting a building. Use **partir** to say that someone is leaving, as in departing. The preposition **de** often accompanies **sortir**, and the preposition **pour** often accompanies **partir**.

Nous ne **sortons** jamais **de** la salle avant la sonnerie.
We never leave the room before the bell rings.

Le premier ministre **part pour** l'Espagne demain.
The prime minister leaves for Spain tomorrow.

- **Mourir** (*to die*) also is conjugated irregularly in the present tense. Its past participle is **mort**, and it takes **être** as an auxiliary in the **passé composé** and **plus-que-parfait**.

Il fait chaud et je **meurs** de soif!
It's hot, and I'm dying of thirst!

En quelle année la présidente **est**-elle **morte**?
In which year did the president die?

mourir	
je meurs	nous mourons
tu meurs	vous mourez
il/elle meurt	ils/elles meurent

BLOC-NOTES

For a review of the present-tense conjugation of regular **-ir** verbs, see **Fiche de grammaire 1.4, p. 238.**

ATTENTION!

Sentir means *to sense* or *to smell*. The reflexive verb **se sentir** is used with an adverb to tell how a person feels.

Cette fleur sent très bon!
This flower smells very good!

Je sens qu'il t'aime, même s'il ne le dit pas.
I sense that he loves you, even if he doesn't say it.

Tu es rentrée parce que tu ne te sentais pas bien?
You went home because you didn't feel good?

BLOC-NOTES

To review formation of the **passé composé** with **être**, see **Structures 3.2, pp. 100–101**. To learn more about past participle agreement, see **Fiche de grammaire 5.5, p. 256.**

- These verbs are conjugated with the endings normally used for **-er** verbs in the present tense.

	couvrir	découvrir	offrir	ouvrir	souffrir
je	couvre	découvre	offre	ouvre	souffre
tu	couvres	découvres	offres	ouvres	souffres
il/elle	couvre	découvre	offre	ouvre	souffre
nous	couvrons	découvrons	offrons	ouvrons	souffrons
vous	couvrez	découvrez	offrez	ouvrez	souffrez
ils/elles	couvrent	découvrent	offrent	ouvrent	souffrent

- The past participles of the verbs above are, respectively, **couvert**, **découvert**, **offert**, **ouvert**, and **souffert**.

> Qu'est-ce que les organisateurs vous **ont offert** comme boisson?
> *What did the organizers offer you to drink?*

> Le criminel **avait ouvert** la porte pour entrer dans le garage.
> *The criminal had opened the door to enter the garage.*

- These verbs are conjugated similarly, with one stem for **je**, **tu**, **il/elle/on**, and **ils/elles**, and a different stem for **nous** and **vous**.

	devenir	maintenir	revenir	tenir	venir
je	deviens	maintiens	reviens	tiens	viens
tu	deviens	maintiens	reviens	tiens	viens
il/elle	devient	maintient	revient	tient	vient
nous	devenons	maintenons	revenons	tenons	venons
vous	devenez	maintenez	revenez	tenez	venez
ils/elles	deviennent	maintiennent	reviennent	tiennent	viennent

- The past participles of these verbs are, respectively, **devenu**, **maintenu**, **revenu**, **tenu**, and **venu**. **Venir** and its derivatives **devenir** and **revenir** take **être** as the auxiliary in the **passé composé** and **plus-que-parfait**.

> Le criminel **a tenu** son arme à la main pendant quelques secondes.
> *The criminal held the weapon in his hand for a few seconds.*

> La juge **était revenue** de son bureau pour parler aux jurés.
> *The judge came back from her chambers to talk to the jury.*

- The construction **venir** + **de** + [*infinitive*] means to have *just* done something. Use it in the present or **imparfait** to say that something happened in the very recent past.

> Les militants **viennent de faire** un discours à l'ONU.
> *The activists just made a speech at the UN.*

> Je **venais** juste **de poser** mon sac par terre quand le voleur l'a pris.
> *I had just put my bag down on the ground when the thief took it.*

BLOC-NOTES

Remember that a past participle usually agrees with its subject in number and gender for verbs that take **être** as an auxiliary. To learn more about past participle agreement, see **Fiche de grammaire 5.5, p. 256.**

La valeur des idées

STRUCTURES

Mise en pratique

1 **À compléter** Assemblez les éléments des colonnes pour former des phrases complètes. Chaque élément ne doit être utilisé qu'une fois.

_d_ 1. Tous les enfants… a. vient d'un journaliste.
_e_ 2. Cet animal… b. devenons avocats à la fin de l'année.
_f_ 3. Tu… c. tenez une conférence à quelle heure?
_b_ 4. Mon ami et moi… d. dorment paisiblement.
_a_ 5. Le scandale… e. sent toujours d'où vient le danger.
_c_ 6. Vous… f. souffres toujours d'un mal de tête.

Note CULTURELLE

La **cuisine créole** raconte l'histoire des **îles antillaises**, qui sont marquées par l'empreinte du peuple **Caraïbe**, des **Africains**, des **Français** et des **Indiens**. Elle est à base de produits de la mer, souvent macérés (*marinated*) dans un assaisonnement pour qu'ils aient encore meilleur goût.

2 **Cuisine créole** Stéphanie et Daniel parlent de leur expérience au restaurant hier soir. Choisissez le bon verbe et conjuguez-le au temps qui convient.

Vous savez que nous (1) _____ (devenir / découvrir) une cuisine exotique tous les mois. Eh bien, hier soir, Daniel et moi (2) _____ (sortir / sentir) manger dans ce nouveau restaurant créole que vous nous aviez suggéré. Il faut dire que je (3) _____ (dormir / mourir) d'envie d'y aller depuis que vous nous en aviez parlé. Nous (4) _____ (sentir / venir) la délicieuse odeur épicée depuis la rue. Nous avons essayé toutes sortes de plats traditionnels. Après ça, nous (5) _____ (ouvrir / revenir) enchantés de notre soirée. Finalement, nous (6) _____ (courir / partir) pour Saint-Martin la semaine prochaine!

3 **À choisir** Créez des phrases cohérentes avec les éléments du tableau. Faites attention au temps. N'utilisez chaque élément qu'une fois

A	B	C
Les jurés	courir	me voir pendant les vacances d'été.
La victime	découvrir	son jugement.
Vous	maintenir	dans le tribunal pour prononcer la sentence il y a quelques secondes.
Les policiers	offrir	de l'hôpital, mais elle ne nous l'avait pas dit.
Tu	partir	mes compliments au nouveau président.
Le juge	revenir	une nouvelle île chaque fois que tu vas aux Antilles.
Nous	sortir	toujours après les voleurs.
Je/J'	venir	très bientôt pour Saint-Barthélemy.
?	?	?

Practice more at **vhlcentral.com**.

LITTÉRATURE

Préparation

À propos de l'auteur

L'écrivain antillais **Jean Juraver** (1945–) dit lui-même que ses œuvres ont un but didactique, tout comme des fables. «Que cessent les guerres, que cessent les injustices, que cesse la méchanceté, que cesse la duplicité, c'est tout ce que mes écrits signifient», déclare-t-il. Né à Pointe-à-Pitre, la plus grande ville de la Guadeloupe, Juraver a, dès l'enfance, un grand appétit d'apprendre. Il ne devient donc pas seulement écrivain, mais aussi journaliste, photographe, musicien et grand voyageur. Ayant (*Having*) habité dans beaucoup de pays différents, c'est chez lui, en Guadeloupe, qu'il exerce ses talents de professeur d'anglais et de musique, d'écrivain et de poète. On compte parmi (*among*) ses publications *Contes créoles*, *Le sang du cactus* et un essai, *Anse-Bertrand, une commune de Guadeloupe*.

Vocabulaire de la lecture

- **ça suffit** that's enough
- **car** for; because
- **la colère** anger
- **une foule** crowd; mob
- **gras(se)** fat, plump
- **la haine** hatred
- **un indice** clue, indication
- **maigre** thin, scrawny
- **une patte** paw

Vocabulaire utile

- **une métaphore** metaphor
- **la morale** moral
- **personnifier** to personify
- **une punition** punishment
- **tuer** to kill

1 **C'est le cas de le dire!** Faites correspondre les expressions aux situations.

Situations

_____ 1. Votre patron est très méchant.

_____ 2. Il y a beaucoup de monde au cinéma.

_____ 3. Le voisin a mystérieusement disparu.

_____ 4. Votre ami n'arrête pas de se plaindre.

_____ 5. Les apparences peuvent tromper.

Expressions

a. Ça suffit!

b. C'est la personnification du mal.

c. La morale de l'histoire est que l'habit ne fait pas le moine (*monk*).

d. Il est parti sans laisser d'indices.

e. Quelle foule!

2 **Discussion** Par groupes de trois, répondez aux questions.

1. Avez-vous déjà été traité(e) injustement? Par qui? Décrivez les circonstances.

2. Avez-vous déjà été injuste envers (*towards*) quelqu'un? Qui? Qu'avez-vous fait ou dit à cette personne?

3. Quand avez-vous été témoin (*witness*) d'une injustice? Que s'est-il passé? Décrivez les circonstances à vos camarades.

La valeur des idées

Chien maigre et chien gras

Jean Juraver

LITTÉRATURE

Un jour, le boucher du village fit du tapage° en ameutant° tout le quartier, car on lui avait dévoré un gros quartier de bœuf, et il ne lui restait que les os°. Tous les chiens des environs assistaient à la scène; au fond d'eux-mêmes°, ils savaient que le coupable était un des leurs°.

Mais dans la foule, on distinguait deux sortes de chiens: les chiens à collier et les chiens sans collier. Il y avait une véritable division sociale entre les premiers et les derniers: un chien à collier ne fréquentait pas un chien sans collier. Les chiens à collier étaient propres et gras; les chiens sans collier étaient sales et maigres. Bien sûr, le coupable ne pouvait pas être un chien à collier!

Tout le monde s'observait pour chercher un petit signe trahissant° le coupable. Mais aucun indice.

°made a racket/by stirring up
°bones
°deep inside
°one of their own

°betraying

> **Un chien à collier ne fréquentait pas un chien sans collier.**

Soudain, voilà qu'apparaît au détour du chemin, un petit chien sale, boueux°, maigre comme une lame° de couteau, le poil rare° et noir. Tous les regards convergent vers lui, des regards chargés de haine et de colère. Un cri jaillit° dans la foule: «À mort!», cri repris en chœur°: «À mort, qu'on le pende°, à bas le scélérat°!»

Alors la foule en colère se jette sur le malheureux à coups de dents, à coups de pattes, à coups de griffes°; les éléments déchaînés° l'ont déjà pratiquement écorché vif°. Ils l'auraient fait passer de vie à trépas°, si le boucher, se sentant vengé, n'avait crié:

—Ça suffit pour aujourd'hui. Avec une telle leçon, j'espère qu'il ne recommencera pas.

Un chien à collier, énorme et propre, s'est écrié d'un air philosophe:

—Il y aura toujours une justice des riches et une justice des pauvres. ■

°muddy/blade/sparse hair

°in chorus/let's hang him/down with the villain
°claws/unleashed
°skinned alive
°death

La valeur des idées

LITTÉRATURE

Analyse

1 Compréhension Répondez aux questions.

1. Pourquoi le boucher a-t-il ameuté tout le quartier?
2. Qu'est-ce que tous les chiens savaient déjà?
3. Quelles sortes de chiens y avait-il dans la foule?
4. Quelle apparence les chiens à collier et les chiens sans collier avaient-ils?
5. Qu'est-ce qui apparaît au détour du chemin?
6. Comment sont les regards des chiens dans la foule?
7. Quelle réaction violente la foule a-t-elle?
8. Pourquoi le petit chien sale ne meurt-il pas?

2 Interprétation À deux, répondez aux questions par des phrases complètes.

1. Pourquoi Jean Juraver a-t-il choisi des animaux pour raconter l'histoire?
2. Qu'est-ce que les chiens à collier symbolisent? Et les chiens sans collier?
3. Pourquoi le coupable ne pouvait-il pas être un chien à collier?
4. Pourquoi est-il pratique (*convenient*) d'accuser le petit chien sale?
5. À votre avis, le boucher est-il un homme ou un chien? Pourquoi?
6. Pourquoi est-ce un chien à collier qui dit: «Il y aura toujours une justice des riches et une justice des pauvres.»?

3 Les animaux Dans la littérature, le cinéma, la peinture et d'autres formes d'art, les personnages principaux sont parfois des animaux. Par groupes de trois, faites une liste de livres, de poèmes, de fables, de films ou d'autres œuvres artistiques où des animaux sont les personnages principaux. Expliquez leur fonction dans l'œuvre et puis comparez votre liste avec la classe.

4 L'injustice Par groupes de trois ou quatre, répondez aux questions.

1. Pourquoi la réaction de la foule envers le petit chien sale est-elle injuste?
2. Donnez des exemples dans le monde des humains de «chiens à collier» et de «chiens sans collier». Soyez précis.
3. La justice peut-elle être parfaite et absolue? Pourquoi?

5 Rédaction Suivez le plan de rédaction pour écrire une histoire didactique. Elle peut être vraie ou fictive. Employez le plus-que-parfait, la négation et des adjectifs et pronoms indéfinis.

Plan

1 Réflexion Pensez à la morale que vous voulez enseigner. Elle doit s'appliquer à un problème universel tel que l'injustice, la colère, la haine, la malhonnêteté, etc.

2 Histoire Écrivez une histoire où vous présentez le problème et où vous en montrez les conséquences. Les personnages peuvent être des humains ou des animaux.

3 Morale À la fin de l'histoire, résumez (*summarize*) le thème par une morale d'une seule phrase concise.

La justice et la politique

Audio: Vocabulary Flashcards

Les lois et les droits

un crime murder, violent crime
la criminalité crime (in general)
un délit (a) crime
les droits (*m.*) de l'homme human rights
une (in)égalité (in)equality
une (in)justice (in)justice
la liberté freedom
un tribunal court

abuser to abuse
approuver une loi to pass a law
défendre to defend
emprisonner to imprison
juger to judge
analphabète illiterate
coupable guilty
(in)égal(e) (un)equal
(in)juste (un)fair
opprimé(e) oppressed

La politique

un abus de pouvoir abuse of power
une armée army
une croyance belief
la cruauté cruelty
la défaite defeat
une démocratie democracy
une dictature dictatorship
un drapeau flag
le gouvernement government
la guerre (civile) (civil) war
la paix peace
un parti politique political party
la politique politics
la victoire victory

avoir de l'influence (sur) to have influence (over)
se consacrer à to dedicate oneself to
élire to elect
gagner/perdre les élections to win/lose elections
gouverner to govern
voter to vote

conservateur/conservatrice conservative
libéral(e) liberal
modéré(e) moderate
pacifique peaceful
puissant(e) powerful
victorieux/victorieuse victorious

Les gens

un(e) activiste militant activist
un(e) avocat(e) lawyer
un(e) criminel(le) criminal
un(e) député(e) deputy (politician); representative
un homme/une femme politique politician
un(e) juge judge
un(e) juré(e) juror
un(e) président(e) president
un(e) terroriste terrorist
une victime victim
un voleur/une voleuse thief

La sécurité et le danger

une arme weapon
une menace threat
la peur fear
un scandale scandal
la sécurité security, safety
le terrorisme terrorism
la violence violence

combattre (*irreg.*) to fight
enlever/kidnapper to kidnap
espionner to spy
faire du chantage to blackmail
sauver to save

Court métrage

l'acceptation (*f.*) acceptance
un(e) chrétien(ne) Christian
le christianisme Christianity
un couple mixte mixed couple
des croyances (*f.*) beliefs
un devoir duty
une galère nightmare
l'islam (*m.*) Islam
le manque de communication lack of communication
un mec guy
un(e) musulman(e) Muslim

un péché sin
le poids weight
une prière prayer
le respect des autres respect for others
la tolérance tolerance
une trahison betrayal

baragouiner to jabber
renier quelqu'un to disown someone
se tirer to leave, take off

Culture

l'asservissement (*m.*) enslavement
un colon colonist
l'esclavage (*m.*) slavery
la guerre de Sécession the American Civil War
une monarchie absolue absolute monarchy
la noblesse nobility
l'ordre (*m.*) public public order
un régime totalitaire totalitarian regime
la sûreté publique public safety
un système féodal feudal system
la traite des Noirs slave trade

renverser to overthrow
se révolter to rebel
vaincre (*irreg.*) to defeat

évadé(e) escaped

Littérature

la colère anger
une foule crowd; mob
la haine hatred
un indice clue, indication
une métaphore metaphor
la morale moral
une patte paw
une punition punishment

personnifier to personify
tuer to kill

gras(se) fat, plump
maigre thin, scrawny

ça suffit that's enough
car for; because

La valeur des idées

LEÇON 5
La société en évolution

Dans un monde où les cultures se rencontrent de plus en plus, quel est le rôle du dialogue? Comment profiter des différences dans la manière de penser, de vivre et de voir le monde? Que devons-nous faire pour assurer l'harmonie et, en même temps, éliminer les conflits? Si la diversité donne l'occasion d'enrichir sa propre culture, qu'apporte-t-elle d'autre à une société?

La société aux multiples visages évolue constamment.

SOMMAIRE

160 COURT MÉTRAGE
Le jour de la Fête nationale suisse, Samb, un jeune Africain, passe l'après-midi au commissariat de police. Dans *Samb et le commissaire* d'**Olivier Sillig**, l'homme et l'enfant finissent par se comprendre.

166 IMAGINEZ
Attachez vos ceintures! Vous allez partir à la découverte des pays d'**Afrique de l'Ouest**, traversés par le rallye Dakar. Ensuite, rencontrez quelques artistes importants de la région.

185 CULTURE
Une partie de l'Afrique de l'Ouest a déjà fêté les cinquante ans de son indépendance. L'article *Un demi-siècle d'indépendance* évoque quelques grands changements culturels.

189 LITTÉRATURE
Le Marché de l'espoir, un conte de la Congolaise **Ghislaine Sathoud**, révèle la cruauté dont les humains peuvent être capables. Mais tout espoir n'est pas perdu…

163

186

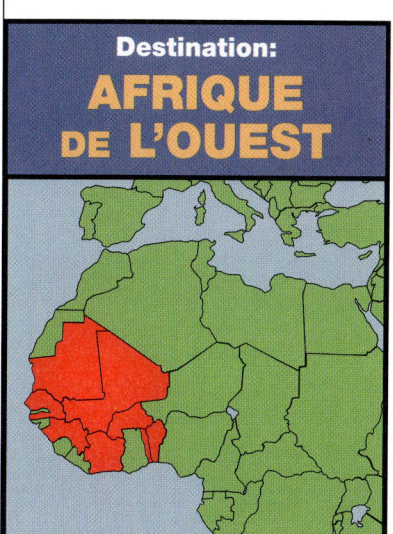
Destination: AFRIQUE DE L'OUEST

158 POUR COMMENCER
172 STRUCTURES
5.1 Partitives

5.2 The pronouns y and en

5.3 Order of pronouns

195 VOCABULAIRE

La société en évolution

POUR COMMENCER

Crises et horizons

Audio: Vocabulary

En mouvement

l'assimilation (*f.*) assimilation
un but goal
une cause cause
le développement development
la diversité diversity
un(e) émigré(e) emigrant
une frontière border
l'humanité (*f.*) humankind
l'immigration (*f.*) immigration
un(e) immigré(e) immigrant
l'intégration (*f.*) integration
une langue maternelle native language
une langue officielle official language
le luxe luxury
la mondialisation globalization
la natalité birthrate

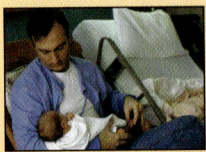

le patrimoine culturel cultural heritage
les principes (*m.*) principles

aller de l'avant to forge ahead
s'améliorer to better oneself
attirer to attract
augmenter to grow; to raise

baisser to decrease
deviner to guess
prédire (*irreg.*) to predict

exclu(e) excluded
(non-)conformiste (non)conformist

polyglotte multilingual
prévu(e) foreseen
seul(e) alone

Les problèmes et les solutions

le chaos chaos
la compréhension understanding
le courage courage
un dialogue dialogue

une incertitude uncertainty
l'instabilité (*f.*) instability
la maltraitance abuse
un niveau de vie standard of living
une polémique controversy
la surpopulation overpopulation
un travail manuel manual labor
une valeur value
un vœu wish

avoir le mal du pays to be homesick
faire sans to do without
faire un effort to make an effort
lutter to fight; to struggle

dû/due à due to
surpeuplé(e) overpopulated

Les changements

s'adapter to adapt
appartenir (à) to belong (to)
dire au revoir to say goodbye

s'enrichir to become rich

s'établir to settle
manquer à to miss
parvenir à to attain; to achieve
projeter to plan
quitter to leave behind
réaliser (un rêve) to fulfill (a dream)
rejeter to reject

POUR COMMENCER

Mise en pratique

1 **L'intrus** Dans chaque cas, indiquez le mot qui ne convient pas.

1. **diversité**
   a. immigration   c. mondialisation
   b. patrimoine   d. humanité

2. **population**
   a. habitants   c. résidents
   b. citoyens   d. touristes

3. **but**
   a. faire un effort   c. projeter
   b. incertitude   d. parvenir

4. **prévu**
   a. prédit   c. attendu
   b. exclu   d. deviné

5. **manquer**
   a. appartenir   c. quitter
   b. avoir le mal du pays   d. dire au revoir

6. **polémique**
   a. débat   c. cause
   b. controverse d. contestation

2 **Dans le contexte** Écrivez le mot de la liste qui correspond le mieux au contexte de chaque phrase.

| s'adapter | émigré | mal du pays | quitter |
| courage | faire sans | polyglotte | rejeter |

1. Il est important de parvenir à se débrouiller (*to manage*) face à une nouvelle situation. _s'adapter_

2. Au travail, on me demande souvent de voyager parce que je parle plusieurs langues. _polyglotte_

3. Quand j'étais petit, ma famille n'était pas riche, mais on n'était pas malheureux non plus. _____

4. Je n'hésite pas à dire «non» et je refuse les propositions qu'on me fait neuf fois sur dix. _____

5. J'ai quitté le pays où je suis né pour trouver un meilleur travail, pas pour des raisons politiques. _____

6. Voyager à l'étranger, c'est important et amusant en même temps, mais le problème, c'est que ma famille me manque. _____

3 **Questions personnelles** Répondez à chaque question. Discutez de vos réponses avec un(e) camarade de classe.

1. Quelle est votre langue maternelle? Combien de langues parlez-vous?
2. Avez-vous déjà eu le mal du pays? Expliquez la situation.
3. Êtes-vous pour ou contre la mondialisation? Expliquez votre point de vue.
4. Êtes-vous plutôt conformiste ou non-conformiste? Citez trois exemples.
5. Quel est votre but dans la vie? Comment est-ce que vous espérez l'atteindre?
6. Comment décririez-vous votre niveau de vie? À quel point est-il différent de celui que vous espérez avoir dans dix ans?

4 **À l'avenir** Imaginez qu'en 2057, votre enfant trouve une capsule témoin (*time capsule*) que vous aviez préparée cinquante ans auparavant (*prior*). Elle contient des coupures de presse (*clippings*) et des souvenirs. À deux, dites ce que vous aviez mis dans cette capsule et expliquez pourquoi ces objets représentent votre génération.

La société en évolution

Préparation

Vocabulaire du court métrage

un(e) bavard(e) *chatterbox*
brûler *to burn*
un commissaire (de police) *(police) commissioner*
(un jour) férié *public holiday*
un flic *cop*
un(e) gamin(e) *kid*
un(e) môme *kid*
nombreux/nombreuse *numerous*

Vocabulaire utile

avoir des préjugés *to be prejudiced*
un châtiment *punishment*
défavorisé(e) *underprivileged*
supposer *to assume*
une supposition *assumption*
témoigner de *to be witness to*
un témoin *witness*
voler *to steal*

EXPRESSIONS

assurer une permanence *to be on duty*
Ce n'est pas grave. *That's okay/not a problem.*
C'est dingue! *It's/That's crazy!*
J'arrive. *I'll be right there./I'm coming.*
porter plainte *to file a complaint*

1 **À choisir** Parmi (*Among*) les phrases suivantes, choisissez celle qui exprime le mieux l'idée de la première phrase.

1. Je ne vais pas au travail lundi parce que c'est un jour férié.
   a. Je ne vais pas au travail lundi parce qu'on fait la grève. (stress)
   b. Je ne vais pas au travail lundi à cause des funérailles de ma grand-mère.
   c. Je ne vais pas au travail lundi parce que c'est le 14 juillet.

2. Thomas et sa copine sont tellement bavards.
   a. Thomas est très fâché contre sa copine.
   b. Thomas n'arrête pas de parler avec sa copine.
   c. Thomas et sa copine hésitent à se quitter.

3. La famille habite dans un quartier défavorisé.
   a. La famille habite une grande maison moderne.
   b. Les loyers des appartements du quartier ne sont pas chers.
   c. La famille s'amuse chaque été dans sa piscine privée.

2 **À assortir** À deux, associez logiquement les mots de la première et de la deuxième colonnes. Ensuite, expliquez la différence entre les mots associés.

____ 1. un témoin   a. voler
____ 2. un commissaire   b. un(e) môme
____ 3. un(e) gamin(e)   c. témoigner de
____ 4. un châtiment   d. un flic

Practice more at **vhlcentral.com**.

COURT MÉTRAGE

3 **Que feriez-vous si...?** À deux, répondez aux questions et expliquez vos réponses.

1. Vous êtes professeur et deux de vos étudiants ont séché (*skipped*) le cours. L'un est très studieux et l'autre ne travaille pas beaucoup. Les jugez-vous de la même manière ou favorisez-vous l'étudiant sérieux?

2. Une personne défavorisée et une personne privilégiée commettent le même crime. Devraient-elles recevoir la même punition? Recevraient-elles le même châtiment dans notre société actuelle?

3. Quand un voleur vole quelque chose, est-ce que la valeur de ce qu'il vole devrait être prise en compte au moment de le punir?

4. Votre frère/sœur aîné(e) vous a tourmenté(e) pendant toute votre enfance. Vous comportez-vous de la même manière envers votre frère/sœur cadet(te) ou, au contraire, vous entendez-vous bien avec lui/elle?

5. À la suite d'une erreur commise par votre université, on vous expulse pour des raisons financières. Est-ce que cette injustice vous donnerait le droit d'endommager (*damage*) votre résidence universitaire?

4 **Question d'opinion** À deux, répondez aux questions et expliquez vos réponses.

1. Vous est-il déjà arrivé de supposer certaines choses au sujet de quelqu'un qui est différent de vous?
2. Pensez-vous que l'immigration permette de mieux apprécier différentes cultures ou encourage-t-elle au contraire le recours aux stéréotypes?
3. Est-ce que quelqu'un vous a déjà jugé(e) sur votre apparence physique, votre nationalité ou votre ethnicité? Comment avez-vous réagi?

5 **Qui est-ce?** Regardez les images et imaginez la vie de ces personnages. Écrivez cinq phrases qui expliquent ce qu'ils aiment faire, qui ils sont et d'où ils viennent.

La société en évolution

COURT MÉTRAGE

 Short Film

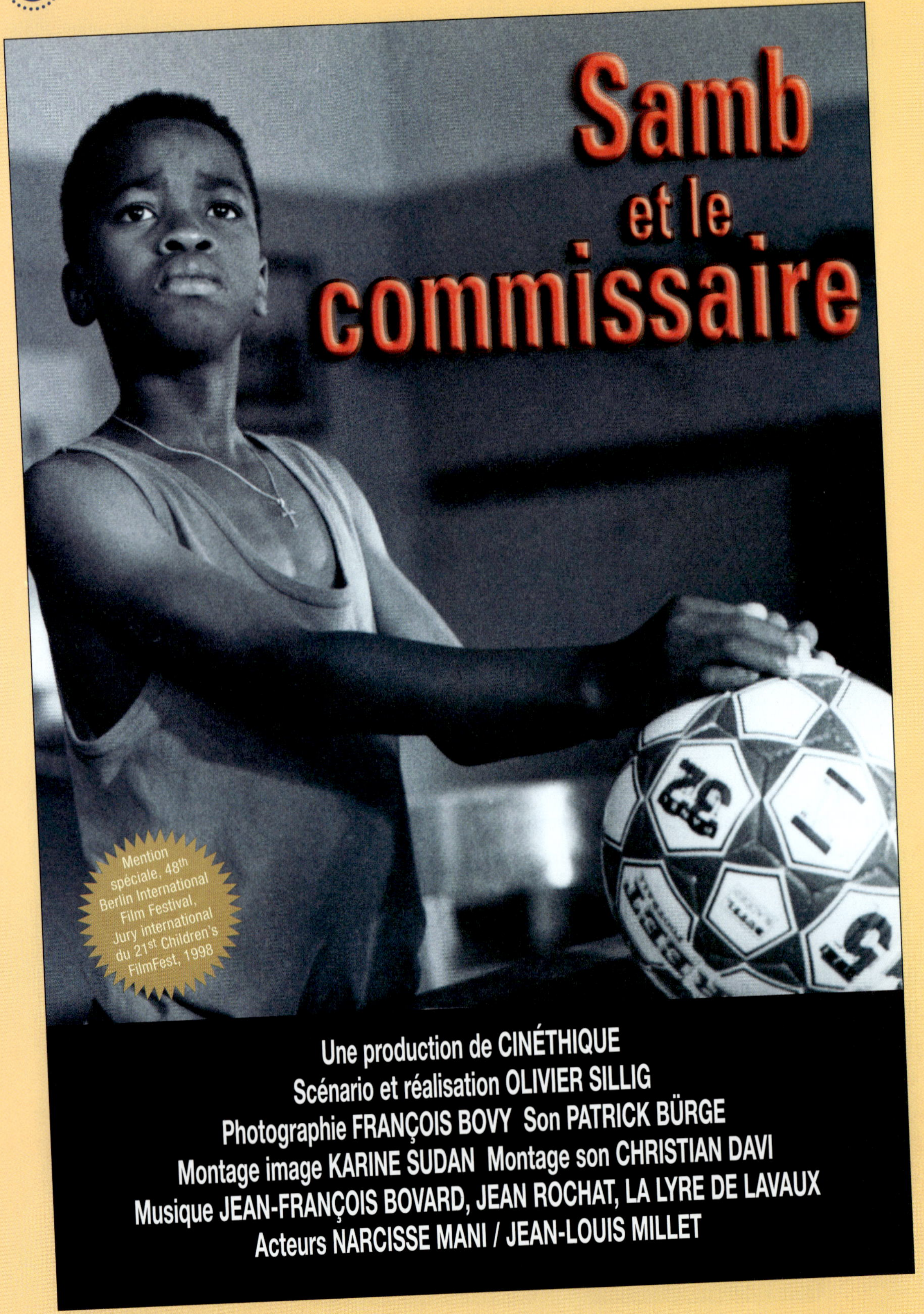

Samb et le commissaire

Mention spéciale, 48th Berlin International Film Festival, Jury international du 21st Children's FilmFest, 1998

Une production de CINÉTHIQUE
Scénario et réalisation OLIVIER SILLIG
Photographie FRANÇOIS BOVY Son PATRICK BÜRGE
Montage image KARINE SUDAN Montage son CHRISTIAN DAVI
Musique JEAN-FRANÇOIS BOVARD, JEAN ROCHAT, LA LYRE DE LAVAUX
Acteurs NARCISSE MANI / JEAN-LOUIS MILLET

SCÈNES — COURT MÉTRAGE

INTRIGUE *Le jour de la Fête nationale, en Suisse, un commissaire de police interroge un jeune garçon d'origine africaine qui vient de voler un ballon.*

OFFICIER Ils en ont marre, les gens, ils en ont marre.
COMMISSAIRE Je sais, ils sont toujours plus nombreux. Enfin, appeler les flics pour un gamin. Ces stations-service, ils… ils exagèrent, vraiment. Envoyez-le-moi.

COMMISSAIRE Alors, c'est vrai ce qu'on dit? Vous êtes tous des voleurs. Incroyable! À ton âge, tu es déjà un voleur. Tu t'appelles comment? Ton nom?
SAMB S…
COMMISSAIRE Juste ton nom. Je vous connais, vous êtes des bavards terribles.

COMMISSAIRE Vingt francs. Vingt francs. Porter plainte pour vingt balles. Il faut vraiment que les gens en aient marre de vous. Et tes parents? Ils sont où aujourd'hui, tes parents? Ah, eux aussi, ils sont allés apprendre l'hymne° national?

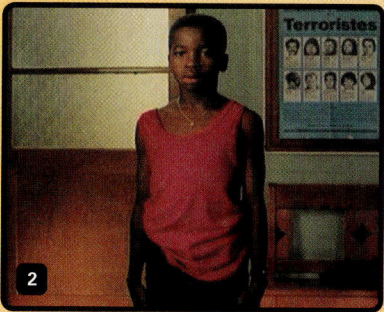

SAMB Monsieur, je m'appelle Samb. Samb, et toi? Non, non. Juste votre nom.
COMMISSAIRE Knöbel.
SAMB Elle est en vie, votre maman?
COMMISSAIRE Ah oui. Bien sûr.
SAMB Et votre papa, aussi?
COMMISSAIRE Ah oui, aussi.

SAMB Vous avez de la chance.
COMMISSAIRE De la chance?
SAMB Oui. Mes parents à moi, ils sont morts. Kakachnikov! Ils se sont mis à tirer° sur moi, mais j'ai réussi à me cacher°. Quand je suis revenu, tout brûlait. Même mon ballon. Il n'y avait plus rien.

COMMISSAIRE Ah, c'est vous les parents? Ce n'est pas grave. C'est un môme. Bon, on laisse tomber la plainte, on écrase°.
Samb revient.
SAMB Eh, mon ballon!
COMMISSAIRE Ton ballon?

hymne *anthem* **tirer** *shoot* **me cacher** *hide* **écrase** *oublie*

Note CULTURELLE
La Fête nationale suisse

Célébrée le 1er août, la Fête nationale suisse commémore la naissance de ce pays en 1291. Les hommes politiques font des discours°. On voit des drapeaux sur toutes les façades. On allume° des feux de joie°. Les enfants défilent° dans les rues avec des lanternes en papier et les gens illuminent leurs fenêtres avec des bougies°. Enfin, on se réunit sur les places pour chanter ensemble l'hymne national. La journée se termine souvent par un feu d'artifice et par un barbecue en famille ou entre amis.

discours *speeches* **allume** *light*
feux de joie *bonfires* **défilent** *parade* **bougies** *candles*

Analyse

1 **Compréhension** Répondez aux questions par des phrases complètes.

1. Quel jour sommes-nous dans le film? Que signifie cette date?
2. Comment s'appelle l'homme?
3. Qui est-il?
4. Qu'est-ce que le garçon a volé?
5. Pourquoi l'a-t-il volé?
6. Combien cet objet a-t-il coûté?
7. Qu'est-il arrivé aux parents du garçon?
8. Comment cela s'est-il passé?
9. Pourquoi le garçon dit-il que le commissaire a de la chance?
10. Avec qui part le garçon à la fin du film?

2 **Interprétation** À deux, répondez aux questions et expliquez vos réponses.

1. Pourquoi le commissaire est-il de mauvaise humeur au début du film?
2. De qui parle le commissaire quand il dit: «Vous êtes tous des voleurs»?
3. Pourquoi le commissaire pense-t-il que Samb ne mangera pas le hamburger?
4. Que veut dire le commissaire quand il dit que Samb «connaît» les bananes?
5. Que pense le commissaire quand on lui dit que les parents de Samb sont arrivés?
6. Pourquoi le commissaire met-il de l'argent sur son bureau à la fin du film?

3 **Stéréotypes**

A. Listez les commentaires du commissaire qui révèlent certains stéréotypes.

Vous êtes tous des voleurs.

B. Comparez votre liste avec celle d'un(e) camarade et discutez de chaque commentaire à l'aide de ces questions.
- Comment réagissez-vous à ce que dit le commissaire?
- Comment le jugez-vous? Pensez-vous que ce soit quelqu'un de bien?

4 Rapports humains Dans quel sens l'opinion du commissaire change-t-elle à propos de Samb? À deux, discutez-en et citez des exemples du film.

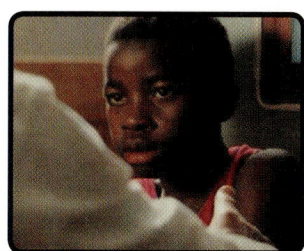

5 Au tribunal Imaginez que Samb soit jugé par un tribunal. Le jury n'est pas parvenu à un verdict, et vous êtes les jurés. Formez deux groupes et présentez cinq arguments pour ou contre Samb. Les injustices du passé excusent-elles ses actes d'aujourd'hui?

Pour	Contre

6 Trois vœux *Samb et le commissaire* témoigne des changements de la société actuelle et de la diversité culturelle de plus en plus grande dans les pays occidentaux (*western*). Par groupes de trois, imaginez les trois vœux qu'un génie vous accorde pour créer une société plus harmonieuse.

Vous avez droit à trois vœux. Que me demandez-vous?

7 Intégration Par groupes de trois, commentez cette déclaration. Dans une société multiculturelle, qui doit s'adapter? Les immigrés ou les habitants? Discutez de cette question et comparez votre point de vue avec la classe.

> "Les musulmans ne mangent pas de porc. Vous devriez savoir ça. Faut s'adapter, nom de bleu."
> — COMMISSAIRE KNÖBEL

IMAGINEZ

Des motocyclistes dans le désert pendant le Dakar

IMAGINEZ
L'Afrique de l'Ouest

Destination: dunes! Reading

En 1977, un coureur motocycliste français se perd dans le désert de Libye pendant une course entre **Abidjan**, en **Côte d'Ivoire** et **Nice**, en **France**. Cette expérience l'inspirera. En 1979, **Thierry Sabine** (1949–1986) crée le rallye **Paris-Dakar**, une course annuelle de véhicules (autos, motos, camions) qui traversera surtout des régions désertiques de l'Afrique, à partir de **Paris**, jusqu'à **Dakar**, capitale du **Sénégal**. Aujourd'hui, plus de 700 concurrents° y participent pour couvrir plus de 9.000 kilomètres de pistes°.

Appelée **le Dakar** (depuis 1995, elle ne part pas toujours de Paris), cette course° est considérée comme le rallye le plus exigeant du monde. Le parcours° change chaque année, mais c'est l'**Afrique de l'Ouest** qui reçoit le plus grand nombre de visites.

Et si nous partions visiter ces pays d'Afrique? Voici un itinéraire possible. Nous traverserons d'abord le désert du **Sahara** en **Mauritanie**, et ses dunes magnifiques. Nous ferons une halte à l'oasis de **Terjit**, située au milieu d'un canyon et alimentée° par deux sources naturelles permanentes. Dans ce désert, cette oasis est un merveilleux havre° de fraîcheur. On peut même s'y baigner!

Nous quitterons la Mauritanie pour aller au **Mali**, mais nous ne quitterons pas le désert qui couvre les deux tiers° de ce pays au nord. Nous descendrons vers le sud et nous nous arrêterons à **Tombouctou**, ville mythique sur le **fleuve Niger**, fondée au 11ᵉ siècle et qui a gardé son style original. Encore plus au sud, à **Bandiagara**, nous admirerons les villages troglodytes perchés sur une étendue de 200 kilomètres de falaises. Une partie du peuple **Dogon** y habite encore.

Puis nous continuerons notre voyage vers le **Niger**. Nous n'irons pas jusqu'au **désert du Ténéré**, au nord-est du pays. C'est la partie la plus aride du **Sahara**, connue pour ses violentes tempêtes de sable°, où beaucoup de concurrents du Dakar ont abandonné la course. Mais nous descendrons vers le sud et traverserons le **parc national du W** (prononcez

> **D'ailleurs…**
> Le fondateur du rallye, Thierry Sabine, avait conscience de la difficulté des **conditions de vie** en Afrique. En 1985, il crée, avec le chanteur **Daniel Balavoine**, le **Pari du Cœur**, une association dont le but était principalement d'apporter des pompes à eau au **Sahel**.

Découvrons l'Afrique de l'Ouest

blay-way), site superbe où on voit une faune très diverse et des villages de pêcheurs.

Nous continuerons notre descente vers le sud pour arriver en **Côte d'Ivoire**, où, vers le centre, nous nous arrêterons à **Yamoussoukro**, la capitale depuis 1983. Nous y verrons la basilique Notre-Dame de la Paix, construite entre 1986 et 1989 et inspirée de la basilique Saint-Pierre de Rome. C'est la plus grande église du monde.

Ensuite nous irons en **Guinée**. Nous arriverons par l'est, où nous admirerons la plus belle forêt d'Afrique de l'Ouest, surmontée par le **mont Nimba** avec sa flore et sa faune uniques au monde. Puis nous passerons par la région habitée par les **Peulhs**, tribu d'Afrique dont les cases° sont de vraies œuvres d'art.

Nous arriverons enfin au **Sénégal**, et pour nous reposer de ce long voyage, nous visiterons une île près de **Dakar**: **Gorée**, où on peut voir son ancien fort et admirer les maisons coloniales. À 37 km de la capitale, le très beau **lac Retba**, aussi appelé le **lac Rose** en raison de sa couleur, constituera notre dernière étape… comme pour le rallye.

concurrents *competitors* **pistes** *trails* **course** *race* **parcours** *itinerary* **alimentée** *fed* **havre** *haven* **deux tiers** *two-thirds* **tempêtes de sable** *sandstorms* **cases** *huts*

Le français parlé en Afrique de l'Ouest

Au Sénégal

aller sénégalaisement bien	aller très bien
un(e) chéri(e)-coco	un(e) petit(e) ami(e)
un pain chargé	un sandwich
une tablette de chocolat	un nid-de-poule; *pothole*

En Côte d'Ivoire

un maquis	un restaurant, un café
mettre papier dans la tête	éduquer

En Afrique de l'Ouest

payer	acheter
un taxi-brousse	un taxi collectif; *shared taxi*

La Casamance Située au sud du **Sénégal**, c'est la région agricole la plus riche du pays, grâce au **fleuve Casamance** et à une abondante saison des pluies. La **Basse-Casamance**, à l'ouest, en est la partie la plus touristique. On y trouve de nombreux villages installés au milieu de canaux appelés «bolongs». À l'est de la ville de **Cap-Skirring**, on peut admirer le **parc national de Basse-Casamance** avec ses buffles°, ses singes°, ses léopards, ses crocodiles et ses nombreuses espèces d'oiseaux.

Djenné C'est une ville du **Mali** à environ 570 km de **Bamako**, la capitale. Fondée au 9ᵉ siècle, elle devient un important centre d'échanges commerciaux° au 12ᵉ siècle. Cette ville est connue pour son architecture exceptionnelle. Ses bâtiments sont construits en «banco», ou terre crue°, avec des morceaux de bois appelés «terrons» qui traversent les murs. Le marché du lundi enchante le visiteur par ses couleurs et son animation.

Les Touaregs On les appelle souvent «les hommes bleus», en raison de la couleur du turban, ou chèche, qu'ils portent sur la tête. C'est un peuple nomade d'origine berbère. Ils vivent en tribus dans une société très hiérarchisée. Leur territoire couvre la plus grande partie du désert du **Sahara** et une partie importante du **Sahel** central. C'est un peuple hospitalier° qui accueillent les visiteurs de passage avec le cérémonial du thé. Le thé est servi trois fois, et il est impoli de refuser de le boire.

Le cacao et le café ivoiriens
La culture du café et du cacao constitue l'activité économique la plus importante de Côte d'Ivoire. En effet, la moitié de la population vit de cette culture. La **Côte d'Ivoire** est le premier producteur mondial de cacao (40% de la production mondiale) et le cinquième producteur de café (200.000 tonnes par an). Le café produit en Côte d'Ivoire est surtout de type «robusta». Près de 80% de la production est destinée à l'**Europe**.

buffles *buffalos* **singes** *monkeys* **commerciaux** *trade* **terre crue** *mud* **hospitalier** *hospitable*

La société en évolution

IMAGINEZ

Qu'avez-vous appris?

1 Vrai ou faux?
Indiquez si ces affirmations sont vraies ou fausses, et corrigez les fausses.

1. Seules les voitures peuvent participer au rallye Dakar.
2. Les concurrents du rallye Dakar traversent plusieurs pays d'Afrique de l'Ouest.
3. Le Dakar se termine souvent au Niger.
4. La ville de Djenné est connue pour son architecture particulière.
5. La Côte d'Ivoire est le premier producteur mondial de café.
6. On produit surtout du café «robusta» en Côte d'Ivoire.

2 Questions
Répondez aux questions.

1. Qu'est-ce que le Dakar?
2. Pourquoi est-ce qu'un grand nombre de participants du Dakar abandonnent la course dans le Ténéré?
3. Qu'est-ce que Thierry Sabine et Daniel Balavoine ont créé? Dans quel but?
4. Qu'est-ce qu'on peut voir en Casamance?
5. Qui sont les Touaregs? De quelle origine sont-ils? Où vivent-ils?
6. À quel continent est destiné 80% du café produit en Côte d'Ivoire?

Projet
Sur le Dakar

Choisissez une année depuis 1979 et faites des recherches sur le Dakar de cette année-là. Imaginez que vous soyez reporter. En neuf ou dix phrases, faites un reportage sur le Dakar, que vous présenterez à la classe. Incluez le nombre de concurrents, les pays traversés, les moments importants de la course et les gagnants. Pour plus de renseignements sur ce sujet, visitez **vhlcentral.com**. À la fin, dites à la classe quel pays vous aimeriez visiter le plus, parmi ceux traversés pendant la course, et expliquez pourquoi.

Practice more at **vhlcentral.com**.

ÉPREUVE

Trouvez la bonne réponse.

1. Thierry Sabine crée le Paris-Dakar en _____.
   a. 1975   b. 1979
   c. 1980   d. 1986

2. Au Mali, Tombouctou est située sur _____.
   a. le Nil   b. le fleuve Niger
   c. le Congo   d. le fleuve Casamance

3. Le désert du Ténéré se trouve _____.
   a. en Côte d'Ivoire   b. au Sénégal
   c. au Niger   d. au Mali

4. Dans le centre de la Côte d'Ivoire, on trouve _____.
   a. Yamoussoukro   b. un grand désert
   c. Abidjan   d. Conakry

5. _____ vivent en Guinée.
   a. Les Peuhls   b. Les Touaregs
   c. Les Berbères   d. Les pêcheurs

6. _____ se trouve près de la ville de Dakar.
   a. L'île de Gorée   b. L'île de Ngor
   c. Le lac Rose   d. Bel Air

7. Les maisons de Djenné sont construites avec _____.
   a. de la terre cuite   b. du banco
   c. du sable   d. des pierres

8. La Côte d'Ivoire est le premier producteur mondial de _____.
   a. tissus   b. riz
   c. cacao   d. café

9. Les «bolongs» sont des _____.
   a. pirogues   b. canaux
   c. villages de pêcheurs d. animaux

10. _____ sont souvent appelés «les hommes bleus».
    a. Les Peuhls   b. Les Ivoiriens
    c. Les Maliens   d. Les Touaregs

IMAGINEZ

Video: TV Clip

Les Jeunes Magasins

En Belgique, Oxfam-magasins du monde est une association qui cherche à développer la solidarité Nord-Sud et le commerce équitable (*fair trade*). Pour les plus jeunes, cette association a eu la bonne idée de lancer les Jeunes Magasins du monde-Oxfam ou JM. Les JM sont des petits groupes qui se forment dans les écoles avec l'aide des professeurs. Les jeunes s'y réunissent pour discuter des problèmes actuels et organiser des actions.

Je ne suis pas un acheteur décérébré; je ne suis pas un esclave de la société.

VOCABULAIRE

de la vidéo

un acheteur décérébré *zombie consumer*
l'empreinte (*f.*) *impact*
des fraises (*f.*) *strawberries*
point barre *period, end of story*
les poubelles (*f.*) de tri *recycling bins*
un robinet *faucet*
le truc *thing*

pour la conversation

le comportement *behavior*
la consommation *consumption*
économiser *to save*
des modes (*m.*) de consommation *consumption habits*
l'origine (*f.*) *origin*
produit(e) *produced*
reprocher à *to criticize*
la surconsommation *overconsumption*

1 Compréhension Trouvez le bon mot pour compléter chaque phrase.

1. D'après le clip, la publicité nous impose une façon d'_____ et de _____.
2. Un des adolescents préfère acheter des produits _____ dont il connaît l'_____.
3. Une adolescente aime aller à la _____ parce qu'elle peut _____ comment les produits sont fabriqués.

2 Discussion Répondez aux questions en donnant des détails.

1. Avez-vous vu le film d'Al Gore cité dans le clip? Quelle en est votre opinion?
2. Que pensez-vous de l'initiative Oxfam-Jeunes Magasins du Monde? Pensez-vous qu'elle puisse vraiment avoir un impact sur les modes de consommation des jeunes? Expliquez.

Et vous? En général, vous sentez-vous concerné(e) par les problèmes associés à la surconsommation? Expliquez.

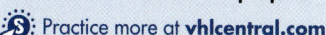 Practice more at **vhlcentral.com**.

La société en évolution

IMAGINEZ

GALERIE DE CRÉATEURS

SUR INTERNET
Pour plus de renseignements sur ces créateurs et pour explorer des aspects précis de leurs créations, à l'aide d'activités et de projets de recherche, visitez vhlcentral.com.

LITTÉRATURE
Véronique Tadjo (1955–)
Véronique Tadjo est une poétesse et romancière (*novelist*) ivoirienne qui a beaucoup voyagé, mais sa source d'inspiration est sans aucun doute le continent africain. Elle trouve le sujet de ses livres dans l'histoire, parfois bouleversante (*disturbing*), de pays africains comme le Rwanda ou son propre pays. Elle décrit des émotions et des scènes de la vie quotidienne en Afrique. Auteur de romans et de contes pour adultes, elle est aussi l'auteur de livres pour enfants qu'elle illustre elle-même. Fille de la femme peintre Michèle Tadjo, Véronique Tadjo s'exprime aussi dans la peinture qui, pour elle, complète l'écriture.

CINÉMA/LITTÉRATURE **Ousmane Sembène (1923–2007)**
Ce réalisateur et écrivain sénégalais est d'abord soldat dans l'armée française, pendant la Seconde Guerre mondiale, puis il va travailler à Marseille et entre au Parti communiste français. Il milite alors contre la guerre d'Indochine et pour l'indépendance de l'Algérie. En 1956, il publie son premier livre, *Le docker noir*, qui a une connotation sociale, comme tous ses autres livres. Puis en 1960, l'année de l'indépendance du Sénégal, il rentre en Afrique où il décide de faire du cinéma. Ses films dénoncent tous des injustices, et deux d'entre eux sont censurés. Cependant (*However*), son œuvre est très appréciée. Il reçoit de nombreuses récompenses (*awards*). Il a parcouru les villages d'Afrique pour montrer ses films et transmettre son message.

IMAGINEZ

PHOTOGRAPHIE
Seydou Keïta (1921–2001)

Seydou Keïta était un photographe autodidacte (*self-taught*). Son thème préféré était le portrait en noir et blanc. En 1948, il crée un studio de photographie dans sa maison. Il y reçoit ses clients et les immortalise dans leurs vêtements traditionnels ou occidentaux. Quand le Mali devient indépendant en 1960, le gouvernement malien oblige Seydou Keïta à fermer son studio et à travailler comme photographe pour l'État. Il cache (*hides*) alors ses photographies dans son jardin, soit (*that is*) près de 7.000 négatifs. Un photographe français découvre cet artiste en 1990. L'art de Seydou Keïta est enfin révélé au public. Grâce à son œuvre, nous découvrons l'évolution des mœurs de la population malienne.

SCULPTURE Ousmane Sow (1935–)

Après une carrière d'infirmier et de kinésithérapeute (*physical therapist*), Ousmane Sow décide, à l'âge de 50 ans, de se tourner vers la sculpture, une passion de jeunesse. Jusque-là, il avait passé son temps libre à améliorer son style et sa technique. Celle-ci est très personnelle: il utilise une pâte (*paste*), dont lui seul connaît la composition, qu'il modèle sur une armature (*frame*). Ses sculptures sont d'un grand réalisme. Ce sont surtout des séries qui représentent des tribus africaines, mais l'une d'elle montre la bataille de Little Big Horn. Sow expose (*exhibits*) pour la première fois en 1988, à Dakar. Connu aujourd'hui dans le monde entier, il est considéré comme l'un des plus grands sculpteurs contemporains.

Compréhension

À compléter Complétez chaque phrase logiquement.

1. Le premier métier d'Ousmane Sembène était _____.
2. Le Mali et _____ ont tous les deux obtenu leur indépendance en 1960.
3. Le thème _____ est présent dans tous les films de Sembène.
4. L'œuvre de Véronique Tadjo s'inspire surtout _____.
5. En parallèle avec sa carrière d'écrivain, Véronique Tadjo pratique aussi _____.
6. Seydou Keïta a été obligé de travailler pour _____.
7. C'est _____ qui a découvert l'art de Keïta.
8. Keïta est surtout connu pour ses _____.
9. Les sculptures d'Ousmane Sow sont de style _____.
10. Les _____ sont souvent le sujet des sculptures de Sow.

Rédaction

À vous! Choisissez un de ces thèmes et écrivez un paragraphe d'après les indications.

- **La censure** Deux des films d'Ousmane Sembène ont été censurés. Que pensez-vous de la censure? Est-elle toujours une atteinte à la liberté personnelle et au droit d'expression ou bien est-elle parfois nécessaire? Expliquez votre opinion personnelle en utilisant quelques exemples précis.

- **L'art de Keïta** Décrivez la photo de Seydou Keïta. Que révèle celle-ci sur les modes de vie et les coutumes de la population malienne?

- **Avis personnel** Que pensez-vous de la sculpture d'Ousmane Sow? Son style vous plaît-il? Décrivez la sculpture présentée sur cette page, puis faites-en la critique.

Practice more at vhlcentral.com.

La société en évolution

STRUCTURES

5.1 Partitives

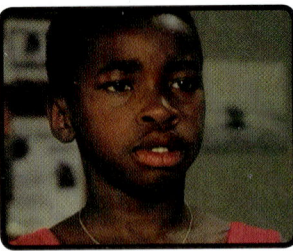

—Vous avez **de la chance**.

BLOC-NOTES

For a review of definite and indefinite articles, see **Fiche de grammaire 2.4, p. 242.**

- You already know how to use the indefinite articles **un**, **une**, and **des**. They are used to refer to whole items. When you want to talk about *part* of something, use partitive articles.

- Partitive articles refer to uncountable items or mass nouns. They usually correspond to *some* or *any* in English.

- The partitive articles are formed by combining **de** with the definite articles **le**, **la**, **l'**, and **les**. Notice that **de** contracts with **le** and **les**.

de + le	**du**
de + la	**de la**
de + l'	**de l'**
de + les	**des**

ATTENTION!

Unlike English contractions such as *don't* or *you're*, French contractions are *not* optional or considered informal.

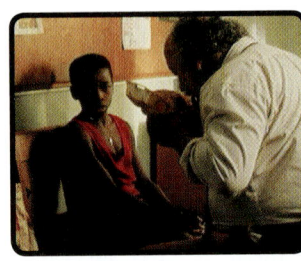

—Il y a sans doute **du porc** là-dedans.

- In English, sometimes the words *some* and *any* can be omitted. In French, the partitive *must* be used.

Cet écrivain a **du** courage.
That writer has (some) courage.

Elle lui a montré **de la** compréhension?
Did she show her (any) understanding?

- Some nouns can be countable or mass nouns, depending on the context. Compare these sentences.

Elle prend **un** café.
She's having a (cup of) coffee.

but

Elle prend **du** café.
She's having some coffee.

STRUCTURES

- The article **des** can function as either a plural indefinite or plural partitive article, depending on whether the nouns can be counted.

Countable	Uncountable
Nous visiterons **des** musées à Dakar. *We will visit (some) museums in Dakar.*	Nous avons mangé **des** pâtes. *We ate (some) pasta.*

- In a negative sentence, all partitive articles become **de/d'**.

  Les émigrés n'ont plus **de** travail.
  The emigrants no longer have (any) work.

  La météo n'a pas prédit **de** pluie.
  The forecast didn't predict (any) rain.

- Use **de** with most expressions of quantity.

On va acheter **beaucoup de** viande.

- Here are some common expressions of quantity:

assez de enough	**un paquet de** a package of
beaucoup de a lot of	**(un) peu de** few/(a) little of
une boîte de a can/box of	**un tas de** a lot of
une bouteille de a bottle of	**une tasse de** a cup of
un kilo de a kilogram of	**trop de** too much of
un litre de a liter of	**un verre de** a glass of

- In a few exceptions, **des** is used with expressions of quantity:

  bien des *many*
  la moitié des *half of*
  la plupart des *most of*

- No article is used with **quelques** (*a few*) or **plusieurs** (*several*).

  Ils ont mentionné **quelques** incertitudes.
  They mentioned a few uncertainties.

  On utilise **plusieurs** langues officielles.
  We use several official languages.

ATTENTION!

Remember that **des** changes to **de** before an adjective followed by a noun.

Ils préfèrent embaucher **de** jeunes travailleurs.
They prefer to hire young workers.

BLOC-NOTES

For more information about negation, see **Structures 4.2, pp. 138–139.**

Note CULTURELLE

French-speaking countries around the world use the metric system. Here are some conversions of metric liquid and dry measures:
25 centiliters = 1.057 cups
1 liter = 1.057 quarts
500 grams = 1.102 pounds
1 kilogram = 2.205 pounds

La société en évolution

STRUCTURES

Mise en pratique

Note CULTURELLE

Lomé est la capitale du **Togo**. Cette ville maritime se situe le long du **Golfe de Guinée**. Lomé est une ville frontalière (*border*); son centre-ville n'est qu'à quelques centaines de mètres du Ghana, où se trouve une de ses banlieues.

1 **Un week-end à Lomé** Thibault écrit un e-mail de Lomé, où il suit une conférence. Complétez le texte à l'aide d'articles indéfinis, de partitifs et d'expressions de quantité.

De:	Thibault <thibault44@email.fr>
Pour:	Edwige <edwige.martin@email.fr>
Sujet:	Un petit coucou de Lomé

Je passe (1) _____ jours à Lomé. C'est incroyable! Cette ville a (2) _____ grandes plages, (3) _____ petits restaurants où on sert (4) _____ nourriture très variée, et (5) _____ boîtes de nuit. J'ai (6) _____ temps le soir pour visiter un peu. Je suis sorti avec (7) _____ collègues hier soir. Il y avait (8) _____ monde. Nous avons commandé (9) _____ champagne! C'est surprenant à quel point il y a (10) _____ diversité dans cette ville.

Grosses bises,
Thibault

2 **Un peu d'ordre** Reconstituez ces phrases. Utilisez votre imagination pour en créer d'autres.

As-tu	d'	respect de leur part.
Nous demandons	de	valeur à cet objet.
J'ai acheté	de l'	asperges dans le frigo.
Il n'y a plus	de la	courage dans votre vie!
Ces personnes donnent	des	argent dans ton sac?
Vous n'avez jamais eu	du	olives pour la salade de ce soir.
…?		…?

1. _____
2. _____
3. _____
4. _____
5. _____
6. _____

3 **À finir** À deux, finissez les phrases à l'aide de partitifs et d'expressions de quantité.

1. Ce pays a beaucoup…
2. Je ne veux plus manger…
3. Je sais que la moitié…
4. Notre peuple a peu…
5. Veux-tu que je donne…
6. Mes amis ont manqué quelques…
7. La population de notre État a trop…
8. Nous sommes sortis pour acheter une boîte…

Practice more at vhlcentral.com.

Communication

4 Au supermarché Vous rendez visite à un(e) ami(e) à Abidjan, en Côte d'Ivoire. Vous allez lui préparer un plat typique de votre pays, et vous êtes au supermarché pour acheter les ingrédients. À deux, créez un dialogue où vous expliquez ce qu'il vous faut, et puis échangez vos rôles. Utilisez les partitifs le plus possible.

Modèle —Il te faut des tomates?
—Non, mais je dois acheter de la crème.

5 Le conseil Le président du Bénin va parler à une conférence de presse. Vous préparez son discours sur les problèmes de son pays et sur leurs solutions. À deux, imaginez ce qu'il va dire. Servez-vous de la liste de vocabulaire. Ensuite, la classe choisira le meilleur discours.

s'améliorer	la mondialisation
augmenter	le niveau de vie
l'incertitude	parvenir à
l'intégration	la population
lutter	réaliser

Note CULTURELLE

Petit pays d'Afrique de l'Ouest, le **Bénin** a un régime démocratique et connaît la stabilité politique depuis plusieurs années. Il vit de la culture du coton et de son port (*harbor*), **Cotonou**, qui permet beaucoup d'échanges commerciaux avec le **Niger** et le **Burkina Faso**.

6 À votre avis? Le monde moderne a beaucoup de problèmes. Lesquels? Selon vous, que doit-on faire pour les résoudre (*solve*)? Par groupes de trois, discutez de ces problèmes et essayez de trouver des solutions.

Modèle —Il n'y a pas assez de compréhension entre les peuples.
—Il faut encourager le dialogue international.

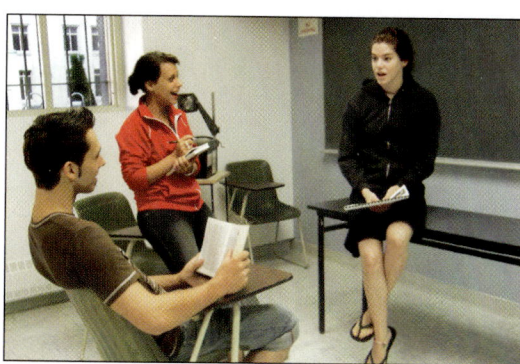

Problèmes	Solutions

La société en évolution

STRUCTURES

5.2 The pronouns *y* and *en*

- The pronoun **y** often represents a location. In this case, it usually means *there*.

  Nous allons **en Côte d'Ivoire**. Nous **y** allons.
  We go to the Ivory Coast. *We go there.*

  Mon sac est **dans ma chambre**. Mon sac **y** est.
  My purse is in my room. *My purse is there.*

  J'habite **à Ouagadougou**. J'**y** habite.
  I live in Ouagadougou. *I live there.*

- The pronoun **y** can stand for these common prepositions of location and their objects.

  > **à** *in or at*
  > **chez** *at the place or home of*
  > **dans** *in or inside*
  > **derrière** *behind*
  > **devant** *in front of*
  > **en** *in or at*
  > **sur** *on*

- **Y** can stand for *non-human* objects of the preposition **à**.

  Tu penses toujours **à l'examen**? Oui, j'**y** pense toujours.
  Are you still thinking about the test? *Yes, I'm still thinking about it.*

  Il a répondu **à la question**? Oui, il **y** a répondu.
  Did he answer the question? *Yes, he answered it.*

- You already know that the preposition **à** can be used in contractions. The pronoun **y** can represent the contraction and its object.

  Vous assisterez **au cours de maths**? Oui, nous **y** assisterons.
  Will you attend math class? *Yes, we will attend.*

  Tu vas **aux États-Unis**? Oui, j'**y** vais.
  Are you going to the U.S.? *Yes, I'm going there.*

ATTENTION!

Remember, the indirect object pronouns **me, te, lui, nous, vous,** and **leur** stand for *human* objects of the preposition **à**.

—Avez-vous répondu à Danielle?
—Non, je ne lui ai pas encore répondu.

ATTENTION!

The prepositions used in English do not necessarily translate literally into French. Notice that sometimes no preposition is used at all in English.

—Réponds tout de suite à Danielle!
—*Answer Danielle right away!*

BLOC-NOTES

For more information about object pronouns, see **Fiche de grammaire 5.4, p. 254**.

- The pronoun **en** stands for the preposition **de** and its object.

    Ils n'ont pas **de villes surpeuplées**.
    They don't have overpopulated cities.

    Ils n'**en** ont pas.
    They don't have any.

- **En** can replace a partitive article and its object.

    Voudriez-vous **de la charcuterie**?
    Would you like some cold cuts?

    Nous **en** voudrions.
    We would like some.

- **En** can replace a noun that follows an expression of quantity. In this case, omit the noun and the preposition **de/d'**, but retain the expression of quantity.

    Les étudiants ont beaucoup **d'idéaux**.
    Students have a lot of ideals.

    Ils **en** ont beaucoup.
    They have a lot (of them).

- **En** can replace a noun that follows a number. In this case, omit the noun, but retain the number.

    Ils veulent **trois tomates**?
    Do they want three tomatoes?

    Non, ils **en** veulent **cinq**.
    No, they want five (of them).

- In a negative sentence, the number is not retained.

    Nathalie a acheté **deux litres de lait**?
    Did Nathalie buy two liters of milk?

    Non, elle n'**en** a pas du tout acheté.
    No, she didn't buy any at all.

- **En** can represent **de** plus a location. In this case, it usually means *from there*.

    Ils reviennent **de Lomé**.
    They are returning from Lomé.

    Ils **en** reviennent.
    They are returning from there.

- **En** can also stand for a verbal expression with **de**. In this case, **en** often means *about it*, *for it*, or *from it*.

    Avez-vous la force **de supporter ce chaos**?
    Are you strong enough to stand this chaos?

    Non, je n'**en** ai pas la force.
    No, I am not strong enough for it.

    Tu es capable **de manger tout le gâteau**?
    Are you capable of eating the whole cake?

    Non, je n'**en** suis pas capable.
    No, I am not capable of it.

ATTENTION!

Remember, the indefinite articles **un** and **une** are also numbers.

J'ai un frère.
I have one brother.

You can use **en** to represent the object of **un** or **une**. In an affirmative sentence, retain the number.

J'en ai un.
I have one.

As with other numbers, in a negative sentence, the number is not retained.

Je n'en ai pas.
I don't have one.

STRUCTURES

Mise en pratique

Note CULTURELLE

Bien que le **français** soit la langue officielle de la **Côte d'Ivoire**, on y parle aussi d'autres langues. On compte plus d'une soixantaine de **dialectes locaux**, comme le **baoulé**, le **sénoufa** ou l'**agni**. Le **diaoula** est le dialecte choisi par les commerçants; il est parlé dans tout le pays.

1 Combien y en a-t-il? Écrivez une phrase avec les pronoms **y** et **en** pour indiquer le nombre de choses mentionnées.

Modèle Pays francophones en Afrique de l'Ouest (8)
        Il y en a huit.

1. Couleurs du drapeau togolais (4)
2. Habitants de Bamako, au Mali, dans dix ans (2.000.000)
3. Langues couramment employées en Côte d'Ivoire (65)
4. Partis politiques en Guinée depuis 1992 (16)
5. Années de colonisation française au Niger dans le passé (60 environ)
6. Festivals du film à Ouagadougou, au Burkina-Faso (1)

2 À compléter Katie et Jabril se sont rencontrés aux États-Unis, dans un cours d'anglais pour étudiants étrangers. Complétez leur dialogue par le pronom qui convient: **y** ou **en**.

KATIE Salut, tu vas bien?

JABRIL Oui et non. J' (1) _en_ ai marre des cours.

KATIE Moi aussi! Qu'est-ce qu'on fait?

JABRIL Je projette un voyage en Afrique. J'aime ce continent. Je m' (2) _y_ intéresse beaucoup. Et toi?

KATIE Oui, beaucoup! Où comptes-tu aller?

JABRIL J'ai toujours voulu aller au Sénégal.

KATIE C'est vrai?! Pourquoi as-tu toujours voulu (3) _y_ aller?

JABRIL En fait, ma grand-mère est née au Sénégal. Elle m' (4) _en_ parle souvent.

KATIE Est-ce que tu prépares beaucoup de plats sénégalais?

JABRIL Non, je n' (5) _en_ prépare pas beaucoup.

KATIE D'où vient ton grand-père? Du Sénégal aussi?

JABRIL Non, il n' (6) _y_ est même jamais allé. Il est né en France.

KATIE En France? Moi aussi, j' (7) _y_ suis née!

JABRIL Tu ne m' (8) _en_ avais rien dit! Je croyais que tu avais grandi aux États-Unis.

KATIE Non, c'est ma mère qui a passé son enfance à New York.

JABRIL New York? J' (9) _y_ suis allé une fois, pendant une semaine seulement. J' (10) _en_ rêve souvent.

3 Notre société À deux, faites des phrases à propos de chaque idée donnée.

Modèle aller chez mes parents   J'y vais quand j'ai le mal du pays.

- habiter aux États-Unis
- aller faire un séjour en Afrique
- avoir du courage face au danger
- réaliser beaucoup de rêves
- s'adapter à la mondialisation
- faire partie du monde des humains

Communication

4 **Sondage** Circulez parmi vos camarades de classe afin de leur poser ces questions. Essayez de trouver au moins une personne qui réponde oui à chaque question et une qui réponde non.

Modèle aimer aller à la campagne pour les vacances
—Aimes-tu aller à la campagne pour les vacances?
—Non, je n'aime pas y aller pour les vacances.
—Moi si, j'aime y aller pour les vacances.

Et vous?	Noms
1. faire des commérages	
2. assister sans exception au cours de français	
3. s'attendre à réussir le prochain examen de français	
4. aller chez le président de l'université	
5. discuter souvent des polémiques	
6. souhaiter travailler en Côte d'Ivoire	
7. avoir beaucoup d'incertitudes	
8. accepter trop d'inégalités dans la vie	
9. être parvenu(e) à obtenir une bourse universitaire	
10. connaître des personnes d'Afrique de l'Ouest	

5 **Carte du monde** À deux, demandez-vous dans quels pays vous avez déjà voyagé, ce que vous y avez vu et si vous aimeriez y retourner.

Modèle —Es-tu déjà allé(e) au Sénégal?
—Non, je n'y suis pas allé(e). Mais j'ai fait un séjour en Guinée.
—Qu'est-ce que tu y as vu?
—J'y ai vu…

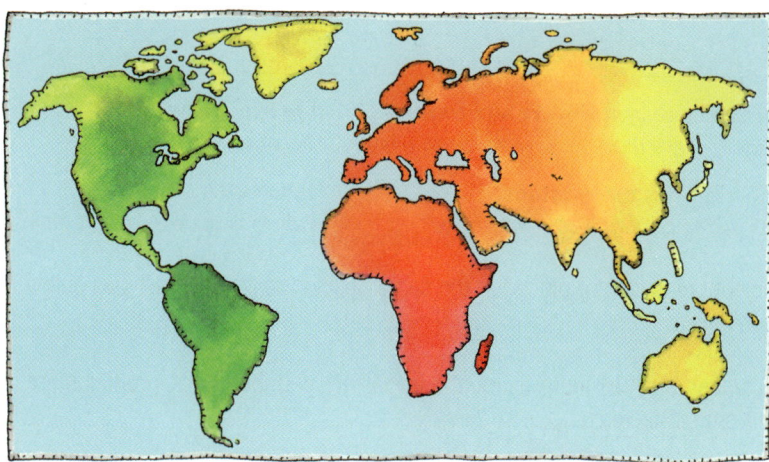

La société en évolution

STRUCTURES

5.3 Order of pronouns

—*Envoyez-**le-moi***.

- French sentences may contain more than one object.

	DIRECT OBJECT	INDIRECT OBJECT
Le politicien explique	**ses principes**	**au reporter.**
The politician explains	*his principles*	*to the reporter.*

- You can replace multiple objects with multiple object pronouns. Use the same pronouns you would use if there were only one object.

Il **les** explique au reporter.
He explains them to the reporter.

Il **lui** explique ses principes.
He explains his principles to him.

Il **les lui** explique.
He explains them to him.

- Where there is more than one object pronoun, they are placed in this order.

me te se nous vous	before	le la les l'	before	lui leur	before	y	before	en

Le guide montre la **sculpture aux touristes**.
The guide shows the sculpture to the tourists.

Il **la leur** montre.
He shows it to them.

Qui s'occupe **des réservations**?
Who is taking care of the reservations?

Hubert **s'en** occupe.
Hubert is taking care of them.

- Double object pronouns are placed in the same position relative to verbs as single object pronouns.

- In simple tenses, such as the present, the **imparfait**, and the future, pronouns are placed in front of the verb.

Il apporte **le courrier à Mme Delorme**.
He brings the mail to Mrs. Delorme.

Il **le lui** apporte.
He brings it to her.

ATTENTION!

The pronouns **me, te, se, le,** and **la** drop their vowel before other vowel sounds. This always occurs before **y** and **en** and frequently occurs in the **passé composé**.

—**Nous t'avons parlé de la polémique?**
—*Did we talk to you about the controversy?*

—**Oui, vous m'en avez parlé.**
—*Yes, you talked to me about it.*

STRUCTURES

J'attendrai **Jules à la gare**.
I will wait for Jules at the station.

Je **l'y** attendrai.
I will wait for him there.

- In compound tenses, such as the **passé composé** and the **plus-que-parfait**, pronouns are placed in front of the helping verb.

On **nous** a parlé **du patrimoine culturel**.
They spoke to us about the cultural heritage.

On **nous en** a parlé.
They spoke to us about it.

Vous aviez rendu **les passeports aux voyageurs**.
You had returned the passports to the travelers.

Vous **les leur** aviez rendus.
You had returned them to them.

> **BLOC-NOTES**
>
> For a review of past participle agreement, see **Fiche de grammaire 5.5, p. 256**.

- When there is more than one verb, the pronouns are usually placed in front of the second verb, typically an infinitive.

Tu vas offrir un **biscuit aux enfants**?
Are you going to buy the children a cookie?

Tu vas **leur en** offrir un?
Are you going to buy them one?

Je voudrais poser **cette question au prof**.
I would like to ask the professor this question.

Je voudrais **la lui** poser.
I would like to ask it to her.

- When negating sentences with pronouns in simple tenses, place **ne** in front of the pronouns and **pas** after the verb. In compound tenses, place **ne... pas** around the pronouns and the helping verb. When there is more than one verb, **ne... pas** is usually placed around the first one.

Il **ne** le lui apporte **pas**.   On **ne** nous en a **pas** parlé.   Je **ne** voudrais **pas** la lui poser.

- The order of object pronouns is different in affirmative commands. Notice that hyphens are placed between the verb and the pronouns.

| le la les | before | moi toi lui nous vous leur | before | y | before | en |

> **BLOC-NOTES**
>
> For a review of the imperative, see **Fiche de grammaire 1.5, p. 240**.

Apportez **le courrier à Mme Delorme**!
Bring the mail to Mrs. Delorme!

Apportez-**le-lui**!
Bring it to her!

Racontez **l'histoire aux gamins**.
Tell the story to the kids.

Racontez-**la-leur**.
Tell it to them.

- Note that **me** and **te** become **moi** and **toi**. They revert to **m'** and **t'** before **y** or **en**.

Parle-**moi** de ta vie.
Talk to me about your life.

Parle-**m'en**.
Talk to me about it.

- The order of pronouns in negative commands is the same as in affirmative statements. Compare these sentences.

Dis-**le-lui**!
Tell it to him!

Ne **le lui** dis pas!
Don't tell it to him!

La société en évolution

STRUCTURES

Mise en pratique

1 **À remplacer** Remplacez les mots soulignés (*underlined*) par des pronoms.

1. N'oublions pas de mettre <u>les valises</u> dans <u>la voiture</u>.
2. Les voisins ont apporté <u>des cadeaux</u> à <u>mes parents</u>.
3. Pouvez-vous <u>nous</u> emmener <u>à la gare</u>?
4. Laisse <u>son ballon</u> à <u>ton frère</u>!
5. Tu ne <u>m'</u>avais jamais dit <u>que tu voulais y aller</u>.

2 **À transformer** Faites des phrases avec les éléments et changez les objets en pronoms.

Modèle je / parler / à vous / de mes cours
Je vous parle de mes cours. Je vous en parle.

1. on / avoir / voir / émigrés / à la frontière / au sud de Sissako / hier soir
2. Matthieu / donner / toujours / des conseils / à ses amis
3. il faut / beaucoup / courage / à cet homme
4. Christine / ne / avoir / jamais / laisser / de pourboire / aux serveurs
5. ma mère / aller / présenter / deux nouveaux produits / au directeur du marketing

3 **Carte postale** Jérôme est en train de faire un trekking dans le désert mauritanien et raconte ses aventures à sa sœur. Trouvez les phrases qui ont deux objets et transformez-les en faisant attention à l'ordre des pronoms.

> Un grand bonjour de l'oasis de Chinguetti où je passe des moments incroyables! Je rencontre souvent les nomades mauritaniens dans cette oasis. Je leur montrerai mes photos pendant mon prochain séjour ici. Des guides locaux m'ont fait visiter l'oasis hier. En ce moment, c'est la grande fête des dattes. Tout le monde les cueille° et on m'a offert des pâtisseries délicieuses faites avec ces dattes. Les gens chez qui je suis m'ont donné leurs recettes.
>
> Quand je partirai, je dirai à mes nouveaux amis que j'ai beaucoup apprécié mon séjour. J'espère que tu recevras bien cette carte du bout du monde.
>
> À bientôt,
>
> Jérôme

Viviane Dubosc

28, rue des Lilas

34000 Montpellier
France

cueille *picks*

1. _____
2. _____
3. _____
4. _____
5. _____
6. _____

Note CULTURELLE

Le désert du **Sahara** couvre une grande partie de la **Mauritanie**. Dans les oasis, le pays célèbre l'une des fêtes les plus importantes de l'année, la **«Guetna»**. Aux mois de juillet et d'août, on y récolte les **dattes** qui serviront de base à un grand nombre de plats mauritaniens. La musique, la danse et les festins (*feasts*) durent tout le temps de la fête.

Communication

4 Qui fait quoi? À tour de rôle, posez-vous des questions à partir de ces illustrations, répondez-y et employez des pronoms. Utilisez votre imagination. Attention à l'ordre des pronoms.

1.

2.

3.

4.

5.

6.

5 À votre avis Que pensez-vous de ces affirmations? Discutez-en par groupes de trois. Chaque membre du groupe donne son avis et les deux autres réagissent. Ensuite, imaginez d'autres affirmations.

- L'immigration est une bonne chose pour l'économie d'un pays.
- Il n'est pas nécessaire de connaître la langue officielle du pays dans lequel on vit pour y habiter.
- La mondialisation est la cause de certains problèmes dans le monde.
- Le travail manuel a beaucoup de valeur.
- La lutte des classes est encore une réalité pour certaines personnes.
- La surpopulation diminue le niveau de vie d'un pays.
- …?

6 Vos solutions Vous n'êtes pas d'accord sur les solutions prévues par le gouvernement pour répondre aux problèmes que le pays connaît. Par groupes de trois, exprimez (*express*) votre mécontentement (*dissatisfaction*) par des verbes à l'impératif, à la forme affirmative et négative, et avec des pronoms.

Modèle —Il faut que le gouvernement change de tactique immédiatement. Pourquoi ne pas lui envoyer une pétition?
—Oui, écrivons-lui une pétition!
—Et envoyons-la-lui dès que possible!

STRUCTURES

Synthèse — Reading

Moussa est ivoirien et vit à Yamoussoukro. Il y a deux ans, il a décidé de quitter la campagne pour aller travailler en ville. C'est sa famille d'agriculteurs qui le lui a demandé, pour avoir une aide financière. Il lui a fallu du courage et de la ténacité pour faire face aux problèmes de la grande ville et pour réussir à atteindre son but.

Moussa est un homme parmi beaucoup d'autres qui ont fait le même choix. C'est une tendance qui s'est accélérée dans les années 1980 en Afrique de l'Ouest, mais surtout en Côte d'Ivoire. Beaucoup de villes ont connu une explosion démographique; le nombre des citadins s'est multiplié par dix. Plus d'une dizaine° de villes ont passé le cap du million d'habitants, alors qu'il n'y en avait qu'une dans les années 1960.

Mais ce phénomène d'«exode rural» n'en est pas vraiment un. En effet, si les villes ont bénéficié de la venue° des populations rurales, l'inverse est vrai aussi pour deux raisons principales. L'espace urbain a attiré les populations et empiété sur° l'espace rural où le nombre de villes, petites ou grandes, a augmenté, soit en élargissant un village, soit en créant une nouvelle ville. Mais au-delà de ces nouvelles villes, les campagnes existent toujours et continuent à nourrir les villes. Et celles-ci le leur rendent bien. Elles apparaissent comme un facteur de développement du monde rural. Donc tout le monde s'y retrouve. Et Moussa, comme tous les autres, prend part à cet échange. Mais il ne faudrait pas que la surpopulation de toutes ces villes en soit le résultat néfaste°.

° ten
° arrivée
° encroached upon
° mauvais

1 Qu'en pensez-vous? Le phénomène d'exode rural existe-t-il ou a-t-il existé où vous habitez? Quelles sont les similarités et les différences de l'exode rural en Afrique de l'Ouest et dans votre région? Écrivez un paragraphe de cinq ou six phrases qui justifie votre opinion. Utilisez les structures de cette leçon.

2 Conséquences Par petits groupes, discutez des conséquences positives et négatives de l'exode rural dans votre pays, à l'aide des structures de cette leçon. Servez-vous de la liste pour regrouper vos idées.

Idées	Effets positifs	Effets négatifs
La surpopulation		
L'intégration		
Le développement		
?		

Préparation

Vocabulaire de la lecture

anecdotique *trivial*
un conte *tale*
un défi *challenge*
fleurir *to flourish*
les lettres (*f.*) *literature*
marcher sur les pas de quelqu'un *to follow in someone's footsteps*
une récompense *award*
la scolarisation *schooling*
la vente *sale*
vivre de sa plume *to earn one's living as a writer*

Vocabulaire utile

à succès *bestselling*
la décolonisation *decolonization*
déclencher *to trigger*
bien s'exporter *to be popular abroad*
se libérer *to free oneself*

1 **Les candidats** Il y a plusieurs candidats aux élections. Complétez leurs déclarations avec des mots du vocabulaire.

1. Notre pays doit _____ de toutes les influences étrangères.
2. Ce sont les journalistes qui ont _____ cette polémique, pas moi.
3. Si nous voulons aller de l'avant, il faut augmenter _____ des enfants.
4. L'année dernière, cette ville a reçu une _____ pour sa politique de diversité.
5. Préserver notre patrimoine culturel n'est pas, et ne doit jamais devenir, _____.
6. Éviter la surpopulation, c'est notre _____ de demain.

2 **Tous indépendants** Répondez aux questions et comparez vos réponses à celles d'un(e) camarade.

1. Le jour où un pays devient indépendant est-il un jour important?
2. Quels pays connaissez-vous qui sont devenus indépendants? Quand le sont-ils devenus?
3. La plupart de ces pays aiment-ils célébrer la date de leur indépendance? Comment le font-ils, en général?
4. Y a-t-il des pays ou des peuples dans le monde qui cherchent encore à gagner leur liberté? Lesquels?
5. D'après vous, ont-ils une chance de réussir un jour? Pourquoi?

3 **Artistes africains** Par petits groupes, faites une liste d'artistes ou de personnalités francophones d'origine africaine. Expliquez pourquoi ils sont connus et de quels pays ou régions d'Afrique ils viennent. Ensuite, présentez votre liste à la classe.

Artiste ou personnalité	Pourquoi il/elle est connu(e)	Pays ou région d'Afrique

 Practice more at **vhlcentral.com**.

La société en évolution

CULTURE

UN DEMI-SIÈCLE
D'INDÉPEN

En 2010, la plupart des pays de l'Afrique de l'Ouest ont fêté les 50 ans de leur indépendance. Cinquante ans dans une vie humaine, c'est important°, mais pour une nation, c'est très peu. Imaginez: Les États-Unis avaient 50 ans... en 1826!

Pourtant en un demi-siècle, beaucoup a été accompli. Ainsi, la scolarisation des enfants a fortement augmenté. En 1960, seuls 39 pour cent des enfants d'Afrique francophone allaient à l'école. Aujourd'hui, c'est plus de 60 pour cent. À travers les difficultés politiques et économiques, les états ont donc valorisé l'instruction. La naissance de véritables identités nationales constitue une autre évolution. Comme l'a remarqué le célèbre saxophoniste Manu Dibango, les gens ont appris à devenir camerounais, togolais, béninois, ivoiriens... Ils ne sont plus seulement africains ou membres de leurs groupes ethniques.

Au niveau culturel surtout, les progrès sont considérables. À l'époque coloniale, la

significant 5

CULTURE

 Audio: Reading

musique africaine était perçue comme une curiosité folklorique et assez anecdotique. Aujourd'hui pourtant, cette musique s'exporte dans le monde entier grâce à sa richesse artistique et à sa créativité. Par exemple, le Sénégalais Youssou N'Dour et le Malien Salif Keïta ont conquis un public international, qui leur reste fidèle° depuis des années. Plus récemment, le duo malien d'Amadou et Mariam a été un très beau succès commercial en France, malgré la crise des ventes de disques.

Dans le domaine des lettres, les écrivains africains donnent de l'énergie au monde de la francophonie. Il est loin le temps où le poète sénégalais Léopold Sédar Senghor venait juste d'entrer à l'Académie française! En 1983, c'était le premier écrivain africain à le faire. Aujourd'hui par exemple, la Camerounaise Calixthe Beyala est un véritable phénomène littéraire. Son style explore tous les registres de la langue française, du plus cru° au plus baroque°, et ses personnages de femmes africaines sont des modèles de libération et de modernité. Beyala est si prolixe° qu'elle peut vivre de sa plume, ce qui est rare pour un auteur africain. Un écrivain comme Fatou Diome du Sénégal appartient déjà à la quatrième génération littéraire africaine. Quelles sont les principales différences entre ces jeunes écrivains africains et leurs aînés? Ils choisissent des sujets plus universels et qui parlent à un public cosmopolite, alors que leurs prédécesseurs se concentraient beaucoup plus sur l'histoire et la colonisation. Ils ont aussi des sensibilités esthétiques et des styles très variés qui explorent vraiment tous les registres de la littérature, par exemple du roman autobiographique aux contes mythologiques.

Côté cinéma, ce sont des personnalités francophones comme le réalisateur malien Souleymane Cissé qui ont aidé à lancer° cet art en Afrique au moment des indépendances. Depuis, de nombreux artistes ont marché sur leurs pas, et en particulier des réalisatrices dans les années 1990 comme Safi Faye au Sénégal ou Fanta Régina Nacro au Burkina Faso. Ce cinéma africain est de qualité et il reçoit des récompenses de haut niveau: Ainsi, le film *Yeelen* de Souleymane Cissé a eu le Prix du Jury au Festival de Cannes en 1987.

Enfin, des avancées tout aussi importantes se sont faites dans les secteurs culturels modernes. La télévision par satellite et l'Internet, qui ont remplacé les anciens médias coloniaux, permettent à la population urbaine grandissante° de se connecter au reste du monde. À côté des programmes télé importés, des séries produites localement, comme *Ma famille* en Côte d'Ivoire, fleurissent. Depuis les années 2000, beaucoup de stations de radio privées viennent aussi concurrencer° les radios nationales traditionnelles. Youssou N'Dour, l'une des Personnalités de l'année 2007 selon *Time Magazine*, a bien compris l'importance des nouveaux médias pour l'Afrique et veut lancer sa propre station de télévision au Sénégal.

En 2050, environ un habitant de la planète sur cinq sera africain. Malgré les défis, l'Afrique est un continent dynamique et en pleine évolution. Rendez-vous donc dans cinquante ans pour voir ce que ces pays auront accompli en un siècle complet! ■

> **Les gens ont appris à devenir camerounais, togolais, béninois, ivoiriens...**

DANCE

Margin glosses: loyal / blunt / wild / prolific / to launch / growing / compete with

La société en évolution   187

CULTURE

Analyse

1 **Vrai ou faux** Décidez si ces affirmations sont vraies ou fausses d'après le texte, puis corrigez les fausses.

1. En Afrique francophone, beaucoup plus d'enfants qu'avant vont à l'école.
2. Après 50 ans d'indépendance, les gens ne se sentent toujours pas camerounais, togolais ou béninois.
3. La musique africaine reste très peu connue hors de ce continent.
4. La francophonie se nourrit de l'énergie que lui apportent les écrivains africains.
5. Les nouveaux écrivains africains parlent plus souvent de la colonisation que leurs prédécesseurs.
6. Le cinéma en Afrique a commencé avec des réalisateurs francophones.
7. Il y a de nombreuses radios privées dans les pays francophones de l'Afrique de l'Ouest.
8. Tous les programmes télé en Afrique de l'Ouest sont importés.

2 **Léopold Sédar Senghor** À deux, expliquez et commentez cette citation de Léopold Sédar Senghor (1906-2001), poète, homme politique et premier président du Sénégal.

> «Penser et agir par nous-mêmes et pour nous-mêmes, en Nègres..., accéder à la modernité sans piétiner (*trampling on*) notre authenticité.»

- Que dit Senghor dans cette citation? N'oubliez pas que Senghor faisait partie du mouvement appelé la Négritude, mentionné dans la **Galerie de créateurs** de la leçon 4.
- Êtes-vous d'accord avec ce qu'il dit? Expliquez.
- Quel lien voyez-vous entre cette citation et l'article que vous venez de lire? Soyez précis et donnez des exemples tirés de l'article.

3 **Dans 50 ans** Par petits groupes et en utilisant les questions, imaginez comment la culture des pays francophones de l'Afrique de l'Ouest va changer dans les 50 prochaines années.

- D'après vous, comment les différents secteurs culturels évoqués dans l'article vont-ils évoluer?
- Que feront les artistes les plus connus? Dans quels domaines seront-ils les plus créatifs?
- Quelle sera l'influence de ces artistes au niveau mondial?

LITTÉRATURE

Préparation

À propos de l'auteur

Ghislaine Sathoud (1969–), née à Pointe-Noire, capitale économique et grand port de la République du Congo, est une femme écrivain et une poétesse qui défend la cause des femmes. Elle publie son premier recueil (*collection*) de poèmes à l'âge de 18 ans. Elle part faire des études supérieures en France et au Québec, où elle habite actuellement. Elle écrit pour de grands journaux et participe à des activités qui ont pour but d'améliorer les conditions de vie des femmes immigrées. En 2004, elle sort un premier roman intitulé *Hymne à la tolérance*. Elle a aussi écrit deux pièces de théâtre, *Les maux du silence* (2000), qui parle des difficultés d'une Africaine en occident et *Ici, ce n'est pas pareil chérie!* (2005), qui traite de la violence conjugale.

Vocabulaire de la lecture

une bande *gang*
une couche sociale *social level*
en vouloir (à) *to have a grudge*
s'installer *to settle*
se lancer *to launch into*
mener *to lead*
pareil(le) *similar; alike*
raffoler de *to be crazy about*
une règle *rule*
sourd(e) *deaf*
soutenir *to support*
un(e) tel(le) *such a(n)*

Vocabulaire utile

s'acharner sur *to persist relentlessly*
se décourager *to lose heart*
s'en vouloir *to be angry with oneself*
la persévérance *perseverance*
la vengeance *revenge*

---

1 **Syllabes** Combinez les syllabes du tableau pour former quatre mots du nouveau vocabulaire. Ensuite, écrivez quatre phrases avec ces mots en utilisant des pronoms.

me	dé	ra	sta
vou	se	s'a	ger
s'in	char	ner	ner
ra	cer	cou	ller

2 **Discussion** Avez-vous déjà vécu une tragédie? Connaissez-vous quelqu'un qui a été victime d'une tragédie? Comment explique-t-on ces tragédies qui surviennent (*happen*) dans notre vie ou dans le monde? Discutez-en par petits groupes.

3 **L'Afrique francophone** Que savez-vous de l'Afrique francophone et de son histoire? À deux, répondez à autant de questions de la liste que possible. Ensuite, comparez vos connaissances avec celles du reste de la classe.

- Combien de pays francophones y a-t-il en Afrique? Quels sont-ils?
- Quelles autres langues y parle-t-on?
- Quelles religions y pratique-t-on?
- Quels types de gouvernement y trouve-t-on?
- À quelle époque les Européens ont-ils commencé à coloniser le continent?
- Quels pays européens ont colonisé l'Afrique?
- Quels ont été les effets de la colonisation?

La société en évolution

LITTÉRATURE

Le Marché

Ghislaine Sathoud

Yaba était une femme au courage exceptionnel, une vraie légende. Il y a très longtemps de cela, elle avait décidé de se lancer dans la restauration. À l'époque, personne ne se serait imaginé qu'avec la vie luxueuse qu'elle avait menée du vivant de son mari°, elle en aurait été réduite à s'installer dans un coin de notre rue pour y vendre du poisson grillé. Faute de° moyens financiers, elle avait installé un petit marché de nuit dans un endroit proche de° son domicile. Une telle entreprise demandait beaucoup d'énergie et de courage, mais les clients accueillirent° favorablement l'idée et ses efforts furent° récompensés.

Elle travaillait fort, très fort pour subvenir aux° besoins de ses enfants et au fil des mois et des années° d'autres femmes étaient venues s'installer à côté d'elle pour y vendre leurs spécialités et faire du commerce. La clientèle augmenta° sans qu'on ait besoin de faire de publicité. Pas d'affiches. Pas de publicité dans les journaux. Pas de publicité à la télévision! Seulement du bouche à oreille. De fil en aiguille°, le marché de Yaba devint° un symbole de réussite: Jeunes, adultes, hommes et femmes se retrouvaient là le soir, après de longues journées de travail. Chacun y trouvait son compte à sa manière.

while her husband was alive
Lacking
près de
ont accueilli
étaient
to provide for
over the months and years
a augmenté
One thing leading to another / est devenu

LITTÉRATURE

de l'espoir

Les enfants couraient, criaient, jouaient. Les garçons avec des ballons. Les filles avec des cordes à sauter°. De nombreuses femmes vendaient du poisson cuit à la braise avec des bananes frites. Dieu° sait si les gourmands en raffolaient.

Les vendeuses s'installaient là tous les soirs pour vendre leurs produits, se faire un revenu et nourrir° leurs enfants. Chaque année, elles étaient plus nombreuses et les clients aussi. Des clients de toutes les couches sociales. Tout le monde aimait bien acheter du poisson auprès des femmes de notre rue. Certains venaient de loin. On disait que ces femmes avaient une touche spéciale pour l'apprêter°, une façon à nulle autre pareille. Nuit et jour, la rue était noire de monde. Les jeunes y trouvaient des occupations en assurant la sécurité des vendeuses. Les vieillards° discutaient en jouant à des jeux de cartes.

Était-il vrai que le poisson vendu dans cette rue était meilleur que celui des cuisines? Était-ce l'ambiance de fête qui y régnait qui donnait l'illusion d'un goût toujours imité mais jamais égalé? Était-ce la présence des filles de Yaba superbement habillées avec des ensembles aux couleurs chatoyantes° et rayonnantes° qui donnait cette impression? Le poisson cuit à la braise servi dans des plats superbement

jump ropes

God

to nourish

to prepare

old men

shimmering / radiant

La société en évolution

colorés et accompagné de bananes faisait le bonheur des clients. Les filles qui servaient ces mets° succulents faisaient aussi la réputation de l'endroit et on aurait eu du mal à savoir ce qui attirait le plus la clientèle, de la bonne chère° ou des vendeuses. Les deux sans doute!

Le succès des uns s'accompagnant souvent de la jalousie des autres, des rumeurs commencèrent° à circuler sur les raisons du succès du marché de Yaba. On prétendit° que certaines vendeuses ne respectaient pas les règles élémentaires d'hygiène. On disait aussi que d'autres poussaient° des pères de famille à la débauche° en les exposant à la tentation. Jalouses, les épouses de quelques clients habitués s'inquiétaient. On faisait courir diverses balivernes° pour décourager les clients, de toutes les façons possibles! Mais les vendeuses avaient un moral d'acier° et Yaba qui tenait à son marché comme à la prunelle de ses yeux° affirmait dur comme fer que rien ne pouvait empêcher sa prospérité et celle de ses filles; qu'elles devaient continuer contre vents et marées° leurs activités, des activités qui faisaient par ailleurs° vivre de nombreuses familles élargies°! C'étaient des familles de quatre, cinq voire° six enfants sans compter les autres parents° au sens large du terme. Sourde aux médisances°, une clientèle fidèle continuait à soutenir les vendeuses et à affluer°. Notre rue continuait à faire le bonheur des habitants de Dilalou. On y mangeait plus que jamais. On y riait. On y dansait. On y rencontrait aussi des amoureux...

Mais un jour, une bande de jeunes inconnus arrivèrent° au marché. Ils firent irruption° brusquement dans notre rue et tout se passa° très vite. Le coup avait certainement été préparé minutieusement°. Les vendeuses furent surprises. Les clients aussi. Et les assaillants devenus furieux cassèrent° tout ce qui pouvait l'être. Ils battirent° à mort les jeunes mères et les vieilles femmes. Ils battirent les clients. Et ceux qui furent les témoins de cette boucherie ne l'oublieront jamais. La radio annonça° plusieurs morts et de très nombreux blessés, mais il était impossible d'en donner le nombre exact. On ne savait pas qui se trouvait là, le jour de la tragédie. En haut lieu°, on ne voulut pas° vraiment savoir qui étaient les victimes ni pourquoi on s'était acharné ainsi° sur des innocents. Comment avait-on pu mettre autant de vies en péril? Pourquoi? Pourquoi?

Par solidarité, nous serrions les coudes°. Nous refusions de donner raison aux responsables de cette tragédie. On parlait de règlements de compte°... On parlait de guerre... Mais pourquoi notre marché? Qu'est-ce que notre rue avait fait? Notre marché avait-il vraiment quelque chose à voir dans cette impitoyable° tragédie qui transformait des enfants en véritables assassins? Comment pouvait-on en vouloir à notre marché? Personne ne comprenait pourquoi ce marché avait été l'objet d'une telle violence, d'actes de vandalisme si démesurés°, pourquoi il avait été la scène de toutes ces horreurs. Personne!

Traumatisés, les habitants avaient perdu leur joie de vivre et quand le ciel revêtait° son manteau noir, on se réfugiait dans les maisons. À la tombée de la nuit, notre rue était déserte. Pas un chat dehors. Nouvelles habitudes et repli° sur soi-même. C'était tout le contraire du mode de vie d'ici. Seules les bottes entonnaient° leur chant de désolation dans les rues et dans les esprits. Des soldats nouveaux modèles. Une jeunesse sacrifiée. Des soldats au sang frais. Des enfants soldats qui pillent°, qui tuent. Notre rue n'était plus ce qu'elle était. Pour sortir, on attendait impatiemment le chant du coq qui annoncerait un jour nouveau, mais les pauvres coqs, eux aussi terrorisés, oubliaient d'annoncer le jour.

Comme de nombreux habitants de Dilalou, Yaba se retrouvait sans rien. À la suite° des pillages, elle avait tout perdu. La confusion qui s'était abattue° sur nous dans cette période tumultueuse ne l'épargnait° pas. Mais comme à l'époque de ses débuts, elle refusait de se perdre dans une errance° éternelle, toujours à la recherche d'un refuge. Les souvenirs de la guerre la hantaient° et elle ne se sentirait jamais plus vraiment en sécurité. Mais elle refusait l'idée de déambuler° encore et toujours à la recherche d'un refuge qu'elle ne trouverait jamais parce que l'esprit des lieux qu'elle aimait avait été changé à tout jamais par la guerre. Rien n'était plus comme avant. Rien ne serait plus jamais comme avant.

Mais elle était en vie.

Comme les autres rescapées° du marché, Yaba se remit° vaillamment° à la tâche. Elle remua° ciel et terre pour remettre les pendules à l'heure° et redonner vie à son marché. Elle espérait que la guerre était bel et bien finie, que le marché ne serait pas détruit à nouveau. Elle avait peur mais elle touchait du bois! Elle espérait que ces femmes dont elle était la doyenne° connaîtraient d'autres espaces de bonheur; que le souvenir des victimes innocentes de la tragédie serait associé à une nouvelle prospérité de son marché, rebaptisé° «Marché de l'espoir». Elle espérait, encore et toujours, car avec l'espoir ne dit-on pas que tout est possible? ■

> **Rien n'était plus comme avant. Rien ne serait plus jamais comme avant.**

Analyse

1 Compréhension Répondez aux questions.

1. Comment les clients ont-ils reçu l'idée du marché de Yaba?
2. Qui venait au marché?
3. Qu'est-ce qui faisait l'énorme succès du marché?
4. Quelles rumeurs ont commencé à circuler à propos du marché?
5. Qu'est-ce qu'une bande de jeunes a fait un jour?
6. Qu'est-ce que les habitants ont pensé de la tragédie?
7. Qu'est-ce que les habitants ont perdu à cause des pillages?
8. Pourquoi est-ce que le marché de Yaba a été rebaptisé «Marché de l'espoir»?

2 Interprétation À deux, répondez aux questions par des phrases complètes.

1. Que représente la période de paix et de prospérité de Dilalou?
2. Qu'est-ce que les personnes qui ont fait circuler des rumeurs espéraient gagner par cette réaction de jalousie?
3. Après la tragédie, les habitants de Dilalou ont parlé de règlements de compte. Que pensez-vous de la vengeance?
4. Que veut dire Sathoud quand elle parle de jeunesse sacrifiée et de soldats au sang frais?
5. Qu'est-ce que les habitants de Dilalou avaient en commun avec toutes les victimes de guerre?
6. Que pensez-vous de la fin de cette histoire? Que révèle-t-elle sur la condition humaine?

3 La tragédie Par groupes de trois, discutez de la bande de jeunes assaillants qui ont terrorisé le marché. Répondez aux questions de la liste.

- Que voulaient-ils?
- Pourquoi ont-ils fait connaître leurs sentiments par la violence?
- Qui étaient-ils exactement? De quel groupe de la société faisaient-ils partie?
- Quel sentiment universel représentaient-ils?

3 Rédaction Imaginez que vous soyez journaliste et que vous ayez été témoin d'un acte de violence, réel ou fictif, contre un groupe de personnes. Suivez le plan de rédaction pour écrire un article sur cette tragédie. Employez des partitifs et des pronoms.

Plan

1 Organisation Organisez les faits que vous avez observés. Commencez par les plus importants.

2 Historique Décrivez le contexte dans lequel les événements se sont passés.

3 Comparaison Pour terminer, expliquez les répercussions possibles que cet événement pourrait avoir.

Crises et horizons

 Audio: Vocabulary Flashcards

En mouvement

l'assimilation (f.) assimilation
un but goal
une cause cause
le développement development
la diversité diversity
un(e) émigré(e) emigrant
une frontière border
l'humanité (f.) humankind
l'immigration (f.) immigration
un(e) immigré(e) immigrant
l'intégration (f.) integration
une langue maternelle native language
une langue officielle official language
le luxe luxury
la mondialisation globalization
la natalité birthrate
le patrimoine culturel cultural heritage
les principes (m.) principles

aller de l'avant to forge ahead
s'améliorer to better oneself
attirer to attract
augmenter to grow; to raise
baisser to decrease
deviner to guess
prédire (irreg.) to predict

(non-)conformiste (non)conformist
exclu(e) excluded
polyglotte multilingual
prévu(e) foreseen
seul(e) alone

Les problèmes et les solutions

le chaos chaos
la compréhension understanding
le courage courage
un dialogue dialogue
une incertitude uncertainty
l'instabilité (f.) instability
la maltraitance abuse
un niveau de vie standard of living
une polémique controversy
la surpopulation overpopulation
un travail manuel manual labor
une valeur value
un vœu wish

avoir le mal du pays to be homesick
faire sans to do without
faire un effort to make an effort
lutter to fight; to struggle

dû/due à due to
surpeuplé(e) overpopulated

Les changements

s'adapter to adapt
appartenir (à) to belong (to)
dire au revoir to say goodbye
s'enrichir to become rich
s'établir to settle
manquer à to miss
parvenir à to attain; to achieve
projeter to plan
quitter to leave behind
réaliser (un rêve) to fulfill (a dream)
rejeter to reject

Court métrage

un(e) bavard(e) chatterbox
un châtiment punishment
un commissaire (de police) (police) commissioner
(un jour) férié public holiday
un flic cop
un(e) gamin(e) kid
un(e) môme kid
une supposition assumption
un témoin witness

avoir des préjugés to be prejudiced
brûler to burn
supposer to assume
témoigner de to be witness to
voler to steal

défavorisé(e) underprivileged
nombreux/nombreuse numerous

Culture

un conte tale
la décolonisation decolonization
un défi challenge
les lettres (f.) literature
une récompense award
la scolarisation schooling
la vente sale

déclencher to trigger
bien s'exporter to be popular abroad
fleurir to flourish
se libérer to free oneself
marcher sur les pas de quelqu'un to follow in someone's footsteps
vivre de sa plume to earn one's living as a writer

à succès bestselling
anecdotique trivial

Littérature

une bande gang
une couche sociale social level
la persévérance perseverance
une règle rule
la vengeance revenge

s'acharner sur to persist relentlessly
se décourager to lose heart
en vouloir (à) to have a grudge
s'en vouloir to be angry with oneself
s'installer to settle
se lancer to launch into
mener to lead
raffoler de to be crazy about
soutenir to support

pareil(le) similar; alike
sourd(e) deaf
un(e) tel(le) such a(n)

LEÇON 6

Les générations qui bougent

Les enfants vivent souvent des choses que leurs parents n'ont pas vécues. Si, pour cette raison, les générations ne se comprennent pas, cette incompréhension est-elle inévitable? L'affection qui existe entre les enfants et les parents ne permet-elle pas, au contraire, aux générations de se rejoindre et de se comprendre?

À chaque étape de la vie, les générations trouvent des points communs.

SOMMAIRE

200 COURT MÉTRAGE

Samir, un jeune Français d'origine algérienne, revient dans son ancien quartier. Il est aujourd'hui avocat. Ses parents et son frère, par contre, n'ont jamais fait d'études. Dans son court métrage *De l'autre côté*, **Nassim Amaouche** nous montre comment tous doivent s'adapter à cette situation.

203

206 IMAGINEZ

Connaissez-vous le **Proche-Orient**? Et le **Maghreb**? Suivez notre reporter qui s'arrête d'abord à Beyrouth, au Liban, puis découvre la magie du Maghreb. Voyez aussi comment une nouvelle initiative fait cohabiter les jeunes et les retraités.

225 CULTURE

C'est *Jour de mariage*! On vous invite à un mariage algérien traditionnel. Vous ne verrez le couple ensemble qu'un peu plus tard...

226

229 LITTÉRATURE

Dans son poème, *Père mère*, le Sénégalais **Lamine Sine Diop** rend hommage à tous les parents, à leur patience et à leur ténacité. Il n'oublie pas la réciprocité de cette immense affection...

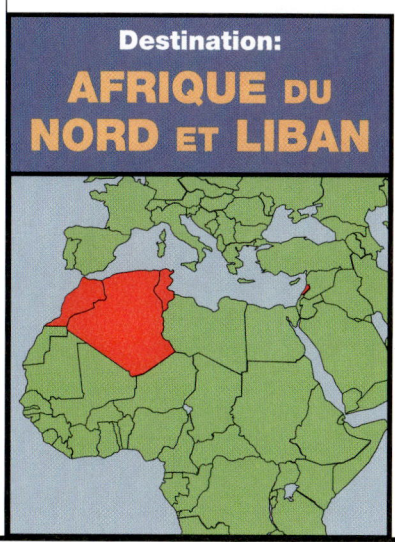

Destination: AFRIQUE DU NORD ET LIBAN

198 POUR COMMENCER
212 STRUCTURES

6.1 The subjunctive: impersonal expressions; will, opinion, and emotion

6.2 Relative pronouns

6.3 Irregular -re verbs

233 VOCABULAIRE

Les générations qui bougent

POUR COMMENCER

En famille   Audio: Vocabulary

Les membres de la famille

un(e) arrière-grand-père/-mère great-grandfather/grandmother

un beau-fils/-frère/-père son-/brother-/father-in-law; stepson/father
une belle-fille/-sœur/-mère daughter-/sister-/mother-in-law; stepdaughter/mother
un(e) demi-frère/-sœur half brother/sister
un(e) enfant/fille/fils unique only child
un époux/une épouse spouse; husband/wife
un(e) grand-oncle/-tante great-uncle/-aunt
des jumeaux/jumelles twin brothers/sisters
un neveu/une nièce nephew/niece
un(e) parent(e) relative
un petit-fils/une petite-fille grandson/granddaughter

La vie familiale

déménager to move
élever (des enfants) to raise (children)
être désolé(e) to be sorry
gâter to spoil
gronder to scold

punir to punish
regretter to regret
remercier to thank
respecter to respect
surmonter to overcome

La cuisine

un aliment (type or kind of) food
une asperge asparagus
un citron lemon
un citron vert lime
un conservateur preservative
des épinards (m.) spinach
une fromagerie cheese store
un hypermarché large supermarket

un raisin (sec) grape (raisin)
le saumon salmon
une supérette mini-market
la volaille poultry, fowl

alimentaire related to food
bio(logique) organic

La personnalité

le caractère character, personality

autoritaire bossy
bien/mal élevé(e) well-/bad-mannered
égoïste selfish
exigeant(e) demanding

insupportable unbearable
rebelle rebellious
soumis(e) submissive
strict(e) strict
uni(e)/lié(e) close-knit

Les étapes de la vie

l'âge (m.) adulte adulthood
l'enfance (f.) childhood
la jeunesse youth
la maturité maturity
la mort death
la naissance birth

la vieillesse old age

Les générations

l'amour-propre (m.) self-esteem
le fossé des générations generation gap
la patrie homeland
une racine root
un rapport/une relation relation/relationship
un surnom nickname

hériter to inherit
ressembler (à) to resemble, to look like
survivre to survive

POUR COMMENCER

Mise en pratique

1 **Les analogies** Choisissez le meilleur terme pour compléter chaque analogie. Ajoutez l'article ou le partitif devant le nom quand c'est nécessaire.

| alimentaire | gronder | jumelles | supérette |
| arrière-grand-mère | jeunesse | saumon | volaille |

1. un grand-oncle : une grand-tante :: un arrière-grand-père : _____
2. la mort : la naissance :: la vieillesse : _____
3. la famille : familiale :: la nourriture : _____
4. une fromagerie : du camembert :: une poissonnerie : _____
5. un gratte-ciel : une maison :: un hypermarché : _____
6. regretter : être désolé :: punir : _____

2 **Les devinettes** Répondez à chaque devinette. Utilisez uniquement le nouveau vocabulaire de cette leçon.

1. Au début, j'étais fils unique. Mes parents ont divorcé et mon père s'est remarié avec une femme qui a deux filles. Qui suis-je pour ma nouvelle maman? *un beau-fils*
2. Je suis un légume vert, fin et long. Je suis une bonne source d'acide folique et de potassium. Que suis-je?
3. Nous sommes de petits fruits ronds. Nous pouvons être verts ou rouges et on a besoin de nous pour faire du vin. Que sommes-nous?
4. Je suis un produit naturel et sans conservateurs. Quelle sorte de produit suis-je? *biologique*
5. Je ne pense qu'à moi. Je n'aide jamais les autres. Comment suis-je? *égoïste*
6. Je demande beaucoup à mes enfants: réussir à l'école, faire du sport, manger des fruits et des légumes et plein d'autres choses. Mais je ne suis pas trop stricte. Quelle sorte de mère suis-je? *exigeante (demanding)*

3 **Définissez et devinez** Vous définissez six mots et un(e) camarade définit les six autres mots. Ensuite, à tour de rôle, essayez de deviner quel mot va avec chaque définition.

Étudiant(e) 1:

| déménager | jumeau | soumis |
| hériter | petite-fille | surnom |

Étudiant(e) 2:

| beau-père | gâter | patrie |
| fille/fils unique | insupportable | surmonter |

4 **Un repas de famille** Par groupes de cinq, imaginez que vous soyez un membre de la famille Lavelle. Regardez la photo et prenez quelques minutes pour organiser une conversation qui utilise autant de nouveau vocabulaire que possible.

Practice more at **vhlcentral.com**.

Les générations qui bougent

COURT MÉTRAGE

Préparation

Vocabulaire du court métrage
- déranger *to bother, to disturb*
- mépriser *to have contempt for*
- la pension *benefits*
- soûler *to bug; to talk to death*
- traîner *to hang around; to drag*
- un voyou *hoodlum*

Vocabulaire utile
- chuchoter *to whisper*
- une cité *low-income housing development*
- un complexe d'infériorité *inferiority complex*
- un foulard *headscarf*
- la gêne *embarrassment*
- un(e) intellectuel(le) *intellectual*
- tendu(e) *tense*
- traiter avec condescendance *to patronize*
- un(e) travailleur/travailleuse manuel(le) *blue-collar worker*

EXPRESSIONS

comme d'hab' *as usual*

faire son cinéma *to show off*

Qu'est-ce que tu me racontes? *What are you talking about?*

1   Le foulard islamique Complétez à l'aide des mots de vocabulaire.

En France, les écoles publiques sont laïques (*secular*). Les élèves n'ont pas le droit de montrer leur religion. Donc, les musulmanes ne peuvent pas porter leur (1) _____ à l'école. Quand on parle de ce sujet, l'ambiance est (2) _____. C'est un problème qui (3) _____ beaucoup de gens. Certains (4) _____ ces filles, d'autres trouvent qu'elles devraient avoir le droit de le porter. Les filles ressentent de (5) _____, quand un professeur leur demande de l'enlever. C'est une situation difficile où les enfants se retrouvent coincés (*stuck*) entre deux opinions.

2   Associez Trouvez la fin logique de chaque phrase.

____ 1. Adolescente, Sophie avait un complexe d'infériorité…

____ 2. Tout le monde considère que Thomas est un voyou…

____ 3. Le père de Fatima touche aujourd'hui une très bonne pension…

____ 4. Sylvain a chuchoté pour ne pas déranger les gens…

____ 5. Éric me soûle chaque fois qu'il vient chez moi…

a. … parce qu'il était travailleur manuel et faisait partie d'un bon syndicat.

b. … parce que sa sœur était une grande intellectuelle.

c. … parce qu'il fait toujours son cinéma devant ma sœur.

d. … parce qu'il traîne tout le temps dans la rue avec ses amis..

e. … parce qu'il est arrivé à un moment assez tendu dans le film.

Practice more at vhlcentral.com.

3 Questions À deux, répondez aux questions et expliquez vos réponses.

1. Vos parents s'inquiètent-ils beaucoup pour vous ou sont-ils heureux que vous soyez indépendant(e)?
2. Depuis que vous êtes à l'université, les relations que vous avez avec vos parents ont-elles changé? Si oui, dans quel sens?
3. Que ressentez-vous quand vous rentrez chez vos parents pour des congés?

4 Changements À deux, discutez des changements des cinquante dernières années. Comment vivait-on avant et comment vit-on aujourd'hui? Remplissez le tableau et comparez vos réponses avec celles des autres groupes.

	Il y a 50 ans	Aujourd'hui
les relations personnelles		
les relations professionnelles		
les relations familiales		
la recherche d'un emploi		
les maisons		
les villes		
l'université		
les moyens de transport		
les moyens de communication		

5 L'évolution de la famille Répondez aux questions par groupes de trois et comparez vos réponses avec celles des autres groupes.

1. Pourquoi avez-vous une vie plus facile que celle qu'ont eue vos parents? Pourquoi est-elle plus difficile?
2. Êtes-vous fier/fière des origines de votre famille? Pourquoi?
3. Connaissez-vous des gens qui ont honte de leur famille ou de leurs parents? Pourquoi en ont-ils honte?
4. Pensez-vous que les enfants doivent s'occuper de leurs parents quand ils sont âgés?

6 Qui est-ce? Par petits groupes, regardez les trois images. Imaginez les relations entre tous les personnages. Décrivez comment chacun passe la journée en général.

COURT MÉTRAGE

De l'autre côté

Prix de la première œuvre au Festival du Court Métrage Méditerranéen de Tanger, 2004; Prix Découverte de la Critique Française, 2004

Une production des FILMS DE CLÉOPÂTRE
Scénario et réalisation NASSIM AMAOUCHE
Production HAKIM SAHRAOUI/CHRISTINE BESSARD
Direction de la photographie CÉDRIC FRANÇOIS ASCENCIO
Montage AURÉLIE MONIER Son JULIEN BROYER Décors JOSEPH GUÉRIN Musique CHEB KHALED
Acteurs BENAÏSSA AHOUARI/KEINE BOUHIZA/YASMINE BELMADI/ABDE DEEN

SCÈNES — COURT MÉTRAGE

INTRIGUE *Un jeune avocat d'origine algérienne retourne chez ses parents «de l'autre côté», pour la fête de circoncision de son petit frère.*

LA MÈRE Malik! Ton frère, il va arriver pour la fête. Il prend ta chambre.
MALIK Je vais dormir où, moi?
LA MÈRE Avec le petit.
MALIK S'il te plaît, ne me fais pas ça! Il va me soûler avec ses lapins… J'en ai marre!

SAMIR Ça n'a pas trop changé.
LA MÈRE Ah oui, on a fait un peu la peinture et tout ça.
SAMIR Et Malik, il est où?
LA MÈRE Oh, Malik, il traîne toujours… avec les voyous. Il ne change pas.

SAMIR Samedi, on va avoir une grande fête. Des gens que tu ne connais pas vont te donner plein d'argent, et tu pourras t'acheter plein de cadeaux!
LE PETIT Je sais, Malik m'a dit qu'avec cet argent je pourrai m'acheter une ferme°, des lapins, un coq°, et surtout des lapins!

LE PÈRE Allo? Je m'appelle BOUJIRA. Je vous téléphone au sujet d'un dossier°, là… Je me suis trompé…
LE FONCTIONNAIRE Mais quand même, faites un effort…
SAMIR Il te parle comme à un gamin… Il l'a sentie, ta honte.

MALIK Comment ça doit être dur de passer de l'autre côté… Avec tous ces cravatés°-là qui te regardent sûrement comme un objet exotique quand t'es avec eux. Tu crois que je vois pas?… Il [Le père] [n'] a pas gueulé° de la journée. J'ai été voir maman. Elle m'a tout raconté.

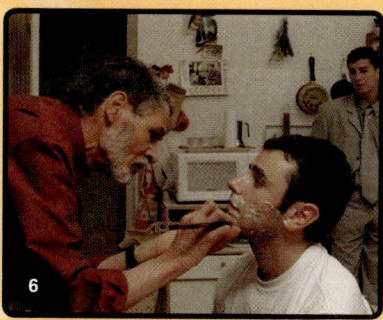

SAMIR Il n'y a que ça comme rasoir?
LE PÈRE Laisse, laisse… tu vas te couper. Tu sais, ton frère, il ne se rase pas. Il a la peau de bébé.
MALIK On y va quand vous voulez.

ferme *farm* **coq** *rooster* **dossier** *file* **cravatés** *businesspeople (slang); "suits"* **gueulé** *yelled*

Note CULTURELLE

Les Algériens en France

En France, 31% des immigrés viennent du Maghreb. Et la moitié d'entre eux sont algériens. Ils ont commencé à venir en France dans les années 1960 pour des raisons économiques: la France avait besoin de travailleurs et ils avaient besoin de travail. La majorité vit dans la région parisienne et dans le sud-est de la France. Aujourd'hui, 25% d'entre eux font des études supérieures, mais ils doivent encore faire face à° des discriminations quand ils cherchent un travail ou un logement.

faire face à *cope with*

Les générations qui bougent

Analyse

1 Compréhension Répondez aux questions par des phrases complètes.

1. Pourquoi Malik est-il fâché contre sa mère au début du film?
2. Pour quelle raison Samir est-il revenu?
3. Comment les parents réagissent-ils face à Malik? Et face à Samir?
4. Comment sont Malik et le petit frère quand ils revoient Samir?
5. Pour qui la famille Boujira organise-t-elle une fête?
6. Pourquoi Samir est-il déçu après la conversation de son père avec le fonctionnaire?
7. Pourquoi Malik et ses copains passent-ils à la maison le samedi soir, avant la fête?
8. Quelle est la réaction de Malik quand Samir lui offre un emploi au cabinet où Samir travaille? Pourquoi Malik réagit-il de cette manière?

2 Interprétation À deux, répondez aux questions et expliquez vos réponses.

1. Pourquoi Samir est-il venu tout seul, sans son amie?
2. Malik est-il jaloux de son frère, Samir?
3. Samir et Malik respectent-ils leurs parents?
4. Quelle est la nature des relations entre la mère et le père?
5. À votre avis, quel membre de la famille Boujira est le plus heureux? Pourquoi?
6. Comment Samir est-il passé «de l'autre côté»? Et pourquoi passer de l'autre côté est-il difficile (comme le dit Malik)?
7. Pourquoi Malik emploie-t-il souvent des mots arabes, et Samir pas du tout?
8. Imaginez l'avenir du petit frère. Deviendra-t-il comme Samir ou comme Malik?

3 Samir et Malik

A. À deux, discutez des différences et des points communs qui existent entre Samir et Malik. Comment se comportent-ils? Qu'est-ce qui les intéresse dans la vie?

B. Remplissez les deux premières colonnes du tableau. Ensuite, cochez les points communs dans la troisième colonne.

Comment est Samir?	Comment est Malik?	Points communs

COURT MÉTRAGE

4 **Les thèmes du film** À deux, réfléchissez aux thèmes du film. À votre avis, quel est le thème principal? Écrivez un paragraphe qui explique ce thème et pourquoi vous l'avez choisi. Suggérez au moins deux thèmes secondaires. Quel est le rapport avec le thème principal?

 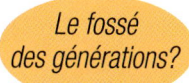  

5 **La fête** Regardez l'image ci-dessous et pensez à la scène de la fête, à la fin du film. Par petits groupes, décrivez la scène puis répondez aux questions.

- Pourquoi la scène de la fête est-elle différente de la vie quotidienne?
- Quel est le personnage dont le comportement est le plus différent, comparé à la vie de tous les jours? Pourquoi?
- Que ressent le petit frère? Et que ressentent ses parents?

6 **Les générations** À deux, écrivez un dialogue basé sur une de ces deux situations.

A
On vous offre la possibilité de travailler dans un pays étranger pendant un an, avant de terminer vos études. Vous devez en discuter avec vos parents. Votre père/mère préférerait que vous terminiez d'abord vos études.

B
Vous avez envie de retourner à l'université pour continuer vos études et vous devez en discuter avec votre fils/fille. Il/Elle ne pense pas que ce soit une bonne idée.

Les générations qui bougent

IMAGINEZ

La porte Bab Bou Jeloud, à Fès, au Maroc

IMAGINEZ
L'Afrique du Nord et le Liban

Voyage inoubliable!  Reading

Parti au **Proche-Orient**° et en **Afrique du Nord**, notre reporter, Jean-Michel Caron, nous fait part de ses impressions de voyage.

«Après un long voyage en avion avec deux escales°, je suis enfin arrivé au **Liban**, le pays du cèdre°, arbre majestueux, qui est devenu le symbole du pays et l'emblème du drapeau. J'ai voulu visiter **Beyrouth**, sa capitale, port de commerce et centre financier, qui est aussi connue pour son intense vie culturelle et nocturne. Cette vie culturelle renaît aujourd'hui et le couturier° à la mode **Elie Saab**, spécialisé dans les somptueuses robes du soir, en est un bel exemple. Comme j'y étais au printemps, je n'ai pas voulu manquer cette expérience unique dont on m'avait parlé: skier le matin dans les montagnes enneigées° de la **chaîne du Liban**, puis aller se baigner dans la **Méditerranée**. Génial!

«J'ai repris l'avion pour me rendre au **Maghreb**, et je me suis d'abord arrêté en **Tunisie**. J'ai choisi d'aller à **Matmata**, au sud-est, où j'ai trouvé un paysage lunaire°, formé de cratères. Saviez-vous que **George Lucas** y avait filmé un épisode de *La Guerre des étoiles*? À **Carthage**, près de **Tunis**, la capitale du pays, j'ai visité un site archéologique majeur d'**Afrique du Nord**: les ruines d'une ville dont l'histoire a marqué l'**Antiquité**. Au 9ᵉ siècle avant J.-C. (*B.C.*), Carthage, qui veut dire *Nouvelle ville* en phénicien, était un empire tout-puissant. Après avoir été détruite une première fois, elle sera reconstruite et deviendra une grande rivale de **Rome**.

«Puis j'ai quitté la Tunisie pour aller en **Algérie**. **Alger** la blanche offre les charmes d'une capitale portuaire et une vue superbe sur la baie. Elle doit son surnom à la blancheur éclatante des murs de la **Casbah**. La Casbah... on ne peut pas visiter Alger sans passer par ce centre historique. C'est une ancienne forteresse magnifique qui domine la ville. Elle est entourée de petites rues et de maisons aux belles cours intérieures avec une fontaine en leur centre. On voit

D'ailleurs...

Le thé à la menthe est la boisson traditionnelle des pays du Maghreb. Il est aussi symbole d'hospitalité et ne peut se refuser. Contrairement à la cuisine préparée par les femmes, le thé est préparé et servi par les hommes, le chef de famille en général.

Découvrons le Maghreb!

Dromadaires dans les dunes du Sahara, au Maroc

aussi beaucoup de vestiges° historiques dans la région d'**Oran**, ville côtière à l'ouest d'Alger. Cette ville a aussi inventé le **raï traditionnel**, qui a donné naissance au pop raï moderne et aux artistes comme **Khaled** et **Cheb Mami**.

«J'ai terminé mon voyage par le **Maroc**. Si **Rabat** en est la capitale, **Casablanca** est plus moderne. J'y ai admiré la **place Mohamed V**, avec son architecture de style art-déco des années 1930 et sa très belle fontaine, j'ai fait mes courses au marché central et je me suis promené dans le quartier des **Habous**. Construit dans les années 1920, mais dans le style d'une vieille médina, j'ai aimé ce quartier qui mélange le traditionnel et le moderne. À **Fès**, je suis tombé sous le charme de la **médina**, l'une des plus anciennes du monde. On se promène dans de petites rues étroites, on s'arrête pour regarder travailler les artisans. J'ai d'ailleurs rapporté en souvenir un magnifique service à thé en céramique bleue, spécialité de Fès. Et un petit thé à la menthe, maintenant, ça vous dirait?»

Proche-Orient *Near East* **escales** *layovers* **cèdre** *cedar* **couturier** *fashion designer* **enneigées** *snowy* **lunaire** *lunar* **vestiges** *remains*

L'arabe dans le français

Mots

un bled	un village
une casbah	une maison
un chouïa	un peu
kiffer	aimer beaucoup
un riad	une villa traditionnelle
une smala	une famille
un souk	un désordre

Expressions

C'est pas bézef.	Ce n'est pas beaucoup.
C'est kif-kif.	C'est pareil.
faire fissa	se dépêcher
Il est maboul!	Il est fou!
Zarma!	Ma parole!; *No way!*

Essaouira Essaouira est un petit port marocain connu pour la douceur de son climat et la gentillesse de ses habitants. Les touristes aiment aussi visiter ses fortifications, sa médina et ses «riads», maisons marocaines traditionnelles, car la ville possède un patrimoine architectural bien conservé. Ses rues, où se rencontrent petits pêcheurs, commerçants, artisans et artistes du monde entier, offrent une atmosphère unique.

Le site de Timgad Aux portes du désert en Algérie, c'est un site archéologique exceptionnel par sa beauté et son état de conservation remarquables, classé au Patrimoine mondial de l'humanité. C'est une ville romaine construite par l'**empereur Trajan**, en 100 après J.-C. Son architecture est unique car les artistes **numides** (qui habitaient cette région à l'époque des Romains) ont ajouté des détails qu'on ne trouve nulle part ailleurs.

Les Berbères Ils représentent le groupe ethnique le plus ancien d'**Afrique du Nord**. Nombreux au Maroc et en Algérie, ils vivent aussi en Mauritanie, en Tunisie, en Libye et dans le Sahara. Unifiés sous le terme *Imazighen*, «hommes libres», les **Berbères** se différencient par des dialectes locaux variés, comme le touareg ou le kabyle. Depuis l'an 2000, **Berbère Télévision** émet° à **Paris** et aide à promouvoir° cette culture.

Sidi Bou Saïd Ce petit village de pêcheurs, perché sur une falaise, a une vue superbe sur Carthage et sur la baie de Tunis. En 1912, l'arrivée du **baron** français **Rodolphe d'Erlanger**, peintre et musicologue spécialiste de la musique arabe, a transformé Sidi Bou Saïd. Le baron fait restaurer les anciennes maisons et y impose les couleurs **bleu** et **blanc**. Beaucoup d'artistes, comme **Paul Klee**, s'y sont installés pour profiter de la lumière et des couleurs fantastiques. **Camus**, **Hemingway** et **Flaubert** ont tous visité son mythique **Café des Nattes** et ses ruelles à l'ambiance exotique et ensorcelante°.

émet *broadcasts* **promouvoir** *promote* **ensorcelante** *captivating*

Les générations qui bougent

Qu'avez-vous appris?

1 Vrai ou faux? Indiquez si ces affirmations sont vraies ou fausses. Corrigez les fausses.

1. Le Liban est aussi grand que la France.
2. Au Liban, vous pouvez, dans la même journée, faire du ski et vous baigner dans la mer.
3. George Lucas a filmé un épisode de *La Guerre des étoiles* au Maroc.
4. Oran en Algérie est le lieu d'origine du raï traditionnel.
5. On peut admirer la place Mohamed V à Rabat.
6. Essaouira est connue pour la douceur de son climat et la gentillesse de ses habitants.

2 Questions Répondez aux questions.

1. Que représente le thé à la menthe au Maghreb?
2. Quel est le surnom de la ville d'Alger?
3. Que doit-on visiter à Casablanca?
4. Qui sont les Berbères?
5. Qu'est-ce qui caractérise les maisons de Sidi Bou Saïd?
6. Quels écrivains célèbres ont visité Sidi Bou Saïd?

Projet

La traversée du Maghreb

Organisez un voyage où vous traverserez entre trois et cinq villes du Maghreb. Pour créer votre itinéraire, faites des recherches sur **vhlcentral.com**. Ensuite, préparez votre voyage d'après ces critères et vos intérêts personnels:

- Dans chaque ville, visitez un important site historique, naturel ou culturel.
- Faites une description de ces visites dans votre journal.
- Racontez vos aventures à la classe et montrez des photos de chaque lieu visité. Expliquez à vos camarades ce que vous avez découvert et donnez vos impressions de voyage pour chaque destination.

Practice more at **vhlcentral.com**.

ÉPREUVE

Trouvez la bonne réponse.

1. Le Liban est aussi appelé _____.
   a. le petit pays   b. le Paris du Moyen-Orient
   c. le pays du cèdre   d. le pays du ski

2. Elie Saab est un _____ libanais qui est très à la mode.
   a. couturier   b. sportif
   c. touriste   d. voyageur

3. À Carthage, on peut visiter _____.
   a. des musées   b. des ruines
   c. des oasis   d. des riads

4. La Casbah est _____ d'Alger.
   a. le centre historique   b. le palais
   c. la plage   d. le marché

5. _____ est la capitale du Maroc.
   a. Essaouira   b. Fès
   c. Rabat   d. Casablanca

6. La Médina de _____ est l'une des plus anciennes du monde.
   a. Casablanca   b. Rabat
   c. les Habous   d. Fès

7. La ville d'Essaouira a un _____ architectural bien conservé.
   a. marché   b. patrimoine
   c. palais   d. musée

8. Le site de _____ est une ville romaine construite par l'empereur Trajan.
   a. Essaouira   b. Sidi Bou Saïd
   c. Fès   d. Timgad

9. Les Berbères vivent en Algérie, au Maroc, en Mauritanie, _____, en Tunisie et dans le Sahara.
   a. en Afrique du Nord   b. en Égypte
   c. au Liban   d. en Libye

10. Le verbe **kiffer** en français est d'origine arabe et veut dire _____.
    a. aimer   b. boire
    c. voyager   d. se dépêcher

Générations en construction

Il faut plus que jamais s'efforcer (*try hard*) d'intégrer les personnes du troisième âge (*seniors*), de plus en plus nombreuses, à la vie en société et faire cohabiter les générations. Une initiative qui se développe, en France et en Belgique par exemple, est le logement intergénérationnel. Des étudiants emménagent (*move in*) chez des personnes âgées qui vivent seules. Souvent, ils paient un loyer modéré et, en échange, ils tiennent compagnie ou rendent de petits services aux personnes qui les accueillent.

Les plus anciens apprennent la technique de la pierre à la chaux aux plus jeunes.

VOCABULAIRE

de la vidéo

les anciens *elders*
un chantier *construction site*
une commune *town*
se côtoyer *to work alongside one another*
un maçon *mason*
un(e) ouvrier/ouvrière *(manual) worker*
la pierre à la chaux *limestone*
la sagesse *wisdom*
le savoir-faire *know-how*

pour la conversation

apprendre un métier *to learn a trade, a skill*
une association caritative *charity*
au fil du temps *as time passes, over time*
enseigner *to teach*
la maçonnerie *masonry*
prendre part à *to take part in*
un projet d'embellissement civique *civic beautification project*
venir en aide aux autres *to help others*
un(e) volontaire *volunteer*

1 **Compréhension** Répondez aux questions par des phrases complètes.

1. Que construit-on à Rocheservière?
2. Qu'est-ce que les anciens enseignent aux plus jeunes?
3. Décrivez l'évolution de la relation entre les retraités et les adolescents au fil du temps.

2 **Discussion** Répondez aux questions en donnant des détails.

1. D'après vous, l'idée du chantier de Rocheservière est-elle bonne? Pourquoi?
2. Quels sont trois aspects positifs importants de ce projet que le clip mentionne? Classez-les par ordre d'importance, selon vous, et expliquez votre choix.

Et vous? Avez-vous déjà participé à un projet similaire? Décrivez votre expérience. Sinon, dites si cela vous intéresserait et expliquez pourquoi.

Les générations qui bougent

GALERIE DE CRÉATEURS

MUSIQUE Djura

D'origine berbère, cette chanteuse est aussi réalisatrice et femme écrivain. Elle s'oppose à sa famille, extrêmement traditionaliste, et décide de vivre sa vie comme elle le souhaite. En 1977, à Paris, elle forme le groupe Djur Djura (nom d'une montagne d'Algérie) avec ses deux sœurs puis plus tard avec d'autres chanteuses. Le groupe mêle les rythmes et les sonorités d'Afrique du Nord aux instruments occidentaux. Dans ses chansons, Djura, qui chante en français et en kabyle, parle des femmes et de leur condition, de la liberté et de l'Algérie. Elle aime marier différentes influences musicales — le classique, l'électronique, le rock, la salsa... Elle débute enfin une carrière solo en 2002 avec l'album Uni-vers-elles. La chanteuse veut faire de la musique un moyen de soulager (*relieve*) toutes les souffrances. Et elle dédie (*dedicates*) ses chansons à toutes les femmes qui ont été privées (*deprived*) d'amour, de connaissance (*knowledge*) et de liberté.

 SUR INTERNET
Pour plus de renseignements sur ces créateurs et pour explorer des aspects précis de leurs créations, à l'aide d'activités et de projets de recherche, visitez vhlcentral.com.

COUTURE
Azzedine Alaia (1939–)

Le couturier tunisien Azzedine Alaia a d'abord travaillé pour la maison Christian Dior puis pour d'autres couturiers. Il crée ensuite sa propre marque (*brand*), et présente son premier défilé (*fashion show*) en 1982, à New York. Son style cherche à mettre en valeur la silhouette féminine et son succès est tel que la presse l'appelle le *King of Cling*. Des célébrités comme Tina Turner, Raquel Welch ou Madonna portent ses créations. Ses vêtements peuvent avoir jusqu'à 40 pièces individuelles liées (*linked*) les unes aux autres. Son atelier (*workshop*) est à Paris, et c'est là qu'il organise des défilés, en toute simplicité, à son image.

LITTÉRATURE
Nadia Tuéni (1935–1983)

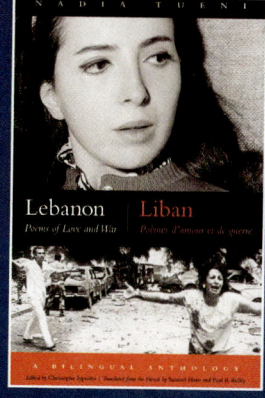

Nadia Tuéni était la fille d'un diplomate libanais et d'une mère française. En 1963, elle écrit son premier recueil (*collection*) de poèmes, *Les textes blonds*, à la suite d'un drame personnel, la mort de sa fille âgée de sept ans. Elle découvre que la poésie (*poetry*) est un merveilleux moyen d'exorciser ses douleurs. L'amour et la souffrance sont les thèmes principaux de ses œuvres. Son pays lui inspire aussi de magnifiques poèmes, et elle en évoque l'agonie dans *Archives sentimentales d'une guerre au Liban* (1982). À partir de 1967, elle écrit des articles littéraires pour le journal francophone libanais, *Le jour*. Avec d'autres grands poètes libanais et arabes, elle contribue au développement culturel de Beyrouth et crée un des cercles littéraires les plus actifs de son temps.

COUTURE
Yves Saint Laurent (1936–2008)

«Je n'ai qu'un regret, ne pas avoir inventé le jean», dira-t-il. Ce grand couturier est né à Oran, en Algérie, où il passe toute son enfance. Il commence sa carrière dans la haute couture comme styliste pour Christian Dior. À la mort de celui-ci en 1957, Yves Saint Laurent, alors âgé de 21 ans, est chargé (a la responsabilité) de sauver la maison Dior de la ruine. Il obtient un grand succès avec sa robe trapèze, contraste avec la mode serrée de l'époque, mais est remplacé à la tête de la maison. Il crée alors sa propre maison de couture en 1962. Saint Laurent est un innovateur à l'origine de nombreuses révolutions dans la mode comme la robe transparente, la saharienne (*safari jacket*) et le smoking (*tuxedo*) féminin. Il veut donner ainsi plus de pouvoir aux femmes en leur offrant la possibilité de porter des vêtements dits masculins comme le pantalon. Il introduit les couleurs vives (*bright*), le noir, qui n'est plus réservé aux cérémonies, et l'univers oriental. La simplicité et l'originalité caractérisent depuis le début la maison YSL.

Compréhension

Questions Répondez à ces questions.

1. De quoi Djura parle-t-elle dans ses chansons?
2. Comment peut-on décrire le style musical de Djura?
3. Qu'a fait Azzedine Alaia avant de fonder sa propre marque de vêtements?
4. Qu'est-ce qu'Alaia cherche à mettre en valeur par ses vêtements?
5. Comment Nadia Tuéni décrit-elle la poésie?
6. Quels sont les thèmes principaux de l'œuvre de Tuéni?
7. Quel vêtement a apporté son premier grand succès à Yves Saint Laurent?
8. Citez trois autres vêtements créés par Saint Laurent qui montrent son désir d'innovation.

Rédaction

À vous! Choisissez un de ces thèmes et écrivez un paragraphe d'après les indications.

- **«La musique adoucit les mœurs»** est une citation française qu'on entend souvent. Djura dit qu'elle veut faire de la musique un moyen de «soulager toutes les souffrances». Pensez-vous que la musique puisse réellement avoir un effet sur les émotions et les comportements? Expliquez votre point de vue et donnez quelques exemples pour le justifier.

- **Mon auteur préféré** Inspirez-vous du texte sur Nadia Tuéni pour écrire un petit portrait de votre poète (ou autre auteur) préféré. Parlez de sa vie, de sa carrière littéraire, de ce qui l'inspire et des thèmes qui sont importants dans son œuvre. Expliquez aussi pourquoi cette personne est votre auteur préféré.

- **La mode—un art à part entière?** Pensez-vous que la mode soit une forme d'art au même titre que les beaux-arts, la musique, la littérature ou le cinéma? Donnez votre point de vue personnel sur cette question et justifiez votre opinion.

Practice more at vhlcentral.com.

STRUCTURES

6.1 The subjunctive: impersonal expressions; will, opinion, and emotion

*Samir ne veut pas que son père **ait** honte.*

BLOC-NOTES

To review imperfect forms, see **Fiche de grammaire 3.5, p. 248.**

Forms of the present subjunctive

- You have already been using verb tenses in the indicative mood. You can also use French verbs in the *subjunctive* mood, which is used to express an attitude, an opinion, or personal will, or to imply hypothesis or doubt.

- To form the present subjunctive of most verbs, take the **ils/elles** stem of the present indicative and add the subjunctive endings. For **nous** and **vous**, use their **imparfait** forms.

The present subjunctive			
	parler	finir	attendre
	parl**ent**	finiss**ent**	attend**ent**
que je/j'	parl**e**	finiss**e**	attend**e**
que tu	parl**es**	finiss**es**	attend**es**
qu'il/elle	parl**e**	finiss**e**	attend**e**
que nous	parl**ions**	finiss**ions**	attend**ions**
que vous	parl**iez**	finiss**iez**	attend**iez**
qu'ils/elles	parl**ent**	finiss**ent**	attend**ent**

- Use the same pattern to form the subjunctive of verbs with spelling or stem changes.

acheter	achète, achètes, achète, achetions, achetiez, achètent
croire	croie, croies, croie, croyions, croyiez, croient
prendre	prenne, prennes, prenne, prenions, preniez, prennent
recevoir	reçoive, reçoives, reçoive, recevions, receviez, reçoivent

- Some verbs are unpredictably irregular in the present subjunctive.

aller	aille, ailles, aille, allions, alliez, aillent
avoir	aie, aies, ait, ayons, ayez, aient
être	sois, sois, soit, soyons, soyez, soient
faire	fasse, fasses, fasse, fassions, fassiez, fassent
pouvoir	puisse, puisses, puisse, puissions, puissiez, puissent
savoir	sache, saches, sache, sachions, sachiez, sachent
vouloir	veuille, veuilles, veuille, voulions, vouliez, veuillent

STRUCTURES

Impersonal expressions and verbs of will and emotion

- Sentences calling for the subjunctive fit the pattern [*main clause*] + **que** + [*subordinate clause*]. In each case, the subjects of the two clauses are different and **que** is used to connect the clauses. Note that although the word *that* is optional in English, the word **que** *cannot* be omitted in French.

MAIN CLAUSE	CONNECTOR	SUBORDINATE CLAUSE
Il **est** **étonnant**	**que**	Thierry ne **connaisse** pas ses parents.
It is surprising	*(that)*	*Thierry doesn't know his parents.*

- The subjunctive is used after many impersonal expressions that state an opinion.

Impersonal expressions followed by the subjunctive

Ce n'est pas la peine que… *It is not worth the effort…*	**Il est indispensable que…** *It is essential that…*
Il est bon que… *It is good that…*	**Il est nécessaire que…** *It is necessary that…*
Il est dommage que… *It is a shame that…*	**Il est possible que…** *It is possible that…*
Il est essentiel que… *It is essential that…*	**Il est surprenant que…** *It is surprising that…*
Il est étonnant que… *It is surprising that…*	**Il faut que…** *One must… / It is necessary that…*
Il est important que… *It is important that…*	**Il vaut mieux que** *… It is better that…*

- When the main clause of a sentence expresses will or emotion, use the subjunctive in the subordinate clause.

Expressions of will / Expressions of emotion

Expressions of will	Expressions of emotion
demander que… *to ask that…*	**aimer que…** *to like that…*
désirer que… *to desire that…*	**avoir peur que…** *to be afraid that…*
exiger que… *to demand that…*	**être content(e) que…** *to be happy that…*
préférer que… *to prefer that…*	**être désolé(e) que…** *to be sorry that…*
proposer que… *to propose that…*	**être étonné(e) que…** *to be surprised that…*
recommander que… *to recommend that…*	**être fâché(e) que…** *to be mad that…*
souhaiter que… *to hope that…*	**être fier/fière que…** *to be proud that…*
suggérer que… *to suggest that…*	**être ravi(e) que…** *to be delighted that…*
vouloir que… *to want that…*	**regretter que…** *to regret that…*

Notre grand-père **désire qu'**on lui **rende** visite cet été.
Our grandfather wants us to visit him this summer.

Je **suis ravie que** nous **allions** chez notre oncle.
I'm delighted that we're going to our uncle's house.

- Although the verb **espérer** expresses emotion, it does not trigger the subjunctive.

J'**espère** que le nouveau prof n'**est** pas trop strict.
I hope that the new professor isn't too strict.

Nous **espérons** qu'ils **ont** des citrons à la supérette.
We hope they have lemons at the mini-market.

BLOC-NOTES

If there is no change of subject in the sentence, an infinitive is used after the main verb and **que** is omitted.

ATTENTION!

Some verbs used only in the third person singular, including some used in impersonal expressions, have irregular present subjunctive forms.

valoir (*to be worth it*): qu'il **vaille**

falloir (*to be necessary*): qu'il **faille**

pleuvoir (*to rain*): qu'il **pleuve**

Je ne pense pas que ça en vaille la peine.
I don't think it's worth the effort.

ATTENTION!

The verb **demander** is often used with an indirect object + **de** + [*infinitive*].

Papa nous demande de rentrer avant minuit.
Dad is asking us to come home before midnight.

Les générations qui bougent

STRUCTURES

Mise en pratique

1 **À lier** Reliez les éléments de chaque colonne pour former des phrases cohérentes.

____ 1. Ils sont étonnés que vous…   a. parler avec ton amie au téléphone?
____ 2. Il est impossible qu'ils…   b. mangions des épinards.
____ 3. Il est bon que nous…   c. finissent à temps.
____ 4. As-tu fini de…   d. sois si insupportable?
____ 5. Vous souhaitez que je/j'…   e. ayez encore vos arrière-grands-parents.
____ 6. Faut-il que tu…   f. apprenne plus de langues.

2 **Vacances à Djerba** Complétez l'e-mail que Géraldine écrit à son agent de voyages. Mettez au présent du subjonctif les verbes entre parenthèses.

> **De:** Géraldine Lastricte <géraldine.lastricte@email.fr>
> **Pour:** Marion Cantou <marion.cantou@email.fr>
> **Sujet:** Recommandations
>
> Madame,
> J'espère que vous avez bien pris en considération les souhaits (*wishes*) que j'ai formulés pour mon voyage à Djerba. Je vous les rappelle, au cas où. Il est évidemment essentiel que je (1) _____ (voyager) en première classe. Il faut que mon hôtel (2) _____ (être) situé près de la plage et que ma chambre (3) _____ (avoir) vue sur la mer. Je désire que tout le monde à l'hôtel (4) _____ (connaître) mes goûts. Je préférerais que le quartier (5) _____ (être) vivant, mais pas trop bruyant. Je veux, bien sûr, qu'une voiture (6) _____ (venir) me chercher à l'aéroport, et dites à la compagnie de limousine qu'il vaut mieux pour elle que je n' (7) _____ (attendre) pas. Je tiens à ajouter qu'il serait dommage pour votre avenir que vous ne (8) _____ (pouvoir) pas répondre à ces simples souhaits.
> Cordialement,
> Géraldine Lastricte

Note CULTURELLE

Djerba est une île au large des **côtes tunisiennes**. Connue dans le monde entier pour ses plages, elle est la première destination touristique du pays. Les touristes viennent surtout d'Italie, d'Allemagne et de France. Bien que (*Although*) très tournée vers le tourisme, l'île est restée traditionnelle: on y compte plus de 300 mosquées.

3 **L'homme idéal** Ahmed, qui habite à Beyrouth, au Liban, est amoureux de Sarah et veut l'inviter à passer une journée à Byblos. Il veut faire bonne impression. Regardez les images et, avec les éléments de la liste, dites à Ahmed ce qu'il doit faire pour devenir l'homme idéal.

il est nécessaire que	il vaut mieux que	recommander que
il est possible que	préférer que	suggérer que
il faut que	proposer que	vouloir que

Note CULTURELLE

Byblos est la première ville construite par le **peuple phénicien**. Ce port envoyait le bois du **Liban** vers l'**Égypte** et le **papyrus** d'Égypte, ou «byblos» en grec, vers le reste du monde **méditerranéen**. La ville a alors hérité du nom qui, plus tard, sera à l'origine du mot «livre» en grec, et du mot «Bible». C'est à Byblos qu'est né l'ancêtre de l'alphabet occidental.

Ahmed

L'homme idéal

Communication

4 **Rêve et réalité** À deux, faites des comparaisons entre ce que vous avez et ce que vous rêvez d'avoir. Aidez-vous des éléments de la liste. N'oubliez pas d'utiliser le présent du subjonctif si nécessaire.

Modèle —As-tu un appartement?
—Oui, j'ai un appartement, mais j'aimerais qu'il soit plus grand.

aimer que	parents
appartement	préférer que
enfance	regretter que
être content(e) que	relation
frère(s)/sœur(s)	souhaiter que
ordinateur	vouloir que

5 **Recherche...** À deux, regardez les deux annonces et imaginez que vous soyez d'abord la personne qui vende le chiot, puis les touristes qui cherchent un guide. Écrivez la suite des annonces à l'aide du présent du subjonctif. Ensuite, présentez-les à la classe.

Modèle Il est indispensable que la famille adoptive soit gentille.
Il est important que notre guide habite à Alger.

La famille Ouagued vend un chiot (puppy) de la race des épagneuls. Voici une photo de sa mère...

Touristes français recherchent un guide pour leur séjour en Algérie...

6 **Dialogue parents-enfant** Par groupes de trois, imaginez une conversation entre des parents et leur enfant adolescent(e). Ensuite, jouez la scène devant la classe. Utilisez le plus possible le présent du subjonctif.

Modèle
MÈRE Il faut que tu comprennes que tu passes le bac cette année.
ENFANT Je veux que vous me laissiez tranquille avec mes amis!
PÈRE On préfère que tu ne sortes pas avec eux ce soir.

Les générations qui bougent

STRUCTURES

6.2 Relative pronouns

—*Mais j'ai téléphoné chez toi. Je suis tombée sur une fille **qui** était très gentille.*

- Relative pronouns are used to link two ideas containing a common element into a single, complex sentence, thereby eliminating the repetition of the common element. The relative pronoun to use is determined by the part of speech of the word it represents, called the *antecedent*.

- In the sentences below, the common element, or antecedent, is **l'enfant**. Because **l'enfant** is the subject of the second sentence, the relative pronoun **qui** replaces it.

> La mère a grondé **l'enfant**.
> *The mother scolded the child.*

> **L'enfant** était **insupportable**.
> *The child was unbearable.*

> La mère a grondé l'enfant **qui** était **insupportable**.
> *The mother scolded the child who was unbearable.*

- The relative pronoun **que** replaces a direct object.

> **Le saumon** est excellent.
> *The salmon is excellent.*

> J'ai trouvé **le saumon**.
> *I found the salmon.*

> Le saumon **que** j'ai trouvé est excellent.
> *The salmon that I found is excellent.*

- A past participle that follows the relative pronoun **que** agrees in gender and number with its antecedent.

> La tarte **que** tu as **faite** était délicieuse.
> *The pie that you made was delicious.*

- The relative pronoun **où** can stand for a place or a time, so it can mean *where* or *when*.

> C'est une supérette **où** on peut trouver des produits biologiques.
> *It's a mini-market where you can find organic food.*

> Téléphone-moi au moment **où** notre nièce arrive.
> *Call me the moment that (when) our niece arrives.*

ATTENTION!

In English, relative pronouns can sometimes be omitted. Relative pronouns cannot be omitted in French.

Le parent que j'ai perdu récemment était mon arrière-grand-père.

The relative (whom) I recently lost was my great-grand-father.

STRUCTURES

- The relative pronoun **dont** replaces an object of the preposition **de**.

On est allés à **l'hypermarché**.
We went to the supermarket. Je t'ai parlé **de l'hypermarché**.
I talked to you about the supermarket. On est allés à l'hypermarché **dont** je t'ai parlé.
We went to the supermarket (that) I talked to you about.

- Since the preposition **de** can indicate possession, **dont** can mean *whose*.

  Les enfants **dont** le père est autoritaire sont souvent punis.
  The children, whose father is strict, are often punished.

- Use **lequel** as a relative pronoun to represent the object of a preposition. Note that the preposition is retained in the clause containing the relative pronoun.

  C'est le citron bio **avec lequel** je vais faire la sauce
  That's the organic lemon with which I am going to prepare the sauce.

  C'est la raison **pour laquelle** je suis venu.
  This is why (the reason for which) I came.

- Remember that **lequel** and its forms **laquelle**, **lesquels**, and **lesquelles** agree in gender and number with the objects they represent. Remember, too, that when **lequel** combines with **à** or **de**, contractions may be formed.

With *à*	With *de*
auquel	duquel
auxquels	desquels
auxquelles	desquelles

- The relative pronoun **lequel** usually does not refer to people. If the object of the preposition is human, use the relative pronoun **qui** along with the preposition.

  C'est une relation **sur laquelle** je peux compter.
  That's a relationship I can count on.

  but

  C'est la femme **avec qui** Paul est très lié
  This is the woman with whom Paul is very close-knit.

- If a relative pronoun refers to an unspecified antecedent, use **ce que**, **ce qui**, or **ce dont**, which often mean *what*.

  Le problème **qui** m'inquiète, c'est le fossé des générations.
  The problem that worries me is the generation gap.

  La viande **que** je préfère, c'est la volaille.
  The meat that I prefer is poultry.

  L'ingrédient **dont** elle a besoin, c'est un conservateur.
  The ingredient that she needs is a preservative.

  Ce qui m'inquiète, c'est le fossé des générations.
  What worries me is the generation gap.

  Ce que je préfère, c'est la volaille.
  What I prefer is poultry.

  Ce dont elle a besoin, c'est un conservateur.
  What she needs is a preservative.

BLOC-NOTES

To review all the forms of **lequel**, see **Structures 1.3, pp. 26–27**.

Les générations qui bougent

STRUCTURES

Mise en pratique

1 **À choisir** Choisissez le bon mot pour compléter la phrase.

1. Je viens de voir le garçon _____ est le plus égoïste de tous les enfants que je connais.
   a. qui   b. que   c. dont
2. La supérette _____ je faisais mes courses a brûlé!
   a. laquelle   b. dont   c. où
3. «Jojo» est le seul surnom de Joël _____ je connaisse.
   a. que   b. duquel   c. auquel
4. C'est la réunion de famille pendant _____ Paulette a été si rebelle.
   a. qui   b. que   c. laquelle
5. Nous avons dépensé l'argent _____ nous devions acheter les asperges.
   a. que   b. avec lequel c. lequel
6. Ce garçon _____ on nous a parlé avant-hier a un frère jumeau.
   a. dont   b. laquelle   c. qui

2 **Fès** Le grand-père de Mohammed lui parle de la ville de Fès. Complétez le paragraphe à l'aide des pronoms relatifs de la liste.

| auxquels | dont | où | que |
| avec qui | duquel | pour laquelle | qui |

Fès, la quatrième ville du Maroc, est la ville (1) _____ m'est le plus chère parce que j'y ai passé toute mon enfance et donc c'est la ville (2) _____ je me souviens le mieux. C'est la raison (3) _____ j'y retourne souvent en vacances. J'aime me promener en ville avec mon frère (4) _____ je voyage souvent. Nous aimons découvrir des endroits (5) _____ nous ne connaissons pas encore. L'hôtel (6) _____ nous descendons toujours est formidable. Dans la cour, il y a des citronniers qui donnent d'excellents citrons (7) _____ on ne peut pas résister! Prendre un bon citron pressé au restaurant de cet hôtel est un vrai plaisir. En général, je m'installe dans un canapé confortable (8) _____ je regarde passer les gens dans la rue. C'est très relaxant!

Note CULTURELLE

Fès fait partie des quatre villes impériales du **Maroc** avec **Marrakech**, **Meknès** et **Rabat**. Elles ont toutes été capitale du Maroc au moins une fois dans leur histoire. On peut découvrir le palais royal et les tanneries à Fès, la grande place **Djema'a el-Fna** à Marrakech, les ruines d'une antique cité romaine dans la banlieue de Meknès et la grande mosquée **Hassan II** à Rabat.

3 **À lier** Liez (*Connect*) les deux phrases avec le bon pronom relatif.

Modèle Le saumon est très bon. Je mange ce saumon.
           Le saumon que je mange est très bon.

1. L'homme est gentil, intelligent et beau. Je rêve de cet homme.
2. Mes petits-enfants déménagent à La Rochelle. Ils habitent actuellement à Paris.
3. Ma grand-tante élève deux enfants adoptés. Je ne connais pas encore ces enfants.
4. Je sors souvent avec des frères jumeaux. Ces jumeaux sont très sympas!
5. Tu parles de la petite-fille de Josie? Je ne me souviens pas de sa petite-fille.
6. La patrie est un sujet. Je dois écrire une rédaction sur ce sujet.

Practice more at vhlcentral.com.

Communication

4 **Une rencontre** Imaginez que vous rencontriez un(e) ancien(ne) camarade de classe dans la rue. Vous parlez de vos familles respectives. À deux, créez la conversation à l'aide des éléments de la liste.

| avec lequel | dont | que |
| de laquelle | où | qui |

Modèle —Tu te souviens de Richard? C'est mon demi-frère que tu connaissais au lycée.
—Bien sûr! C'est le garçon qui était toujours insupportable en cours de chimie.

5 **Des parents** Sur une feuille de papier, notez les noms de quelques-uns des membres de votre famille (ou ceux d'une famille célèbre ou imaginaire). Pour chacun(e), écrivez une phrase pour le/la décrire à l'aide d'un pronom relatif. Ensuite, comparez vos phrases avec la classe.

Valérie	Valérie est la femme avec laquelle mon demi-frère s'est marié récemment.

6 **Étapes de vie** Par petits groupes, décrivez ce qui constitue, à votre avis, l'enfance ou la jeunesse idéale. à l'aide de ces éléments. Vos camarades de classe vous poseront des questions qui contiennent des pronoms relatifs.

Modèle —Quelle est la personne dont tu te souviens le mieux?
—Ma grand-mère. C'était la personne avec qui je m'entendais le mieux.

- vos parents
- vos amis
- vos professeurs
- votre école

Les générations qui bougent

STRUCTURES

6.3 Irregular -re verbs

—Maman t'**a mis** des draps propres

- You can see patterns in irregular **-re** verbs, but it is best to learn each verb individually.

	boire	croire	dire	écrire
je/j'	bois	crois	dis	écris
tu	bois	crois	dis	écris
il/elle	boit	croit	dit	écrit
nous	buvons	croyons	disons	écrivons
vous	buvez	croyez	dites	écrivez
ils/elles	boivent	croient	disent	écrivent
past participle	bu	cru	dit	écrit

	lire	prendre	craindre (to fear)	se plaindre
je	lis	prends	crains	me plains
tu	lis	prends	crains	te plains
il/elle	lit	prend	craint	se plaint
nous	lisons	prenons	craignons	nous plaignons
vous	lisez	prenez	craignez	vous plaignez
ils/elles	lisent	prennent	craignent	se plaignent
past participle	lu	pris	craint	plaint(e)(s)

ATTENTION!

Croire à + [*noun*] means *to believe in something*; **croire en** + [*noun*] means *to believe in someone*.

Blaise Pascal croyait-il en Dieu?
Did Blaise Pascal believe in God?

Décrire and **s'inscrire** (*to enroll*) are conjugated like **écrire**.

Remember that **apprendre** and **comprendre** are conjugated like **prendre**

Mon neveu **a bu** trois verres de lait.
My nephew drank three glasses of milk.

Mais **dis** quelque chose!
Well, say something!

Mes petits-enfants ne m'**écrivent** jamais.
My grandchildren never write me.

Est-ce que vous **comprenez** votre oncle?
Do you understand your uncle?

Je **crains** qu'elle ne m'aime plus.
I'm afraid she doesn't love me anymore.

Nous **nous sommes plaints** du service.
We complained about the service.

- The verb **plaire** (*to please*) is often used in the third person and usually takes an indirect object. Its past participle is **plu**. The English verb *to like* is typically used to translate it.

Cette fromagerie **leur plaît**.
They like this cheese shop.

Les produits bio **vous plaisent**?
Do you like organic food?

Le repas **lui a plu**.
She liked the meal.

STRUCTURES

	mettre	suivre	vivre
je/j'	mets	suis	vis
tu	mets	suis	vis
il/elle	met	suit	vit
nous	mettons	suivons	vivons
vous	mettez	suivez	vivez
ils/elles	mettent	suivent	vivent
past participle	mis	suivi	vécu

	rire	conduire	connaître
je/j'	ris	conduis	connais
tu	ris	conduis	connais
il/elle	rit	conduit	connaît
nous	rions	conduisons	connaissons
vous	riez	conduisez	connaissez
ils/elles	rient	conduisent	connaissent
past participle	ri	conduit	connu

ATTENTION!

Remember that **permettre** and **promettre** are conjugated like **mettre**.

Survivre is conjugated like **vivre**.

―――――

Use the expression **suivre un/des cours** to say *to take a class*.

Je suis un cours d'histoire de l'art.
I'm taking a course in art history.

―――――

Sourire is conjugated like **rire**.
Remember that **construire**, **détruire**, **produire**, **réduire**, and **traduire** are conjugated like **conduire**.

Disparaître, **paraître**, and **reconnaître** are conjugated like **connaître**.

―――――

Paraître is often used in the third person with an indirect object to say that something seems a certain way.

Ça me paraît difficile.
That seems difficult to me.

Nous **avons mis** un pull pour sortir.
We put on sweaters to go out.

Mes ancêtres **ont vécu** à Abidjan.
My ancestors lived in Abidjan.

Mes petits-enfants me **sourient** quand je chante pour eux.
My grandchildren smile at me when I sing to them.

Mon grand-père ne **conduit** plus.
My grandfather no longer drives.

Vous ne me **reconnaissez** pas?
Do you not recognize me?

Mon grand-oncle **a disparu** pendant la guerre.
My great uncle disappeared during the war.

- **Se mettre**, when followed by **à** + [*infinitive*], means *to start* (doing something).

    Elle **s'est mise à pleurer**!
    She started crying!

    À six heures, je **me mets à faire** la cuisine.
    At 6 o'clock, I start cooking.

- Note the double **i** spelling in the **nous** and **vous** forms of **rire** and **sourire** in the **imparfait**.

    Nous **riions** beaucoup à l'école.
    We used to laugh a lot at school.

    Vous **souriiez** quand votre tante téléphonait.
    You used to smile when your aunt called.

- The verb **naître**, conjugated like **connaître** in the present, is rarely used in this tense. Remember that the past participle agrees with the subject in compound tenses such as the **passé composé** and **plus-que-parfait**.

    Ma grand-mère est **née** en 1935.
    My grandmother was born in 1935.

    Les jumeaux étaient-ils **nés** à cette époque?
    Had the twins been born at that time?

Les générations qui bougent

STRUCTURES

Mise en pratique

Note CULTURELLE

À **Tunis**, capitale et centre administratif de la **Tunisie**, la ville moderne et la **médina** (vieille ville) offrent un contraste saisissant (*striking*). D'un côté, on peut admirer les grandes villas des quartiers résidentiels. De l'autre, on peut entrer dans la médina par de vieilles portes, vestiges des fortifications qui entouraient autrefois la ville. On trouve dans la médina des souks (marchés) et des monuments historiques.

1 **Un repas authentique** Claudia passe un semestre à Tunis, dans une famille. Ils voudraient préparer un repas traditionnel. Complétez la conversation logiquement.

apprendre	croire	plaire
comprendre	mettre	prendre
connaître	se plaindre	rire

MÈRE Alors, Claudia, quels plats tunisiens (1) _____-tu?

CLAUDIA Une fois, dans un resto maghrébin, je/j'(2) _____ du couscous.

PÈRE Je/J' (3) _____ que ça ferait un bon repas authentique.

GRAND-MÈRE Je ne/n' (4) _____ pas — j'adore le couscous!

Plus tard dans la cuisine...

CLAUDIA Je ne/n' (5) _____ pas cette recette. Peux-tu la traduire en anglais?

FILLE Non, moi non plus. Nous avons bien lu la recette. Nous (6) _____ tous les ingrédients dans le bol. Maman, ce n'est pas drôle! Pourquoi est-ce que tu (7) _____?

MÈRE Désolée, mais apparemment vous deux, vous ne/n' (8) _____ jamais _____ à cuisiner!

2 **Autrement dit** Réécrivez chaque phrase et remplacez le(s) mot(s) souligné(s) par un verbe irrégulier en **-re**. Ajoutez d'autres mots, si nécessaire.

1. Ma demi-sœur <u>est venue au monde</u> en 1998.
   _____

2. Tu n'aimes pas ton plat? Appelle le serveur et <u>dis-lui que tu n'es pas satisfait</u>!
   _____

3. <u>Avez-vous peur des</u> gens rebelles?
   _____

4. Ma famille <u>pense</u> que je n'ai pas assez d'amour-propre.
   _____

3 **Phrases logiques**

A. Écrivez cinq ou six phrases à l'aide des éléments de chaque colonne. Employez les verbes à des temps différents.

A	B	C
Mes parents	construire	une nouvelle maison…
Je	craindre	faire du mal à…
Le fossé des générations	disparaître	dans quelles circonstances?
Les gens bien élevés	écrire	des cartes de remerciement…
Mon arrière-grand-mère/père	naître	où et quand?
…?	survivre	…?

B. À deux, créez un dialogue qui inclut au moins trois de vos phrases de la partie A.

 Practice more at **vhlcentral.com**.

Communication

4 **Questions spécifiques** À deux, répondez aux questions par des phrases complètes.
1. Combien d'e-mails écris-tu chaque jour? Combien en lis-tu?
2. Écris-tu des cartes de vœux? Ça te plaît? Pourquoi?
3. Quel genre de littérature lis-tu le plus souvent?
4. Quel membre de ta famille se plaint le plus? Et qui rit le plus?
5. T'es-tu déjà plaint(e) de ton père ou de ta mère? Pourquoi?
6. Connais-tu quelqu'un qui vit dans une région francophone? Si oui, laquelle?
7. Quel âge avais-tu quand tu as conduit une voiture pour la première fois?
8. Tes parents te permettent-ils toujours de suivre les cours que tu veux?

5 **Une famille unie** Même les membres d'une famille unie ne s'entendent pas toujours parfaitement bien. À deux, posez des questions et décrivez cette scène à l'aide des verbes de la liste. Ensuite, imaginez une conversation entre les membres de la famille sur la photo.

Modèle —Où vivent-ils?
—Je crois qu'ils vivent aux États-Unis.

apparaître	craindre	permettre
boire	croire	se plaindre
(se) comprendre	dire	plaire
contredire	écrire	prendre

6 **À votre santé!** Imaginez que vous soyez une équipe de rédacteurs qui travaillent pour un magazine de santé. Par petits groupes, discutez de ce qu'il faut faire pour rester en bonne santé physique et mentale. Ensuite, écrivez un article qui inclut vos suggestions et au moins huit verbes irréguliers en **-re**.

Prenez en charge votre santé!

Pour rester en bonne santé, riez souvent! Ce qu'il faut faire pour ne pas être malade…

Les générations qui bougent

STRUCTURES

Synthèse  Reading

Mariage toujours

Recherchons organisateur/organisatrice de mariages rapide et efficace. Nous retiendrons la personne qui ne craint pas les obstacles, qui plaît et sourit aux clients. Contactez Samira à samira.alhafta@mariage.toujours.tn

Petits anges à garder

Un(e) baby-sitter est demandé(e) pour garder° deux enfants qui sont bien élevés et obéissants°. Il est indispensable que cette personne connaisse au moins une langue étrangère pour la leur enseigner. Appelez le 01.62.74.02.16.

garder *to look after*

obéissants *obedient*

À TABLE!

Un restaurant trois étoiles recherche un chef cuisinier qui connaisse la gastronomie maghrébine. Il est nécessaire que le candidat sache accommoder viandes et poissons avec les saveurs orientales. Il est recommandé que la personne ne se plaigne jamais. Le candidat dont les qualités correspondent à ces critères doit téléphoner au 04.78.96.29.54.

Appart' à partager

Jeunes filles recherchent un(e) colocataire pour partager un appartement au centre-ville. Il est essentiel que la personne qu'on choisira ne soit pas égoïste et rie souvent. Toute personne stricte et insupportable s'abstenir! Contactez-nous au 02.96.08.21.17.

1 **Besoin de travail** Vous avez besoin de travailler ce semestre. Écrivez votre propre annonce dans laquelle vous expliquez les critères que vous cherchez dans un travail.

> **Modèle** Il faut que je puisse travailler le soir après 18 heures...

2 **Des annonces** Votre ami(e) n'a pas pu acheter son journal aujourd'hui et vous demande de lui donner les détails des annonces. À deux, alternez les rôles.

> **Modèle** Deux filles ont un appartement à partager. Elles veulent que leur colocataire rie souvent!

3 **Mise en scène** Vous avez répondu à l'une des quatre annonces ci-dessus et maintenant les choses vont mal. À deux, imaginez la scène pour une de ces situations et jouez les rôles. Utilisez le présent du subjonctif et des pronoms relatifs.

Situation A: Le couple pour qui vous organisez le mariage est insupportable.

Situation B: Les petits anges sont en fait de petits démons.

Situation C: Les aide-cuisiniers qui travaillent pour vous sont incompétents.

Situation D: Les jeunes filles font trop la fête et vous dérangent souvent.

CULTURE

Préparation

Vocabulaire de la lecture
les affaires (f.) *belongings*
affronter *to face*
confier *to confide; to entrust*
débuter *to begin*
se dérouler *to take place*
faire une demande en mariage *to propose*
les fiançailles (f.) *engagement*
une mariée *bride*
nécessiter *to require*

Vocabulaire utile
une alliance *wedding ring*
une bague de fiançailles *engagement ring*
le bouquet de la mariée *bouquet*
un marié *groom*
une robe de mariée *wedding gown*
un témoin *witness; best man; maid of honor*

1 **Le mariage** Vous allez vous marier et vous lisez un livre pour tout savoir sur les éléments-clés de la cérémonie. Trouvez le titre de chaque chapitre.

Sommaire

Chapitre 1: _____ 7
Vous êtes fiancés? Félicitations! C'est pendant cette période que vous préparez votre mariage.

Chapitre 2: _____ 15
C'est le symbole de votre union. Comment la choisir?

Chapitre 3: _____ 21
Ils sont à côté de vous pendant la cérémonie. Qui choisir? Quel cadeau leur offrir? Tout ce qu'il faut faire.

Chapitre 4: _____ 28
C'est la journée de la mariée! Les hommes seront beaux dans leur costume, mais tout le monde s'intéressera à ce qu'elle portera! Voici notre sélection.

Chapitre 5: _____ 35
Qu'est-ce qu'un mariage sans fleurs? Il faut choisir avec soin cet accessoire très important pour la mariée! Lisez nos conseils.

2 **Célébrations** Répondez aux questions et comparez avec un(e) camarade.
1. Dans votre famille, les traditions du mariage sont-elles similaires à celles mentionnées dans l'activité 1? En avez-vous d'autres? Décrivez-les.
2. Vos traditions incluent-elles une demande en mariage officielle? Offre-t-on une bague de fiançailles?
3. Quelles sont les étapes de la cérémonie du mariage?
4. Célébrez-vous d'une manière particulière d'autres étapes marquantes de la vie? Lesquelles? Comment les célébrez-vous?

Les générations qui bougent

CULTURE

Jour de mariage

Hier, vendredi, j'étais invité au mariage d'un charmant couple algérien, Yasmina et Salim. Pour moi, Occidental, ce fut l'occasion d'ouvrir les yeux sur des traditions et un monde différents. Un peu perdu dans cette succession de cérémonies, j'ai posé des
5 questions au jeune couple.

CULTURE

PAUL Quels ont été les grands moments de la journée?

SALIM Tout a commencé en fin d'après-midi. Yasmina est arrivée chez moi, où elle est restée dans une pièce avec ses amies. La fête a vraiment débuté quand je suis arrivé pour la cérémonie avec les hommes, en marchant° au rythme de la musique. Tu as vu que les hommes et les femmes, et notre couple, sont restés séparés pendant toute la fête. Tout était fait pour rendre plus intense le moment où Yasmina et moi nous retrouverions en fin de soirée. Après le repas, les hommes, les femmes âgées et les enfants ont dansé. D'ailleurs°, je t'ai vu danser avec eux. Tu avais l'air de bien t'amuser. Puis, plus tard dans la soirée, la hennayat a tatoué mon index° avec du henné° pour me porter bonheur°. J'ai reçu de l'argent des invités, et j'ai enfin pu rejoindre Yasmina.

PAUL On m'a dit que «le mariage d'une nuit nécessite une année de préparation». Est-ce que cela a été le cas pour le vôtre?

YASMINA À peu près°. Il y a une semaine, Salim et moi sommes allés à la mosquée pour recevoir la bénédiction de l'imam, puis à la mairie pour signer les documents officiels. Deux jours avant la cérémonie du vendredi, j'ai célébré la fête de l'«Outia» qui symbolise le début de la préparation de la mariée. C'est aussi «la nuit du henné», la troisième et dernière nuit où on m'a tatoué les mains au henné. Ce produit végétal a une valeur spirituelle et protectrice. Plus le tatouage est foncé, plus il est beau et plus il a de la valeur. Il faut que le produit soit appliqué° trois fois pour qu'il imprègne la peau. Jeudi, j'ai envoyé toutes mes affaires chez Salim, et j'ai passé la journée à me reposer, afin d'affronter le rythme effréné° du lendemain.

Plus tard, on m'a expliqué que Salim avait fait une demande en mariage traditionnelle qu'on appelle la «shart». Il y a deux mois, il est venu demander la main de Yasmina à ses parents et leur a offert la somme habituelle, équivalente à 1.500 $. Une semaine après, ils ont fêté la «djeria», les fiançailles. La hennayat a appliqué du henné et un Louis d'or° sur la paume de la main de Yasmina, et Salim a offert à sa fiancée un tailleur° blanc pour le mariage.

Salim m'a confié que toute cette effervescence lui a rappelé la cérémonie de sa circoncision. Il avait six ans. Il a vécu là un moment capital de son existence: Il faut passer par ce rite pour devenir musulman. En général, un garçon est circoncis entre la naissance et l'âge de six ans. Quand le garçon est plus âgé, le rite prend plus d'importance, parce qu'il se rend compte de sa signification et il reçoit plein de cadeaux.

Ces fêtes maghrébines ont au moins un point commun. Toutes les femmes mariées de la famille se réunissent dans la maison où vont se dérouler les festivités. Elles procèdent toujours au même rituel: le roulage°, étape importante dans la préparation du couscous. C'est toujours le plat principal des fêtes familiales, en Afrique du Nord.

Je me souviendrai de l'ambiance et des odeurs envoûtantes° qui m'auront fait découvrir un autre univers. Pendant un moment, j'étais à l'autre bout de la Terre. Me voilà de retour. Dommage°...

Le henné

Le henné est une plante qu'on trouve au **Maghreb**. Les femmes, mais aussi les hommes, se servent de cette poudre comme produit de tatouage, après l'avoir mélangée avec de l'eau. La «hennayat», ou tatoueuse, l'applique parfois avec de la dentelle pour créer de jolis motifs. C'est aussi une substance qui sert à la teinture des cheveux.

Les générations qui bougent

Analyse

1 **Compréhension** Répondez aux questions par des phrases complètes.

1. À quelle cérémonie l'auteur a-t-il été invité?
2. Connaît-il bien les traditions de cette culture?
3. Les hommes et les femmes font-ils la fête ensemble dans la culture algérienne?
4. Où va le couple pour officialiser son union?
5. Qu'est-ce que le henné?
6. Quel est le rôle de la hennayat dans la cérémonie?
7. Qu'est-ce que la «shart»?
8. Comment appelle-t-on les fiançailles algériennes? Quand ont-elles lieu?
9. Quelle autre cérémonie traditionnelle le marié mentionne-t-il? Que signifie cette cérémonie?
10. En Afrique du Nord, quel plat fait toujours partie des fêtes familiales?

2 **Traditions** Dans l'article, vous avez vu qu'au Maghreb les fêtes sont basées sur un rituel qui peut durer plusieurs jours. Ces grandes cérémonies sont l'essence même de la société maghrébine. À deux, répondez à ces questions.

1. Ce genre de grande cérémonie existe-t-il dans votre famille? Sinon, aimeriez-vous qu'elle joue un plus grand rôle dans votre vie?
2. Connaissez-vous d'autres cultures qui ont cette caractéristique?

3 **«Mariage pluvieux, mariage heureux»** Il paraît qu'il y a une erreur dans la transcription de ce proverbe et qu'il faudrait dire: «Mariage plus vieux, mariage heureux». Aujourd'hui, on se marie de plus en plus tard. Par groupes de trois, répondez aux questions.

- Comment expliquez-vous ce phénomène?
- Pensez-vous que si on se marie plus vieux, on a vraiment de meilleures chances d'avoir un mariage heureux?

4 **Les grands événements de la vie**

A. Quels sont les événements les plus importants de votre vie? Ajoutez quatre autres événements au tableau, puis classez-les (*rank them*) par ordre d'importance.

	Classement
Passer son permis de conduire	
Commencer ses études universitaires	
Habiter loin de ses parents pour la première fois	
?	
?	
?	
?	

B. Pensez-vous que vos parents, quand ils étaient jeunes, aient donné la même importance que vous à ces événements? Par groupes de trois, discutez-en.

Préparation

À propos de l'auteur

Né à Rufisque, près de Dakar, capitale du Sénégal, **Lamine Sine Diop** (1921–) est un homme aux passions et aux talents multiples: médecin, professeur et poète. Cependant c'est dans sa poésie qu'on retrouve les thèmes qui montrent sa grande connaissance des traits les plus humains: l'amour et la nostalgie aussi bien que la souffrance et la tragédie. Dans son œuvre, il cherche à employer des images accessibles à tous les lecteurs. Le poème que vous allez lire est extrait d'un recueil (*collection*) intitulé *Ciel de bas-fond* (1988). Le professeur Diop a aussi publié deux autres recueils de poèmes et deux romans.

Vocabulaire de la lecture
- **la bonté** kindness
- **le front** forehead
- **grandir** to grow up
- **une larme** tear
- **le sable** sand
- **le soin** care
- **tant de...** so many...

Vocabulaire utile
- **accoucher** to give birth
- **décédé(e)** deceased
- **maternel(le)** maternal
- **nourrir** to feed
- **paternel(le)** paternal
- **pleurer** to cry
- **la tendresse** affection
- **traiter** to treat
- **vieillir** to grow old

1 **Vocabulaire** Complétez ces phrases logiquement.

1. Une mère _____, et elle commence immédiatement à s'occuper de son bébé.
   a. maternelle   b. accouche   c. traite
2. Le bébé a besoin _____ de ses parents pour survivre.
   a. de la larme   b. du front   c. des soins
3. Au cours des années, l'enfant devient de plus en plus grand; il _____ vite!
   a. grandit   b. pleure   c. nourrit
4. Les parents _____ peu à peu; ils ne sont plus aussi jeunes qu'avant!
   a. vieillissent   b. traitent   c. grandissent
5. Mais ils n'arrêtent jamais de ressentir _____ pour leur enfant.
   a. des larmes   b. du sable   c. de la tendresse
6. La mort d'un père ou d'une mère provoque _____ de douleur.
   a. de la bonté   b. des larmes   c. des fronts

2 **Discussion** À deux, posez-vous ces questions et expliquez vos réponses.

1. Quelles relations avais-tu avec tes parents quand tu avais un an? Sept ans? Treize ans?
2. Voudrais-tu avoir des enfants un jour? Pourquoi?
3. Élèveras-tu tes enfants comme tes parents t'ont élevé(e)?
4. Y a-t-il des caractéristiques qu'on retrouve chez tous les bons parents?

Les générations qui bougent

LITTÉRATURE

père
mère

Lamine Sine Diop

...tendres regards nos premiers miroirs

LITTÉRATURE

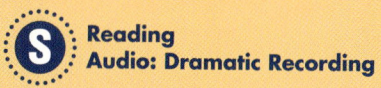

Père Mère
Premiers cris d'amour
Nous vîmes le jour
Père Mère
5 Des yeux noirs tendres regards nos premiers miroirs
to marvel Les premiers à nous émerveiller° de leur bonté profonde
sweat Père tu apportas la sueur° noire de ton front
milky / breast Mère tu donnas la source lactée° de ton sein°
nurturing radiance Nous grandîmes dans le faisceau nourricier° de vos soins
10 Tant de sacrifices immensément désirés
À la base de notre première reconnaissance
Père tu nous gratifias de ton sourire permanent
sparkling / a gap between two teeth Étincelant° de diastème° d'une rare noblesse
warmth Mère tu offris la tiédeur° hospitalière de tes bras
cradle / piercing / sobs 15 D'un berceau° des cris perçants° des larmes des sanglots°
petites mains / extended Menottes° tendues° impatiente agitation
Humbles manières de saluer votre divine patience
Père tu fis sentir l'autorité sans colère
Mère tu fis entendre ta douce voix
gentleness 20 Tant de tacts respectés de douceur° aimée
Qui forcèrent à l'âge de raison notre première admiration
Père Mère
wrinkled Plus de sueur noire le front s'est ridé°
shriveled / dried up Le sein flétri° la source tarie°
devotion 25 Les cheveux blancs sourient au dévouement° des cheveux noirs
Père Mère
graves Deux tombes° de sable fin côte à côte
Nos premières blessures profondes
Nos dernières larmes

Les générations qui bougent

LITTÉRATURE

Analyse

1 **Compréhension** Répondez aux questions.

1. Quels sont les premiers yeux qu'un(e) enfant voit? Qu'expriment-ils?
2. Qu'est-ce qui sort du front d'un père et du sein d'une mère?
3. Comment est le sourire d'un père? Qu'offrent les bras d'une mère?
4. Quels mots du poème montrent que les bébés mettent à l'épreuve la patience des parents?
5. Pourquoi admire-t-on les parents quand on arrive à l'âge de raison?
6. Quels mots du poème suggèrent la vieillesse des parents?

2 **Interprétation** À deux, répondez aux questions par des phrases complètes.

1. Quelles métaphores trouve-t-on dans ce poème? Que représentent-elles?
2. Peut-on dire que le père et la mère du poème représentent tous les parents du monde? Pourquoi?
3. À quoi sert la répétition de l'expression «Père Mère» dans le poème?
4. À quelles étapes de la vie le poème fait-il allusion?
5. À quelle étape de leur vie les parents en sont-ils au moment des «premières blessures profondes» et des «dernières larmes»? À quelle étape de leur vie les enfants en sont-ils?
6. Pourquoi ces blessures profondes ne sont-elles que les premières? Pourquoi ces larmes sont-elles les dernières?

3 **Qu'en dites-vous?** Par groupes de trois, dites si vous êtes d'accord ou pas avec ces déclarations et expliquez pourquoi. Ensuite, présentez vos idées à la classe.

	Oui	Non
1. Le poème est un hommage à l'amour entre parents et enfants.	☐	☐
2. Tous les parents ressentent pour leur enfant une affection comme celle des parents du poète.	☐	☐
3. Tous les enfants ressentent pour leurs parents une affection comme celle du poète.	☐	☐
4. Le poème donne une vision trop simpliste des relations entre parents et enfants.	☐	☐

4 **Rédaction** L'amour est un des thèmes principaux du poème. Suivez le plan de rédaction pour écrire un essai où vous expliquez comment et pourquoi le poète ne se concentre que sur les aspects positifs de l'amour entre parents et enfants. Employez le présent du subjonctif, des pronoms relatifs et des verbes irréguliers en **-re**.

Plan

1. **Thèse** Exposez votre thèse. Comment organiserez-vous vos arguments?
2. **Exemples** Citez le poème pour appuyer (*to support*) votre thèse.
3. **Conclusion** Pour terminer, résumez vos idées principales.

En famille

Les membres de la famille

un(e) arrière-grand-père/mère great-grandfather/grandmother
un beau-fils/-frère/-père son-/brother-/father-in-law; stepson/father
une belle-fille/-sœur/-mère daughter-/sister-/mother-in-law; stepdaughter/mother
un(e) demi-frère/-sœur half brother/sister
un(e) enfant/fille/fils unique only child
un époux/une épouse spouse; husband/wife
un(e) grand-oncle/-tante great-uncle/-aunt
des jumeaux/jumelles twin brothers/sisters
un neveu/une nièce nephew/niece
un(e) parent(e) relative
un petit-fils/une petite-fille grandson/granddaughter

La vie familiale

déménager to move
élever (des enfants) to raise (children)
être désolé(e) to be sorry
gâter to spoil
gronder to scold
punir to punish
regretter to regret
remercier to thank
respecter to respect
surmonter to overcome

La cuisine

un aliment (type or kind of) food
une asperge asparagus
un citron lemon
un citron vert lime
un conservateur preservative
des épinards (m.) spinach
une fromagerie cheese store
un hypermarché large supermarket
un raisin (sec) grape (raisin)
le saumon salmon
une supérette mini-market
la volaille poultry/fowl

alimentaire related to food
bio(logique) organic

La personnalité

le caractère character, personality
autoritaire bossy
bien/mal élevé(e) well-/bad-mannered
égoïste selfish
exigeant(e) demanding
insupportable unbearable
rebelle rebellious
soumis(e) submissive
strict(e) strict
uni(e)/lié(e) close-knit

Les étapes de la vie

l'âge (m.) adulte adulthood
l'enfance (f.) childhood
la jeunesse youth
la maturité maturity
la mort death
la naissance birth
la vieillesse old age

Les générations

l'amour-propre (m.) self-esteem
le fossé des générations generation gap
la patrie homeland
une racine root
un rapport/une relation relation/relationship
un surnom nickname

hériter to inherit
ressembler (à) to resemble, to look like
survivre to survive

Court métrage

une cité low-income housing development
un complexe d'infériorité inferiority complex
un foulard headscarf
la gêne embarrassment
un(e) intellectuel(le) intellectual
la pension benefits
un(e) travailleur/travailleuse manuel(le) blue-collar worker

un voyou hoodlum
chuchoter to whisper
déranger to bother, to disturb
mépriser to have contempt for
soûler to bug; to talk to death
traîner to hang around; to drag
traiter avec condescendance to patronize

tendu(e) tense

Culture

les affaires (f.) belongings
une alliance wedding ring
une bague de fiançailles engagement ring
le bouquet de la mariée bouquet
les fiançailles (f.) engagement
un marié groom
une mariée bride
une robe de mariée wedding gown
un témoin witness; best man; maid of honor

affronter to face
confier to confide; to entrust
débuter to begin
se dérouler to take place
faire une demande en mariage to propose
nécessiter to require

Littérature

la bonté kindness
le front forehead
une larme tear
le sable sand
le soin care
la tendresse affection

accoucher to give birth
grandir to grow up
nourrir to feed
pleurer to cry
traiter to treat
vieillir to grow old

décédé(e) deceased
maternel(le) maternal
paternel(le) paternal
tant de... so many...

TABLE DES MATIÈRES

Fiches de grammaire
pages 235–285

Appendice A
Dialogues des courts métrages
pages 286–302

Appendice B
Tables de conjugaison
pages 303–316

Appendice C
Vocabulaire
Français-Anglais
pages 317–327
Anglais-Français
pages 328–338

Appendice D
Index
pages 339–341

Appendice E
Sources
pages 342–343

FICHES de GRAMMAIRE

Supplementary Grammar Coverage
for **RÊVEZ**

FICHES DE GRAMMAIRE

The **Fiches de grammaire** section is an invaluable tool for both instructors and students of intermediate French. It contains additional grammar concepts not covered within the core lessons of **RÊVEZ**, as well as practice activities. For each lesson in **RÊVEZ**, two additional grammar topics are offered with corresponding practice.

These concepts are correlated to the lessons in **Structures** by means of the **Bloc-notes** sidebars, which provide the exact page numbers where new concepts are taught in the **Fiches**.

This special supplement allows for great flexibility in planning and tailoring your course to suit the needs of whole classes and/or individual students. It also serves as a useful and convenient reference tool for students who wish to review previously learned material.

FICHES DE GRAMMAIRE

Table des matières

Leçon 1
1.4 Present tense of regular **-er**, **-ir**, and **-re** verbs.................. 238
1.5 The imperative... 240

Leçon 2
2.4 Nouns and articles.. 242
2.5 **Il est** and **c'est**... 244

Leçon 3
3.4 Possessive adjectives..................................... 246
3.5 The **imparfait**: formation and uses...................... 248

Leçon 4
4.4 Demonstrative adjectives................................. 250
4.5 The **passé simple**....................................... 252

Leçon 5
5.4 Object pronouns.. 254
5.5 Past participle agreement................................. 256

Leçon 6
6.4 Disjunctive pronouns..................................... 258
6.5 Possessive pronouns..................................... 260

Points de grammaire supplémentaires
The comparative and superlative of adjectives and adverbs........... 262
The **futur simple**.. 264
The subjunctive with expressions of doubt and
conjunctions; the past subjunctive............................. 266
The **conditionnel**.. 268
The subjunctive after indefinite antecedents and
in superlative statements..................................... 270
Demonstrative pronouns....................................... 272
The present participle... 274
Faire causitif... 276
The past conditional.. 278
The future perfect.. 280
Si clauses... 282
The passive voice.. 284

FICHES DE GRAMMAIRE

1.4 Present tense of regular -er, -ir, and -re verbs

- Most French verbs that end in **-er** follow the same pattern.

parler	
je parl**e**	nous parl**ons**
tu parl**es**	vous parl**ez**
il/elle parl**e**	ils/elles parl**ent**

Elle **parle** au téléphone.

- Hundreds of verbs follow this pattern. Here are some more regular **-er** verbs.

aimer (*to like, to love*)	donner (*to give*)	oublier (*to forget*)
arriver (*to arrive*)	écouter (*to listen to*)	penser (*to think*)
chercher (*to look for*)	habiter (*to live in*)	regarder (*to watch*)
compter (*to count*)	inviter (*to invite*)	travailler (*to work*)

BLOC-NOTES

The present tense of spelling-change -er verbs is explained in **Structures 1.1, pp. 18–19**.

- Most verbs that end in **-ir** follow this pattern.

finir	
je fin**is**	nous fin**issons**
tu fin**is**	vous fin**issez**
il/elle fin**it**	ils/elles fin**issent**

Elle **finit** ses devoirs.

BLOC-NOTES

A handful of -ir verbs are irregular. To find out more about irregular -ir verbs, see **Structures 4.3, pp. 142–143**.

- Here are some more regular **-ir** verbs.

choisir (*to choose*)	maigrir (*to lose weight*)	réfléchir (*to think* (*about*))
grossir (*to gain weight*)	obéir (à) (*to obey*)	réussir (à) (*to succeed*)

- Most verbs that end in **-re** follow this pattern.

vendre	
je vend**s**	nous vend**ons**
tu vend**s**	vous vend**ez**
il/elle vend	ils/elles vend**ent**

Il **vend** un appareil photo.

BLOC-NOTES

Irregular -re verbs are explained in **Structures 6.3, pp. 220–221**.

- Here are some more regular **-re** verbs.

attendre (*to wait* (*for*))	descendre (*to go down*)	perdre (*to lose*)
défendre (*to defend*)	entendre (*to hear*)	répondre (*to answer*)

Leçon 1

FICHES DE GRAMMAIRE

Mise en pratique

1 **À compléter** Employez la forme correcte des verbes entre parenthèses.

1. Tu _____ (jouer) au tennis samedi après-midi?
2. Mon cousin _____ (obéir) toujours à ses parents.
3. Nous _____ (habiter) à New York.
4. On _____ (grossir) quand on mange trop de pâtes.
5. Mes frères _____ (partager) un bel appartement.
6. Vous _____ (vendre) votre vélo?
7. Ces étudiants _____ (s'entendre) bien.
8. Je _____ (compter) sur ma meilleure amie.

2 **À choisir** Choisissez les verbes qui complètent logiquement ces paragraphes. Faites tous les changements nécessaires. Chaque verbe n'est utilisé qu'une seule fois.

agacer	écouter	finir	quitter
aimer	énerver	oublier	réussir
attendre	entendre	perdre	rêver
se disputer	étudier	poser	téléphoner

A. Nicolas, avant d'aller au cinéma, tu (1) _____ tes devoirs. D'accord? Tu (2) _____ toujours la dernière minute. Tu (3) _____ ton temps et ça m' (4) _____! Je ne suis pas contente. Est-ce que tu m' (5) _____? Pourquoi est-ce que tu ne m' (6) _____ jamais? Les élèves qui n' (7) _____ pas ne (8) _____ pas au bac, tu sais!

B. J'en ai marre de mon petit ami. Il est charmant, mais il (9) _____ toujours nos rendez-vous. Je ne peux pas vous dire combien il m' (10) _____! Nous (11) _____ souvent parce qu'il me (12) _____ des lapins et qu'il ne me (13) _____ pas. Je l' (14) _____ toujours, mais je (15) _____ d'un petit ami plus sensible. Alors, c'est décidé. Ce week-end, je le (16) _____.

3 **Assemblez** Assemblez les éléments des trois colonnes pour créer des phrases. Ajoutez tous les mots nécessaires.

A	B	C
je	aimer	appartement
le prof	arriver	chocolat
mon/ma camarade de chambre	choisir	cours
ma sœur	descendre	devoirs
mon ami(e)	écouter	gare
mon frère	finir	hôtel
mes parents	habiter	montre
mon/ma petit(e) ami(e)	perdre	musique
nous	répondre	sac
tu	rester	question
?	vendre	voiture
	?	?

Fiches de grammaire

FICHES DE GRAMMAIRE

1.5 The imperative

- Use the imperative to give a command or make a suggestion.

Attends le bus!   **Attendons** le bus!   **Attendez** le bus!
Wait for the bus!   *Let's wait for the bus!*   *Wait for the bus!*

- The imperative forms of **-ir** and **-re** verbs are the same as the present tense forms.

finir		répondre	
Present	Imperative	Present	Imperative
Tu finis.	Finis!	Tu réponds.	Réponds!
Nous finissons.	Finissons!	Nous répondons.	Répondons!
Vous finissez.	Finissez!	Vous répondez.	Répondez!

- Form the **tu** command of **-er** verbs by dropping the **-s** from the present tense form. The **nous** and **vous** forms are the same as the present tense forms.

danser	
Present	Imperative
Tu danses.	Danse!
Nous dansons.	Dansons!
Vous dansez.	Dansez!

- The imperative forms of **être**, **avoir**, and **savoir** are irregular.

avoir:	aie	ayons	ayez
être:	sois	soyons	soyez
savoir:	sache	sachons	sachez

Sois sage!   **Ayons** de la patience!   **Sachez** que nous fermons.
Be good!   *Let's have patience!*   *Be advised that we're closing.*

- In negative commands, place **ne... pas** around the verb.

Ne sois **pas** nerveux!   **N'**oubliez **pas** notre rendez-vous!
Don't be nervous!   *Don't forget our date!*

- In affirmative commands, object pronouns and reflexive pronouns follow the verb and are joined by a hyphen. In negative commands, pronouns are placed in front of the verb with no hyphen.

Donnez-**les-moi**!   Ne **me les** donnez pas!
Give them to me!   *Don't give them to me!*

Lève-**toi**!   Ne **te** lève pas!
Get up!   *Don't get up!*

ATTENTION!

Although **aller** is irregular, like other **-er** verbs, it has no **-s** on the **tu** command form.

Va au marché!
Go to the market!

ATTENTION!

Do not drop the **-s** from the **tu** form of a command when it is followed by a pronoun that begins with a vowel.

Vas-y!
Go (there)!

Manges-en!
Eat some!

BLOC-NOTES

To review pronoun order, see **Structures 5.3, pp. 180–181.**

FICHES DE GRAMMAIRE

Mise en pratique

1 **Que fait-on?** Employez l'impératif pour donner des ordres ou pour faire des suggestions.

Modèle Vous parlez à votre fiancé(e): vous téléphoner
Téléphone-moi!

Vous parlez à...		
votre fiancé(e):	de nouveaux étudiants:	un(e) ami(e) de ce que vous pouvez faire ensemble:
1. aller à la bibliothèque	6. faire attention aux profs	11. aller au cinéma
2. compter sur vous	7. se lever tôt	12. prendre un verre
3. écrire souvent	8. aller aux cours	13. écouter de la musique
4. me donner la main	9. avoir confiance	14. nager à la piscine
5. vous attendre après le cours	10. ne pas sortir le samedi	15. ne pas rester à la maison

2 **De bons conseils** Que dites-vous dans ces situations? Utilisez l'impératif.
1. Votre frère cadet refuse de boire son jus d'orange.
2. Vous étudiez et vos camarades de chambre parlent très fort.
3. Vous demandez à vos parents de vous envoyer de l'argent.
4. Votre meilleur ami part en vacances.
5. Il est dix heures du soir et votre petite sœur ne veut pas se coucher.
6. Vous et votre ami(e) avez faim.

3 **Que disent-ils?** Écrivez une phrase à l'impératif qui convient à chaque image.

1.

2.

3.

4.

Fiches de grammaire

FICHES DE GRAMMAIRE

2.4 Nouns and articles

- Definite and indefinite articles agree in gender and number with the nouns they modify.

	Definite articles		Indefinite articles	
	singular	plural	singular	plural
masculine	le musicien	les musiciens	un musicien	des musiciens
feminine	la musicienne	les musiciennes	une musicienne	des musiciennes

- The gender of nouns that refer to people typically matches the gender of the person: **un garçon / une fille**; **un chanteur / une chanteuse**; **un enfant / une enfant**.

- Certain noun endings provide clues to their gender.

ATTENTION!
There are several exceptions to these gender rules. When in doubt, use a dictionary.

l'eau (*f.*)   la fin
le génie   le lycée
la main   le musée
la peau   la plage

Typical masculine endings

-age le voyage	-asme le sarcasme	-if le tarif
-ail le travail	-eau le bureau	-in le bassin
-ain l'écrivain	-ent l'argent	-isme le surréalisme
-al le journal	-et le bonnet	-ment le dépaysement
-as le repas	-ier le clavier	-oir le pouvoir

Typical feminine endings

-ace la place	-ère la boulangère	-sion l'expression
-ade la charade	-esse la tristesse	-té la responsabilité
-aine la laine	-ette l'assiette	-tié l'amitié
-ance la chance	-euse la chanteuse	-tion l'addition
-ée la journée	-ie la pâtisserie	-trice l'actrice
-ence la compétence	-ière la cuisinière	-ture la rupture

- To form the plural of most French nouns, add an **-s**. If a singular noun ends in **-s**, **-x**, or **-z**, its plural form remains the same: **le gaz → les gaz**; **le pays → les pays**; **la voix → les voix**.

- If a singular noun ends in **-au**, **-eau**, **-eu**, or **-œu**, its plural form usually ends in **-x**. If a singular noun ends in **-al**, drop the **-al** and add **-aux**.

le chapeau   le jeu   le cheval
les chapeaux   les jeux   les chevaux

ATTENTION!
Here are a few exceptions.

le bijou (*jewel*)   les bijoux
le caillou (*pebble*) les cailloux
le carnaval   les carnavals
le festival   les festivals
le récital   les récitals
le pneu   les pneus
le travail   les travaux

- A few nouns have very irregular plural forms: **l'œil → les yeux**; **le ciel → les cieux**; **le monsieur → les messieurs**.

FICHES DE GRAMMAIRE

Mise en pratique

1 **Masculin ou féminin?** Ajoutez les articles indéfinis.

1. _____ acteur
2. _____ charcuterie
3. _____ appartement
4. _____ nation
5. _____ parade
6. _____ cahier
7. _____ pharmacienne
8. _____ adresse
9. _____ château
10. _____ miroir
11. _____ tarif
12. _____ changement
13. _____ animal
14. _____ lundi
15. _____ chance
16. _____ coiffeuse
17. _____ compétition
18. _____ idée
19. _____ million
20. _____ mariage

2 **Les pluriels** Dans les phrases suivantes, mettez au pluriel les noms soulignés. Faites tous les autres changements nécessaires.

1. On a volé <u>mon bijou</u>!
   _____

2. <u>Ce mois</u> passe rapidement.
   _____

3. L'aspirine n'est pas bonne pour <u>son mal</u> de ventre.
   _____

4. Hélène aime <u>son</u> nouveau <u>chapeau</u>.
   _____

5. <u>Le chat</u> a fait beaucoup de bruit.
   _____

6. C'est papa qui a préparé <u>le repas</u>.
   _____

7. Tu as acheté <u>la chemise</u> noire?
   _____

8. <u>La couleur</u> de cet arbre est très belle en automne.
   _____

9. As-tu connu <u>le fils</u> de Monsieur Sévigny?
   _____

10. <u>Le feu</u> a commencé à cause d'une allumette.
    _____

3 **Ma ville idéale** Employez des articles définis et indéfinis pour parler de votre ville idéale. Utilisez le vocabulaire de la Leçon 2 autant que possible.

Modèle Les embouteillages ne me gênent pas, mais la vie nocturne doit être animée.

Fiches de grammaire

FICHES DE GRAMMAIRE

2.5 *Il est* and *c'est*

- **C'est** and **il/elle est** can both mean *it is* or *he/she is*. **Ce sont** and **ils/elles sont** mean *they are*. All of these expressions can refer to people or things.

- Use **c'est** and **ce sont** to identify people or things.

    C'est mon stylo.   **Ce sont** mes amis.
    It's my pen.   *They are my friends.*

C'est la famille Delorme.

- Use **il/elle est** and **ils/elles sont** to describe specific people or things that have been previously mentioned.

    Essayez ce pain au chocolat!   Voici Madame Duval et sa fille.
    Il est vraiment délicieux!   **Elles sont** bilingues.
    Try this chocolate croissant.   *Here are Mrs. Duval and her daughter.*
    It's really delicious!   *They are bilingual.*

- When stating a person's nationality, religion, political affiliation, or profession, **il/elle est** and **c'est un/une**, and their respective plural forms **ils/elles sont** and **ce sont des**, are both correct. If you include an adjective, you can only use **c'est un/une** or **ce sont des**.

    Il est journaliste.   **C'est un** journaliste.   **C'est un** journaliste célèbre.
    He's a journalist.   *He's a journalist.*   *He's a famous journalist.*

- To describe an idea or concept expressed as an infinitive rather than a noun, use the impersonal construction **il est** + [*adjective*] + **de** (**d'**) + [*infinitive*].

    Il est important de se brosser   **Il est essentiel d'apprendre**
    les dents après les repas.   une langue étrangère à l'école.
    It is important to brush one's   *It is essential to learn*
    teeth after meals.   *a foreign language at school.*

- Use **c'est** + [*adjective*] + **à** + [*infinitive*] if the object of the infinitive is not stated immediately after it or not stated at all. Compare these sentences.

    Il est facile de vendre   Une maison, **c'est facile**   **C'est facile**
    une maison.   **à vendre**.   **à vendre**!
    It's easy to sell   *A house is easy*   *It's easy*
    a house.   *to sell.*   *to sell!*

- Use **c'est** + [*adjective*] to describe an idea or concept that has already been mentioned or stated earlier in a sentence.

    Se brosser les dents après les repas,   J'apprends une langue étrangère à l'école.
    c'est important.   **C'est** vrai!
    Brushing one's teeth after meals   *I'm learning a foreign language at school.*
    is important.   *It's true!*

ATTENTION!

Note that no definite article is used with **il/elle est** and **ils/elles sont**.

Il est médecin.
He is a doctor.

Elles sont socialistes.
They are socialists.

ATTENTION!

Because infinitives and concepts typically have no gender, use only **il est** or **c'est** with them, never **elle est**. An adjective following **il est** or **c'est** is always in the masculine singular form.

244 Leçon 2

Mise en pratique

1 À compléter Complétez les phrases suivantes à l'aide des expressions de la liste.

> c'est | il est | ils sont
> ce sont | elle est | elles sont

1. _____ mon ami, Jacques. _____ étudiant. _____ un très bon ami.
2. _____ les parents de Jean-Marc. _____ canadiens. Son père, _____ infirmier et sa mère, _____ avocate.
3. _____ notre chien, Rufus. _____ un berger allemand (*German shepherd*). _____ génial!
4. _____ Louise et Michèle. _____ camarades de chambre. Louise, _____ timide et tranquille. Michèle, _____ plutôt mélancolique.
5. _____ mon bureau. _____ grand et confortable. _____ facile d'y travailler.

2 Descriptions Répondez aux questions. Ensuite, présentez vos descriptions à la classe.

1. Votre meilleur(e) ami(e): Qui est-ce? Comment est-il/elle physiquement? Quel genre de personnalité a-t-il/elle?
2. Une personne célèbre: Qui est-ce? Que fait-il/elle dans la vie? Comment est-il/elle physiquement? Est-ce que vous l'aimez bien? Pourquoi?
3. Une personne que vous admirez: Qui est-ce? Que fait-il/elle dans la vie? Quel genre de personnalité a-t-il/elle? Pourquoi l'admirez-vous?
4. La voiture de vos rêves: Qu'est-ce que c'est? Comment est-elle? Pourquoi vous plaît-elle?

3 Qui est-ce? Inventez une identité pour chaque personne. Identifiez-les et décrivez-les. Écrivez au moins trois phrases par photo.

Modèle C'est Francine. Elle est reporter. Elle est très professionnelle.

1.

2.

FICHES DE GRAMMAIRE

3.4 Possessive adjectives

- Possessive adjectives are used to express ownership or possession.

English meaning	masculine singular	feminine singular	plural
my	mon	ma	mes
your (familiar and singular)	ton	ta	tes
his, her, its	son	sa	ses
our	notre	notre	nos
your (formal or plural)	votre	votre	vos
their	leur	leur	leurs

- Possessive adjectives are placed before the nouns they modify.

C'est **ta** radio?   Non, mais c'est **ma** télévision.
Is that your radio?   *No, but that's my television.*

- Unlike English, French possessive adjectives agree in gender and number with the object owned rather than the owner.

mon magazine   **ma** bande dessinée   **mes** journaux
my magazine   *my comic strip*   *my newspapers*

- **Notre** and **votre** are used with singular nouns whether they are masculine or feminine.

notre neveu   **notre** nièce   **votre** oncle   **votre** tante
our nephew   *our niece*   *your uncle*   *your aunt*

- Regardless of gender, the plural forms of **notre** and **votre** are **nos** and **vos**.

nos cousins   **nos** cousines   **vos** frères   **vos** sœurs
our cousins   *our (female) cousins*   *your brothers*   *your sisters*

- The possessive adjectives **son**, **sa**, and **ses** reflect the gender and number of the noun possessed, not the owner. Context should tell you whether they mean *his* or *her*.

son père   **sa** mère   **ses** parents
his/her father   *his/her mother*   *his/her parents*

- Use **mon**, **ton**, and **son** before a feminine singular noun or adjective that begins with a vowel sound.

mon amie Nathalie   *but*   **ma** meilleure amie Nathalie
my friend Nathalie   *my best friend Nathalie*

son ancienne publicité   *but*   **sa** publicité
his/her/its former advertisement   *his/her/its advertisement*

ATTENTION!

Remember, you cannot use *'s* to express relationship or to show possession in French. Use **de** or **d'** along with the noun instead.

la maison de ma mère
my mother's house

Mise en pratique

1 **À choisir** Pour chaque phrase, choisissez l'adjectif possessif qui convient.

1. Le photographe a perdu (son / sa / ses) appareil photo!
2. Est-ce que c'est (ton / ta / tes) ordinateur?
3. Je vous présente (mon / ma / mes) parents.
4. Ils ont oublié (leur / leurs) parapluie?
5. Vous aimez ce magazine? Ma sœur adore (son / ses / sa) rubrique société.
6. Cette annonce est nulle! Voilà (mon / ma / mes) opinion!
7. (Votre / Vos) amis sont sympathiques.
8. La vedette n'a pas assisté à la première de (son / sa / ses) film.
9. Les critiques ont beaucoup aimé (notre / nos) documentaire.
10. Tu es sorti avec (ton / ta / tes) petite amie?

2 **À compléter** Trouvez le bon adjectif possessif.

1. (my) _____ copain habite un grand immeuble en ville.
2. (his) _____ femme est critique de cinéma.
3. (her) _____ opinion est toujours impartiale.
4. (their) _____ cousins sont arrivés hier soir.
5. (your, fam.) _____ cours sont intéressants?
6. (our) _____ moyens de communication sont modernes.
7. (its) _____ sous-titres sont en anglais.
8. (your, formal) _____ voisin est animateur de radio?

3 **C'est ton...?** Pour chaque groupe de mots, écrivez la question et répondez-y par oui ou par non. Employez les adjectifs possessifs qui correspondent.

Modèle tu / cahier / elle
—C'est ton cahier?
—Non, c'est son cahier.

1. vous / parents / nous
2. ils / voiture / nous
3. je / devoirs / tu
4. elle / télévision / je
5. tu / vedette préférée / il
6. nous / professeur / vous

FICHES DE GRAMMAIRE

3.5

The *imparfait*: formation and uses

- The **imparfait** is used to talk about what used to happen or to describe conditions in the past.

    Ils **regardaient** le feuilleton tous les jours.
    They used to watch the soap opera every day.

    Ce journaliste **avait** une bonne réputation.
    This journalist had a good reputation.

- To form the **imparfait**, drop the **-ons** from the **nous** form of the present tense, and add these endings.

	penser (nous pens<s>ons</s>)	finir (nous finiss<s>ons</s>)	vendre (nous vend<s>ons</s>)
je	pens**ais**	finiss**ais**	vend**ais**
tu	pens**ais**	finiss**ais**	vend**ais**
il/elle	pens**ait**	finiss**ait**	vend**ait**
nous	pens**ions**	finiss**ions**	vend**ions**
vous	pens**iez**	finiss**iez**	vend**iez**
ils/elles	pens**aient**	finiss**aient**	vend**aient**

- Irregular verbs, too, follow this pattern: **j'allais, j'avais, je buvais, je faisais, je sortais,** etc.

- Only the verb **être** is irregular in the **imparfait**.

The imparfait of être	
j'**étais**	nous **étions**
tu **étais**	vous **étiez**
il/elle **était**	ils/elles **étaient**

Elle **était** fatiguée.

- The **imparfait** is used to talk about actions that took place repeatedly or habitually.

    Nous **faisions** du jogging le matin.
    We went jogging every morning.

    Je **lisais** toujours mon horoscope.
    I always used to read my horoscope.

- When narrating a story in the past, the **imparfait** is used to set the scene, such as describing the weather, what was going on, the time frame, and so on.

    Il **faisait** froid.
    It was cold.

    Il n'y **avait** personne dans le parc.
    There was no one in the park.

- The **imparfait** is used to describe states of mind that continued over an unspecified period of time in the past.

    Nous **avions** peur.
    We were afraid.

    Je **voulais** partir.
    I wanted to leave.

ATTENTION!

The **imparfait** and the **passé composé** are both used to talk about the past, but they are not interchangeable. Use the **passé composé** to talk about completed actions or events in the past. To review the **passé composé** vs. the **imparfait**, see Structures 3.3, pp. 104–105.

ATTENTION!

Verbs that end in **-ger** add an **e** before all endings except in the **nous** and **vous** forms. Similarly, the **c** in verbs that end in **-cer** becomes **ç** before all endings except in the **nous** and **vous** forms.

je mangeais *but*
nous mangions

il commençait *but*
vous commenciez

FICHES DE GRAMMAIRE

Mise en pratique

1 **À compléter** Mettez les verbes à l'imparfait pour compléter ce paragraphe.

Quand j' (1) _____ (être) petit, j' (2) _____ (avoir) beaucoup de copains. Nous (3) _____ (faire) du vélo et nous (4) _____ (jouer) dans le parc, en face de notre école. J' (5) _____ (être) un élève assez sérieux. L'après-midi, mon meilleur ami et moi, nous (6) _____ (étudier) ensemble. Je ne (7) _____ (regarder) pas trop la télé parce que mes parents (8) _____ (penser) que les publicités (9) _____ (être) mauvaises pour les enfants. Mais j' (10) _____ (aimer) aller au cinéma avec mon frère. Il (11) _____ (être) plus fort que moi. Il me (12) _____ (protéger) contre les garçons trop agressifs et il me (13) _____ (permettre) de sortir avec lui quelquefois. Il n' (14) _____ (être) pas toujours gentil, mais je l' (15) _____ (adorer) quand même.

2 **Il y a dix ans** Comparez ces deux scènes. C'était comment il y a dix ans? C'est comment aujourd'hui?

Il y a dix ans   Aujourd'hui

3 **Quand j'avais huit ans** Utilisez les éléments donnés pour dire comment vous étiez à l'âge de huit ans.

> **Modèle** avoir peur des monstres sous son lit
> J'avais peur des monstres.
> J'appelais mes parents au milieu de la nuit!

1. avoir peur des monstres sous son lit
2. manger beaucoup de bonbons
3. jouer au football
4. offrir des cadeaux à ses parents
5. lire des bandes dessinées
6. ranger souvent sa chambre
7. aider sa mère ou son père
8. embêter son frère ou sa sœur
9. jouer à des jeux vidéo
10. faire du vélo

Fiches de grammaire

FICHES DE GRAMMAIRE

4.4 Demonstrative adjectives

- Demonstrative adjectives specify a noun to which a speaker is referring. They mean *this/these* or *that/those*. They can refer to people or things.

Ce cadeau est pour toi.

Demonstrative adjectives

	singular	plural
masculine (before a consonant)	ce	
masculine (before a consonant)	cet	ces
feminine	cette	

Ce drapeau est bleu, blanc et rouge.
This (That) flag is blue, white, and red.

Cette croyance est absurde, à mon avis.
That (This) belief is absurd, in my opinion.

Ces droits sont très importants.
These (Those) rights are very important.

- A noun must be masculine singular and begin with a vowel sound in order to use **cet**.

Cet homme politique était victorieux.
This (That) politician was victorious.

Cet avocat défend les minorités.
This (That) lawyer defends minorities.

- **Ce**, **cet**, **cette**, and **ces** can refer to a noun that is near (*this/these*) or far (*that/those*). Context will usually make the meaning clear.

- To distinguish between two different nouns of the same kind, add **-ci** (*this/these*) or **-là** (*that/those*) to the noun.

Ce parti politique-**ci** est libéral.
This political party is liberal.

Ce parti politique-**là** est conservateur.
That political party is conservative.

- The suffixes **-ci** and **-là** can also be used together to distinguish between similar items that are near and far.

Je voudrais **ce** gâteau-**ci**, s'il vous plaît, pas **ce** gâteau-**là**.
I would like this cake (here), please, not that cake (there).

On a lu **ces** magazines-**ci** et **ces** magazines-**là** aussi.
We read these magazines (here) and those magazines (there) too.

ATTENTION!

Use **cet** before an adjective that begins with a vowel sound and precedes a masculine singular noun.

cet ancien professeur de littérature
this former literature professor

Do not use **cet** before an adjective that begins with a consonant, even if the noun is masculine singular and begins with a vowel sound.

ce jeune homme
this young man

These exceptions occur with adjectives that are placed before the nouns they modify. Most adjectives go after the noun.

Mise en pratique

1 **À remplacer** Remplacez le singulier par le pluriel et vice versa.

Modèle Cette voiture est vieille.
Ces voitures sont vieilles.

1. Ces hommes politiques sont puissants.
   _____

2. Ce juge est juste.
   _____

3. Ces criminels sont analphabètes.
   _____

4. Ces voleuses veulent fuir.
   _____

5. Ce terroriste désire faire la guerre.
   _____

6. Ces activistes sont fâchés.
   _____

2 **Je déteste mon quartier!** Ajoutez les adjectifs démonstratifs qui conviennent.

Je déteste habiter dans (1) _____ quartier. On entend toujours du bruit à cause de (2) _____ commissariat de police et de (3) _____ caserne de pompiers. Et regardez (4) _____ place! (5) _____ palais de justice est trop moderne, à mon avis. (6) _____ autres édifices sont vraiment laids! (7) _____ jardin public n'est jamais propre parce que (8) _____ poubelle est trop petite. Vous voyez (9) _____ circulation et (10) _____ embouteillages? Quelle horreur! En plus, (11) _____ rue n'a même pas de trottoir et (12) _____ arrêt de bus n'a pas d'abri.

3 **Préférences** À l'aide du vocabulaire de la liste, dites quelles sont vos préférences et expliquez pourquoi. Employez des adjectifs démonstratifs.

Modèle J'aime le musée du Louvre. J'aime ce musée parce que...

chiens	passe-temps
dessert	réalisateur/réalisatrice
film	restaurant
jardin public	saison
légumes	sports
magasin	station de radio
musée	voiture
parti politique	?

FICHES DE GRAMMAIRE

4.5 The *passé simple*

- The **passé simple** is the literary equivalent of the **passé composé**. Like the **passé composé**, it denotes actions and events that have been completed in the past.

Passé composé	Passé simple
Elle a lu le livre. *She read the book.*	Elle lut le livre. *She read the book.*

- To form the stem of the **passé simple**, you usually drop the **-er**, **-re**, or **-ir** ending from the infinitive. Then add these endings for regular verbs.

	-er verbs: donner		-ir verbs: choisir		-re verbs: rendre
je	donnai	je	choisis	je	rendis
tu	donnas	tu	choisis	tu	rendis
il/elle	donna	il/elle	choisit	il/elle	rendit
nous	donnâmes	nous	choisîmes	nous	rendîmes
vous	donnâtes	vous	choisîtes	vous	rendîtes
ils/elles	donnèrent	ils/elles	choisirent	ils/elles	rendirent

- Here are the **passé simple** forms of some common irregular verbs.

	être	avoir	faire	venir
je	fus	eus	fis	vins
tu	fus	eus	fis	vins
il/elle	fut	eut	fit	vint
nous	fûmes	eûmes	fîmes	vînmes
vous	fûtes	eûtes	fîtes	vîntes
ils/elles	furent	eurent	firent	vinrent

- The **passé simple** stems of many irregular verbs are based on their past participles.

	boire (bu)	lire (lu)	partir (parti)	rire (ri)
je	bus	lus	partis	ris
tu	bus	lus	partis	ris
il/elle	but	lut	partit	rit
nous	bûmes	lûmes	partîmes	rîmes
vous	bûtes	lûtes	partîtes	rîtes
ils/elles	burent	lurent	partirent	rirent

ATTENTION!

Because the **passé simple** is a literary tense, it is not usually spoken unless a person is reading a text aloud. It is most important that readers be able to recognize and understand it.

ATTENTION!

Although **aller** is an irregular verb, in the **passé simple** it is like other **-er** verbs.

j'allai	nous allâmes
tu allas	vous allâtes
il/elle alla	ils/elles allèrent

ATTENTION!

Several verbs have very irregular forms in the **passé simple**, such as **naître: naqui-** and **mourir: mouru-**. Look verbs up in a dictionary or use the verb conjugation tables in the appendix until you learn to recognize them.

ATTENTION!

The **passé simple** stems of these verbs are also based on their past participles: **connaître**, **croire**, **devoir**, **fuir**, **mettre**, **plaire**, **pouvoir**, **savoir**, **sortir**, and **vivre**.

Mise en pratique

1 **À identifier** Identifiez l'infinitif de ces verbes puis donnez leur passé composé.

Modèle je vendis
vendre: j'ai vendu

1. nous fîmes
2. vous eûtes
3. je chantai
4. il alla
5. tu vins
6. Michel finit
7. je dus
8. elles connurent
9. vous rendîtes
10. elle fut

2 **À transformer** Mettez ces phrases au passé composé.

1. Ils allèrent en Asie.
   _____

2. Je mangeai une pizza et je bus un coca.
   _____

3. Vous fîtes un voyage en Australie.
   _____

4. Nous vînmes avec Stéphanie et Paul.
   _____

5. Il eut un accident de voiture.
   _____

6. Tu vendis ta maison.
   _____

7. Lise et Luc finirent leurs devoirs.
   _____

8. Catherine fit sa valise.
   _____

3 **Un scandale** Remplacez le passé simple par le passé composé.

> Un homme kidnappa la femme d'un député. Il téléphona au député au milieu de la nuit et le menaça. Il demanda la liberté de quelques terroristes emprisonnés. Heureusement, le criminel était plutôt bête parce qu'on sut tout de suite son numéro de téléphone et on l'arrêta le lendemain. Quand il se présenta devant le tribunal, le juge prononça une sentence assez sévère. L'homme passa 15 ans en prison.

FICHES DE GRAMMAIRE

5.4 Object pronouns

- Direct and indirect object pronouns generally precede the verbs of which they are objects. In a simple tense, such as the present, the **futur**, or the **imparfait**, the object pronoun is placed in front of the verb.

Philippe **me** téléphone quelquefois.

Direct object pronouns		Indirect object pronouns	
me / m'	nous	me / m'	nous
te / t'	vous	te / t'	vous
le / la / l'	les	lui	leur

- Direct object pronouns directly receive the action of a verb.

  Je **l'**aime.
  I love him/her.

  Elles **nous** voient.
  They see us.

- Indirect object pronouns identify *to* whom or *for* whom an action is done.

  Tu **me** parles?
  Are you speaking to me?

  Elle **vous** a acheté une robe bleue?
  She bought a blue dress for you?

- When a pronoun is the object of a compound tense, such as the **passé composé**, it is placed in front of the helping verb.

  Vous **l'**avez attendu?
  Did you wait for him/it?

  Je **lui** ai envoyé une lettre.
  I sent him/her a letter.

- When a pronoun is the object of an infinitive, it is placed in front of the infinitive.

  Nous voudrions **t'**inviter chez nous.
  We would like to invite you to our place.

  Elle va **leur** écrire une carte postale.
  She is going to write them a postcard.

ATTENTION!

In the third person, singular direct object pronouns have gender. The indirect object pronoun **lui** does not. **Lui** and **leur** refer only to people and animals. Direct object pronouns **le**, **la**, and **les** refer to people, animals, or things.

Nous le voyons.
We see him/it.

Nous la voyons.
We see her/it.

Nous lui parlons.
We are speaking to him/her.

ATTENTION!

In most negative sentences, place **ne... pas** around the object pronoun and the conjugated verb.

Il ne m'aime pas.
He doesn't like me.

Je ne t'ai pas vu(e).
I didn't see you.

In sentences with infinitives, **ne... pas** goes around the conjugated verb, but the object pronoun usually goes before the infinitive.

Tu ne vas pas l'écouter.
You are not going to listen to it.

Fiches de grammaire

Mise en pratique

1 **À réécrire** Réécrivez ces phrases et remplacez les mots soulignés par des pronoms d'objet direct ou indirect.

1. Nous avons répondu <u>au professeur</u>.
   _____

2. J'ai perdu <u>mon sac</u>.
   _____

3. Vous avez regardé <u>le film</u> avec Aurélie?
   _____

4. Elle parle <u>à ses parents et à moi</u>.
   _____

5. Ils ont modifié <u>les frontières</u> après la guerre.
   _____

2 **À compléter** Remplacez l'objet par un pronom d'objet direct ou indirect.

1. —Tu as pris l'autobus?
   —Oui, je _____ ai pris.

2. —Nous allons expliquer la situation à ses parents?
   —Oui, vous allez _____ expliquer la situation.

3. —Vous m'avez invité à votre fête?
   —Oui, nous _____ avons invité.

4. —Il va nous attendre à la gare?
   —Non, il va _____ attendre chez lui.

5. —Elle a parlé à Jules?
   —Oui, elle _____ a parlé ce matin.

3 **À l'aéroport** Utilisez les verbes de la liste et des pronoms d'objet direct ou indirect pour décrire ce que font les personnages et expliquer pourquoi.

   Modèle Sylvie lit le livre. Elle le lit parce qu'elle s'ennuie.

| acheter | avoir | demander | écouter | parler | trouver |
| apporter | chercher | donner | lire | porter | ? |

FICHES DE GRAMMAIRE

5.5 Past participle agreement

- Past participle agreement occurs in French for several different reasons.

Vous êtes **allés** au théâtre.

- When the helping verb is **être**, the past participle agrees with the *subject*.

    Anne est **partie** à six heures. Nous sommes **arrivés** en avance.
    Anne left at 6 o'clock. *We arrived early.*

- Verbs that take **être** as the helping verb usually do not have direct objects. When they do, they take the helping verb **avoir**, in which case there is no past participle agreement.

    Elle **est sortie**. Elle **a sorti** la poubelle.
    She went out. *She took out the trash.*

- Reflexive verbs take the helping verb **être** in compound tenses such as the **passé composé** and **plus-que-parfait**. The past participle agrees with the reflexive pronoun if the reflexive pronoun functions as a direct object.

    Nous **nous** sommes **habillées**. Michèle **s'**était **réveillée**.
    We got dressed. *Michèle had woken up.*

- If a direct object *follows* the past participle of a reflexive verb, no agreement occurs.

    Nadia s'est **coupée**. **but** Nadia s'est **coupé** le doigt.
    Nadia cut herself. *Nadia cut her finger.*

- If an object pronoun is indirect, rather than direct, the past participle does not agree. This also means there is no past participle agreement with several common reciprocal verbs, such as **se demander**, **s'écrire**, **se parler**, **se rendre compte**, and **se téléphoner**.

    Elle nous a **téléphoné**. Nous nous sommes **téléphoné**.
    She called us. *We called each other.*

- In compound tenses with **avoir**, past participles agree with preceding direct object pronouns. No agreement occurs with a direct object that is a noun rather than a pronoun.

    J'ai **mis** les fleurs sur la table. Je **les** ai **mises** sur la table.
    I put the flowers on the table. *I put them on the table.*

- In structures that use the relative pronoun **que**, past participles agree with their direct objects.

    Voici les pommes **que** j'ai **achetées**. Il parle des buts **qu'**il a **atteints**.
    Here are the apples that I bought. *He's talking about the goals he reached.*

BLOC-NOTES

To review the **passé composé** with **être** and with reflexive and reciprocal verbs, see **Structures 3.2, pp. 100–101**.

ATTENTION!

While the rules pertaining to past participle agreement may seem complex, just keep these two general points in mind: Past participles agree with direct objects when the object is placed in front of the verb for *any* reason. Past participles do not agree with indirect objects.

FICHES DE GRAMMAIRE

Mise en pratique

1 **À compléter** Faites les accords, si nécessaire. S'il n'y a pas d'accord, mettez un X.

1. Marie est né____ en Belgique.
2. Voici les hommes que j'ai vu____ en ville.
3. Céline a visité____ le musée du Louvre.
4. Mon ami et moi, nous sommes resté____ à l'hôtel.
5. Nos tantes se sont écrit____ beaucoup de lettres.
6. Sa copine et sa colocataire sont allé____ au Canada.
7. Je me suis lavé____ les mains.
8. Grégoire et Inès se sont couché____ tôt hier soir.
9. Ces poires? Je les ai acheté____ au marché.
10. Tu as passé____ l'examen de français?

2 **Mini-dialogues** Reconstituez les questions et inventez les réponses. Employez le passé composé et faites les accords nécessaires.

Modèle où / vous / naître
—Où est-ce que vous êtes né(e)?
—Je suis né(e) à Dakar.

1. à quelle heure / tu / se coucher / samedi
   _____
   _____

2. quand / le président Kennedy / mourir
   _____
   _____

3. pourquoi / vous / ne pas sortir
   _____
   _____

4. avec quoi / elle / se brosser / les dents
   _____
   _____

5. chez qui / ils / rester
   _____
   _____

3 **Mon enfance** Écrivez au passé composé un paragraphe sur votre enfance. Utilisez au moins huit verbes de la liste. Faites tous les accords nécessaires.

aller	habiter	rester
arriver	finir	se trouver
avoir	naître	venir
faire	rentrer	voyager

FICHES DE GRAMMAIRE

6.4 Disjunctive pronouns

- Disjunctive pronouns correspond to subject pronouns. Compare their meanings:

Subject pronouns	Disjunctive pronouns	Subject pronouns	Disjunctive pronouns
je *(I)*	moi *(me)*	nous *(we)*	nous *(us)*
tu *(you)*	toi *(you)*	vous *(you)*	vous *(you)*
il *(he)*	lui *(him)*	ils *(they)*	eux *(them)*
elle *(she)*	elle *(her)*	elles *(they)*	elles *(them)*

- Disjunctive pronouns have several uses. For example, they are used after most prepositions.

    Ma nièce dîne chez **lui**.
    My niece has dinner at his house.

    Tu veux jouer au tennis avec **eux**?
    Do you want to play tennis with them?

- Use them with **être** when identifying people and after **que** in comparisons.

    Qui sonne à la porte? C'est **toi**?
    Who is at the door? Is it you?

    Ma belle-mère est plus âgée que **vous**.
    My stepmother is older than you.

- Use disjunctive pronouns to express contrast.

    Moi, j'ai peur des chiens, mais **lui**, il n'en a pas peur.
    Me, I'm afraid of dogs, but he isn't afraid of them.

    Mamie ne vous parle pas à **vous**.
    Elle nous parle à **nous**.
    Grandma is not talking to you. She's talking to us.

- When **-même(s)** is added to a disjunctive pronoun, it means *myself, yourself,* etc.

    Mon neveu la répare **lui-même**.
    My nephew repairs it himself.

    Elles remercient leur tante **elles-mêmes**.
    They thank their aunt themselves.

- Normally, indirect object pronouns take the place of **à** + [*person*]. With certain verbs, however, disjunctive pronouns are typically used instead.

s'adresser à *(to address)*	s'habituer à *(to get used to)*
être à *(to belong to)*	s'intéresser à *(to be interested in)*
faire attention à *(to pay attention to)*	penser à *(to think about, to have on one's mind)*

Cette montre est à **moi**.
This watch belongs to me.

Personne ne s'intéresse à **elle**.
No one is interested in her.

- Whereas indirect object pronouns are placed in front of the verb and replace both the preposition and the noun, disjunctive pronouns follow the preposition and replace only the noun.

Indirect object pronoun	Disjunctive pronoun
Je **vous** ai téléphoné. *I called you.*	J'ai pensé **à vous**. *I thought about you.*

ATTENTION!

In English, to emphasize the subject or object of a verb, you can pronounce the pronoun with added stress. In French, add a disjunctive pronoun.

Tu n'en sais rien, **toi**!
You don't know anything about it.

On ne les a pas punis, **eux**.
We didn't punish them.

ATTENTION!

Penser de means *to think of,* as in *to have an opinion*. It is not interchangeable with **penser à**. Use disjunctive pronouns after **penser de**.

Qu'est-ce que tu penses d'eux?
What do you think of them?

Mise en pratique

1 **À compléter** Trouvez les pronoms disjoints correspondants pour compléter les phrases.

1. Olivier a visité le musée avec _____ (them).
2. Maman est allée à la pharmacie pour _____ (her).
3. Ma copine connaît ce quartier mieux que _____ (me).
4. Je me suis assis derrière _____ (them, fem.).
5. Ma nièce a couru après _____ (him).
6. C'est _____ (you, fam.) qui as préparé les tartes, n'est-ce pas?
7. Voici Robert et Lise. Vous vous souvenez d'_____ (them)?
8. Caroline est française, mais _____ (us), nous sommes suisses.
9. Est-ce qu'on va aller chez _____ (you, formal)?
10. Ma demi-sœur n'a que trois ans, mais elle peut s'habiller _____ (herself).

2 **À remplacer** Remplacez les mots soulignés par des pronoms disjoints.

1. Je suis allée à la fête avec Jean-Pierre.
2. Tu as étudié chez Denise?
3. Qui vient avec ton époux et toi?
4. Elle partage un appartement avec ses sœurs jumelles.
5. C'est Paul qui n'a plus vingt ans.
6. Il faut faire attention à tes parents.
7. Ces chiens sont à Michèle et à moi.
8. Mon beau-fils s'intéresse à Mireille.

3 **Votre famille** Parlez de votre famille à l'aide des prépositions de la liste et des pronoms disjoints.

Modèle Ma mère est toujours occupée, alors je fais souvent des courses pour elle.

à	entre
à côté de	pour
avec	sans
chez	?
de	

FICHES DE GRAMMAIRE

6.5 Possessive pronouns

- Whereas possessive adjectives modify nouns, possessive pronouns replace them.

Possessive adjective

—C'est **mon** frère qui t'a téléphoné?
—Is it my brother who called you?

Possessive pronoun

—Non, c'est **le mien** qui m'a téléphoné.
—No, it's mine who called me.

Tu m'as déjà donné mon cadeau. Voici **le tien**.

- Possessive pronouns agree in gender and number with the nouns they replace. Like possessive adjectives, they also change forms according to the possessor.

	singular		plural	
	masculine	feminine	masculine	feminine
mine	le mien	la mienne	les miens	les miennes
yours	le tien	la tienne	les tiens	les tiennes
his, hers, its	le sien	la sienne	les siens	les siennes
ours	le nôtre	la nôtre	les nôtres	les nôtres
yours	le vôtre	la vôtre	les vôtres	les vôtres
theirs	le leur	la leur	les leurs	les leurs

ATTENTION!

Notice the **accent circonflexe** on **nôtre(s)** and **vôtre(s)**, which indicates that the **ô** is pronounced as a closed **o**, like **-eau** in the word **beau**. The **o** in the possessive adjectives **votre** and **notre**, however, is pronounced as an open **o**, like the **o** in the word **donne**.

- **Le sien**, **la sienne**, **les siens**, and **les siennes** can mean *his*, *hers*, or *its*. The form is determined by the gender and number of the noun possessed, not the possessor.

- Notice that possessive pronouns include definite articles. When combined with the prepositions **à** and **de**, the usual contractions must be formed.

Mme Michelin a parlé à mes parents et **aux tiens**.
Mme Michelin spoke to my parents and to yours.

Je me souviens de mon premier chien. Vous souvenez-vous **du vôtre**?
I remember my first dog. Do you remember yours?

- Possessive pronouns can also replace possessive structures with **de**.

Les voitures des voisins sont belles.
The neighbors' cars are beautiful.

Les leurs sont belles.
Theirs are beautiful.

La grand-mère d'Ahmed a 92 ans.
Ahmed's grandmother is 92 years old.

La sienne a 92 ans.
His is 92 years old.

Mise en pratique

1 **À transformer** Donnez le pronom possessif qui correspond.

> **Modèle** le beau-frère de Suzanne
> le sien

1. les parents de mes cousins
2. mon enfance
3. votre caractère
4. tes ancêtres
5. nos neveux
6. l'épouse de Franck
7. mes jumelles
8. leur voiture

2 **À compléter** Employez des pronoms possessifs pour compléter ces phrases.

> **Modèle** J'habite avec mes grands-parents, mais tu n'habites pas avec _____.

1. Tu as ton vélo et j'ai _____.
2. Elle s'occupe de ses enfants et nous nous occupons _____.
3. On peut prendre mon camion ou vous pouvez prendre _____.
4. Nous avons besoin de nos congés et eux, ils ont besoin _____.
5. Je m'entends bien avec ma famille. Tu t'entends bien avec _____?
6. Moi, j'aime bien mon professeur, mais Valérie, elle n'aime pas _____.

3 **À qui est...?** Écrivez des questions et répondez-y par oui ou par non à l'aide des éléments donnés. Utilisez des pronoms possessifs.

> **Modèle** vous / disques compacts / elle
> —Ces disques compacts sont à vous?
> —Non, ce sont les siens.

1. tu / photos / je

2. nous / ordinateur / elles

3. je / voiture / tu

4. ils / valises / nous

FICHES DE GRAMMAIRE

The comparative and superlative of adjectives and adverbs

- To make comparisons between people, things, or adverbs, place **plus** (*more*), **moins** (*less*), or **aussi** (*as*) before the adjective or adverb, and **que** (*than* or *as*) after it.

Cette invention est **plus** innovante **que** la précédente.
This invention is more innovative than the previous one.

Ce moteur de recherche marche **moins** vite **que** l'autre.
This search engine works less quickly than the other one.

- Form the superlative by using the appropriate definite article along with the comparative form. Remember, since adverbs are invariable, the definite article used in the superlative with an adverb is always **le**.

C'est mon frère qui conduit **le moins patiemment**.
My brother drives the least patiently.

C'est elle qui a proposé **la** théorie **la plus révolutionnaire**.
She proposed the most revolutionary theory.

- The adjectives **bon** and **mauvais** have irregular comparative and superlative forms.

Adjective	Comparative	Superlative
bon(ne)(s) *good*	meilleur(e)(s) *better*	le/la/les meilleur(e)(s) *the best*
mauvais(e)(s) *bad*	pire(s) or plus mauvais(e)(s) *worse*	le/la/les pire(s) or le/la/les plus mauvais(e)(s) *the worst*

Djamel a acheté un télescope de **meilleure** qualité.
Djamel bought a better quality telescope.

Charlotte a écrit **le plus mauvais** discours de la classe.
Charlotte wrote the worst speech in the class.

- The adverbs **bien** and **mal** have irregular comparative and superlative forms.

Adverb	Comparative	Superlative
bien *well*	mieux *better*	le mieux *the best*
mal *badly*	plus mal or pis (seldom used) *worse*	le plus mal or le pis (seldom used) *the worst*

Cet outil-ci marche **mieux que** celui-là.
This tool works better than that one.

C'est cet outil-là qui marche **le plus mal**.
That tool works the worst.

BLOC-NOTES

For a review of adjectives that are placed in front of the nouns they modify, see **Structures 2.2, pp. 60–61**.

BLOC-NOTES

To review adverbs, see **Structures 2.3, pp. 64–65**.

ATTENTION!

Be careful not to confuse the adjectives **bon** (*good*) and **mauvais** (*bad*) with the adverbs **bien** (*well*) and **mal** (*badly*).

La chanson est bonne/mauvaise.
The song is good/bad.

Elle chante bien/mal.
She sings well/badly.

FICHES DE GRAMMAIRE

Mise en pratique

1   Le meilleur Patricia et Fabrice parlent des moyens de transport et ils ne sont pas d'accord. Complétez leur dialogue à l'aide des éléments de la liste.

| aussi | le pire | mieux que | plus |
| la plus | le plus | moins | que |

PATRICIA Je refuse de prendre l'avion. J'ai trop peur.
FABRICE Mais l'avion est le transport (1) _____ sûr du monde!
PATRICIA Peut-être, mais c'est (2) _____ agréable de prendre le train, parce que tu peux regarder le paysage. Et puis, le train est (3) _____ cher.
FABRICE Mais voler, c'est la façon de voyager (4) _____ avantageuse! Tu peux regarder des films et on te sert à manger.
PATRICIA Et l'attente à l'aéroport? C'est (5) _____ moment du voyage.
FABRICE Eh bien, je trouve qu'attendre à l'aéroport est toujours (6) _____ passer des jours à voyager pour arriver à la même destination.
PATRICIA Je t'assure que je ne suis toujours pas convaincue que l'avion soit (7) _____ pratique (8) _____ le train. Alors, je propose que tu prennes l'avion et moi le train, et on se retrouve à l'hôtel.

> **Note CULTURELLE**
>
> La compagnie aérienne nationale belge, la **Sabena**, est créée en 1923 et disparaît en 2001. **Swissair** était la compagnie aérienne nationale suisse. Elle est créée en 1931 et fusionne avec Crossair en 2002, sous le nom de **Swiss**. En 1934, Swissair est la première à engager (*hire*) des hôtesses de l'air.

2   À former

A. Utilisez le superlatif pour faire des phrases complètes avec les éléments proposés.

> **Modèle** L'avion est le mode de transport le plus sûr du monde.

l'avion	le mode de transport	sûr	du monde
Einstein	scientifique	connu	du 20ᵉ siècle
Genève	ville	cosmopolite	de Suisse
Jacques Brel	chanteur	célèbre	de Belgique
Harry Potter	livre	populaire	du moment

B. Maintenant, faites des phrases avec le comparatif.

> **Modèle** L'avion est plus sûr que la voiture.

3   Rendez-vous Hier soir, vous aviez rendez-vous avec un(e) inconnu(e) (*blind date*). À deux, employez des comparatifs et des superlatifs pour parler du rendez-vous. Aidez-vous des mots de la liste.

> **Modèle** C'était le pire rendez-vous de ma vie!

blagues	film	vêtements
cheveux	restaurant	viande
conversation	salade	voiture

Fiches de grammaire

FICHES DE GRAMMAIRE

The *futur simple*

- To talk about something that will happen in the future, use the **futur simple**.

- Form the simple future of regular **-er** and **-ir** verbs by adding these endings to the infinitive. For regular **-re** verbs, take the **-e** off the infinitive before adding the endings.

	parler	réussir	attendre
je/j'	parlerai	réussirai	attendrai
tu	parleras	réussiras	attendras
il/elle	parlera	réussira	attendra
nous	parlerons	réussirons	attendrons
vous	parlerez	réussirez	attendrez
ils/elles	parleront	réussiront	attendront

- Spelling-change **-er** verbs, except verbs with an **é** before the infinitive ending, such as **espérer, préférer,** and **répéter,** undergo the same change in the future tense as they do in the present.

  je me promène → je me promènerai   je suggère → je suggérerai
  je projette → je projetterai   je répète → je répéterai

- Many common verbs have an irregular future stem. Add the future endings to these stems.

infinitive	stem	future	infinitive	stem	future
aller	ir-	j'irai	pleuvoir	pleuvr-	il pleuvra
avoir	aur-	j'aurai	pouvoir	pourr-	je pourrai
courir	courr-	je courrai	recevoir	recevr-	je recevrai
devoir	devr-	je devrai	savoir	saur-	je saurai
envoyer	enverr-	j'enverrai	tenir	tiendr-	je tiendrai
être	ser-	je serai	venir	viendr-	je viendrai
faire	fer-	je ferai	voir	verr-	je verrai
falloir	faudr-	il faudra	vouloir	voudr-	je voudrai

- After **dès que, quand, aussitôt que, lorsque,** and **tant que**, put the verb in the future tense if the action takes place in the future. The verb in the main clause should be in the future or the imperative. Note that in English, the verb following **aussitôt que, lorsque,** or **tant que** is most often in the present tense.

FUTURE	MAIN CLAUSE: FUTURE OR IMPERATIVE
Quand tu **seras** dans l'ovni,	**pose** des questions aux extraterrestres!

- To talk about events that might occur in the future, use a **si...** (*if...*) construction. Use the present tense in the **si** clause and the **futur proche, futur simple,** or imperative in the main clause. Remember that **si** and **il** contract to become **s'il**.

  Si Aïcha **achète** un appareil numérique, elle me **donnera** son appareil traditionnel.
  If Aïcha buys a digital camera, she'll give me her traditional camera.

BLOC-NOTES

To review the **futur proche**, see Structures 1.2, pp. 22–23.

ATTENTION!

Apercevoir has a future stem like that of **recevoir**. Similarly, **devenir** and **revenir** are like **venir**, and **maintenir** and **retenir** are like **tenir**.

J'apercevrai.
Vous reviendrez.
Ils maintiendront.

BLOC-NOTES

To learn how to use **si** clauses to express contrary-to-fact situations, see **Fiches de grammaire, p. 282**.

Mise en pratique

1. Horoscope chinois Lisez les prédictions de l'horoscope chinois pour le signe du dragon. Mettez les verbes au futur simple.

TRAVAIL Cette semaine, vous (1) _____ (devoir) travailler dur. Vous ne (2) _____ (pouvoir) pas vous reposer, parce que votre patron (3) _____ (être) très exigeant. Mais ça (4) _____ (valoir) la peine. On vous (5) _____ (donner) une augmentation et vos collègues (6) _____ (être) jaloux.

ARGENT Dès que vous (7) _____ (comprendre) qu'il ne faut pas trop dépenser, votre situation financière (8) _____ (aller) mieux. Pour devenir millionnaire, il vous (9) _____ (falloir) beaucoup de volonté et de patience. Mais vous (10) _____ (tenir) bon. Peut-être que vous (11) _____ (recevoir) l'héritage d'une tante éloignée.

SANTÉ Vous (12) _____ (avoir) des problèmes respiratoires. Mais vous (13) _____ (savoir) y faire face. Des membres de votre famille vous (14) _____ (suggérer) sûrement des moyens de combattre ce trouble.

AMOUR Quelqu'un (15) _____ (vouloir) faire votre connaissance et (16) _____ (réussir) à vous rendre heureux/heureuse.

2. Un autre horoscope À deux, écrivez l'horoscope de votre camarade de classe. Utilisez les éléments de la liste. Ensuite, comparez vos horoscopes à ceux du reste de la classe.

aller	devoir	finir	quand	si
créer	être	maintenir	réussir	tant que
dès que	faire	prouver	savoir	venir

Dragon: 1940-1952-1964-1976-1988

Serpent: 1941-1953-1965-1977-1989

Cheval: 1942-1954-1966-1978-1990

Chèvre: 1943-1955-1967-1979-1991

Singe: 1944-1956-1968-1980-1992

Coq: 1945-1957-1969-1981-1993

Chien: 1946-1958-1970-1982-1994

Cochon: 1947-1959-1971-1983-1995

Rat: 1948-1960-1972-1984-1996

Buffle: 1949-1961-1973-1985-1997

Tigre: 1950-1962-1974-1986-1998

Chat: 1951-1963-1975-1987-1999

3. Vos projets Comment passerez-vous l'été? Répondez à ces questions avec des verbes au futur simple. Expliquez vos réponses à un(e) camarade de classe.

1. Est-ce que vous travaillerez? Où?
2. Que ferez-vous le soir et le week-end?
3. Suivrez-vous des cours? Lesquels?
4. Partirez-vous en vacances? Où?

FICHES DE GRAMMAIRE

The subjunctive with expressions of doubt and conjunctions; the past subjunctive

The subjunctive with expressions of doubt and conjunctions

- Use the subjunctive in subordinate clauses after expressions of doubt or uncertainty. These expressions of doubt or uncertainty are typically followed by the subjunctive.

Il est douteux que... *It's doubtful that...*	**Il n'est pas vrai que...** *It's not true that...*
Il est impossible que... *It's impossible that...*	**Il semble que...** *It seems that...*

- Some expressions call for the subjunctive in the negative, but take the indicative in the affirmative. This is because only the negative statements express uncertainty or doubt.

Indicative	Subjunctive
Je suis sûr qu'elle **vient** aujourd'hui. *I'm sure she's coming today.*	Je ne suis pas sûr qu'elle **vienne** demain. *I'm not sure she's coming tomorrow.*

- The verbs **croire**, **espérer**, and **penser** in negative statements or in questions also require the subjunctive in the subordinate clause. In affirmative statements, the verb in the subordinate clause is in the indicative.

Indicative	Subjunctive	Subjunctive
Je crois qu'elle **part**. *I believe she's leaving.*	Je ne crois pas qu'elle **parte**. *I don't believe she's leaving.*	Croyez-vous qu'elle **parte**? *Do you believe she's leaving?*

- The subjunctive is also required after these conjunctions.

à moins que *unless*	**jusqu'à ce que** *until*
avant que *before*	**pour que** *so that*
bien que *although*	**pourvu que** *provided that*
de peur que *for fear that*	**sans que** *without*

Bien que ses intentions **soient** bonnes, elle se trompe souvent.
Although her intentions are good, she is often mistaken.

The past subjunctive

- If the verb in a subordinate clause following a subjunctive trigger took place in the past, use the past subjunctive.

- The past subjunctive is formed by combining a helping verb (**avoir** or **être**) with a past participle. In the past subjunctive, the helping verb is in the present subjunctive.

Il se peut qu'ils **aient oublié** la réunion de neuf heures.
It's possible that they forgot the 9 o'clock meeting.

Nous ne sommes pas certains qu'elle **soit arrivée** avant nous.
We are not certain that she arrived before us.

BLOC-NOTES

To review other expressions that are used with the subjunctive, see **Structures 6.1, pp. 212–213.**

ATTENTION!

If the subject of the main clause is the same as the subject of the subordinate clause, these conjunctions are followed by the infinitive instead of the subjunctive: **à condition de, à moins de, afin de, avant de, de peur de, en attendant de, pour,** and **sans**.

Il est entré sans parler.
He came in without speaking.

ATTENTION!

The expressions **à moins que, de peur que, de crainte que, sans que,** and **avant que** are often accompanied by the **ne explétif**. The word **ne** is placed before the subjunctive form of the verb; it is not a negation and adds no meaning to the statement.

Les étudiants arrivent avant que le professeur ne commence son cours.
The students arrive before the professor starts his class.

FICHES DE GRAMMAIRE

Mise en pratique

1 **À choisir** Choisissez la forme correcte du verbe pour compléter les phrases.

1. Il est évident qu'il _____ (n'est pas venu / ne soit pas venu) nous voir.
2. Il faut y croire jusqu'à ce qu'on _____ (réussit / réussisse).
3. Nous sommes sûrs que tu _____ (vas mettre au point / ailles mettre au point) ton invention.
4. Vous avez visité toute la ville sans qu'elles _____ (se soient reposées / se sont reposées) une seule fois?
5. Il est impossible que vous _____ (avez vu / ayez vu) ce film; il n'est pas encore sorti.
6. Va dire à ta mère que Lucie _____ (dort / dorme) toujours.
7. Bien que nous ne leur _____ (ayons pas rendu / avons pas rendu) visite, nous avons beaucoup pensé à eux.
8. Ils vont m'aider pour que je _____ (finis / finisse) plus tôt.

2 **Le Thalys** Complétez cet e-mail avec les formes correctes des verbes entre parenthèses.

De:	Caroline <caroline.romain@email.fr>
Pour:	Stéphane <stéphane.Bertaud@email.fr>
Sujet:	Qu'en penses-tu?

Je prévois d'aller à Bruxelles la semaine prochaine. Avant de confirmer ma réservation sur le Thalys, je veux m'assurer que c'est une bonne idée. J'ai écrit un e-mail à un ami qui habite là-bas, mais il est peu probable qu'il l' (1) _____ (lire). Je sais qu'il (2) _____ (être) très occupé et je crois qu'il n' (3) _____ (avoir) jamais le temps de répondre à ses e-mails. Alors il se peut que j' (4) _____ (arriver) sans que sa famille et lui le (5) _____ (savoir). Alors, de peur que je ne (6) _____ (visiter) cette ville toute seule, pourrais-tu m'y accompagner pour que je ne me (7) _____ (sentir) pas isolée?
Réponds-moi vite!
Caroline

Note CULTURELLE

Thalys est le nom du train qui relie (*links*) **Paris** à **Bruxelles**. Le voyage dure (*lasts*) en général une heure et 20 minutes, pour une distance d'environ 300 km. Il est le prolongement du système ferroviaire (*railway*) français qui utilise le **TGV**. Bien que Bruxelles soit la principale gare du Thalys, cette ville n'est pas sa seule destination depuis Paris. Le train va jusqu'à **Amsterdam**, aux Pays-Bas, et jusqu'à **Cologne**, en Allemagne.

3 **Logique ou illogique?** Par groupes de trois, dites si les phrases sont logiques ou illogiques et employez le subjonctif, si nécessaire, pour justifier votre opinion.

Modèle Il n'est pas certain que la technologie rende la vie plus facile.
C'est illogique! Il est sûr que la technologie rend la vie plus facile.

	Logique	Illogique
1. Il est évident que les voyages sur la Lune sont inutiles.	☐	☐
2. Il est douteux qu'on puisse améliorer les ordinateurs.	☐	☐
3. Il est vrai que les humains ont marché sur la planète Vénus.	☐	☐
4. Il est possible que les scientifiques aient commencé à cloner des humains.	☐	☐
5. Il est peu probable que nous connaissions les conséquences de la recherche génétique.	☐	☐

Fiches de grammaire

FICHES DE GRAMMAIRE

The *conditionnel*

- The **conditionnel** is used to soften a request, to indicate that a statement might be contrary to reality, or to show that an action was going to happen at some point in the past. It is often translated into English as *would…* or *could…*

- The **conditionnel** is formed with the same stems as the **futur simple**. The endings for the **conditionnel** are the same as those for the **imparfait**.

The **conditionnel** of regular verbs

	parler	réussir	attendre
je/j'	parlerais	réussirais	attendrais
tu	parlerais	réussirais	attendrais
il/elle	parlerait	réussirait	attendrait
nous	parlerions	réussirions	attendrions
vous	parleriez	réussiriez	attendriez
ils/elles	parleraient	réussiraient	attendraient

BLOC-NOTES

To review formation of the **futur simple**, see **Fiches de grammaire, p. 264.**

- Use the **conditionnel** to describe hypothetical events.

   Vous **pourriez** venir à cinq heures.
   You could come at 5 o'clock.

   Un jour, j'**aimerais** visiter les Seychelles.
   One day, I'd like to visit the Seychelles.

- The hypothetical aspect of the **conditionnel** makes it useful in polite requests and propositions. The verbs most often used in phrases of this type are **aimer**, **pouvoir**, and **vouloir**.

   Nous **aimerions** vous poser des questions.
   We would like to ask you some questions.

   Je **voudrais** porter un toast.
   I would like to make a toast.

- Conditional forms of **devoir** followed by an infinitive tell what *should* or *ought to* happen. Conditional forms of **pouvoir** followed by an infinitive tell what *could* happen.

   Tu **devrais sortir** plus souvent avec nous.
   You should go out more often with us.

   On **pourrait passer** la matinée au parc.
   We could spend the morning at the park.

- In some cases, the **conditionnel** is used to express uncertainty about a fact.

   Selon le journal, il y **aurait** plus de 100 parcs d'attractions au Texas.
   According to the newspaper, there are more than 100 amusement parks in Texas.

- The **conditionnel** is used sometimes in the context of the past to indicate what was to happen in the future. This usage is called the *future in the past*.

   Pépé a dit qu'il **fêterait** son 95e anniversaire dans un parc d'attractions.
   Gramps said he would celebrate his 95th birthday at an amusement park.

- Form contrary-to-fact statements about what *would happen* if something else *were to occur* by using the **imparfait** and the **conditionnel**.

   Si j'**étais** toi, je **mettrais** des baskets pour aller me promener.
   If I were you, I would put on sneakers to take a walk.

ATTENTION!

Remember that the English *would* can be translated with the **imparfait** or the **conditionnel**. To express ongoing or habitual actions in the past in French, use the **imparfait**.

Pépé parlait souvent de son enfance.
Gramps would (used to) talk often about his childhood.

but

Pépé parlerait de son enfance s'il était là.
Gramps would talk about his childhood if he were here.

ATTENTION!

To indicate that an event was going to happen in the past, you can also use the verb **aller** in the **imparfait** plus an infinitive.

M. LeFloch a dit qu'il allait bavarder avec un ami.
Mr. LeFloch said he was going to chat with a friend.

BLOC-NOTES

To review **si** clauses, see **Fiches de grammaire, p. 282.**

Fiches de grammaire

Mise en pratique

1 **À compléter** Complétez la conversation qu'Aurélie a avec ses copains. Employez le conditionnel du verbe le plus logique. Vous pouvez utiliser certains verbes plus d'une fois.

> aller | avoir | dire | être | hurler | pouvoir
> appeler | devoir | se divertir | faire | mettre | vouloir

GAVIN Qu'est-ce que tu (1) _____ faire pour fêter ton anniversaire?

AURÉLIE Je ne sais pas... Que (2) _____-vous à ma place?

LEENA Moi, je/j' (3) _____ jouer au bowling avec des copains.

AURÉLIE Je suis nulle au bowling. Je ne me (4) _____ pas.

GAVIN Nous (5) _____ passer une journée au parc d'attractions!

AURÉLIE Non, mes parents m'ont dit que je/j' (6) _____ si peur des montagnes russes (*roller coasters*) que je/j' (7) _____ sans arrêt. Mes amis ne (8) _____ rien faire pour me calmer.

GAVIN Je vois. Je/J' (9) _____ que tu n'en as pas de bons souvenirs.

LEENA Faisons un pique-nique — ce (10) _____ plus simple.

AURÉLIE Quelle bonne idée! Au cas où il (11) _____ frais, on (12) _____ apporter un gilet.

2 **Si vous étiez là...** Quelle activité pratiqueriez-vous si vous étiez à ces endroits?

Modèle jouer
Si j'étais dans un gymnase, je jouerais au basket.

1. regarder

2. prendre

3. acheter

4. patiner

5. faire

6. aller voir

3 **Le loto** Imaginez que vous gagniez à la loterie. Que feriez-vous avec cet argent? Expliquez votre réponse en huit ou dix phrases. Utilisez le conditionnel dans chaque phrase.

FICHES DE GRAMMAIRE

The subjunctive after indefinite antecedents and in superlative statements

The subjunctive after indefinite antecedents

- Use the subjunctive in a subordinate clause when the antecedent in the main clause is unknown or nonexistent. If the antecedent is known and specific, use the indicative.

> **ATTENTION!**
>
> Remember that an antecedent is a noun that another sentence element, such as a pronoun, follows and to which it refers.
>
> **Ces joueurs de foot? Je les admire.**
> *Those soccer players? I admire them.*
>
> In this example, **Ces joueurs de foot** is the antecedent of the direct object pronoun **les**.

Subjunctive: non-specific		Indicative: specific
Je cherche un ordinateur qui puisse ouvrir mes documents plus vite. *I'm looking for a computer that can open my documents faster.*	but	**Voici l'ordinateur qui peut ouvrir mes documents plus vite.** *Here's the computer that can open my documents faster.*
L'équipe a besoin de joueurs qui aient déjà été professionnels. *The team needs players who have already been professionals.*	but	**L'équipe vient de trouver cinq joueurs qui ont déjà été professionnels.** *The team just found five players who have already been professionals.*

- The subjunctive is used in indefinite structures that correspond to several English words ending in *-ever*.

quoi que...	whatever...
où que...	wherever...
qui que...	who(m)ever...

Quoi que tu fasses, n'oublie pas d'obtenir des billets.
Whatever you do, don't forget to get tickets.

Qui que ce soit au téléphone, ne répondez pas encore.
Whoever it is on the phone, don't answer it yet.

The subjunctive in superlative statements

- In subordinate clauses following superlative statements, use the subjunctive when expressing an opinion. When stating a fact, use the indicative.

L'île de la Réunion a les plages **les plus agréables que nous ayons visitées**.
Reunion Island has the most pleasant beaches that we visited.

but

La tour Eiffel est **le plus grand** monument **qu'on a construit** à Paris.
The Eiffel Tower is the tallest monument ever built in Paris.

- Some absolute statements are considered superlatives. Use the subjunctive in the subordinate clause after a main clause containing one of these expressions: **le/la/les seul(e)(s)** (*the only*), **ne... personne** (*nobody*), **ne... rien** (*nothing*), and **ne... que** (*only*).

Il **n'y a personne qui puisse** m'étonner.
There's nobody who can surprise me.

Houda est **la seule qui fasse** du ski.
Houda is the only one who skis.

FICHES DE GRAMMAIRE

Mise en pratique

1 **À compléter** Complétez les phrases à l'aide des expressions de la liste.

> où que (qu')   qui que (qu')   quoi que (qu')

1. _____ ce soit qui sonne à la porte, n'ouvrez pas!
2. _____ nous cherchions, nous ne trouvons pas nos clés.
3. _____ il fasse, son chien ne vient pas quand il l'appelle.
4. _____ tu dises, il ne faut pas porter de bermuda au restaurant.
5. _____ vous alliez au Louvre, vous verrez toujours de grandes œuvres d'art.

2 **Subjonctif ou indicatif?** Choisissez la forme du verbe qui convient le mieux.

1. «Papa» est le seul mot que ma fille (a / ait) dit jusqu'à maintenant.
2. Nous aimons bien le nouvel hypermarché qui (vend / vende) une plus grande variété de légumes.
3. La Suisse est le pays le plus propre qu'il y (a / ait) en Europe.
4. Elles cherchent un restaurant qui (sert / serve) de la cuisine japonaise.
5. Mon frère Henri est la seule personne qui me (comprend / comprenne).
6. Tu vas lire le roman d'Alexandre Jardin qui (est / soit) sorti cette semaine?
7. Vous voudriez élire un maire qui (sait / sache) prendre de bonnes décisions pour votre ville.
8. Il n'y a personne qui (connaît / connaisse) la bonne réponse.

3 **Mon opinion** Donnez votre opinion pour compléter chaque phrase.

> **Modèle** _____ est le meilleur plat (que / qu' / qui) _____.
> Le poisson est le meilleur plat qu'on serve au restaurant.

1. _____ est le plus mauvais film (que / qu' / qui) _____.
2. _____ est la seule personne (que / qu' / qui) _____.
3. _____ est le cours le moins intéressant (que / qu' / qui) _____.
4. _____ est la plus jolie actrice (que / qu' / qui) _____.
5. _____ sont les vêtements les plus confortables (que / qu' / qui) _____.
6. _____ est le plus beau pays (que / qu' / qui) _____.
7. _____ est le meilleur professeur (que / qu' / qui) _____.
8. _____ sont les voitures les plus rapides (que / qu' / qui) _____.
9. _____ est le styliste le plus chic (que / qu' / qui) _____.
10. _____ est la plus forte équipe de basket (que / qu' / qui) _____.

FICHES DE GRAMMAIRE

Demonstrative pronouns

- Use the demonstrative pronoun **celui** and its forms for pointing something out.

Quel **poste** préférez-vous? Le **poste** à Paris ou le **poste** à Lyon?
Which position do you prefer? The position in Paris or the position in Lyon?

> Quel **poste** préférez-vous? **Celui** à Paris ou **celui** à Lyon?
> *Which position do you prefer? The one in Paris or the one in Lyon?*

- Demonstrative pronouns agree in number and gender with the noun to which they refer.

Demonstrative pronouns		
	singular	plural
masculine	celui *this one; that one; the one*	ceux *these; those; the ones*
feminine	celle *this one; that one; the one*	celles *these; those; the ones*

Ces deux **vendeuses** sont nulles! Et **celles** du grand magasin?
These two saleswomen are lame! And the ones at the department store?

- As with demonstrative adjectives, **-ci** and **-là** can be added after a form of **celui** to distinguish between people or objects that are closer (**celle-ci**) or farther (**celui-là**).

- A form of **celui** can also be followed by a relative clause to mean *the one(s) that* or *the one(s) whose*.

On va à cette réunion-ci ou à **celle qui** commence plus tôt?
Are we going to this meeting here or the one that starts earlier?

- A prepositional phrase can also follow a demonstrative pronoun.

Mes économies et **celles de** Nathalie sont sur un compte d'épargne.
My savings and those of Nathalie are in a savings account.

- Adjectives that modify forms of **celui** must agree with them in number and gender. Past participles should agree with forms of **celui** when appropriate.

Ceux qui sont **fainéants** ne vont pas être promus.
Those that are lazy are not going to be promoted.

Leurs employées sont **celles** que nous avons **vues** ici hier?
Are their employees the ones we saw here yesterday?

- **Ceci** and **cela** are also demonstrative pronouns. Unlike other pronouns, they do not refer to any noun in particular, but rather to an idea. **Ceci** draws attention to something that is about to be said; **cela** refers to something that has already been said.

Je vous dis **ceci**: il ne faut pas démissionner.
I say this to you: you must not quit.

- Both **ceci** and **cela** have a literary tone to them. In everyday French, use **ce** or **ça**. Use **ce** before forms of **être**; use **ça** before other verbs.

Ce sont mes cadres, Abdel et Fatih.
Those are my executives, Abdel and Fatih.

Ça m'énerve!
That annoys me!

ATTENTION!

Use a demonstrative pronoun followed by **-ci** or **-là** to express, respectively, the English words *latter* and *former*.

Tu embauches les conseillers ou les consultantes? Celles-ci sont plus compétentes que ceux-là.

Are you hiring the advisors or the consultants? The latter are more competent than the former.

BLOC-NOTES

To review relative pronouns, see **Structures 6.2, pp. 216–217**.

ATTENTION!

Forms of **celui** cannot stand alone; they must always be followed by **-ci/-là**, a relative clause, or a prepositional phrase.

BLOC-NOTES

To review the distinction between **il/elle est** and **c'est**, see **Fiche de grammaire 2.5, p. 244**

FICHES DE GRAMMAIRE

Mise en pratique

1 **À choisir** Choisissez le bon pronom démonstratif pour compléter ces phrases.

1. Je parle de la comptable de mon voisin, tu sais, _____ qui vient de se marier.
   a. ceux   b. celles-là   c. celle
2. Nous vous avions parlé de _____, mais vous ne nous aviez pas écouté.
   a. ça   b. celui   c. ceux
3. Ils ont l'habitude de retirer de l'argent à ce distributeur automatique, _____ on voit depuis (*from*) l'autoroute.
   a. celui qu'   b. celle dont   c. celui qui
4. De quelle personne veux-tu te plaindre au patron? De _____?
   a. celle pour   b. celle-là   c. cela
5. J'ai posé ma candidature à plusieurs postes. Voici _____ je me souviens: consultant, employé de banque et vendeur en matériel informatique.
   a. ceux-ci   b. celui dont   c. ceux dont

2 **À compléter** Complétez le paragraphe à l'aide des pronoms démonstratifs de la liste.

c'est	cela	celle qui	celui qui
ceci	celle dont	celles que	ceux dont

Une de nos compagnies, (1) _____ s'occupe d'import-export, nous a demandé d'aller voir un client à Kinshasa. (2) _____ là où je suis né, donc je connais bien cette ville. Ah, mais tu sais déjà (3) _____. Alors, une des autres employées, (4) _____ tu as fait la connaissance à ma soirée, et moi, nous sommes donc partis travailler à Kinshasa une semaine. Mes amis là-bas, (5) _____ je t'ai parlé de nombreuses fois, nous ont très bien accueillis. Un soir, après le travail, nous avons tous fait un tour en bateau sur le fleuve Congo tu sais, (6) _____ traverse plusieurs pays d'Afrique. Ensuite, mes amies Aminata et Kora, (7) _____ j'ai vues le plus souvent pendant mon séjour, nous ont invités dans un restaurant local. Eh bien, je vais te dire (8) _____: je ne me souvenais pas que les spécialités congolaises étaient si délicieuses!

3 **Lequel?** Choisissez le bon pronom démonstratif pour répondre aux questions.

Modèle Les parents de quelle amie travaillent ensemble?
(Salima // ceux de / ceux que)
Ceux de Salima travaillent ensemble.

1. Quelle capitale Marc veut-il visiter? (Algérie // celle dont / celle de)
2. À quels postes pensez-vous? (notre jeunesse // ceux que / ceux de)
3. Quel compte d'épargne avez-vous choisi? (j'ai vu dans cette brochure // celui que / celui pour)
4. Qui sont ces employés? (Béatrice // ceux de / ceux qui)
5. Quelle voiture regardent-ils? (Ø // celle-ci / celle dont)

Note CULTURELLE

Le **fleuve Congo**, qui prend sa source à 1.435 mètres d'altitude, est le deuxième fleuve d'**Afrique** par sa longueur, après le **Nil**. Il est aussi le deuxième du monde par son débit (*flow rate*), après l'**Amazone**. Il traverse six pays d'Afrique Centrale: principalement le Congo et la RDC, mais aussi l'Angola, le Cameroun, la République centrafricaine, la Zambie et la Tanzanie.

FICHES DE GRAMMAIRE

The present participle

- To form the present participle, drop the **-ons** ending from the **nous** form of the present tense of a verb and replace it with **-ant**.

Present participles of some common verbs

Infinitive	*Nous* form	Present participle
aller	allons	allant
choisir	choisissons	choisissant
écrire	écrivons	écrivant
faire	faisons	faisant
parler	parlons	parlant
prendre	prenons	prenant

BLOC-NOTES

To find the **nous** forms of the present tense of other verbs, consult the verb tables at the end of the book.

- There are only three irregular present participles in French. They are considered irregular because they are *not* based upon the **nous** forms of the present tense.

Infinitive	Present participle
être	étant
avoir	ayant
savoir	sachant

- When used as verbs, present participles are usually the equivalent of English verbs ending in *-ing*. They are typically preceded by the preposition **en**, meaning *while* or *by*.

  Il lui a indiqué le chemin **en regardant** le plan du quartier.
  He gave her directions while looking at the map of the neighborhood.

- Use the present participle to say what caused something or how something occurred.

  Gérard s'est cassé le bras **en tombant** du toit.
  Gérard broke his arm by falling off of the roof.

- Use the expression **tout en** to emphasize that two actions occur simultaneously, sometimes when they are not usually done at the same time.

  Il conduit **tout en mangeant** un sandwich.
  He's driving while eating a sandwich.

- When a present participle is used as an adjective, it agrees in gender and number with the noun it modifies.

  Nous n'avons pas d'eau **courante**!
  We don't have any running water!

  Ces filles sont **charmantes**.
  These girls are charming.

- Present participles can sometimes be used as nouns. These nouns are often professions or other words that refer to a person who engages in a particular activity.

  consulter (*to consult*) ▸ **un(e) consultant(e)** (*consultant*)
  gérer (*to manage*) ▸ **un(e) gérant(e)** (*manager*)

ATTENTION!

The present participle does not correspond to all *-ing* forms of English verbs. Remember, the present tense in French can have several meanings.

Je parle.
I speak. / I do speak. / I am speaking.

To say that something is happening in the present time, use the present tense, not a present participle.

FICHES DE GRAMMAIRE

Mise en pratique

1 **À choisir** Mettez au participe présent les verbes entre parenthèses.

1. Charlotte a mangé son repas tout en _____ (lire) son livre.
2. Mon père a fêté sa retraite en _____ (danser) toute la nuit.
3. _____ (Avoir) eu le temps d'arriver à la gare, Mamadou attend le prochain train pour Yaoundé.
4. En _____ (écouter) ce qu'il a à dire, nous trouverons de meilleurs arguments.
5. Antoine gagne sa vie en _____ (investir).
6. En _____ (demander) une augmentation de salaire, j'aimerais améliorer ma situation financière.
7. Il vient d'être licencié. _____ (Être) maintenant au chômage, il a le temps de jouer sur son ordinateur toute la journée.
8. Nous finirons le projet tout en _____ (savoir) que nous ne serons pas toujours d'accord!

2 **À trouver** Complétez les phrases. Servez-vous du participe présent des verbes de la liste comme adjectifs ou comme noms. Faites tous les changements nécessaires.

| amuser | émigrer | gagner | tomber |
| charmer | exiger | imposer | toucher |

1. En France on peut voir de grands monuments _____.
2. La classe a lu des histoires _____ sur des enfants malades.
3. Cette ville est remplie de beaux princes _____.
4. On n'a pas encore annoncé les _____ du concours (*contest*).
5. La formation que vous faites est très _____, mais elle est indispensable.
6. Nous avons passé deux journées _____ au parc d'attractions.
7. Les _____ ont quitté leur pays pour commencer une nouvelle vie.
8. Nous sommes rentrés à la maison, à la nuit _____.

3 **Autrement dit** Liez (*Connect*) ces phrases à l'aide d'un participe présent.

Modèle Magali prend sa douche. Elle chante *La vie en rose*.
Magali prend sa douche tout en chantant *La vie en rose*.

1. La secrétaire parle au téléphone. Elle écrit rapidement.
2. Ces hommes d'affaires préparent le budget de l'année prochaine. Ils discutent des investissements.
3. Ces femmes achètent ce qui leur plaît. Elles dépensent sans compter.
4. Je travaille beaucoup. Je profite des vacances que l'entreprise offre.
5. Ma collègue me raconte son week-end. Elle sait que je ne l'écoute pas.
6. Le nouveau retraité pleure. Il finit son discours d'adieu (*farewell*).

Fiches de grammaire

FICHES DE GRAMMAIRE

Faire causatif

- The verb **faire** is often used as a helping verb along with an infinitive to mean *to have something done*.

    J'ai fait réparer ma voiture.
    I had my car repaired.

- **Faire causatif** can also mean *to cause something to happen* or *to make someone do something*.

    Ce film me **fait pleurer**.
    This movie makes me cry.

    Nous vous **faisons perdre** votre temps?
    Are we making you lose your time?

- When the infinitive that follows the verb **faire** takes only one object, it is always a direct object. Note, however, that pronouns are placed before the form of **faire**, rather than the infinitive.

    Le propriétaire fait travailler son fils.
    The owner makes his son work.

    Le propriétaire le fait travailler.
    The owner makes him work.

    Tu fais manger la soupe à tes enfants.
    You make your children eat the soup.

    Tu la leur fais manger.
    You make them eat it.

- The reflexive verb **se faire** means *to have something done for* or *to oneself*.

    Tu **t'es fait couper** les cheveux!
    You had your hair cut!

> **ATTENTION!**
>
> In the **faire causatif** construction, the infinitive phrase introduced by **faire** functions as its direct object. Therefore, the past participle **fait** never agrees with a preceding direct object pronoun.
>
> Il a fait licencier les employés.
> *He had the employees laid off.*
>
> Il les a fait licencier.
> *He had them laid off.*

- **Faire causatif** often has idiomatic meanings that do not translate literally as *to do* or *to make*.

faire bouillir	to boil	faire savoir	to inform
faire circuler	to circulate	faire sortir	to show someone out
faire cuire	to cook	faire suivre	to forward
faire entrer	to show someone in	faire tomber	to drop
faire fondre	to melt	faire venir	to summon
faire remarquer	to point out	faire voir	to show, to reveal

- While **faire** is used with verbs to mean *to make someone do something*, it is not used with adjectives. Use **rendre** with adjectives.

    Cette crise économique me **rend** triste.
    This economic crisis makes me sad.

    Les dettes **rendent** la vie difficile.
    Debts make life difficult.

FICHES DE GRAMMAIRE

Mise en pratique

1 **Les phrases** Assemblez les éléments pour faire des phrases.

> **Modèle** Nous étudions. / le professeur
> Le professeur nous fait étudier.

1. Leurs employés travaillent. / les gérants
2. Je pleure. / Élodie
3. L'entreprise signe des contrats. / la consultante
4. Mes sœurs font la cuisine. / mes parents
5. Nous avons vu ses photos. / Séverine
6. Tu as remarqué le problème. / Daniel
7. Je suis entré dans le salon. / tu
8. Il tape des lettres. / le cadre
9. Je suis venu. / la présidente de l'université
10. Tu fais la vaisselle. / ta mère

2 **À compléter** Décidez s'il faut employer **faire** ou **rendre**.

1. Les films romantiques me _____ heureuse.
2. Les histoires tristes me _____ pleurer.
3. Leur patron les _____ furieux.
4. Cet article me _____ réfléchir.
5. Cette bande dessinée me _____ rire.
6. Toi, tu me _____ fou!

3 **Questions** Répondez à ces questions.

1. Qui vous fait étudier?
2. Qu'est-ce qui vous fait rire?
3. Qu'est-ce qui vous rend triste?
4. Qu'est-ce qui vous fait éternuer?
5. Qu'est-ce qui vous rend malade?
6. Qu'est-ce qui vous fait perdre patience?
7. Qu'est-ce qui vous rend heureux/heureuse?
8. Vous coupez-vous les cheveux vous-même ou les faites-vous couper?
9. Réparez-vous votre voiture vous-même ou la faites-vous réparer?
10. Si vous en aviez la possibilité, que feriez-vous faire à votre professeur de français?

 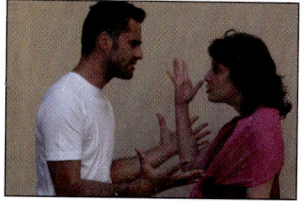

FICHES DE GRAMMAIRE

BLOC-NOTES

To review formation and use of the **conditionnel**, see **Fiches de grammaire, p. 268**.

The past conditional

- Use the past conditional (**le conditionnel passé**) to express an action that *would have occurred* in the past.

> Sans les nuages de pollution, nos ancêtres **auraient** mieux **respiré**.
> *Without smog, our ancestors would have breathed better.*

- The past conditional is formed with a **conditionnel** form of **avoir** or **être** and the past participle of the main verb.

	faire	partir	se lever
je/j'	aurais fait	serais parti(e)	me serais levé(e)
tu	aurais fait	serais parti(e)	te serais levé(e)
il/elle	aurait fait	serait parti(e)	se serait levé(e)
nous	aurions fait	serions parti(e)s	nous serions levé(e)s
vous	auriez fait	seriez parti(e)(s)	vous seriez levé(e)(s)
ils/elles	auraient fait	seraient parti(e)s	se seraient levé(e)s

- Verbs in the past conditional follow the same patterns as they do in other compound tenses for negation, adverb and pronoun placement, and past participle agreement.

- Use the past conditional with certain verbs to express regret or reproach. In the past conditional, **aimer** + [*infinitive*] means *would have liked to*; **devoir** + [*infinitive*] means *should have*; **pouvoir** + [*infinitive*] means *could have*; and **vouloir** + [*infinitive*] means *would have liked to*.

> Vous **auriez dû étudier** un peu plus longtemps.
> *You should have studied a little longer.*

> Nous **aurions aimé regarder** un film différent.
> *We would have liked to watch a different film.*

BLOC-NOTES

To review...
- negation, see **Structures 4.2, pp. 138–139.**
- pronoun order, see **Structures 5.3, pp. 180–181.**
- past participle agreement, see **Fiche de grammaire 5.5, p. 256.**

- You have learned that the **conditionnel** can express a future action when talking about the past. The past conditional can act as a *future perfect in the past*, describing events that were to have taken place at a later point.

> Maman nous avait dit qu'elle **serait rentrée** avant minuit, mais elle n'a pas pu.
> *Mom had told us that she would come home before midnight, but she couldn't.*

- Just as the **conditionnel** can express uncertainty about events in the present, the past conditional can express uncertainty about events in the past.

> Selon le journal, il y **aurait eu** une centaine de manifestants samedi.
> *According to the newspaper, there might have been a hundred or so protesters on Saturday.*

Mise en pratique

1 **À compléter** Employez le conditionnel passé des verbes entre parenthèses.

1. Selon mon oncle, l'ouragan _____ (détruire) une centaine de bâtiments.
2. Les journaux ont annoncé qu'à cause d'une demande inhabituelle, nous _____ (épuiser) nos réserves de combustibles.
3. Je _____ (s'acheter) la plus grande voiture, mais j'avais peur qu'elle nuise à l'environnement.
4. Je/J' _____ (vouloir voir) moins de pollution, mais j'ai dû rester longtemps dans la capitale.
5. Tu as dit aux représentants de la société de recyclage que tu _____ (ne pas gaspiller) les produits non-renouvelables.

2 **Y est-il vraiment allé?** Michel a passé des vacances à Tahiti, et ses amis lui demandent comment ça s'est passé. Mais il leur répond évasivement. Employez le conditionnel passé pour répondre comme Michel. Soyez créatifs/créatives.

> **Modèle** **Tu as visité les quartiers intéressants de Papeete?**
> Je les aurais visités, mais je n'avais pas le plan de la ville.

1. Alors, tu es allé à la plage?
2. On t'a servi de délicieux fruits tropicaux?
3. Est-ce que les habitants t'ont parlé français?
4. T'es-tu fait de nouveaux amis?
5. Alors, tu as découvert d'autres îles de l'archipel de la Société?
6. L'île évoque au moins les tableaux de Gauguin?

Note CULTURELLE

Tahiti est la plus grande des **îles de la Société**, un des cinq archipels qui constituent la **Polynésie française**. De nombreux personnages célèbres sont passés par la Polynésie française, pour des raisons assez diverses. Le peintre français **Paul Gauguin** y a vécu à la fin du 19e siècle, jusqu'à sa mort en 1903. L'écrivain américain **Herman Melville**, par contre (*on the other hand*), a été emprisonné à Papeete en 1842.

3 **Qu'aurait-elle fait?** Malika a passé ses vacances en famille, mais elle aurait aimé les passer avec ses amis. Dites ce qu'elle aurait préféré faire en leur compagnie.

> **Modèle** **Malika et sa famille sont allés dans un musée de peintures. (au centre commercial)**
> Malika, elle, serait allée au centre commercial.

1. Ils ont dormi à l'hôtel. (chez sa copine Manon)
2. Ils ont emporté des jeux de société. (son ordinateur portable)
3. Ils ont souvent mangé dans une crêperie. (dans une pizzeria)
4. Ils ont joué à la pétanque. (au tennis)
5. Ils sont sortis un soir sur trois. (tous les soirs)
6. Ils ont bronzé dans leur jardin. (à la plage)
7. Le premier jour, ils sont partis à 6 heures du matin. (à midi)
8. Ils sont rentrés un dimanche. (un vendredi)

FICHES DE GRAMMAIRE

The future perfect

- Use the future perfect (**le futur antérieur**) tense to describe an action that *will have occurred* before another action in the future.

- Verbs in the future perfect are formed with a **futur simple** form of **avoir** or **être** and the past participle of the main verb.

	faire	partir	se lever
je/j'	aurai fait	serai parti(e)	me serai levé(e)
tu	auras fait	seras parti(e)	te seras levé(e)
il/elle	aura fait	sera parti(e)	se sera levé(e)
nous	aurons fait	serons parti(e)s	nous serons levé(e)s
vous	aurez fait	serez parti(e)(s)	vous serez levé(e)(s)
ils/elles	auront fait	seront parti(e)s	se seront levé(e)s

- You may contrast two clauses — one with a verb in the future perfect and one with a verb in the **futur simple** — in order to establish that one event will happen before another.

First event	Second event
Quand tu auras fait tes courses, *When you've run your errands,*	je viendrai te chercher en voiture. *I'll come pick you up in the car.*

- The conjunctions **aussitôt que, dès que, lorsque, quand,** and **tant que** can be followed by a verb in the future perfect, which is the tense almost always used after **après que** (*after*) and **une fois que** (*once*).

  Il partira **après qu'**on **aura mangé**.
  He'll leave after we've eaten.

  Tu m'appelleras **dès que** tu **seras rentré**?
  Will you call me as soon as you've returned?

- When connecting two clauses, note the subtle distinction in meaning between a sentence that uses the **futur simple** after one of these conjunctions and one that uses the future perfect. In neither case are the English equivalents of these conjunctions followed by *will*.

  Quand j'**aurai** des nouvelles, je vous **écrirai**.
  When I get some news, I'll write you.

  but

  Quand j'**aurai eu** des nouvelles, je vous **écrirai**.
  When I've gotten some news, I'll write you.

- Use **après que** with a conjugated verb when the subject of a subordinate clause is different from that of the main clause. Use **après** with the past infinitive when the subjects of both clauses are the same.

Different subjects	Same subjects
Mémé viendra nous rendre visite **après qu'**on **aura fait** le ménage. *Grandma will come visit us after we've done the housework.*	Nous sortirons, mais seulement **après avoir fait** le ménage. *We'll go out, but only after having done the housework.*

BLOC-NOTES

To review the forms of the **futur simple**, see **Fiches de grammaire, p. 264**.

BLOC-NOTES

To review...
- negation, see **Structures 4.2, pp. 138–139**.
- pronoun order, see **Structures 5.3, pp. 180–181**.
- past participle agreement, see **Fiche de grammaire 5.5, p. 256**.

ATTENTION!

In the main clause, an imperative can appear in the place of a verb in the **futur simple**.

Quand tu auras fait les courses, téléphone-moi.
When you've run your errands, call me.

BLOC-NOTES

To review the use of the **futur simple** with certain conjunctions, see **Fiches de grammaire, p. 264**.

FICHES DE GRAMMAIRE

Mise en pratique

1 **À compléter...** Mettez les verbes entre parenthèses au futur antérieur.

1. Quand le soleil _____ (réapparaître) après l'inondation, le niveau des eaux commencera à baisser.
2. Mesdames et messieurs, vous pourrez admirer la chaîne montagneuse lorsque vous _____ (arriver) au bout du sentier.
3. Le réchauffement de la planète, s'il continue, _____ (tuer) beaucoup de récifs de corail.
4. Après que nous _____ (finir) de sauver les forêts tropicales, les températures de la planète se stabiliseront.
5. Dès que le nuage de pollution _____ (se lever), je ferai du jogging.
6. On consommera moins de combustibles quand les habitants des grandes villes _____ (apprendre) à se servir des transports en commun.
7. Grâce aux nouveaux styles de construction, les tremblements de terre _____ (détruire) moins de bâtiments au cours de ce siècle.
8. Je dépenserai beaucoup d'argent pour l'électricité tant que je _____ (ne pas jeter) mon vieux chauffe-eau (*water heater*), qui gaspille trop d'énergie.

2 **Avant le départ** Monsieur Arnal et sa famille vont partir demain pour Nouméa. Mettez les verbes entre parenthèses au futur antérieur ou à l'infinitif passé.

Demain, ma famille et moi devons partir tôt pour l'aéroport, et nous n'aurons pas de temps à perdre. Après que ma femme (1) _____ (se lever), j'irai réveiller les enfants. Ils devront s'habiller rapidement après (2) _____ (prendre) leur petit-déjeuner. Moi, après (3) _____ (se brosser) les dents, je ferai la vaisselle. Ma femme prendra sa douche aussitôt que je (4) _____ (sortir) de la salle de bains. Après (5) _____ (s'habiller), nous téléphonerons à mes parents pour leur dire au revoir. Enfin, après (6) _____ (chercher) les passeports, ma femme donnera la clé de la maison aux voisins, qui vont la surveiller pendant notre absence.

3 **Dialogue** Pascal énerve souvent Kamil, son camarade de chambre, parce qu'il fait beaucoup de promesses, mais ne fait jamais rien. À deux, terminez le dialogue.

KAMIL Mais quand est-ce que tu vas ranger tes livres?
PASCAL Aussitôt que je/j' (1) _____, je rangerai mes livres.
KAMIL Tes amis ont mangé dans la cuisine et sont partis sans la nettoyer.
PASCAL D'accord! Ils la nettoieront dès qu'ils (2) _____.
KAMIL Et mes CD? Pourquoi est-ce que vous les avez pris?
PASCAL Nous te les rendrons une fois que nous (3) _____.
KAMIL Ah, et il n'y a plus rien à manger dans le frigo.
PASCAL Je passerai au supermarché demain quand tu (4) _____.
KAMIL Et j'en ai marre de tes vêtements sales par terre.
PASCAL Je ferai ma lessive aussitôt que je/j' (5) _____.
KAMIL Des promesses, toujours des promesses!

> **Note CULTURELLE**
>
> **Nouméa**, capitale de la **Nouvelle-Calédonie**, collectivité française d'outre-mer (*overseas*), est une des villes les plus industrialisées du Pacifique Sud. La ville prend pourtant des mesures pour préserver les richesses naturelles, et est aujourd'hui un exemple de l'harmonie entre nature et urbanisation.

Fiches de grammaire

FICHES DE GRAMMAIRE

Si clauses

- **Si** (*If*) clauses express a condition or event upon which another event depends. The **si** clause is the subordinate clause, and the result clause is the main clause.

- If the result clause is the timeless, automatic effect of a general cause or condition introduced by **si**, use the present tense in both clauses.

Si clause: present tense	Main clause: present tense
Si je suis malade, *If I am ill,*	je reste chez moi. *I stay at home.*

- To talk about possible future events, use the present tense in the **si** clause to say that if something occurs, something else will result. Use the **futur proche**, **futur simple**, or imperative in the main clause.

Si clause: present tense		Main clause
Si l'ouragan arrive ce soir, *If the hurricane arrives tonight,*	FUTUR PROCHE	on va rester chez nous demain. *we're going to stay home tomorrow.*
S'il continue à pleuvoir, *If it keeps raining,*	FUTUR SIMPLE	il y aura des inondations. *there will be floods.*
S'il y a des déchets par terre, *If there is trash on the ground,*	IMPERATIVE	jetez-les dans la poubelle. *throw it in the garbage.*

- A **si** clause can speculate on what *would happen* if a condition or event *were to occur*. For such contrary-to-fact statements, use a verb in the **imparfait** in the **si** clause and a verb in the **conditionnel** in the main clause.

Si clause: imparfait	Main clause: conditionnel
Si on donnait à manger aux animaux du zoo, *If we fed the zoo animals,*	on mettrait leur vie en danger. *we would put their lives in danger.*

- **Si** clauses with the **imparfait** are often used without a main clause to make a suggestion or to express a wish or regret. The main clause may also be omitted in English in these types of expressions.

Si on allait au zoo demain? *What if we went to the zoo tomorrow?*

Ah! Si j'étais plus grand, plus beau, plus riche! *If only I were taller, more handsome, richer!*

- To make a statement about something that occurred in the past and could have happened differently, use the **plus-que-parfait** in the **si** clause and the **conditionnel passé** in the main clause.

Si clause: plus-que-parfait	Main clause: conditionnel passé
Si nous avions fait du camping, *If we had gone camping,*	nous aurions économisé de l'argent. *we would have saved money.*

ATTENTION!

The order of the subordinate and main clauses can vary in any **si** construction.

Si on allait au zoo, on pourrait voir les tigres.
If we went to the zoo, we could see the tigers.

Restez à la maison si l'ouragan passe demain.
Stay at home if the hurricane comes tomorrow.

BLOC-NOTES

To review…

- the **futur proche**, see Structures 1.2, pp. 22–23.
- the **imperative**, see Fiche de grammaire 1.5, p. 240.
- the **imparfait**, see Fiche de grammaire 3.5, p. 248.
- the **conditionnel**, see Fiches de grammaire, p. 268.
- the **plus-que-parfait**, see Structures 4.1, pp. 134–135.

FICHES DE GRAMMAIRE

Mise en pratique

1 **Situations** Complétez les phrases.

A. Situations possibles dans le futur

1. Si Thérèse n' _arrive_ (arriver) pas bientôt, nous devrons faire la queue.
2. Si vous _continuez_ (continuer) à chasser les ours, cette espèce va finir par être en voie d'extinction.

B. Situations hypothétiques dans le présent

3. Le trou dans la couche d'ozone _serait_ (être) encore plus grand si on utilisait encore certains produits nuisibles.
4. Si les gens _recyclaient_ (recycler) plus souvent, il n'y aurait pas autant de déchets par terre (*on the ground*).

C. Situations hypothétiques dans le passé

5. S'il _n'avait pas plu_ (ne pas pleuvoir), nous n'aurions pas vu cet arc-en-ciel.
6. Le prix des combustibles _auraient baissé_ (baisser) si nous avions choisi d'utiliser d'autres sources d'énergie.

2 **Il faut être optimiste** Carole et Laëtitia travaillent pour Sauveterre, une organisation environnementale. Employez les temps qui conviennent pour compléter le dialogue.

CAROLE Si nous (1) _____ (travailler) jusqu'à dix heures ce soir, nous pourrons finir les nouvelles brochures sur le réchauffement de l'atmosphère.

LAËTITIA Penses-tu que les gens vont les jeter à la poubelle? S'ils s'inquiétaient vraiment pour l'environnement, les fleuves (2) _____ (être) moins pollués et nous ne (3) _____ (gaspiller) pas autant d'énergie.

CAROLE C'est vrai. Mais si le public ne (4) _____ (s'intéresser) pas du tout à l'environnement et ne (5) _____ (faire) pas d'efforts pour le protéger, nous respirerions un air encore plus impur et les forêts (6) _____ (disparaître) plus vite.

LAËTITIA Tu as raison. Je ne me pose plus de questions. Alors si nous (7) _____ (voir) quelqu'un jeter sa brochure à la poubelle, recyclons-la et (8) _____ (être) optimistes!

3 **Si j'étais** À deux, imaginez votre vie si vous étiez une de ces célébrités. Ensuite, à tour de rôle, présentez vos idées à la classe.

Modèle Scarlett Johansson
Si j'étais Scarlett Johansson, je travaillerais avec un réalisateur français.

- Justin Timberlake
- Madonna
- Will Smith
- Lindsay Lohan
- Zac Efron
- Miley Cyrus
- ?

FICHES DE GRAMMAIRE

The passive voice

- The passive voice consists of a form of **être** followed by a past participle which agrees in gender and number with the subject.

Active voice	Passive voice
Les ours **mangent** les poissons.	Les poissons **sont mangés** par les ours.
Bears eat fish.	*Fish are eaten by bears.*

- In the active voice, word order is normally [*subject*] + [*verb*] + [*object*].

SUBJECT	VERB	OBJECT
L'incendie	**a détruit**	**les forêts.**
The fire	*destroyed*	*the forests.*

- The passive voice places the focus on what happened rather than on the agent (the person or thing that performs an action). Word order changes to [*subject*] + [*verb*] + [*agent*], and the direct object of an active sentence becomes the subject in the passive voice.

SUBJECT	VERB	AGENT
Les forêts	**ont été détruites**	**par l'incendie.**
The forests	*were destroyed*	*by the fire.*

- The verb **être** can be used in different tenses with the passive voice. Note that the past participle always agrees with the subject of **être**.

  L'eau **est contaminée** par l'usine.
  The water is contaminated by the factory.

  L'eau **a été contaminée** par l'usine.
  The water was contaminated by the factory.

  L'eau **sera contaminée** par l'usine.
  The water will be contaminated by the factory.

- In a passive sentence, the agent is not necessarily mentioned at all.

  La forêt **a été détruite**.   Les poissons **seront mangés**.
  The forest was destroyed.   *The fish will be eaten.*

- If you want to mention the agent, you usually use **par** (*by*).

  La couche d'ozone est menacée **par** la pollution.
  The ozone layer is threatened by pollution.

- With certain verbs that convey a state resulting from an event or that express a feeling or a figurative sense, use **de** instead of **par**. Such verbs include **admirer**, **aimer**, **couvrir**, **craindre**, **détester**, and **entourer**.

  Le toit était couvert **de** neige.   Les peintures sont admirées **des** visiteurs.
  The roof was covered with snow.   *The paintings are admired by the visitors.*

ATTENTION!

The passive voice is not appropriate in some types of formal writing. Nevertheless, it has some useful applications, such as when you want to place emphasis on the event rather than on the agent or when the agent is unknown. Journalists and scientists often use the passive voice.

ATTENTION!

You can avoid mentioning an agent without using the passive voice by using the pronoun **on**.

On protège l'environnement.
The environment is protected (by someone).

Fiches de grammaire

Mise en pratique

1. Voix active ou passive? Ces phrases sont-elles à la voix active ou passive?
1. Le village a été détruit par un tremblement de terre.
2. Les policières ont prévenu le public.
3. Les pluies acides sont causées par la pollution.
4. Les hommes ont chassé les lions.
5. La forêt est protégée par les écologistes.
6. Jamel et Philippe ont vu le film.
7. Le château est entouré d'un mur.
8. On chasse les ours.

2. À transformer Transformez ces phrases en les mettant à la voix passive.
1. Tom Selleck interprète Dwight Eisenhower dans un film.
2. Léonard de Vinci a peint ces magnifiques tableaux.
3. On a détruit le mur de Berlin en 1989.
4. Alexander Fleming a découvert la pénicilline.
5. On a célébré le bicentenaire des États-Unis en 1976.
6. Jonas Salk a mis au point un vaccin contre la polio.

3. Et les femmes? Transformez ces phrases en les mettant à la voix active.
1. La Résistance a été soutenue par l'action de Joséphine Baker.
2. Certains avions ont été pilotés par Amelia Earhart.
3. La série Harry Potter est écrite par J. K. Rowling.
4. Helen Keller a été aidée par Anne Sullivan.
5. Beaucoup de matchs ont été gagnés par Billie Jean King.
6. Des thèmes vietnamiens sont choisis par Nguyen Dieu Thuy pour ses peintures.

Dialogues des courts métrages

LEÇON 1

Court métrage: *Le Télégramme*

Réalisatrice: Coralie Fargeat
Pays: France

PIERRETTE Encore un peu de thé?
BLANCHE S'il vous plaît, oui… Alors, vous avez eu des nouvelles?
PIERRETTE Non, depuis sa dernière permission, toujours pas. Et vous?
BLANCHE Oh, moi, mon fils, il n'a jamais aimé écrire… De toute manière, ça ne veut rien dire, le courrier met tellement de temps pour venir jusqu'ici… C'est tellement désorganisé.
PIERRETTE Sauf pour les télégrammes. Voilà MacLaurie.
BLANCHE Dieu sait chez qui il va aujourd'hui.
PIERRETTE Ne vous inquiétez pas, Blanche, ça ne peut pas être pour vous. Félix est parti il y a si peu.
BLANCHE Vous dites ça à chaque fois, vous ne pouvez pas savoir. Personne ne peut savoir. Oh, bien sûr, pour vous, c'est différent. Votre fils est officier.
PIERRETTE Ah oui, et pourquoi ça serait différent?
BLANCHE Tout le monde sait que… c'est plus facile pour eux… Ils mangent mieux, ils ont des meilleurs vêtements aussi. Enfin, une vie plus facile quoi…
PIERRETTE Ça ne les dispense pas du champ de bataille, ni de mourir comme les autres.
BLANCHE Oui, peut-être… Votre fils a quand même fait des études.
PIERRETTE Soit… Encore un peu de thé?
BLANCHE Ce n'est pas pour Marthe. J'avais pourtant espéré qu'…
PIERRETTE Enfin, Blanche!
BLANCHE Oh, je vous en prie, hein! Pas tant de manières! Je suis sûre que, vous aussi, vous espériez qu'il s'arrête chez elle. C'est humain après tout. Vous savez, je suis sûre qu'il va chez Renée… ou chez Juliette.
PIERRETTE Vraiment?
BLANCHE Leur fils, il fait partie des bataillons spéci[aux]. Alors, forcément, il y a plus de risques… Il est fier de ce qu'il fait. Il est fier de savoir avant tout le monde.
PIERRETTE C'est vrai que ça lui donne un certain pouvoir.
BLANCHE D'ailleurs, moi, je ne l'ai jamais beaucoup aimé… même avant la guerre. Ce MacLaurie, ça se voit qu'il n'est pas d'ici… Toujours à se tenir à l'écart, à garder ses distances… On dit que sa femme a encore eu une crise d'hystérie.
PIERRETTE Encore un petit gâteau, peut-être?
BLANCHE C'est incroyable que ce soit cet estropié qui apporte les télégrammes militaires. Mais regardez-moi ça, il avance si lentement qu'on dirait que c'est pour faire durer le supplice! Mon Dieu, faites qu'il s'arrête chez Juliette!
PIERRETTE Blanche, ça ne sert à rien…
BLANCHE Mais vous ne voyez pas que c'est notre dernière chance! Oh, c'est atroce, cette attente. Je ne veux même plus regarder. Il veut nous faire mourir à petit feu ce… ce… ce sadique. Il faut que ce soit pour Juliette! Mais enfin, dites quelque chose!
PIERRETTE Il arrive à sa maison.
BLANCHE Frappe… frappe… Alors, c'est sûrement pour moi… J'ai fait ce rêve… Félix… mon Félix. Il était en train de s'enfoncer dans la boue. Il criait. J'étais juste à côté de lui et puis, et puis, il s'enfonçait… il continuait à s'enfoncer… Non… ce n'est pas possible… Ce n'est pas possible… Dieu ne peut pas me prendre mon fils comme ça… Et pourquoi ça ne serait pas pour vous, d'abord? Je n'ai rien fait de mal, moi. J'ai toujours été une bonne mère… une bonne chrétienne… Oh, mon Dieu, sauvez mon fils, mon Dieu, sauvez mon fils…
PIERRETTE Il a passé votre maison.
BLANCHE Pierrette!
PIERRETTE Taisez-vous. Il n'y a plus rien à dire.
BLANCHE Bonté du ciel!

BUREAU DES AFFAIRES MILITAIRES – À L'ATTENTION DE MONSIEUR MACLAURIE – VOTRE FILS – MORT AU COMBAT – SINCÈRES CONDOLÉANCES

LEÇON 2

Court métrage: *J'attendrai le suivant…*

Réalisateur: Philippe Orreindy
Pays: France

ANTOINE Mesdames, Mesdemoiselles… Messieurs, bonsoir. Excusez-moi de vous déranger… Je sais bien que vous êtes énormément sollicités à l'heure actuelle. Tout d'abord, je m'en excuse… et puis, je me présente. Je m'appelle Antoine et j'ai 29 ans. Rassurez-vous, je ne vais pas vous demander d'argent. Ce qui m'amène à vous ce soir, eh bien, c'est que j'ai lu récemment, dans un magazine qu'il y avait en France près de 5 millions de femmes célibataires. Où sont-elles? Ça fait bientôt trois ans et demi que je suis tout seul. Je n'ai pas honte de le dire… Mais j'en ai marre! Pour passer ses soirées devant son micro-onde, pour regarder ses programmes débiles à la télé, ce n'est pas une vie. Minitel, Internet… pour se faire poser des lapins… Ça ne m'intéresse pas! Je suis informaticien… je gagne bien ma vie… 2.600 euros par mois… je suis assez sportif… je fais bien la cuisine… Vous pouvez rire, vous pouvez rire… Moi, je crois au bonheur. Je cherche simplement une femme, ou bien une jeune femme… de 18 à 55 ans, voilà, qui aurait, elle aussi, du mal à rencontrer quelqu'un… par les voies normales… et qui voudrait, pourquoi pas… partager quelque chose de sincère avec quelqu'un. Voilà… Si l'une d'entre vous se sent intéressée… eh bien, elle peut descendre discrètement à la station suivante… Je la rejoindrai sur le quai.

HOMME Mais arrêtez vos salades, là! Restez célibataire! Moi, ça fait cinq ans que je suis marié avec une emmerdeuse! Si vous voulez, je vous donne son numéro de téléphone au boulot… Elle est coiffeuse. Vous l'appelez, vous voyez avec elle… Mais il ne faudra pas venir vous plaindre après, hein!…
ANTOINE C'est très aimable à vous, Monsieur, mais je ne cherche pas la femme d'un autre. Ou alors, il faudrait peut-être lui demander son avis, non?
HOMME Mais non! Elle est d'accord, j'en suis sûr! Il n'y a que l'argent qui l'intéresse! Et je crois que vous en avez, vous, non?
ANTOINE Je cherche l'amour, moi, Monsieur, je ne cherche pas un marché!
HOMME Oh là là, eh, vous êtes mal barré dans la vie, vous, hein! Il va falloir que vous en fassiez des rames de métro!
ANTOINE Excusez ce monsieur, qui, je pense, ne connaîtra jamais l'amour.
HOMME Abruti!
ANTOINE C'est ça… C'est ça… Mesdemoiselles, je réitère ma proposition. S'il y en a une parmi vous qui est sensible à ma vision de l'amour, eh bien, qu'elle descende… Mademoiselle, c'était un sketch.

ANTOINE Si le spectacle vous a plu…
HOMME …une petite pièce sera la bienvenue.

LEÇON 3

Court métrage: *Émilie Muller*

Réalisateur: Yvon Marciano
Pays: France

ASSISTANT Bonjour… Émilie.
RÉALISATEUR Merci.
ÉMILIE Bonjour.
RÉALISATEUR Bonjour, asseyez-vous. Vous vous appelez comment?
ÉMILIE Émilie Muller.
RÉALISATEUR C'est votre vrai nom?
ÉMILIE Oui.
RÉALISATEUR Vous êtes comédienne?
ÉMILIE J'ai joué un petit rôle une fois au théâtre, il y a très longtemps, mais on ne peut pas appeler ça comédienne.
RÉALISATEUR C'est tout?
ÉMILIE Oui.
RÉALISATEUR Pas de films?
ÉMILIE Non, jamais.
RÉALISATEUR Des auditions?
ÉMILIE Non, c'est la première fois.
RÉALISATEUR Pas d'école? Pas de cours d'art dramatique?
ÉMILIE Heu… non, je suis désolée.
RÉALISATEUR Comment vous avez appris qu'on cherchait une comédienne?
ÉMILIE C'est une amie, elle voulait que je l'accompagne. Elle a beaucoup insisté. Puis, finalement, c'est elle qui n'est pas venue.
RÉALISATEUR Vous êtes venue quand même.
ÉMILIE Oui, à cause de l'histoire, enfin le scénario. Cet homme coincé dans une pièce et cette femme qui court le monde à sa place, ça m'a… ça m'a beaucoup touchée.

RÉALISATEUR Est-ce que vous pourriez me montrer ce qu'il y a dans votre sac, dans votre sac à main?
ÉMILIE Dans mon sac?
RÉALISATEUR Oui.
ÉMILIE Mais je…
RÉALISATEUR Vous ne voulez pas? Allez-y, allez-y!
ÉMILIE Ah si, d'accord.
RÉALISATEUR Vous trouvez peut-être ça indiscret?
ÉMILIE Non. Non, pas du tout. En fait, vous voulez que je vide mon sac.
RÉALISATEUR Mmm…
ÉMILIE Je fais comment?
RÉALISATEUR Vous tirez un objet au hasard, et puis vous me racontez ce que ça fait dans votre sac, ce que ça vous évoque. D'accord, on va tourner. Tout le monde est prêt? Moteur!

(Des assistants: Ça tourne! Annonce! Émilie Muller, première!)

ÉMILIE Bon, j'y vais, là? Vous savez, il n'y a rien d'extraordinaire. Un porte-monnaie. Un poudrier. Ce matin, en venant ici, j'ai traversé un marché. Il y avait des fruits de toutes les couleurs et des pommes… des pommes rouges et vertes. Comme je m'étais arrêtée pour les regarder, le marchand en a pris une et me l'a donnée, voilà.
RÉALISATEUR C'est quoi?
ÉMILIE Ça? Des petites annonces.
RÉALISATEUR Vous cherchez quelque chose?
ÉMILIE En ce moment, rien. Mais ça m'arrive de chercher du travail, oui.
RÉALISATEUR Quel genre de travail?

ÉMILIE En fait, j'en change tout le temps. Femme de chambre, baby-sitter, serveuse dans un bar, documentaliste… En ce moment, je suis correctrice dans une maison d'édition. Ça me plaît beaucoup. Le défaut, c'est que dans un texte, je ne vois plus que les défauts, justement. C'est fou, quand on est un peu curieux, ce qu'on peut trouver dans les petites annonces. Et puis, je trouve que c'est tellement formidable de… de savoir que quelques mots dans un journal peuvent changer une vie. J'aime bien lire les annonces de maisons aussi, parce que je rêve d'avoir une maison à moi. Oh, pas grand-chose, une petite maison, tout au fond d'une forêt, ça me suffirait. Mais, une maison où je pourrais aller quand j'en ai envie, où je pourrais amener des amis, où l'on pourrait boire, écouter de la musique jusque très tard dans la nuit. Quand je lis l'annonce d'une maison, j'imagine aussitôt la vie que je pourrais y mener parce que, bon, une maison, c'est forcément le début d'une nouvelle vie; je veux dire des odeurs différentes, des couleurs nouveaux… nouvelles? Ou alors la solitude. Totale. Rien, personne à qui parler. Je rêve de ça quelquefois.

RÉALISATEUR Ça ne vous fait pas peur?

ÉMILIE Oh non, pas du tout. Très tôt, mes parents m'ont appris à rester seule. Ils me laissaient des après-midi entières, avec un livre, oui. Mais je n'ai pas le souvenir d'avoir eu peur, non jamais. Ah, une bague. C'est un très vieil ami qui me l'a donnée. C'était… c'était à sa mère qui est morte. Je n'ai jamais pu la mettre.

RÉALISATEUR Pourquoi?

ÉMILIE C'est trop lourd à porter. Un billet d'avion.

RÉALISATEUR Un vieux billet?

ÉMILIE Non, un billet neuf qu'un ami m'a envoyé. Paris-Nice aller-retour. Je ne sais pas si j'irai.

RÉALISATEUR Et pourquoi ça?

ÉMILIE Il m'a dit qu'il avait là-bas un appartement tout blanc qui donne sur la mer. Comme dans un tableau de… Non, en fait, ce serait pour aller voir une tombe.

RÉALISATEUR Une…?

ÉMILIE Une tombe. Vous savez, une tombe. Parce que tout au bout de la ville, il y a un cimetière paraît-il, tout blanc. Matisse, le peintre Matisse, est enterré là. Sa tombe est nue, avec un bouquet de fleurs rouges, toujours les mêmes. Quelqu'un, on ne sait pas qui, une femme peut-être, vient les changer tous les jours. Quand il m'en a parlé, je lui ai dit que j'avais très envie de voir cette tombe, alors voilà, hier, j'ai reçu ce billet. Mais bon, si je pars, j'ai peur de ne pas revenir. Un petit carnet, pour noter.

RÉALISATEUR Pour noter quoi?

ÉMILIE Une histoire, un bout de rêve, une phrase que j'ai lue dans un livre. Je passe mon temps à noter, c'est une manie absurde.

RÉALISATEUR Pourquoi absurde?

ÉMILIE Parce que ça ne sert à rien. Ce qui compte vraiment, c'est inutile de le noter, on s'en souvient.

RÉALISATEUR Et c'est votre journal aussi?

ÉMILIE Ça, oui. J'écris tous les jours, je m'oblige à écrire tous les jours. C'est comme un travail. J'écris ce que je vois, ce que je fais, les gens que je rencontre, tout.

RÉALISATEUR Et vous n'avez pas peur qu'on le lise?

ÉMILIE Oh si! L'autre jour, j'ai perdu un de mes carnets. heu, carnet…

RÉALISATEUR Car-net.

ÉMILIE Oui, carnet. Depuis ça, je n'arrête pas de faire des cauchemars. Je rêve qu'on le retrouve, qu'on vient me demander des comptes sans arrêt. Il y a des choses terribles, des choses que je n'ai jamais dites à personne.

RÉALISATEUR Vous pourriez me lire quelque chose comme ça, enfin, au hasard?

ÉMILIE Lundi 7 juillet : «J'ai connu le bonheur, mais ce n'est pas ce qui m'a rendue la plus heureuse.» C'est joli, non?

RÉALISATEUR C'est de vous?

ÉMILIE Non, de Jules Renard. J'ai lu ça dans son journal. Attendez, il y a une phrase très drôle que j'ai notée l'autre jour, il faudrait que je la retrouve.

RÉALISATEUR Est-ce que vous voulez un petit peu de café?

ÉMILIE Non, non merci.

RÉALISATEUR Dites-moi, est-ce que vous aimez séduire?

ÉMILIE Franchement, je ne crois pas.

RÉALISATEUR Mais on aime tous séduire, non?

ÉMILIE Moi… moi, c'est plutôt le désir de l'autre qui me séduit.

RÉALISATEUR C'est-à-dire?

ÉMILIE Oui, dès qu'on me montre un peu d'intérêt, un peu d'attention, je ne résiste pas. Je voudrais faire autrement, mais je ne peux pas, c'est plus fort que moi.

RÉALISATEUR Mais les hommes doivent en profiter, non?

ÉMILIE Alors, je les laisse tomber. C'est très inattendu parfois.

RÉALISATEUR Par exemple?

ÉMILIE Je ne sais pas, il peut suffire d'un mot, d'un geste. Pour eux c'est sans importance, mais pour moi, c'est suffisant. Ça suffit pour que je me rende compte que... qu'il n'y a rien de commun entre nous.

RÉALISATEUR Et après, vous ne les revoyez plus?

ÉMILIE Ah non, ça je ne peux pas. Les gens que j'ai aimés, je cherche toujours à les revoir. J'ai toujours besoin de savoir ce qu'ils font, ce qu'ils sont devenus, même si je ne les vois pas pendant des mois. Le fait simplement de savoir qu'ils sont là, quelque part, que là où ils sont, ils sont bien, et qu'il suffit d'un signe pour qu'on se retrouve, vous ne pouvez pas imaginer, c'est important. En cherchant à effacer quelqu'un de sa vie, c'est finalement un peu de sa vie qu'on efface. Et puis la vie fait déjà tout pour séparer les gens, alors... Un... un stylo... pour... C'est un cadeau de mon ami, pour son anniversaire.

RÉALISATEUR Pour son anniversaire?

ÉMILIE Oui, il a toujours préféré faire des cadeaux plutôt qu'en recevoir. Une carte postale d'une amie. Ça fait très, très longtemps que je n'avais pas eu de ses nouvelles. Elle vit au Brésil, à São Paulo. Depuis cinq ans, elle est bonne sœur. Là, elle m'écrit pour me dire qu'elle a tout abandonné, et qu'elle vient de se marier avec un prêtre. Si je pouvais, je prendrais le premier avion.

RÉALISATEUR Il reste des choses?

ÉMILIE Qu'est-ce qu'il y a encore... Oui... Une carte de bibliothèque. Une carte de donneur d'organes.

RÉALISATEUR De...?

ÉMILIE Oui, de donneur d'organes. Si je meurs, je fais don de mes organes. Ça, je n'en prends presque jamais, mais je l'ai toujours sur moi, à cause de... à cause des insomnies. Le plus terrible, c'est entre quatre et cinq heures du matin, quand on n'a rien prévu, qu'on n'a même pas un bon livre ou quelques biscuits à grignoter. Un paquet de cigarettes.

RÉALISATEUR Vous fumez beaucoup?

ÉMILIE Moi? Moi, je ne fume pas. C'est pour les amis.

RÉALISATEUR Et vous avez beaucoup d'amis?

ÉMILIE Non. J'ai un ami justement qui a une théorie là-dessus. Il dit que... que l'être humain a une capacité limitée d'avoir des amis. Que si vous en ajoutez un nouveau, il en chasse un que vous aviez déjà. Je suis d'accord, je crois que dans une vie, on ne peut avoir que deux ou trois amis... et encore!

RÉALISATEUR Mais quelles sont les qualités qui vous touchent le plus chez un homme?

ÉMILIE Qui me touchent le plus? Qu'il puisse être touché, justement. Qu'il puisse admirer aussi. C'est important d'admirer. Mais bon, ce n'est pas valable seulement pour les hommes. Je crois que j'aime encore plus quelqu'un s'il est capable d'être ému, c'est vrai.

RÉALISATEUR Et votre ami? Il a cette qualité?

ÉMILIE Mais je crois, oui.

RÉALISATEUR Et quels sont ses défauts?

(Un assistant: Émilie Muller, deuxième!)

RÉALISATEUR On est obligé de reprendre parce qu'on n'avait plus de pellicule. Donc, on parlait de votre ami et je vous demandais quels étaient ses défauts.

ÉMILIE Ah oui, ses défauts... Je ne lui en connais qu'un, un seul, mais il est terrible.

RÉALISATEUR Lequel?

ÉMILIE Tout le monde l'aime et... et lui, il n'aime personne.

RÉALISATEUR Continuez.

ÉMILIE Un canif. Tiens, un harmonica. On dit «un» ou «une» harmonica?

RÉALISATEUR Un, je crois.

ÉMILIE Une épingle à nourrice. Un vieil agenda.

RÉALISATEUR Vous avez un livre sur vous?

ÉMILIE Un livre? Oui, toujours.

RÉALISATEUR Vous pouvez me le montrer? C'est quoi?

ÉMILIE C'est un… c'est un livre de souvenirs. Je ne lis plus que ça. Et des biographies, des journaux intimes, aussi. Il faut que je sois sûre que ce que je lis a été vécu par quelqu'un, sans ça, le livre me tombe des mains. Là, ça, c'est un livre d'un écrivain américain. À un moment donné, il explique que sa mère est morte sans avoir jamais rien lu de lui. Vous savez pourquoi? Parce qu'à chacun de ses livres, il se disait que le prochain serait meilleur, donc plus digne d'elle. C'est magnifique, non? En fait, je lis très peu de livres en entier, je saute toujours de l'un à l'autre, d'une page à l'autre, tout le temps.

RÉALISATEUR Mais pourquoi?

ÉMILIE Est-ce que vous avez déjà rencontré la femme de votre vie?

RÉALISATEUR Pardon?

ÉMILIE Oui, la femme, celle qui, au premier regard, remplace toutes les autres. Bon, imaginons que vous la cherchiez, que vous ne la connaissiez pas. Vous êtes sûr seulement d'une seule chose: quand cette femme sera là devant vous, pour la première fois, eh bien, il n'y aura aucun doute, ce sera elle que vous avez cherchée. Eh bien, la lecture, c'est pareil. En lisant, on cherche tous quelque chose d'unique. Mais cette chose, bien sûr, reste toujours introuvable.

RÉALISATEUR Et si vous la trouviez, cette chose?

ÉMILIE Eh bien, alors là, ça me bouleverserait la vie, tout simplement.

(Un assistant: Émilie Muller, troisième!)

RÉALISATEUR Allez-y.

ÉMILIE Je crois que c'est fini, là. Ah non, il y a encore une petite poche. Là, c'est mon ami, il dort. C'est le seul moment où il accepte d'être photographié. Là, c'est ma mère. Quand elle était jeune. J'ai trouvé cette photo il y a quelques jours dans une malle et je ne l'avais jamais vue. J'aime bien le regard de ma mère, son sourire surtout. C'est la première fois que je la vois dans les bras d'un autre homme que mon père. Ils ont l'air très amoureux. Je suis contente qu'avant nous, avant mon père, elle a pu être heureuse.

RÉALISATEUR Ils comptent beaucoup vos parents?

ÉMILIE Oui, ils sont tout pour moi. L'idée qu'un jour ils… Voyez, j'en tremble.

RÉALISATEUR Et vous pouvez me parler de vous, petite fille?

ÉMILIE Pendant longtemps, je suis restée petite.

RÉALISATEUR Pourquoi?

ÉMILIE Je ne voulais pas grandir. J'étais tellement bien! Je ne sais plus quel est l'écrivain qui dit que, quand il était jeune, enfin petit, il ne se souvient pas d'avoir touché terre, tellement il passait de bras en bras. Moi, c'est pareil. J'avais des parents très rassurants qui m'ont beaucoup protégée.

RÉALISATEUR Vous êtes de quelle origine?

ÉMILIE Je suis… hongroise.

RÉALISATEUR Vous pourriez me dire quelque chose, comme ça, en hongrois? Un poème, par exemple.

ÉMILIE Vous n'allez pas comprendre grand-chose.

RÉALISATEUR Pas grave.

(Elle dit un court poème en hongrois.)

RÉALISATEUR D'accord.

ÉMILIE Voilà.

RÉALISATEUR Et quand vous étiez petite, est-ce que vous saviez ce que vous vouliez faire plus tard?

ÉMILIE Heu, oui… Avec mon frère, on voulait être astronautes… astonautes, oui. On passait notre temps à observer le ciel. On nous aurait proposé de partir pour Vénus ou Mars ou Jupiter, on aurait été fous de joie, on serait partis tout de suite.

RÉALISATEUR Et ça ne s'est pas fait?

ÉMILIE Non, allez savoir pourquoi.

RÉALISATEUR Bon, on peut couper, c'est fini. Voilà, les quinze minutes sont passées.

ÉMILIE Déjà?

RÉALISATEUR Eh bien, merci beaucoup.

ÉMILIE Au revoir.

RÉALISATEUR Au revoir. Vous n'oublierez pas de… de vérifier les coordonnées dehors auprès du jeune homme qui est dans le couloir, comme ça, on vous rappellera dans une semaine.

ÉMILIE D'accord, d'accord.

RÉALISATEUR Est-ce que je pourrais avoir un petit peu d'eau, s'il vous plaît, parce que là…

ASSISTANT Il nous en reste quatre. Tu veux la suivante maintenant?

RÉALISATEUR J'aimerais bien faire une petite pause, là. Tu leur dis que ce ne sera pas long, dix minutes, un quart d'heure.

ASSISTANT Ouais, OK, je vais les faire patienter.

RÉALISATEUR Merci.

ASSISTANT Bon, je vais en face.

RÉALISATEUR Hé! Olivier! Elle a oublié son sac, Émilie! Tu la rattrapes tout de suite!

ASSISTANT Oh mais ce sac-là? Mais, ce n'est pas le sien!

RÉALISATEUR Oui, oui, attends Olivier, on vient de tourner avec!

ASSISTANT Ce n'est pas le sien, je t'assure! Elle n'avait pas de sac!

RÉALISATEUR Mais c'est le sac de qui, alors?

ASSISTANT Alice! Alice!

ALICE Oui?

ASSISTANT Alice, dis-moi, c'est à qui, ce sac?

ALICE C'est le mien! C'est le mien, pourquoi?

RÉALISATEUR Non!?

ALICE Mais si, c'est le mien!

DIALOGUES

LEÇON 4

Court métrage: *Bon anniversaire!*

Réalisateurs: Hichem Yacoubi et Daniel Kupferstein
Pays: France

LEÏLA S'il te plaît! Je t'en supplie! J'en peux plus d'être loin de la maison. Tu me manques. Vous me manquez tous.

WALID *(au téléphone)* Allô?
LEÏLA Walid? C'est Leïla. Ça fait des jours et des jours que j'ai envie de te parler.
WALID Attends, là! Mais pourquoi tu m'appelles là? Pourquoi tu m'appelles?
LEÏLA Non, mais, écoute-moi. S'il te plaît, je t'en supplie. J'en peux plus d'être loin de la maison. Tu me manques.
WALID Ah ouais? Et c'est au bout de six mois que tu te rappelles que tu as une famille, c'est ça? Hein?
LEÏLA Mais toi aussi, pourquoi t'as rien dit, hein? Pourquoi, Walid?
WALID Bon, écoute, j'ai du travail, là, okay? J'ai pas le temps de te parler. Allez, salut.

WALID *(à l'interphone)* Allô?
MARIE Bonjour. C'est bien Monsieur Walid?
WALID *(à l'interphone)* Pardon?
MARIE Bonjour. C'est bien Monsieur Walid?
WALID *(à l'interphone)* N'importe quoi, Marie.

MARIE *Salam Aleikum, Habibi!*
WALID *Salam.*
MARIE Ben, je voulais te faire une surprise.
WALID Ben, c'en est une.
MARIE J'avais rendez-vous avec un client juste à côté, alors je me suis dit que je pourrais passer.
WALID T'as bien fait.
MARIE Qu'est-ce que tu fais?
WALID J'étais en train de regarder les photos d'hier. T'as vu? Sympa, hein?
MARIE Ça va, mon cœur?
WALID Ouais, ouais, ça va... Je vais faire une petite pause. Je vais faire un petit café, tiens.
MARIE Un petit quoi?
WALID Un petit café.
MARIE Un petit café... Mais t'as pété un câble, Walid, ou quoi? Tu vas pas me faire un petit café alors que c'est ramadan.
WALID Et alors? Je peux te faire un petit café même si je fais le ramadan. Où est le problème?
MARIE Ça va?
WALID Excuse-moi. Je suis un peu crevé. Hier j'ai bossé super tard et je suis fatigué, je suis désolé.
MARIE Bon. Assieds-toi là.
WALID Qu'est-ce que tu vas me sortir?
MARIE Ferme les yeux.
WALID Okay.
MARIE Ouvre les yeux.
WALID Qu'est-ce que c'est?
MARIE Bon anniversaire, Walid!
WALID Tracy Chapman. Ouah, c'est génial!
MARIE T'es content?
WALID Ah ouais, c'est super! ... Hein hein hein hein!
MARIE Qu'est-ce qu'il y a? Ah oui, c'est vrai, c'est ramadan.

Dialogues des courts métrages

(Le téléphone sonne.)

MARIE Mais tu décroches pas?
WALID Non, non, non, c'est rien, on s'en fout, c'est rien.
MARIE Comment ça, on s'en fout?
LEÏLA *(voix sur le répondeur)* Allez, Walid, réponds!
MARIE C'est qui?
WALID Écoute, c'est... c'est... c'est... écoute, c'est... c'est vraiment pas ce que tu crois, d'accord?
MARIE Mais, je crois rien, moi, Walid. J'observe, c'est tout. Bon, de toutes façons, j'ai mon rendez-vous.
WALID Écoute, je peux pas t'expliquer tout de suite, Marie, mais c'est... Vraiment... C'est... C'est... Je t'appelle ce soir, d'accord?
MARIE D'accord, c'est ça.
WALID C'est vraiment pas ce que tu crois, d'accord.
MARIE Salut.
WALID Marie, écoute-moi, s'il te plaît! S'il te plaît! Marie!
MARIE Puis, vas-y, rappelle-la, parce que je crois qu'elle en peut plus!
WALID Écoute, s'il te plaît!
LEÏLA *(voix sur le répondeur)* Walid, Walid!
WALID Et merde!
LEÏLA *(voix sur le répondeur)* Walid, on doit se réconcilier. On doit pardonner, c'est un devoir chez nous, Walid...
WALID *(il décroche le téléphone)* Quoi? Tu oses dire «chez nous»? T'as pas honte? Mais tu l'as quitté, ton chez toi!
LEÏLA *(au téléphone)* C'est *haram* d'aimer? Walid, c'est un péché d'aimer?
WALID Tu me fais chier, Leïla, tu me fais chier!
LEÏLA Je voulais juste te souhaiter un bon anniversaire, Walid. C'est tout. Je t'aime, Walid.

WALID Non! Comment ça va, vieille branche?
FRED Bien. Heureux de te voir, Walid.
WALID Heureux de te voir! Attends, t'es grave, toi. Je te croyais mort. Ça fait au moins six mois que je t'ai pas vu! T'es passé où?
FRED Je t'en avais parlé! Je suis parti en Inde.
WALID T'es parti en Inde? Faire quoi en Inde?
FRED Ben, profiter un peu des fêtes religieuses.
WALID Ah ouais, t'as été voir les Krishnas, là, ou je sais pas quoi.
FRED Ouais, les Krishnas... D'ailleurs, il m'est arrivé que des galères, des galères et encore des galères.
WALID Non! Toi, il t'arrive des galères? C'est pas possible, toi! Il peut pas t'arriver des galères!
FRED Et si, il peut m'en arriver.
WALID Ça me fait plaisir de te voir.
FRED Dis-moi, t'as l'air d'avoir la forme, toi?
WALID Comme d'hab. Tranquille, quoi! À fond dedans quoi...
FRED Et la famille, ça va, la famille?
WALID Ouais, ouais, ça va... Bon, allez, habille-toi, le cours va commencer. On se retrouve, allez!

FRED Walid, t'as des problèmes, hein?
WALID Non, pourquoi tu dis ça?
FRED Ah, qu'est-ce que tu me fais, là?
WALID Non, y a rien, ça va.
FRED Allez, mon poteau, qu'est-ce que tu fais, là, crache!
WALID Ben, y'a que Leïla, elle s'est tirée avec un mec.
FRED Non...
WALID Si... Et le pire, c'est que c'est un Gaoli, le mec. T'imagines la tête de mes parents?
FRED Ouais, j'imagine. Mais toi, t'as essayé de lui parler à ta sœur? Pour arranger les choses?
WALID Arranger quoi? J'étais même pas au courant de son histoire. Elle m'en a même pas parlé. Je comprends pas. Ben, tu me connais... je l'ai toujours traitée comme une princesse. Alors, là, franchement, je sais pas. J'en sais rien. Je comprends pas.

FRED Je comprends ta rage, Walid, mais ta sœur, elle est grande! Fallait bien qu'un jour ou l'autre, elle fasse sa vie, tu crois pas?
WALID Mais attends, mec, je peux pas lui pardonner ça. Je peux pas. Encore moins mes parents. C'est pas un musulman. Ils peuvent pas comprendre ça.
MONITEUR On va reprendre l'exercice d'hier. Parallèle. Un, deux, trois, quatre. Un, deux... quatre.

FRED Moi, j'ai peut-être une solution. C'est que son Gaulois, il se convertisse à l'islam.
WALID Quoi? Qu'est-ce que tu me racontes, là? Je vais te dire une bonne chose: j'ai plus de respect pour un chrétien convaincu qu'un musulman hypocrite. T'imprimes?
MONITEUR Ça va? Je vous dérange pas? La moindre des choses c'est de regarder quand il y a une explication. Allez-y, deux par deux.

FRED Qu'est-ce qu'elle a comme choix, ta sœur?
WALID Ben, j'en sais rien. Tu ferais quoi, toi, à ma place, hein? ... Pardon. Excuse-moi, excuse-moi.
FRED Walid, parce que chez vous, le poids de la religion et de la famille, c'est énorme, non? Avoue!
WALID Ah ouais? Y a eu combien de morts, là, pendant la canicule? Quinze mille? C'est ça? Je te l'accorde, le poids de la religion, chez nous, c'est énorme.
FRED Walid, arrête de noyer le poisson. C'est un problème uniquement parce que c'est une fille. Tiens, toi et Marie, a priori, ça dérange personne.
WALID Attends, qu'est-ce que tu racontes? Qu'est-ce que t'en sais si ça dérange personne? T'es dans ma tête, toi? Tu sais à quel point c'est compliqué? Putain... Et puis, merde, d'abord, je vais te dire une bonne chose. Chaque culture a ses travers, OK? Je sais pas, moi, par exemple, vous, vous vous torchez le cul? Ben, nous, ben on se le lave. Désolé, tu l'as cherché!
FRED Tu t'en sors bien sur ce coup-là!
WALID On fait ce qu'on peut...

WALID Fred, non mais sérieux, t'imagines mon père appeler ses petits-enfants Marie-Pierre, Christophe, Jean-Pierre. Non, mais c'est vrai, franchement, tu rigoles! Imagine-toi. Pire encore, il ouvre le frigo, et tu sais quoi? C'est plein de *ralouf!* Non, mais toi, tu rigoles là. Mais attends. Mais ça existe. C'est pas de la science-fiction, mon pote.
FRED Arrête, t'abuses! Walid... Y a toujours moyen de s'arranger. Regarde, moi, je suis à moitié breton par ma mère et à moitié portugais par mon père. Moralité: je baragouine un peu le portos, et j'adore le chouchen et le chou-fleur. Tu vois l'avantage?
WALID Ouais, moi ce que je vois, c'est que t'es un bâtard, quoi! Bon écoute, c'est pas le tout, mais là il faut que j'y aille. J'ai rendez-vous avec Marie, okay? Mademoiselle, s'il vous plaît.
FRED Non, non, laisse, c'est pour moi. C'est pour moi. C'est son anniversaire.
SERVEUSE Ah, ben, bon anniversaire!
WALID Merci beaucoup.

Dialogues des courts métrages

LEÇON 5

Court métrage: *Samb et le commissaire*
Réalisateur: Olivier Sillig
Pays: Suisse

Depuis 1994, suite à une décision du peuple suisse, le 1er août, jour de la fête nationale, est férié. Évidemment certains services assurent une permanence.

VOIX C'est normal, les gens, ils en ont marre. Il faut toujours que ce soit eux.
COMMISSAIRE Mais je sais! Ils sont de plus en plus nombreux. Mais enfin! appeler les flics pour un gamin! Non! À cette station-service, ils... ils exagèrent! Vraiment! Tiens! Envoyez-le-moi! Entrez!
VOIX Voilà le client, Commissaire.
COMMISSAIRE Oui, merci. Alors, c'est vrai ce qu'on dit? Vous êtes tous des voleurs? Incroyable! Incroyable! À ton âge, tu es déjà un voleur! Eh ben! vous êtes jolis! Assieds-toi! Assieds-toi, nom de Bleu! Bon! Alors? Tu t'appelles comment? Ton nom? Non! non! non! non! Te, te, te, te! Te! Juste ton nom. Je vous connais, vous êtes des bavards terribles, vous! Alors, ton nom? Comment t'appelles-tu? Tu t'appelles comment? Tu ne veux pas parler? Quel âge as-tu? Il ne sait pas son âge! Écoute! Tu vois, moi, je m'appelle Knöbel, Commissaire Knöbel. Et toi? tu ne sais pas dire ton nom. C'est dingue! Vingt francs. Vingt francs! Porter plainte pour vingt balles! Il faut vraiment que les gens en aient marre de vous, hein! Et tes parents? Ils sont où aujourd'hui, tes parents? Ah! eux aussi, ils sont allés apprendre l'hymne national! Alors quoi?
VOIX Ça ne répond nulle part. C'est férié aujourd'hui.
COMMISSAIRE Férié! Férié! Mais ce que les gens sont patriotes aujourd'hui! Alors, c'est comment, ton nom? Hein? Ben, attends! Je ne veux pas te manger! Je veux juste voir s'il y a ton nom sur le collier! Je roque. Knöbel! Oui, oui! petit roque. Nimzo-Indienne? Je... Oui, oui, je crois, oui! Salut! Knöbel. Des carottes. Oui. Trois citrons. De la «Saint-Marc». Du pain. Oui. Ah! Ben oui, maman, oui, c'est jour férié, tout est fermé. Mais non, ce n'est pas grave. Oui, à tout à l'heure, maman. Mais, dis donc! tu dois avoir faim, toi! Apportez à manger au gamin!
VOIX Tout est fermé.
COMMISSAIRE Tout est fermé, tout est fermé! Et alors, en face?

COMMISSAIRE Mange! Mais mange! Il y a sans doute du porc là-dedans! Les musulmans ne mangent pas de porc! Vous devriez savoir ça! Il faut s'adapter, nom de Bleu! Les Africains sont musulmans! L'islam! Ah! C'est tout ce que j'ai trouvé! Mais enfin au moins, tu connais!
SAMB Monsieur! Je m'appelle Samb. Samb. Et toi? Non! non! Juste votre nom!
COMMISSAIRE Knöbel. Commissaire Knöbel.
SAMB Non! non! votre nom! votre vrai nom!
COMMISSAIRE Aah! Hugo. Avec un H.
SAMB Et votre papa?
COMMISSAIRE François, Louis.
SAMB En un seul mot ou en deux mots?
COMMISSAIRE François, virgule, Louis. Ouais, c'est... c'est presque ça.
SAMB Et le nom de votre maman?
COMMISSAIRE Louise, Irène, Augustine, née Roulet.
SAMB Roulet?
COMMISSAIRE Oui, c'est son nom de jeune fille. Ça veut dire qu'avant, elle s'appelait Roulet. Et maintenant, elle s'appelle Knöbel. Comme mon père, comme mon papa. Comme moi.
SAMB Parce qu'elle est encore en vie, votre maman?
COMMISSAIRE Ben ouais, bien sûr!
SAMB Et votre papa aussi?
COMMISSAIRE Ben oui! aussi.
SAMB Vous avez de la chance.
COMMISSAIRE De la chance?

SAMB Oui, mes parents à moi, ils sont morts! Kakachnikov! Et puis... mon oncle, ma tante, Bassala, Anny, Isamfam. Ils se sont mis à tirer sur moi. Mais j'ai réussi à me cacher. Quand je suis revenu, ils avaient foutu le feu à tout! Tout brûlait. Même mon ballon! Il n'y avait plus rien!

COMMISSAIRE Les parents! Quels parents? Bon! j'arrive. Ah! c'est vous les parents? Messieurs dames! Bon, ce n'est pas grave. Ce n'est pas grave du tout! Ce n'est qu'un gamin, nom de Bleu! C'est, c'est un môme, hein?... Bon! Pour ce qui est de la plainte, là, on laisse tomber, on écrase!
SAMB Eh! mon ballon!
COMMISSAIRE *Ton* ballon!

LEÇON 6

Court métrage: *De l'autre côté*

Réalisateur: Nassim Amaouche
Pays: Algérie/France

PÈRE Le bouchon! Tu as compris? Je vais t'expliquer. Soulève le bouchon et baisse le bouchon! Regarde! Toc, toc, toc, toute la nuit, elles restent, les gouttes! Toc, toc, toc, il y en a marre! Tu as compris? Il y en a marre! Regarde! Monte et descend toute la nuit!
MALIK Ah, c'est ça qui fait toc, toc, toc! Tu vois, je le savais. Je l'ai entendu, tout ça! hop! hop! toc! toc! Mais bientôt, je vais le faire bien! hop! hop! hop!

MÈRE Malik!
MALIK Ouais, ouais! Qu'est-ce qu'il y a? Qu'est-ce qu'il y a encore?
MÈRE Ton frère, il va arriver pour la fête.
MALIK Il n'est pas encore mort, celui-là?
MÈRE Il t'a pris la chambre, aussi.
MALIK Et je vais dormir où, moi?
MÈRE Avec le petit!
MALIK Non, s'il te plaît! Ne me fais pas ça! Il va me soûler encore avec ses lapins! Je veux un jaune, je veux un rouge, un lapin vert, un lapin…! En plus, il pue, ton môme! J'en ai marre!
PÈRE Tu as compris?
(Malik: Vas-y, toi, avec tes toc, toc, toc chelous, là!)

MÈRE Samir!
SAMIR Tu es toute seule?
MÈRE Ton père, il est sorti. Il va acheter le pain, il va arriver, hein… Ça va?
SAMIR Mmm… Ça va, ça n'a pas trop changé.
MÈRE Ah oui. On a fait un peu la peinture et tout ça.
SAMIR Et Malik, il est où?
MÈRE Oh, Malik il traîne toujours au café, avec les voyous! Il ne change pas! Je suis contente, mon fils…
SAMIR Et le petit, ça va?
MÈRE Oui, il dort. Il est fatigué un petit peu. Tu as maigri.
SAMIR Bah, je mange plus comme avec toi!
MÈRE Mais j'ai téléphoné chez toi. Je suis tombée sur une fille qui était très gentille.
SAMIR Ouais, elle m'a dit que tu avais appelé.
MÈRE Comment elle s'appelle?
SAMIR Julie.
MÈRE Julie! Oh! Amène-la, s'il te plaît, amène-la!
SAMIR Ouais, je la ramènerai, un jour.
MÈRE Amène-la!
SAMIR Tiens, c'est pour la fête. Vous faites ça où?
MÈRE Chez Farida. On fait une petite fête entre les amis, la famille, un petit orchestre. C'est bien.
SAMIR Je la ramènerai. Mais…
MÈRE Attends, attends! Ça, le jour où elle vient, Julie, on fait ça. Moi, j'achète une belle robe et pour ton père, un beau costume, cravate. Mais Malik, il sort!
SAMIR Qu'est-ce que tu me racontes là? Je ne te demande pas de te déguiser ni de cacher Malik!
MÈRE J'ai dit qu'il faut aller au centre!
PÈRE Je sais, je sais, le centre, il est fermé! Il y a rien que ça, il n'y a pas le choix!
SAMIR Non, mais, ça va. Il est très bien, celui-là!
PÈRE Ça va, toi?
SAMIR Ça va bien, papa?
PÈRE Oui, ça va, oui.
SAMIR C'est la forme?
PÈRE Ouais, ça va… ça va…

SAMIR Ça va mieux, ta jambe?

PÈRE Ça va, ça va… L'hiver, quand il fait froid, ça me fait mal… Mais l'été, ça va…
MÈRE Ils vont lui couper la pension parce qu'il traîne, il traîne, il traîne avec les papiers! Tu ne peux pas l'aider, ton père?
SAMIR Mais si, bien sûr.
PÈRE Arrête un peu, toi, avec les papiers! Toujours pension! Papiers! Pension! Oh! Arrête. Je vais les faire, ces papiers, ça va!
SAMIR Non, mais, je peux t'aider si tu veux, ça ne me dérange pas.
PÈRE Non, non. Ça va, merci. Alors, tu as mis la robe pour aider les voyous, maintenant?
SAMIR Ben ouais, hein. Je commence… Je suis stagiaire et… je suis commis d'office…
PÈRE Ouais, ouais, d'office.
SAMIR Tu sais, quand les gens, ils n'ont pas d'argent pour…
PÈRE Je sais, je sais, je sais qu'est-ce que c'est «d'office». Je sais.
SAMIR Bon. Je vais aller voir le petit.

ABDEL Non! Le retour! Samir! Bien?
SAMIR Tu as changé ton carrosse?
ABDEL Ben, ouais, dis donc. Ils me l'ont explosé, les petits, à monter dessus tout le temps!
SAMIR Comment ça va, Abdel?
ABDEL Ça va? Bien? Et toi, tranquille?
SAMIR Tranquille, ouais.
ABDEL Ça me fait plaisir! Tu es frais, là! Je parie que tu as pris un appart' et tout?
SAMIR Oui, un petit truc. Il faudrait que vous passiez.
ABDEL On va passer, dès qu'on aura le temps. Tu sais, en ce moment… Tu as appris pour Stéphane?
SAMIR Je sais. Sa mère, elle m'a donné son numéro d'écrou. Je vais m'occuper de son dossier.
ABDEL Ne t'occupe de rien! Franchement, les mecs, ils font n'importe quoi! Ils croient que…
MANU Alors, Samir, tu vas bien? La forme?
SAMIR Alors, Manu?
MANU Ça va, la petite… Alors, Abdel, ça va? La forme?
SAMIR Comment tu vas, toi? Tu as grandi, toi. Oh! Elle a poussé, hein!
MANU Tu as vu, elle grandit tous les jours, trois centimètres, je sais pas! Alors, tu es là pour la fête!
ABDEL Manu, explique-moi un truc… Ta fille, à chaque fois qu'elle me voit, elle a le syndrome fauteuil! J'ai mal au pied!
MANU Abdel, tu la connais.
ABDEL Tu as mal au pied?
MANU Elle a une entorse! Allez, c'est bon.
ABDEL Allez, arrête le cinéma et monte! Bon, Manu je te l'embarque!
MANU Tu essaies de ne pas être trop long, Abdel!
ABDEL Tranquille. Comme d'hab'!
MANU Mais non, pas comme d'hab', pas comme d'hab'! Là, ce coup-ci, il y a sa mère qui l'attend! Je compte sur toi!
ABDEL Pas de problème. Samir, je te vois après, le jeune homme, à la soirée. [Ne] t'inquiète [pas]! Bon, Manu! [Ne] t'inquiète [pas]! Ça va, les gars? Bien?
JEUNE Eh! Abdel! Fais attention au virage du 37!
ABDEL Rentre chez toi avec tes blagues à deux francs!
JEUNE C'est pour ton bien!
PETITE FILLE Toboggan!

MALIK Oh! Le grand frère! Ça va? Tu vas bien?
SAMIR Comment tu vas?
MALIK Maman, elle t'a mis des draps propres…
SAMIR J'aurais pu dormir avec le petit.
MALIK Non, mais attends, tu rigoles! C'est encore ta chambre! Je prends juste une chemise et je m'en vais! En plus, si tu pues toujours autant des pieds, tu vas le tuer, le môme! Allez, à tout à l'heure!
SAMIR Bonne nuit, Malik.

SAMIR Salut crapule!
GARÇON Samir!
SAMIR Comment ça va?
GARÇON Ils m'ont coupé la zézette!
SAMIR Non! En entier?
GARÇON Non, il m'en reste un peu, quand même! Pourquoi ils m'ont fait ça?
SAMIR Ben, je ne sais pas. Maintenant, tu deviens un homme!
GARÇON Et à l'école, ils ne sont pas des hommes alors?
SAMIR Si, mais un peu moins que toi… Mais ne t'inquiète pas. Le plus dur, il est passé. Maintenant, samedi, il va y avoir une grande fête avec des gens que tu ne connais pas qui vont te donner plein d'argent! Tu pourras t'acheter plein de cadeaux.
GARÇON Je sais. Malik, il m'a dit. Avec cet argent, je vais pouvoir m'acheter une ferme, des lapins, des coqs, et puis surtout des lapins! Mais je vais quand même prendre un lion parce que Malik, il a dit que son chien, il allait bouffer mes lapins!
SAMIR N'écoute pas Malik! Mais le lion, c'est une très bonne idée pour te défendre! Allez, au lit! Va te coucher! À demain!

MÈRE Laisse, laisse, laisse, laisse, laisse-moi faire! Donne! Donne!
PÈRE Qu'est-ce qui te fait rire, toi? Pourquoi tu rigoles? Allez, dis-moi, pourquoi tu rigoles?
MALIK Ce n'est pas moi qui rigole!
PÈRE Si, tu rigoles!
MALIK Arrête de rigoler, toi!
PÈRE Allez, dis-moi pourquoi tu rigoles.
SAMIR Non, mais, tu peux laisser. Ça ne me dérange pas.
PÈRE Non, de toute façon, ça sert à rien de le voir. C'est idiot, ça.
SAMIR Si, j'aime bien. Je regarde de temps en temps, ce n'est pas mal.
PÈRE Ah, oui? Tu t'intéresses à ça?
SAMIR Ben, de temps en temps, je regarde à la maison, quand j'ai le temps.
PÈRE De toute façon, moi, ça ne m'intéresse pas.
SAMIR Il s'est passé quoi depuis la dernière fois, là, depuis la semaine dernière?
PÈRE Ben, la blonde a laissé tomber son mari… elle est partie avec un autre.
MALIK Mais qu'est-ce que tu racontes! Elle est toujours avec le grand du premier épisode!
PÈRE Quel grand?
MALIK Le grand du premier épisode!
PÈRE Ah, oui?
MALIK Il ne regarde pas! Tu as vu comme il nous fait son cinéma, celui-là! Tu fais ton cinéma parce qu'il est là!
PÈRE Qu'est-ce tu parles [racontes], toi?
MALIK Tu es un malin, toi!
PÈRE Qu'est-ce tu parles [racontes]?
MALIK En vérité, sur la tête de ma mère, il kiffe sur elle! Il kiffe! Il kiffe! Tu aimes bien les bonnes…
PÈRE Allez! Va, va! Hier soir, tu as encore oublié le bouchon! Va, va! Il ne faut pas l'écouter, lui! Il est malade!

PÈRE Allô?
FONCTIONNAIRE Oui, j'écoute.
PÈRE Bonjour, monsieur. Voilà, je m'appelle Boujira. Je vous téléphone au sujet d'un dossier. Voilà, j'ai retrouvé la feuille… Elle est là!
FONCTIONNAIRE Oui. Attendez, attendez… Vous avez dû avoir mon collègue… C'est pour une pension d'invalidité?
PÈRE Voilà, c'est ça, oui.
FONCTIONNAIRE Rappelez-moi votre nom?
PÈRE Boujira.
FONCTIONNAIRE Une minute, s'il vous plaît… Ah! Ben oui. Effectivement, il manque la B110.
PÈRE Oui, parce que je me suis trompé. Au lieu de vous envoyer la bleue, je vous ai envoyé la rouge.
FONCTIONNAIRE Mais non, mais, la rouge, vous la conservez! Dites-moi, votre dossier, vous l'avez rempli vous-même?

PÈRE Oui, oui, moi-même, oui.
FONCTIONNAIRE Eh ben, vous avez de la chance d'être tombé sur mon collègue! Les dossiers comme celui-ci, moi, je les renvoie à l'expéditeur! Non, mais, vous vous rendez compte qu'on passe parfois une heure à déchiffrer l'écriture? On reçoit vingt dossiers par jour! Faites le calcul! Bon, que vous ne sachiez pas très bien écrire, je comprends tout à fait. Mais quand même, faites un effort! Appliquez-vous un minimum ou faites-vous aider!
PÈRE Oui, parce que voilà, j'ai fait les cases avec un stylo blanc à la fin.
FONCTIONNAIRE Allez, ce n'est pas grave. Renvoyez-moi l'attestation… et la feuille bleue cette fois, hein?
PÈRE Oui, monsieur, oui. Merci.
FONCTIONNAIRE Au revoir.
PÈRE Au revoir, monsieur, bonne journée.
SAMIR C'était la sécu?
PÈRE Oui.
SAMIR Et ils te reçoivent toujours comme ça?
PÈRE Ah! Ils sont braves avec moi.
SAMIR Ah, tu trouves? Ils te parlent comme à un gamin et ça ne te pose pas de problèmes?
PÈRE Non, mais ils sont sympas. De toute façon, c'est moi qui ai rempli tout ça avec le blanc…
SAMIR Et alors? Ce n'est pas ton professeur, et tu n'as pas 10 ans pour qu'il te parle comme ça, celui-là!
PÈRE Ce n'est pas grave…
SAMIR Bientôt, il va te donner des devoirs à faire, c'est ça?
PÈRE Mais non, ce n'est pas grave!
SAMIR Bien sûr que c'est grave! Mais si, c'est grave! Tu te fais humilier et en plus, tu le remercies! Pourquoi tu rampes toujours comme ça! D'où elle vient, ta honte? Explique-moi, papa! D'où elle vient? Tu sais pourquoi il te parle comme ça, ce mec-là? Parce qu'il l'a sentie, ta honte! Tu commences à me respecter comme tu respectes cet abruti au téléphone! Mais je n'en veux pas de ce respect-là, papa! C'est quoi votre truc, là? Vous croyiez que j'allais vous mépriser, c'est ça?

JEUNE Ça va, Samir?
SAMIR Ça va?

MALIK Il est là, le petit?
SAMIR Non, il est à la salle avec les parents.
MALIK Dépêche-toi! Dépêche-toi! Dépêche-toi!
SAMIR Qu'est-ce que c'est que ça?
MALIK C'est [Ce sont] des lapins pour le petit. Comme ça, il me casse plus les…! Ah! Voilà! Je veux des lapins! Je veux des lapins! Comme ça, il me casse plus les pieds! Je suis content! Hein, ma caille? Quoi, qu'est-ce qu'il y a?
SAMIR Ben, rien.
MALIK Comme tu m'as parlé! Tu es comme ça. Tu ne te reconnais pas? Non, mais, il croit qu'on les a tapés! On ne les a pas tapés! Hein?
SAMIR J'ai dit ça, moi?
MALIK Tu me regardais comme ça! Attends! On a frappé, on a frappé [chez le] mec! Tu crois qu'on les a tapés?
AMIS Mais bien sûr qu'on les a volés!
MALIK Ah ouais, on les a volés… Vous êtes graves, vous! Eh! Samir! Viens voir, je te dis!

ABDEL Moi, je suis d'accord avec toi là-dessus. Franchement, il n'y a pas de problème. Mais lui, il…
MALIK Allez, il faut y aller, maintenant.
ABDEL Ouais. On se voit tout à l'heure, de toute façon.
MALIK Eh! Mets une chemise, mets un costume, un truc bien!
ABDEL Ça va! On n'est pas des sauvages, quand même! On sait s'habiller!
MALIK N'oublie pas les tunes pour le petit!
ABDEL C'est à lui qu'il faut le dire pour la tune!
MALIK Il faut des tunes, ce soir! Et mets une chemise, et enlève-moi ton blouson.

SAMIR Sinon, tu es toujours avec Stéphanie?

Dialogues des courts métrages

MALIK Ouais. Mais elle me soûle en ce moment, grave. Mais bon, je crois que c'est ce que je kiffe. Et toi?
SAMIR Bof.
MALIK Quoi, bof? Arrête de mentir. Maman m'a dit qu'elle avait eu une meuf au téléphone.
SAMIR Tu connais maman… elle s'emballe vite.
MALIK Arrête! Un avocat, ça peut bander! Je n'aurais jamais cru!
SAMIR Espèce de bouffon! Et le boulot, alors, comment ça se passe?
MALIK Ça va. Toujours dans les inventaires. En plus, là, c'est la période, il y a beaucoup de boulot. Mais bon, ça va. Pas très intéressant, mais au moins, je ne m'encroute pas dans la même boîte… ça, c'est bien.
SAMIR Il doit y avoir un truc pour toi au cabinet, je crois… coursier. Bon, ça va, c'est tranquille et en plus, ce n'est pas très, très compliqué.
MALIK Parce que si c'était compliqué, tu ne me l'aurais jamais proposé… con comme je suis!
SAMIR Qu'est-ce que tu me racontes là!
MALIK Rien. Ne te retourne pas, Samir! Fonce! Tu ne dois rien à personne. Moi, ça va. La dernière fois chez le boucher, papa a fait tomber ta photo par terre, tu sais, celle où tu es sapé comme une gonzesse, avec ta robe. Maman m'a dit que ce n'est pas la première fois, en plus, qu'il fait tomber son portefeuille devant les gens. Regardez mon fils comme il est beau! Il a mis 30 ans à construire sa vengeance. Et je crois qu'elle ressemble beaucoup à ta gueule. Comment ça doit être dur de passer de l'autre côté… Lourd à porter… Avec tous ces cravatés qui te regardent sûrement comme un objet exotique quand tu es avec eux. Tu crois que je ne vois pas? Et les parents… Quand tu reviens, qu'ils ne savent même plus comment te prendre… Eh ouais. Mais, dis-toi que c'est un luxe de te prendre la tête dessus! Tu sais, ça? Maintenant, tu y es, de l'autre côté. Que tu le veuilles ou pas, tu y es et tu n'as pas mille questions à te poser! Il n'a pas gueulé de la journée. J'ai été voir maman, elle m'a tout raconté…

PÈRE Il faut vous dépêcher! Il y a la mère qui attend!
MALIK Ouais, c'est bon! Vas-y! Dépêche-toi, toi! Il n'est pas beau, ton fils?
PÈRE Ton père, il est beau. Moi, je suis l'original. Toi, tu n'es rien que la photocopie!
MALIK Ah bon. Je ne suis pas beau, moi?
PÈRE Ah! Tu es beau.
MALIK C'est toi le plus beau!
PÈRE Où il est, ton frère?
MALIK Dans la salle de bain, là-bas. Vas-y! Dépêchez-vous, on y va!

PÈRE Samir, il faut se dépêcher. Il y a ta mère qui nous attend.
SAMIR Je sais… mais il n'y a que ça comme rasoir?
PÈRE Laisse, laisse! Tu vas te couper! Tu sais, ton frère, il ne se rase pas. Il a la peau de bébé.
MALIK On y va quand vous voulez!

Tables de conjugaison

Guide to the Verb List and Tables

The list of verbs below includes the irregular, reflexive, and spelling-change verbs introduced as active vocabulary in **RÊVEZ**. Each verb is followed by a model verb that has the same conjugation pattern. The number in parentheses indicates where in the verb tables (pages 305–316) you can find the model verb. Regular **-er**, **-ir**, and **-re** verbs are conjugated like **parler** (1), **finir** (2) and **vendre** (3), respectively. The phrase *p.c. with être* after a verb means that it is conjugated with **être** in the **passé composé** and other compound tenses. (See page 306.) Reminder: All reflexive (pronominal) verbs use **être** as their auxiliary verb, and they are alphabetized under the non-reflexive infinitive.

accueillir like ouvrir (34)
s'acharner like se laver (4)
acheter (7)
s'adapter like se laver (4)
s'adresser like se laver (4)
agacer like commencer (9)
aller (13); **p.c.** with **être**
s'améliorer like se laver (4)
amener like acheter (7)
s'amuser like se laver (4)
apercevoir like recevoir (40)
s'apercevoir like recevoir (40) *except* **p.c.** with **être**
appartenir like tenir (48)
appeler (8)
apprendre like prendre (39)
s'appuyer like employer (10) *except* **p.c.** with **être**
s'arrêter like se laver (4)
arriver like parler (1) *except* **p.c.** with **être**
s'asseoir (14); **p.c.** with **être**
s'assimiler like se laver (4)
s'associer like se laver (4)
atteindre like éteindre (26)
s'attendre like vendre (3) *except* **p.c.** with **être**
avancer like commencer (9)
avoir (5)
se balancer like commencer (9) *except* **p.c.** with **être**
balayer like employer (10) *except* y to i change optional
se battre (15); **p.c.** with **être**
se blesser like se laver (4)
boire (16)
se brosser like se laver (4)
se casser like se laver (4)
célébrer like préférer (12)
se coiffer like se laver (4)
combattre like se battre (15) *except* **p.c.** with **avoir**
commencer (9)
se comporter like se laver (4)
comprendre like prendre (39)
conduire (17)
connaître (18)
se connecter like se laver (4)
se consacrer like se laver (4)
considérer like préférer (12)
construire like conduire (17)
convaincre like vaincre (49)
se coucher like se laver (4)
se couper like se laver (4)
courir (19)
couvrir like ouvrir (34)
craindre like éteindre (26)
croire (20)
se croiser like se laver (4)
déblayer like essayer (10)
se débrouiller like se laver (4)
se décourager like manger (11) *except* **p.c.** with **être**
découvrir like ouvrir (34)
décrire like écrire (23)
se demander like se laver (4)
déménager like manger (11)
se dépasser like se laver (4)
se dépêcher like se laver (4)
se déplacer like commencer (9)
déranger like manger (11)
se dérouler like se laver (4)
descendre like vendre (3) *except* **p.c.** with **être**; **p.c.** w/**avoir** if takes a direct object
se déshabiller like se laver (4)
se détendre like vendre (3) *except* **p.c.** with **être**
détruire like conduire (17)
devenir like venir (51); **p.c.** with **être**
devoir (21)
dire (22)
diriger like manger (11)
disparaître like connaître (18)
se disputer like se laver (4)
se divertir like finir (2) *except* **p.c.** with **être**
divorcer like commencer (9)
dormir like partir (35) *except* **p.c.** with **avoir**
se douter like se laver (4)
écrire (23)
effacer like commencer (9)
élever like acheter (7)
élire like lire (30)
s'embrasser like se laver (4)
emménager like manger (11)
emmener like acheter (7)
émouvoir (24)
employer (10)
s'endormir like partir (35); **p.c.** with **être**
enlever like acheter (7)
s'énerver like se laver (4)
s'enfoncer like commencer (9) *except* **p.c.** with **être**
s'engager like manger (11) *except* **p.c.** with **être**
ennuyer like employer (10)
s'ennuyer like employer (10) *except* **p.c.** with **être**
s'enrichir like finir (2) *except* **p.c.** with **être**
s'entendre like vendre (3) *except* **p.c.** with **être**
s'étonner like se laver (4)
s'entourer like se laver (4)
entreprendre like prendre (39)
entrer like parler (1) *except* **p.c.** with **être**
entretenir like tenir (48)
s'entretenir like tenir (48) *except* **p.c.** with **être**
envoyer (25)
épeler like appeler (8)
espérer like préférer (12)
essayer like employer (10) *except* y to i change optional

APPENDICE B

essuyer like employer (10)
s'établir like finir (2) *except* **p.c.** with **être**
éteindre (26)
s'étendre like vendre (3) *except* p.c. with **être**
être (6)
s'excuser like se laver (4)
exiger like manger (11)
se fâcher like se laver (4)
faire (27)
falloir (28)
se fiancer like commencer (9) *except* p.c. with **être**
finir (2)
forcer like commencer (9)
se fouler like se laver (4)
fuir (29)
s'habiller like se laver (4)
s'habituer like se laver (4)
harceler like acheter (7)
s'informer like se laver (4)
s'inquiéter like préférer (12) *except* p.c. with **être**
s'inscrire like écrire (23) *except* p.c. with **être**
s'installer like se laver (4)
interdire like dire (22) *except* **vous interdisez** (present) and **interdisez** (imperative)
s'intégrer like préférer (12) *except* p.c. with **être**
s'intéresser like se laver (4)
s'investir like finir (2) *except* p.c. with **être**
jeter like appeler (8)
lancer like commencer (9)
se lancer like commencer (9) *except* p.c. with **être**
se laver (4)
lever like acheter (7)
se lever like acheter (7) *except* p.c. with **être**
se libérer like se laver (4)
lire (30)
loger like manger (11)
maintenir like tenir (48)
manger (11)
se maquiller like se laver (4)
se marier like se laver (4)

se méfier like se laver (4)
menacer like commencer (9)
mener like acheter (7)
mentir like partir (35) *except* p.c. with **avoir**
mettre (31)
se mettre like mettre (31) *except* p.c. with **être**
monter like parler (1) *except* p.c. with **être**; p.c. w/**avoir** if takes a direct object
se moquer like se laver (4)
mourir (32); p.c. with **être**
nager like manger (11)
naître (33); p.c. with **être**
nettoyer like employer (10)
nuire like conduire (17)
obtenir like tenir (48)
s'occuper like se laver (4)
offrir like ouvrir (34)
s'orienter like se laver (4)
ouvrir (34)
paraître like connaître (18)
parcourir like courir (19)
parler (1)
partager like manger (11)
partir (35); p.c. with **être**
parvenir like venir (51)
passer like parler (1) *except* p.c. with **être**
payer like employer (10) *except* **y** to **i** change optional
se peigner like se laver (4)
percevoir like recevoir (40)
permettre like mettre (31)
peser like acheter (7)
placer like commencer (9)
se plaindre like éteindre (26) *except* p.c. with **être**
plaire (36)
pleuvoir (37)
plonger like manger (11)
posséder like préférer (12)
pouvoir (38)
prédire like dire (22) *except* **vous prédisez** (present) and **prédisez** (imperative)
préférer (12)
prendre (39)

prévenir like venir (51) *except* p.c. with **avoir**
prévoir like voir (53)
produire like conduire (17)
projeter like appeler (8)
se promener like acheter (7) *except* p.c. with **être**
promettre like mettre (31)
protéger like préférer (12) *except* takes **e** between **g** and vowels **a** and **o**
provenir like venir (51)
ranger like manger (11)
rappeler like appeler (8)
se rappeler like appeler (8) *except* p.c. with **être**
se raser like se laver (4)
se rassurer like se laver (4)
se rebeller like se laver (4)
recevoir (40)
se réconcilier like se laver (4)
reconnaître like connaître (18)
réduire like conduire (17)
régner like préférer (12)
rejeter like appeler (8)
rejoindre (41)
se relever like acheter (7) *except* p.c. with **être**
remplacer like commencer (9)
renouveler like appeler (8)
rentrer like parler (1) *except* p.c. with **être**
renvoyer like envoyer (25)
répéter like préférer (12)
se reposer like se laver (4)
reprendre like prendre (39)
résoudre (42)
ressentir like partir (35) *except* p.c. with **avoir**
rester like parler (1) *except* p.c. with **être**
retenir like tenir (48)
retourner like parler (1) *except* p.c. with **être**
se retourner like se laver (4)
retransmettre like mettre (31)
se réunir like finir (2) *except* p.c. with **être**
se réveiller like se laver (4)

revenir like venir (51); p.c. with **être**
revoir like voir (53)
se révolter like se laver (4)
rire (43)
rompre (44)
savoir (45)
se sécher like préférer (12) *except* p.c. with **être**
séduire like conduire (17)
sentir like partir (35) *except* p.c. with **avoir**
servir like partir (35) *except* p.c. with **avoir**
se servir like partir (35); p.c. with **être**
sortir like partir (35); p.c. with **être**
se soucier like se laver (4)
souffrir like ouvrir (34)
soulager like manger (11)
soulever like acheter (7)
sourire like rire (43)
soutenir like tenir (48)
se souvenir like venir (51); p.c. with **être**
subvenir like venir (51) *except* p.c. with **avoir**
suffire like lire (30)
suggérer like préférer (12)
suivre (46)
surprendre like prendre (39)
survivre like vivre (52)
se taire (47)
télécharger like manger (11)
tenir (48)
tomber like parler (1) *except* p.c. with **être**
traduire like conduire (17)
se tromper like se laver (4)
se trouver like se laver (4)
vaincre (49)
valoir (50)
vendre (3)
venir (51); p.c. with **être**
vivre (52)
voir (53)
vouloir (54)
voyager like manger (11)

Tables de conjugaison

Regular verbs

Infinitive Present participle Past participle Past infinitive	Subject Pronouns	INDICATIVE					CONDITIONAL	SUBJUNCTIVE	IMPERATIVE
		Present	Passé simple	Imperfect	Future		Present	Present	
1 parler *(to speak)* parlant parlé avoir parlé	je tu il/elle/on nous vous ils/elles	parle parles parle parlons parlez parlent	parlai parlas parla parlâmes parlâtes parlèrent	parlais parlais parlait parlions parliez parlaient	parlerai parleras parlera parlerons parlerez parleront		parlerais parlerais parlerait parlerions parleriez parleraient	parle parles parle parlions parliez parlent	 parle parlons parlez
2 finir *(to finish)* finissant fini avoir fini	je tu il/elle/on nous vous ils/elles	finis finis finit finissons finissez finissent	finis finis finit finîmes finîtes finirent	finissais finissais finissait finissions finissiez finissaient	finirai finiras finira finirons finirez finiront		finirais finirais finirait finirions finiriez finiraient	finisse finisses finisse finissions finissiez finissent	 finis finissons finissez
3 vendre *(to sell)* vendant vendu avoir vendu	je tu il/elle/on nous vous ils/elles	vends vends vend vendons vendez vendent	vendis vendis vendit vendîmes vendîtes vendirent	vendais vendais vendait vendions vendiez vendaient	vendrai vendras vendra vendrons vendrez vendront		vendrais vendrais vendrait vendrions vendriez vendraient	vende vendes vende vendions vendiez vendent	 vends vendons vendez

Reflexive (Pronominal)

Infinitive Present participle Past participle Past infinitive	Subject Pronouns	INDICATIVE				CONDITIONAL	SUBJUNCTIVE	IMPERATIVE
		Present	Passé simple	Imperfect	Future	Present	Present	
4 se laver *(to wash oneself)* se lavant lavé s'être lavé(e)(s)	je tu il/elle/on nous vous ils/elles	me lave te laves se lave nous lavons vous lavez se lavent	me lavai te lavas se lava nous lavâmes vous lavâtes se lavèrent	me lavais te lavais se lavait nous lavions vous laviez se lavaient	me laverai te laveras se lavera nous laverons vous laverez se laveront	me laverais te laverais se laverait nous laverions vous laveriez se laveraient	me lave te laves se lave nous lavions vous laviez se lavent	 lave-toi lavons-nous lavez-vous

APPENDICE B

Auxiliary verbs: avoir and être

5 avoir (to have)
Present participle: ayant
Past participle: eu
Past infinitive: avoir eu

Subject Pronouns	INDICATIVE Present	Passé simple	Imperfect	Future	CONDITIONAL Present	SUBJUNCTIVE Present	IMPERATIVE
j'	ai	eus	avais	aurai	aurais	aie	
tu	as	eus	avais	auras	aurais	aies	aie
il/elle/on	a	eut	avait	aura	aurait	ait	
nous	avons	eûmes	avions	aurons	aurions	ayons	ayons
vous	avez	eûtes	aviez	aurez	auriez	ayez	ayez
ils/elles	ont	eurent	avaient	auront	auraient	aient	

6 être (to be)
Present participle: étant
Past participle: été
Past infinitive: avoir été

Subject Pronouns	INDICATIVE Present	Passé simple	Imperfect	Future	CONDITIONAL Present	SUBJUNCTIVE Present	IMPERATIVE
je (j')	suis	fus	étais	serai	serais	sois	
tu	es	fus	étais	seras	serais	sois	sois
il/elle/on	est	fut	était	sera	serait	soit	
nous	sommes	fûmes	étions	serons	serions	soyons	soyons
vous	êtes	fûtes	étiez	serez	seriez	soyez	soyez
ils/elles	sont	furent	étaient	seront	seraient	soient	

Compound tenses

Subject pronouns	INDICATIVE Passé composé		Pluperfect		Future perfect		CONDITIONAL Past		SUBJUNCTIVE Past	
j'	ai	parlé / fini / vendu	avais	parlé / fini / vendu	aurai	parlé / fini / vendu	aurais	parlé / fini / vendu	aie	parlé / fini / vendu
tu	as		avais		auras		aurais		aies	
il/elle/on	a		avait		aura		aurait		ait	
nous	avons		avions		aurons		aurions		ayons	
vous	avez		aviez		aurez		auriez		ayez	
ils/elles	ont		avaient		auront		auraient		aient	
je (j')	suis	allé(e)(s)	étais	allé(e)(s)	serai	allé(e)(s)	serais	allé(e)(s)	sois	allé(e)(s)
tu	es		étais		seras		serais		sois	
il/elle/on	est		était		sera		serait		soit	
nous	sommes		étions		serons		serions		soyons	
vous	êtes		étiez		serez		seriez		soyez	
ils/elles	sont		étaient		seront		seraient		soient	

TABLES DE CONJUGAISON

Verbs with spelling changes

Infinitive Present participle Past participle Past infinitive	Subject Pronouns	INDICATIVE				CONDITIONAL	SUBJUNCTIVE	IMPERATIVE
		Present	Passé simple	Imperfect	Future	Present	Present	
7 acheter *(to buy)* achetant acheté avoir acheté	j' tu il/elle/on nous vous ils/elles	achète achètes achète achetons achetez achètent	achetai achetas acheta achetâmes achetâtes achetèrent	achetais achetais achetait achetions achetiez achetaient	achèterai achèteras achètera achèterons achèterez achèteront	achèterais achèterais achèterait achèterions achèteriez achèteraient	achète achètes achète achetions achetiez achètent	 achète achetons achetez
8 appeler *(to call)* appelant appelé avoir appelé	j' tu il/elle/on nous vous ils/elles	appelle appelles appelle appelons appelez appellent	appelai appelas appela appelâmes appelâtes appelèrent	appelais appelais appelait appelions appeliez appelaient	appellerai appelleras appellera appellerons appellerez appelleront	appellerais appellerais appellerait appellerions appelleriez appelleraient	appelle appelles appelle appelions appeliez appellent	 appelle appelons appelez
9 commencer *(to begin)* commençant commencé avoir commencé	je tu il/elle/on nous vous ils/elles	commence commences commence commençons commencez commencent	commençai commenças commença commençâmes commençâtes commencèrent	commençais commençais commençait commencions commenciez commençaient	commencerai commenceras commencera commencerons commencerez commenceront	commencerais commencerais commencerait commencerions commenceriez commenceraient	commence commences commence commencions commenciez commencent	 commence commençons commencez
10 employer *(to use; to employ)* employant employé avoir employé	j' tu il/elle/on nous vous ils/elles	emploie emploies emploie employons employez emploient	employai employas employa employâmes employâtes employèrent	employais employais employait employions employiez employaient	emploierai emploieras emploiera emploierons emploierez emploieront	emploierais emploierais emploierait emploierions emploieriez emploieraient	emploie emploies emploie employions employiez emploient	 emploie employons employez
11 manger *(to eat)* mangeant mangé avoir mangé	je tu il/elle/on nous vous ils/elles	mange manges mange mangeons mangez mangent	mangeai mangeas mangea mangeâmes mangeâtes mangèrent	mangeais mangeais mangeait mangions mangiez mangeaient	mangerai mangeras mangera mangerons mangerez mangeront	mangerais mangerais mangerait mangerions mangeriez mangeraient	mange manges mange mangions mangiez mangent	 mange mangeons mangez

APPENDICE B

12

Infinitive		INDICATIVE				CONDITIONAL	SUBJUNCTIVE	IMPERATIVE
Present participle Past participle Past infinitive	Subject Pronouns	Present	Passé simple	Imperfect	Future	Present	Present	
préférer *(to prefer)* préférant préféré avoir préféré	je tu il/elle/on nous vous ils/elles	préfère préfères préfère préférons préférez préfèrent	préférai préféras préféra préférâmes préférâtes préférèrent	préférais préférais préférait préférions préfériez préféraient	préférerai préféreras préférera préférerons préférerez préféreront	préférerais préférerais préférerait préférerions préféreriez préféreraient	préfère préfères préfère préférions préfériez préfèrent	 préfère préférons préférez

Irregular verbs

Infinitive		INDICATIVE				CONDITIONAL	SUBJUNCTIVE	IMPERATIVE
Present participle Past participle Past infinitive	Subject Pronouns	Present	Passé simple	Imperfect	Future	Present	Present	

13
aller *(to go)* allant allé être allé(e)(s)	je (j') tu il/elle/on nous vous ils/elles	vais vas va allons allez vont	allai allas alla allâmes allâtes allèrent	allais allais allait allions alliez allaient	irai iras ira irons irez iront	irais irais irait irions iriez iraient	aille ailles aille allions alliez aillent	 va allons allez

14
s'asseoir *(to sit down, to be seated)* s'asseyant assis s'être assis(e)(s)	je tu il/elle/on nous vous ils/elles	m'assieds t'assieds s'assied nous asseyons vous asseyez s'asseyent	m'assis t'assis s'assit nous assîmes vous assîtes s'assirent	m'asseyais t'asseyais s'asseyait nous asseyions vous asseyiez s'asseyaient	m'assiérai t'assiéras s'assiéra nous assiérons vous assiérez s'assiéront	m'assiérais t'assiérais s'assiérait nous assiérions vous assiériez s'assiéraient	m'asseye t'asseyes s'asseye nous asseyions vous asseyiez s'asseyent	 assieds-toi asseyons-nous asseyez-vous

15
se battre *(to fight)* se battant battu s'être battu(e)(s)	je tu il/elle/on nous vous ils/elles	me bats te bats se bat nous battons vous battez se battent	me battis te battis se battit nous battîmes vous battîtes se battirent	me battais te battais se battait nous battions vous battiez se battaient	me battrai te battras se battra nous battrons vous battrez se battront	me battrais te battrais se battrait nous battrions vous battriez se battraient	me batte te battes se batte nous battions vous battiez se battent	 bats-toi battons-nous battez-vous

TABLES DE CONJUGAISON

Infinitive / Present participle / Past participle / Past infinitive	Subject Pronouns	INDICATIVE				CONDITIONAL	SUBJUNCTIVE	IMPERATIVE
		Present	Passé simple	Imperfect	Future	Present	Present	
16 **boire** *(to drink)* buvant bu avoir bu	je tu il/elle/on nous vous ils/elles	bois bois boit buvons buvez boivent	bus bus but bûmes bûtes burent	buvais buvais buvait buvions buviez buvaient	boirai boiras boira boirons boirez boiront	boirais boirais boirait boirions boiriez boiraient	boive boives boive buvions buviez boivent	bois buvons buvez
17 **conduire** *(to drive; to lead)* conduisant conduit avoir conduit	je tu il/elle/on nous vous ils/elles	conduis conduis conduit conduisons conduisez conduisent	conduisis conduisis conduisit conduisîmes conduisîtes conduisirent	conduisais conduisais conduisait conduisions conduisiez conduisaient	conduirai conduiras conduira conduirons conduirez conduiront	conduirais conduirais conduirait conduirions conduiriez conduiraient	conduise conduises conduise conduisions conduisiez conduisent	conduis conduisons conduisez
18 **connaître** *(to know, to be acquainted with)* connaissant connu avoir connu	je tu il/elle/on nous vous ils/elles	connais connais connaît connaissons connaissez connaissent	connus connus connut connûmes connûtes connurent	connaissais connaissais connaissait connaissions connaissiez connaissaient	connaîtrai connaîtras connaîtra connaîtrons connaîtrez connaîtront	connaîtrais connaîtrais connaîtrait connaîtrions connaîtriez connaîtraient	connaisse connaisses connaisse connaissions connaissiez connaissent	connais connaissons connaissez
19 **courir** *(to run)* courant couru avoir couru	je tu il/elle/on nous vous ils/elles	cours cours court courons courez courent	courus courus courut courûmes courûtes coururent	courais courais courait courions couriez couraient	courrai courras courra courrons courrez courront	courrais courrais courrait courrions courriez courraient	coure coures coure courions couriez courent	cours courons courez
20 **croire** *(to believe)* croyant cru avoir cru	je tu il/elle/on nous vous ils/elles	crois crois croit croyons croyez croient	crus crus crut crûmes crûtes crurent	croyais croyais croyait croyions croyiez croyaient	croirai croiras croira croirons croirez croiront	croirais croirais croirait croirions croiriez croiraient	croie croies croie croyions croyiez croient	crois croyons croyez

Tables de conjugaison

APPENDICE B

Infinitive / Present participle / Past participle / Past infinitive	Subject Pronouns	INDICATIVE Present	INDICATIVE Passé simple	INDICATIVE Imperfect	INDICATIVE Future	CONDITIONAL Present	SUBJUNCTIVE Present	IMPERATIVE
21 devoir *(to have to; to owe)* / devant / dû / avoir dû	je / tu / il/elle/on / nous / vous / ils/elles	dois / dois / doit / devons / devez / doivent	dus / dus / dut / dûmes / dûtes / durent	devais / devais / devait / devions / deviez / devaient	devrai / devras / devra / devrons / devrez / devront	devrais / devrais / devrait / devrions / devriez / devraient	doive / doives / doive / devions / deviez / doivent	/ dois / / devons / devez /
22 dire *(to say, to tell)* / disant / dit / avoir dit	je / tu / il/elle/on / nous / vous / ils/elles	dis / dis / dit / disons / dites / disent	dis / dis / dit / dîmes / dîtes / dirent	disais / disais / disait / disions / disiez / disaient	dirai / diras / dira / dirons / direz / diront	dirais / dirais / dirait / dirions / diriez / diraient	dise / dises / dise / disions / disiez / disent	/ dis / / disons / dites /
23 écrire *(to write)* / écrivant / écrit / avoir écrit	j' / tu / il/elle/on / nous / vous / ils/elles	écris / écris / écrit / écrivons / écrivez / écrivent	écrivis / écrivis / écrivit / écrivîmes / écrivîtes / écrivirent	écrivais / écrivais / écrivait / écrivions / écriviez / écrivaient	écrirai / écriras / écrira / écrirons / écrirez / écriront	écrirais / écrirais / écrirait / écririons / écririez / écriraient	écrive / écrives / écrive / écrivions / écriviez / écrivent	/ écris / / écrivons / écrivez /
24 émouvoir *(to move)* / émouvant / ému / avoir ému	j' / tu / il/elle/on / nous / vous / ils/elles	émeus / émeus / émeut / émouvons / émouvez / émeuvent	émus / émus / émut / émûmes / émûtes / émurent	émouvais / émouvais / émouvait / émouvions / émouviez / émouvaient	émouvrai / émouvras / émouvra / émouvrons / émouvrez / émouvront	émouvrais / émouvrais / émouvrait / émouvrions / émouvriez / émouvraient	émeuve / émeuves / émeuve / émouvions / émouviez / émeuvent	/ émeus / / émouvons / émouvez /
25 envoyer *(to send)* / envoyant / envoyé / avoir envoyé	j' / tu / il/elle/on / nous / vous / ils/elles	envoie / envoies / envoie / envoyons / envoyez / envoient	envoyai / envoyas / envoya / envoyâmes / envoyâtes / envoyèrent	envoyais / envoyais / envoyait / envoyions / envoyiez / envoyaient	enverrai / enverras / enverra / enverrons / enverrez / enverront	enverrais / enverrais / enverrait / enverrions / enverriez / enverraient	envoie / envoies / envoie / envoyions / envoyiez / envoient	/ envoie / / envoyons / envoyez /

TABLES DE CONJUGAISON

Infinitive / Present participle / Past participle / Past infinitive	Subject Pronouns	INDICATIVE Present	INDICATIVE Passé simple	INDICATIVE Imperfect	INDICATIVE Future	CONDITIONAL Present	SUBJUNCTIVE Present	IMPERATIVE
26 éteindre *(to turn off)* éteignant / éteint / avoir éteint	j' tu il/elle/on nous vous ils/elles	éteins éteins éteint éteignons éteignez éteignent	éteignis éteignis éteignit éteignîmes éteignîtes éteignirent	éteignais éteignais éteignait éteignions éteigniez éteignaient	éteindrai éteindras éteindra éteindrons éteindrez éteindront	éteindrais éteindrais éteindrait éteindrions éteindriez éteindraient	éteigne éteignes éteigne éteignions éteigniez éteignent	éteins éteignons éteignez
27 faire *(to do; to make)* faisant / fait / avoir fait	je tu il/elle/on nous vous ils/elles	fais fais fait faisons faites font	fis fis fit fîmes fîtes firent	faisais faisais faisait faisions faisiez faisaient	ferai feras fera ferons ferez feront	ferais ferais ferait ferions feriez feraient	fasse fasses fasse fassions fassiez fassent	fais faisons faites
28 falloir *(to be necessary)* / fallu / avoir fallu	il	faut	fallut	fallait	faudra	faudrait	faille	
29 fuir *(to flee)* fuyant / fui / avoir fui	je tu il/elle/on nous vous ils/elles	fuis fuis fuit fuyons fuyez fuient	fuis fuis fuit fuîmes fuîtes fuirent	fuyais fuyais fuyait fuyions fuyiez fuyaient	fuirai fuiras fuira fuirons fuirez fuiront	fuirais fuirais fuirait fuirions fuiriez fuiraient	fuie fuies fuie fuyions fuyiez fuient	fuis fuyons fuyez
30 lire *(to read)* lisant / lu / avoir lu	je tu il/elle/on nous vous ils/elles	lis lis lit lisons lisez lisent	lus lus lut lûmes lûtes lurent	lisais lisais lisait lisions lisiez lisaient	lirai liras lira lirons lirez liront	lirais lirais lirait lirions liriez liraient	lise lises lise lisions lisiez lisent	lis lisons lisez

Tables de conjugaison

APPENDICE B

Infinitive / Present participle / Past participle / Past infinitive		Subject Pronouns	INDICATIVE				CONDITIONAL	SUBJUNCTIVE	IMPERATIVE
			Present	Passé simple	Imperfect	Future	Present	Present	
31	mettre *(to put)* / mettant / mis / avoir mis	je / tu / il/elle/on / nous / vous / ils/elles	mets / mets / met / mettons / mettez / mettent	mis / mis / mit / mîmes / mîtes / mirent	mettais / mettais / mettait / mettions / mettiez / mettaient	mettrai / mettras / mettra / mettrons / mettrez / mettront	mettrais / mettrais / mettrait / mettrions / mettriez / mettraient	mette / mettes / mette / mettions / mettiez / mettent	/ mets / / mettons / mettez /
32	mourir *(to die)* / mourant / mort / être mort(e)(s)	je / tu / il/elle/on / nous / vous / ils/elles	meurs / meurs / meurt / mourons / mourez / meurent	mourus / mourus / mourut / mourûmes / mourûtes / moururent	mourais / mourais / mourait / mourions / mouriez / mouraient	mourrai / mourras / mourra / mourrons / mourrez / mourront	mourrais / mourrais / mourrait / mourrions / mourriez / mourraient	meure / meures / meure / mourions / mouriez / meurent	/ meurs / / mourons / mourez /
33	naître *(to be born)* / naissant / né / être né(e)(s)	je / tu / il/elle/on / nous / vous / ils/elles	nais / nais / naît / naissons / naissez / naissent	naquis / naquis / naquit / naquîmes / naquîtes / naquirent	naissais / naissais / naissait / naissions / naissiez / naissaient	naîtrai / naîtras / naîtra / naîtrons / naîtrez / naîtront	naîtrais / naîtrais / naîtrait / naîtrions / naîtriez / naîtraient	naisse / naisses / naisse / naissions / naissiez / naissent	/ nais / / naissons / naissez /
34	ouvrir *(to open)* / ouvrant / ouvert / avoir ouvert	j' / tu / il/elle/on / nous / vous / ils/elles	ouvre / ouvres / ouvre / ouvrons / ouvrez / ouvrent	ouvris / ouvris / ouvrit / ouvrîmes / ouvrîtes / ouvrirent	ouvrais / ouvrais / ouvrait / ouvrions / ouvriez / ouvraient	ouvrirai / ouvriras / ouvrira / ouvrirons / ouvrirez / ouvriront	ouvrirais / ouvrirais / ouvrirait / ouvririons / ouvririez / ouvriraient	ouvre / ouvres / ouvre / ouvrions / ouvriez / ouvrent	/ ouvre / / ouvrons / ouvrez /
35	partir *(to leave)* / partant / parti / être parti(e)(s)	je / tu / il/elle/on / nous / vous / ils/elles	pars / pars / part / partons / partez / partent	partis / partis / partit / partîmes / partîtes / partirent	partais / partais / partait / partions / partiez / partaient	partirai / partiras / partira / partirons / partirez / partiront	partirais / partirais / partirait / partirions / partiriez / partiraient	parte / partes / parte / partions / partiez / partent	/ pars / / partons / partez /

TABLES DE CONJUGAISON

Infinitive / Present participle / Past participle / Past infinitive		Subject Pronouns	INDICATIVE				CONDITIONAL	SUBJUNCTIVE	IMPERATIVE
			Present	Passé simple	Imperfect	Future	Present	Present	
36	plaire *(to please)* plaisant plu avoir plu	je tu il/elle/on nous vous ils/elles	plais plais plaît plaisons plaisez plaisent	plus plus plut plûmes plûtes plurent	plaisais plaisais plaisait plaisions plaisiez plaisaient	plairai plairas plaira plairons plairez plairont	plairais plairais plairait plairions plairiez plairaient	plaise plaises plaise plaisions plaisiez plaisent	plais plaisons plaisez
37	pleuvoir *(to rain)* pleuvant plu avoir plu	il	pleut	plut	pleuvait	pleuvra	pleuvrait	pleuve	
38	pouvoir *(to be able)* pouvant pu avoir pu	je tu il/elle/on nous vous ils/elles	peux peux peut pouvons pouvez peuvent	pus pus put pûmes pûtes purent	pouvais pouvais pouvait pouvions pouviez pouvaient	pourrai pourras pourra pourrons pourrez pourront	pourrais pourrais pourrait pourrions pourriez pourraient	puisse puisses puisse puissions puissiez puissent	
39	prendre *(to take)* prenant pris avoir pris	je tu il/elle/on nous vous ils/elles	prends prends prend prenons prenez prennent	pris pris prit prîmes prîtes prirent	prenais prenais prenait prenions preniez prenaient	prendrai prendras prendra prendrons prendrez prendront	prendrais prendrais prendrait prendrions prendriez prendraient	prenne prennes prenne prenions preniez prennent	prends prenons prenez
40	recevoir *(to receive)* recevant reçu avoir reçu	je tu il/elle/on nous vous ils/elles	reçois reçois reçoit recevons recevez reçoivent	reçus reçus reçut reçûmes reçûtes reçurent	recevais recevais recevait recevions receviez recevaient	recevrai recevras recevra recevrons recevrez recevront	recevrais recevrais recevrait recevrions recevriez recevraient	reçoive reçoives reçoive recevions receviez reçoivent	reçois recevons recevez
41	rejoindre *(to join)* rejoignant rejoint avoir rejoint	je tu il/elle/on nous vous ils/elles	rejoins rejoins rejoint rejoignons rejoignez rejoignent	rejoignis rejoignis rejoignit rejoignîmes rejoignîtes rejoignirent	rejoignais rejoignais rejoignait rejoignions rejoigniez rejoignaient	rejoindrai rejoindras rejoindra rejoindrons rejoindrez rejoindront	rejoindrais rejoindrais rejoindrait rejoindrions rejoindriez rejoindraient	rejoigne rejoignes rejoigne rejoignions rejoigniez rejoignent	rejoins rejoignons rejoignez

APPENDICE B

Infinitive / Present participle / Past participle / Past infinitive	Subject Pronouns	INDICATIVE Present	INDICATIVE Passé simple	INDICATIVE Imperfect	INDICATIVE Future	CONDITIONAL Present	SUBJUNCTIVE Present	IMPERATIVE
42 résoudre *(to solve)*	je	résous	résolus	résolvais	résoudrai	résoudrais	résolve	
résolvant	tu	résous	résolus	résolvais	résoudras	résoudrais	résolves	résous
résolu	il/elle/on	résout	résolut	résolvait	résoudra	résoudrait	résolve	
avoir résolu	nous	résolvons	résolûmes	résolvions	résoudrons	résoudrions	résolvions	résolvons
	vous	résolvez	résolûtes	résolviez	résoudrez	résoudriez	résolviez	résolvez
	ils/elles	résolvent	résolurent	résolvaient	résoudront	résoudraient	résolvent	
43 rire *(to laugh)*	je	ris	ris	riais	rirai	rirais	rie	
riant	tu	ris	ris	riais	riras	rirais	ries	ris
ri	il/elle/on	rit	rit	riait	rira	rirait	rie	
avoir ri	nous	rions	rîmes	riions	rirons	ririons	riions	rions
	vous	riez	rîtes	riiez	rirez	ririez	riiez	riez
	ils/elles	rient	rirent	riaient	riront	riraient	rient	
44 rompre *(to break)*	je	romps	rompis	rompais	romprai	romprais	rompe	
rompant	tu	romps	rompis	rompais	rompras	romprais	rompes	romps
rompu	il/elle/on	rompt	rompit	rompait	rompra	romprait	rompe	
avoir rompu	nous	rompons	rompîmes	rompions	romprons	romprions	rompions	rompons
	vous	rompez	rompîtes	rompiez	romprez	rompriez	rompiez	rompez
	ils/elles	rompent	rompirent	rompaient	rompront	rompraient	rompent	
45 savoir *(to know)*	je	sais	sus	savais	saurai	saurais	sache	
sachant	tu	sais	sus	savais	sauras	saurais	saches	sache
su	il/elle/on	sait	sut	savait	saura	saurait	sache	
avoir su	nous	savons	sûmes	savions	saurons	saurions	sachions	sachons
	vous	savez	sûtes	saviez	saurez	sauriez	sachiez	sachez
	ils/elles	savent	surent	savaient	sauront	sauraient	sachent	
46 suivre *(to follow)*	je	suis	suivis	suivais	suivrai	suivrais	suive	
suivant	tu	suis	suivis	suivais	suivras	suivrais	suives	suis
suivi	il/elle/on	suit	suivit	suivait	suivra	suivrait	suive	
avoir suivi	nous	suivons	suivîmes	suivions	suivrons	suivrions	suivions	suivons
	vous	suivez	suivîtes	suiviez	suivrez	suivriez	suiviez	suivez
	ils/elles	suivent	suivirent	suivaient	suivront	suivraient	suivent	
47 se taire *(to be quiet)*	je	me tais	me tus	me taisais	me tairai	me tairais	me taise	
se taisant	tu	te tais	te tus	te taisais	te tairas	te tairais	te taises	tais-toi
tu	il/elle/on	se tait	se tut	se taisait	se taira	se tairait	se taise	
s'être tu(e)(s)	nous	nous taisons	nous tûmes	nous taisions	nous tairons	nous tairions	nous taisions	taisons-nous
	vous	vous taisez	vous tûtes	vous taisiez	vous tairez	vous tairiez	vous taisiez	taisez-vous
	ils/elles	se taisent	se turent	se taisaient	se tairont	se tairaient	se taisent	

TABLES DE CONJUGAISON

Infinitive			INDICATIVE				CONDITIONAL	SUBJUNCTIVE	IMPERATIVE
Present participle Past participle Past infinitive	Subject Pronouns	Present	Passé simple	Imperfect	Future		Present	Present	
48 tenir *(to hold)* tenant tenu avoir tenu	je tu il/elle/on nous vous ils/elles	tiens tiens tient tenons tenez tiennent	tins tins tint tînmes tîntes tinrent	tenais tenais tenait tenions teniez tenaient	tiendrai tiendras tiendra tiendrons tiendrez tiendront		tiendrais tiendrais tiendrait tiendrions tiendriez tiendraient	tienne tiennes tienne tenions teniez tiennent	 tiens tenons tenez
49 vaincre *(to defeat)* vainquant vaincu avoir vaincu	je tu il/elle/on nous vous ils/elles	vaincs vaincs vainc vainquons vainquez vainquent	vainquis vainquis vainquit vainquîmes vainquîtes vainquirent	vainquais vainquais vainquait vainquions vainquiez vainquaient	vaincrai vaincras vaincra vaincrons vaincrez vaincront		vaincrais vaincrais vaincrait vaincrions vaincriez vaincraient	vainque vainques vainque vainquions vainquiez vainquent	 vaincs vainquons vainquez
50 valoir *(to be worth)* valant valu avoir valu	je tu il/elle/on nous vous ils/elles	vaux vaux vaut valons valez valent	valus valus valut valûmes valûtes valurent	valais valais valait valions valiez valaient	vaudrai vaudras vaudra vaudrons vaudrez vaudront		vaudrais vaudrais vaudrait vaudrions vaudriez vaudraient	vaille vailles vaille valions valiez vaillent	 vaux valons valez
51 venir *(to come)* venant venu être venu(e)(s)	je tu il/elle/on nous vous ils/elles	viens viens vient venons venez viennent	vins vins vint vînmes vîntes vinrent	venais venais venait venions veniez venaient	viendrai viendras viendra viendrons viendrez viendront		viendrais viendrais viendrait viendrions viendriez viendraient	vienne viennes vienne venions veniez viennent	 viens venons venez
52 vivre *(to live)* vivant vécu avoir vécu	je tu il/elle/on nous vous ils/elles	vis vis vit vivons vivez vivent	vécus vécus vécut vécûmes vécûtes vécurent	vivais vivais vivait vivions viviez vivaient	vivrai vivras vivra vivrons vivrez vivront		vivrais vivrais vivrait vivrions vivriez vivraient	vive vives vive vivions viviez vivent	 vis vivons vivez
53 voir *(to see)* voyant vu avoir vu	je tu il/elle/on nous vous ils/elles	vois vois voit voyons voyez voient	vis vis vit vîmes vîtes virent	voyais voyais voyait voyions voyiez voyaient	verrai verras verra verrons verrez verront		verrais verrais verrait verrions verriez verraient	voie voies voie voyions voyiez voient	 vois voyons voyez

APPENDICE B

Infinitive		INDICATIVE				CONDITIONAL	SUBJUNCTIVE	IMPERATIVE
Present participle Past participle Past infinitive	Subject Pronouns	Present	Passé simple	Imperfect	Future	Present	Present	
vouloir *(to want, to wish)* voulant voulu avoir voulu	je tu il/elle/on nous vous ils/elles	veux veux veut voulons voulez veulent	voulus voulus voulut voulûmes voulûtes voulurent	voulais voulais voulait voulions vouliez voulaient	voudrai voudras voudra voudrons voudrez voudront	voudrais voudrais voudrait voudrions voudriez voudraient	veuille veuilles veuille voulions vouliez veuillent	 veuille veuillons veuillez

# Vocabulaire

Guide to Vocabulary

Active vocabulary
This glossary contains the words and expressions presented as active vocabulary in **RÊVEZ**. A numeral following the entry indicates the lesson of **RÊVEZ** where the word or expression was introduced. Reflexive verbs are listed under the non-reflexive infinitive.

Abbreviations used in this glossary

adj.	adjective	*indef.*	indefinite	*prep.*	preposition
adv.	adverb	*m.*	masculine	*pron.*	pronoun
conj.	conjunction	*part.*	partitive	*rel.*	relative
f.	feminine	*p.p.*	past participle	*v.*	verb

Français–Anglais

A

à *prep.* at **5**; in **5**; to
  à ce moment-là *adv.* at that moment **3**
  à condition de *prep.* provided (that)
  à condition que *conj.* on the condition that
  à moins de *prep.* unless
  à moins que *conj.* unless
  à partir de *prep.* from **1**
  à succès *adv.* bestselling **5**
  au chômage *adj.* unemployed
a priori *m.* preconceived idea
abîmé(e) *adj.* damaged
abonné(e) *m., f.* subscriber
abonnement *m.* subscription
abriter *v.* to provide a habitat for
absolument *adv.* absolutely **2**
abus de pouvoir *m.* abuse of power **4**
abuser *v.* to abuse **4**
accablé(e) *adj.* overwhelmed **1**
acceptation *f.* acceptance **4**
accoucher *v.* to give birth **6**
accro: être accro (à) *v.* to be addicted (to)
acharnement *m.* determination
acharner: s'acharner sur *v.* to persist relentlessly **5**
acheter *v.* to buy **1**
actif/active *adj.* active **2**
activiste *m., f.* militant activist **4**
actualisé(e) *adj.* updated **3**
actualité *f.* current events **3**
adapter: s'adapter *v.* to adapt **5**
adhérent(e) *m., f.* member
admirer *v.* to admire
ADN *m.* DNA
adresse e-mail *f.* e-mail address
adresser: s'adresser la parole *v.* to speak to one another

affaires *f.* belongings **6**
affectueux/affectueuse *adj.* affectionate **1**
affronter *v.* to face **6**
afin que *conj.* in order that
agacer *v.* to annoy **1**
âge adulte *m.* adulthood **6**
agent de police *m.* police officer **2**
agir *v.* to take action
agiter *v.* to shake
aimer *v.* to love **1**; to like **1**
ainsi *adv.* thus **2**
air *m.* air
  en plein air *adj.* outdoors
aliment *m.* (type or kind of) food **6**
alimentaire *adj.* related to food **6**
aller *v.* to go **1**
  s'en aller *v.* to go/fade away **1**
  aller de l'avant *v.* to forge ahead **5**
alliance *f.* wedding ring **6**
alors *adv.* so **2**; then **2**
alpinisme *m.* mountain climbing
amants *m.* lovers **1**
amas *m.* pile, heap
ambiance *f.* atmosphere **2**
âme *f.* soul
âme sœur *f.* soul mate **1**
améliorer *v.* to improve **2**
  s'améliorer *v.* to better oneself **5**
amener *v.* to bring someone **1**
amitié *f.* friendship **1**
amoureux/amoureuse *adj.* in love **1**
  tomber amoureux/amoureuse (de) to fall in love (with) **1**
amour-propre *m.* self-esteem **6**
amuser *v.* to amuse **2**; **s'amuser** *v.* to have fun **2**
analphabète *adj.* illiterate **4**
ancien(ne) *adj.* ancient **2**; former **2**
ancêtre *m., f.* ancestor **1**
anecdotique *adj.* trivial **5**
animateur/animatrice de radio *m., f.* radio presenter **3**
animé(e) *adj.* lively **2**

antimatière *m.* antimatter
anxieux/anxieuse *adj.* anxious **1**
apercevoir *v.* to catch sight of **2**; to perceive; **s'apercevoir** *v.* to realize **2**; to notice
apparaître *v.* to appear **3**
appareil (photo) numérique *m.* digital camera
appartenir (à) *v.* to belong (to) **5**
appeler *v.* to call **1**
applaudir *v.* to applaud
approuver une loi *v.* to pass a law **4**
après *prep.* after; **après que** *conj.* after
araignée *f.* spider
arbitre *m.* referee
arc-en-ciel *m.* rainbow
archipel *m.* archipelago
argent *m.* silver **2**
argument de vente *m.* selling point
arme *f.* weapon **4**
armée *f.* army **4**
arrêt d'autobus *m.* bus stop **2**
arrêter: s'arrêter *v.* to stop (oneself) **2**
arrière-grand-mère *f.* great-grandmother **6**
arrière-grand-père *m.* great-grandfather **6**
arriver *v.* to arrive **3**
artifice: feu d'artifice *m.* fireworks display **2**
asperge *f.* asparagus **6**
asseoir: s'asseoir *v.* to sit
asservissement *m.* enslavement **4**
assez *adv.* quite **2**
  assez de enough **5**
assimilation *f.* assimilation **5**
assimiler: s'assimiler à *v.* to blend in **1**
astrologue *m., f.* astrologer
astronaute *m., f.* astronaut
astronome *m., f.* astronomer

Appendice C

APPENDICE C

attendre *v.* to wait for 2; **s'attendre à quelque chose** *v.* to expect something 2, 3
attention: attirer l'attention (sur) *v.* to draw attention to 3
atterrir *v.* to land
attirer *v.* to attract 5
  attirer l'attention (sur) *v.* to draw attention to 3
au cas où *conj.* in case
auditeur/auditrice *m., f.* (radio) listener 3
augmentation (de salaire) *f.* raise (in salary)
augmenter *v.* to grow 5
aujourd'hui *adv.* today 2
aussi… que *adv.* as … as
aussitôt que *conj.* as soon as
autant *adv.* so much/many 2
autobus *m.* bus 2
  arrêt d'autobus *m.* bus stop 2
autoritaire *adj.* bossy 6
autre *adj.* another 2; different 2; other 4
avancé(e) *adj.* advanced
avancer *v.* to advance 1, to move forward 1
avant de *prep.* before
  avant que *conj.* before
avocat(e) *m., f.* lawyer 4
avoir *v.* to have 1
  avoir des relations to have connections
  avoir honte (de) to be ashamed (of) 1; to be embarrassed (of) 1
  avoir confiance en soi to be confident 1
  avoir de l'influence (sur) to have influence (over) 4
  avoir des conséquences néfastes (sur) to have harmful consequences (on)
  avoir des dettes to be in debt
  avoir des préjugés to be prejudiced 5
  avoir le mal du pays to be homesick 5
  avoir le trac to have stage fright 3
  avoir peur to be afraid 2

B

bague *f.* ring 3
  bague de fiançailles *f.* engagement ring 6
baisser *v.* to decrease 5
balancer: se balancer *v.* to swing
balayer *v.* to sweep 1
ballon *m.* ball
bande *f.* gang
  bande originale *f.* sound track 3
banlieue *f.* suburb 2; outskirts 2
banqueroute *f.* bankruptcy
baragouiner *v.* to jabber 4
barrière de corail *f.* barrier reef
bas(se) *adj.* low 2
baskets *f.* sneakers, tennis shoes
bateau *m.* boat 4
batterie *f.* drums 2
battre: se battre *v.* to fight
bavard(e) *m., f.* chatterbox 5
bavarder *v.* to chat
beau/belle *adj.* beautiful 2; handsome 2
beaucoup *adv.* a lot 2
beau-fils *m.* son-in-law 6; stepson 6
beau-frère *m.* brother-in-law 6
beau-père *m.* father-in-law 6; stepfather 6
belle-fille *f.* daughter-in-law 6; stepdaughter 6
belle-mère *f.* mother-in-law 6; stepmother 6
belle-sœur *f.* sister-in-law 6
bénéfice *m.* profit
berger/bergère *m., f.* shepherd(ess)
bermuda *m.* (a pair of) bermuda shorts
béton *m.* concrete 2
bien *adv.* well 2
  bien des *adj.* many 5
  bien que *conj.* although
bien s'exporter *v.* to be popular abroad 5
bien-être *m.* well-being
bienfait *m.* beneficial effect
bientôt *adv.* soon 2
bilingue *adj.* bilingual 1
billet *m.* ticket
billard *m.* pool
biochimique *adj.* biochemical
bio(logique) *adj.* organic 6
biologiste *m., f.* biologist
blanc/blanche *adj.* white 2
blessé(e) *m., f.* injured person 2; 3
blesser: (se) blesser *v.* to injure (oneself); to get hurt
boire *v.* to drink 3
boîte *f.* can 5; box 5
boiter *v.* to limp 1
bon(ne) *adj.* good 2
bonté *f.* kindness 6
boue *f.* mud 1
boules *f.* petanque
boulot *m.* job
bouquet de la mariée *m.* bouquet 6
bouteille *f.* bottle 5
boutique de souvenirs *f.* gift shop
bref/brève *adj.* brief 2
brevet d'invention *m.* patent
brièvement *adv.* briefly 2
brosser: se brosser *v.* to brush 2
brûler *v.* to burn 5
bruyamment *adv.* noisily 2
bruyant(e) *adj.* noisy 2
bûcheron *m.* lumberjack
budget *m.* budget
but *m.* goal 5

C

ça *pron.* that; this; it
  ça suffit that's enough 4
cadre *m.* executive
caillou (cailloux) *m.* pebble(s)
caleçon *m.* boxer shorts
calepin *m.* notebook 2
camionnette *f.* small truck or van
canadien(ne) *adj.* Canadian 2
capitaine *m.* captain
capter *v.* to get a signal
car *conj.* for; because 4
caractère *m.* character, personality 6
carie *f.* cavity
carte *f.* card
  carte de crédit *f.* credit card
  carte de retrait *f.* ATM card
  cartes (à jouer) *f.* (playing) cards
cas: au cas où *conj.* in case
caserne de pompiers *f.* fire station 2
casse-cou *m.* daredevil
catastrophe naturelle *f.* natural disaster 2
cauchemar *m.* nightmare 1
cause *f.* cause 5
causer *v.* to chat
CD-ROM *m.* CD-ROM
célébrer *v.* to celebrate
célébrité *f.* celebrity 3
célibataire *adj.* single 1
cellule *f.* cell
censure *f.* censorship 3
centre de formation *m.* sports training school
centre-ville *m.* city/town center 2; downtown 2
certain(e) *adj.* certain 4
certainement *adv.* certainly 3
c'est-à-dire that is to say; i.e.
chaîne *f.* network 3
  chaîne montagneuse *f.* mountain range
chantage *m.* blackmail 2
  faire du chantage to blackmail 4
chaos *m.* chaos 5
chaque *adj.* each 4, every single 4
charbon (de bois) *m.* char(coal)
charmant(e) *adj.* charming 1
chasser *v.* to hunt
châtain *adj.* brown *(hair)* 2
châtiment *m.* punishment 5
chef d'entreprise *m.* head of a company
chêne *m.* oak tree
cher/chère *adj.* dear 2; expensive 2
chercheur/chercheuse *m., f.* researcher
chez *prep.* at the place or home of 5
chiffre *m.* figure; number

chimiste *m., f.* chemist
choc culturel *m.* culture shock 1
choisir *v.* to choose 3
chômage *m.* unemployment
 au chômage *adj.* unemployed
chômeur/chômeuse *m., f.* unemployed person
chouette *adj.* great; cool
chrétien(ne) *m., f.* Christian 4
christianisme *m.* Christianity 4
chronique *f.* column 3
chuchoter *v.* to whisper 6
cinéma *m.* cinema 2, movie theater 2
circulation *f.* traffic 2
cirque *m.* circus 3
citadin(e) *m., f.* city/town dweller 2
cité *f.* low-income housing development 6
citoyen(ne) *m., f.* citizen 2
citron *m.* lemon 6; *adj.* lemon 2
 citron vert *m.* lime 6
clip vidéo *m.* music video 3
cloîtré(e) *adj.* shut away
cloner *v.* to clone
clous *m.* crosswalk 2
club *m.* team
 club sportif *m.* sports club
cochon *m.* pig
colère *f.* anger 1, 4
 se mettre en colère contre to get angry with 1
colocataire *m, f.* roommate 2; co-tenant 2
colon *m.* colonist 4
combattant(e) *m., f.* fighter
combattre *v.* to fight 4
combustible *m.* fuel
comédie *f.* comedy
comédien(ne) *m., f.* actor 3
commencer *v.* to begin 1
commérages *m.* gossip 1
commissaire (de police) *m.* (police) commissioner 5
commissariat de police *m.* police station 2
communication *f.* communication 3
 moyens de communication *m.* media 3
compétent(e) *adj.* competent
complet/complète *adj.* complete 2; sold out
complexe d'infériorité *m.* inferiority complex 6
comportement *m.* behavior 3
comporter: se comporter *v.* to behave 3, to act 3
compréhension *f.* understanding 5
comptable *m., f.* accountant
compte de chèques *m.* checking account
compte d'épargne *m.* savings account
compter *v.* to expect to

compter sur *v.* to rely on 1
concurrence *f.* competition
condition *f.* condition
 à condition de *prep.* provided (that)
 à condition que *conj.* on the condition that
conducteur/conductrice *m., f.* driver 2
conduire *v.* to drive 3
conduite *f.* behavior 2
confiance *f.* confidence 1
 avoir confiance en soi to be confident 1
 faire confiance (à quelqu'un) to trust (someone) 1
confier *v.* to confide 6; to entrust 6
conformiste *adj.* conformist 5
confusément *adv.* confusedly 2
connaître *v.* to know 3
consacrer: se consacrer à *v.* to dedicate oneself to 4
conseiller/conseillère *m., f.* advisor
conservateur/conservatrice *adj.* conservative 2, 4; *m.* preservative 6
considérer *v.* to consider 1
consommation d'énergie *f.* energy consumption
constamment *adv.* constantly 2
construire *v.* to build 2
consultant(e) *m., f.* consultant
consulter *v.* to consult
contaminé(e) *adj.* contaminated
 être contaminé(e) to be contaminated
conte *m.* tale 5
content(e) *adj.* happy 6
contraire à l'éthique *adj.* unethical
contrarier *v.* to thwart
contrarié(e) *adj.* upset 1
contribuer (à) *v.* to contribute
convaincre *v.* to convince 3; persuade 3
correcteur orthographique *m.* spell check
couche d'ozone *f.* ozone layer
couche sociale *f.* social level 5
coucher: se coucher *v.* to go to bed 2
couler *v.* to flow 1; to run (water) 1
coup franc *m.* free kick
coupable *adj.* guilty 4
couper de *v.* to cut off from; **se couper** *v.* to cut oneself 2
couple mixte *m.* mixed couple 4
courage *m.* courage 5
courir *v.* to run 3
cours *m.* course 3
 cours d'art dramatique *m.* drama course 3
course *f.* race
court(e) *adj.* short 2

 à court terme *adj.* short-term
coûter cher *v.* to cost a lot 2
couverture *f.* cover 3
couvrir *v.* to cover 4
craindre *v.* to fear 6
crainte: de crainte que *conj.* for fear that
créer *v.* to create
crème *f.* cream 2; *adj.* cream 2
crier *v.* to yell 1
crime *m.* crime 4
criminel(le) *m., f.* criminal 4
crise *f.* crisis
 crise d'hystérie *f.* nervous breakdown 1
 crise économique *f.* economic crisis
croire *v.* to believe 3
croisement *m.* intersection 2
croyance *f.* belief 4
cruauté *f.* cruelty 4
cruel(le) *adj.* cruel 2
culotte *f.* underpants (for females)
cyberespace *m.* cyberspace
cyclone *m.* hurricane 2

D

d'abord *adv.* first 2
danger *m.* danger
dangereux/dangereuse *adj.* dangerous 2
dans *prep.* in 5; inside 5
dauphin *m.* dolphin
de *prep.* from; of
 de crainte que *conj.* for fear that
 de nouveau *adv.* again
 de peur de *prep.* for fear of
 de peur que *conj.* for fear that
 de pointe *adj.* cutting edge
 de temps en temps *adv.* from time to time 2
débile *adj.* moronic 2
déblayer *v.* to clear away
débrouiller: se débrouiller *v.* to figure it out; to manage
débuter *v.* to begin 6
décédé(e) *adj.* deceased 6
décès *m.* death 3
déchets *m.* trash
déchirer *v.* to tear
décolonisation *f.* decolonization 5
décourager: se décourager *v.* to lose heart 5
découverte (capitale) *f.* (breakthrough) discovery
découvrir *v.* to discover 4
décrire *v.* to describe 6
dedans *adv.* inside 2
défaite *f.* defeat 4
défaut *m.* flaw 3
défavorisé(e) *adj.* underprivileged 5
défendre *v.* to defend 4

Français–Anglais

défi *m.* challenge 5
défilé *m.* parade 2
déforestation *f.* deforestation
défunt(e) *m., f.* deceased 3
dégâts *m.* damages 3
dehors *adv.* outside 2
déjà *adv.* already 2
délaisser *v.* to neglect
demain *adv.* tomorrow 2
demande *f.* proposal 6
    faire une demande en mariage to propose 6
demander *v.* to ask for 2; **se demander** *v.* to wonder 2
    demander un prêt to apply for a loan
déménager *v.* to move 1, 6
demi-frère *f.* half brother 6
demi-sœur *f.* half sister 6
démissionner *v.* to quit
démocratie *f.* democracy 4
dénouement *m.* outcome; ending
dépaysement *m.* change of scenery 1; disorientation 1
dépasser: se dépasser *v.* to go beyond one's limits
dépêcher: se dépêcher *v.* to hurry 2
dépendance *f.* addiction
dépenses *f.* expenses
déposer *v.* to deposit
déprimé(e) *adj.* depressed 1
député(e) *m., f.* deputy (politician) 4; representative 4
déranger *v.* to bother 1, 6; to disturb 6
dernier/dernière *adj.* last 2; final 2
    lundi (mardi, etc.) dernier last Monday (Tuesday, etc.) 3
dérouler: se dérouler *v.* to take place 6
derrière *prep.* behind 5
dès que *conj.* as soon as
désabusé(e) *adj.* disillusioned 1
descendre *v.* to go down 2; to get off 2
désespéré(e) *adj.* desperate 1
désespoir *m.* despair
déshabiller: se déshabiller *v.* to undress 2
désirer *v.* to desire 6; to want to
désolé(e) *adj.* sorry 6
détendre: se détendre *v.* to relax 2
détester *v.* to hate
détruire *v.* to destroy
dette *f.* debt
    avoir des dettes to be in debt
devant *prep.* in front of 5
développement *m.* development 5
devenir *v.* to become 3
deviner *v.* to guess 5
devoir *v.* to have to 3; must 3; to owe; *m.* duty 4
dialogue *m.* dialog 5

dictature *f.* dictatorship 4
dire *v.* to say 3
    dire au revoir to say goodbye 5
direct: en direct *adj., adv.* live 3
diriger *v.* to manage; to run
disparu(e) *m., f.* missing person 2
disposé(e) (à) *adj.* willing (to)
distance *f.* distance 5
distributeur automatique *m.* ATM
diversité *f.* diversity 5
divertir *v.* to entertain 3
    se divertir *v.* to have a good time
divertissant(e) *adj.* entertaining 3
divertissement *m.* entertainment 3
divorcer *v.* to divorce 1
documentaire *m.* documentary 3
donc *adv.* so 2, therefore 2
donner *v.* to give 2
    donner des indications to give directions 2
dont *rel. pron.* of which; of whom; whose
dormir *v.* to sleep 4
dormir à la belle étoile *v.* to sleep outdoors 2
doucement *adv.* gently 2
douter *v.* to doubt 2; **se douter (de)** *v.* to suspect 2
douteux: Il est douteux… It is doubtful…
doux/douce *adj.* sweet 2; soft 2
draguer *v.* to flirt 1; to try to "pick up" 1
drapeau *m.* flag 4
droit *m.* right 4
    droits de l'homme *m.* human rights 4
dû/due à *adj.* due to 5
duel *m.* one-on-one
duper *v.* to trick 2

E

échelle *f.* ladder
économe *adj.* thrifty 1
économies *f.* savings
économiser *v.* to save
écouter *v.* to listen to
écran *m.* screen 3
écrasé(e) *adj.* run over 3
écrire *v.* to write 3
édifice *m.* building 2
éditeur/éditrice *m., f.* publisher 3
effacer *v.* to erase 1
effets spéciaux *m.* special effects 3
effort *m.* effort 5
égal(e) *adj.* equal 4
égalité *f.* equality 4
égocentrique *adj.* egocentric 3
égoïste *adj.* selfish 6
élection *f.* election 4
    gagner les élections to win elections 4

    perdre les élections to lose elections 4
élevé(e) *p.p.* raised
    bien élevé(e) *adj.* well-mannered 6
    mal élevé(e) *adj.* bad-mannered 6
élever (des enfants) *v.* to raise (children) 6
élire *v.* to elect 4
embaucher *v.* to hire
embouteillage *m.* traffic jam 2
émeute *f.* riot 3
émigré(e) *m., f.* emigrant 5
émigrer *v.* to emigrate 1
emmener *v.* to take someone 1
émotif/émotive *adj.* emotional 1
émouvant(e) *adj.* moving
émouvoir *v.* to move 3
empêcher (de) *v.* to stop 2; to keep from (doing something) 2
empirer *v.* to get worse
emploi *m.* job
    solliciter un emploi to apply for a job
employé(e) *m., f.* employee
emprisonner *v.* to imprison 4
emprunt *m.* loan
    faire un emprunt to take out a loan
en *prep.* in 5; at 5
    en attendant de *prep.* waiting to
    en attendant que *conj.* waiting for
    en direct *adj., adv.* live 3
    en faillite *adj.* bankrupt
    en général *adv.* in general 2
    en plein air *adj.* outdoors
    en pointe *adv.* forward, up front
    en sécurité *adj.* sure 2
    en voie d'extinction *adj.* endangered
encadrement *m.* supervisory staff
encore *adv.* again 2; still 2
énergie *f.* energy
énerver *v.* to annoy 1
enfance *f.* childhood 6
enfant unique *m., f.* only child 6
enfin *adv.* at last 2
enfoncer: s'enfoncer *v.* to drown 1
engager: s'engager (envers quelqu'un) *v.* to commit (to someone) 1; to get involved 3
engloutir *v.* to swallow 2
enlever *v.* to kidnap 4
ennuyer *v.* to bore 1; to bother 2; **s'ennuyer** *v.* to get bored 2
énormément *adv.* enormously 2
enquêter (sur) *v.* to research 3; to investigate 3
enregistrer *v.* to record 3
enrichir: s'enrichir *v.* to become rich 5
ensuite *adv.* then 2, next 2
entendre *v.* to hear 2; **s'entendre bien** *v.* to get along well 1

enthousiaste *adj.* enthusiastic 1; excited 1
entourer: s'entourer de *v.* to surround oneself with
entraide *f.* mutual aid
entraîneur *m.* coach
entrepôt *m.* warehouse
entreprendre *v.* to undertake
entrepreneur/entrepreneuse *m., f.* entrepreneur
entreprise (multinationale) *f.* (multinational) company
   monter une entreprise to create a company
entrer *v.* to enter 3
entretenir: s'entretenir (avec) *v.* to talk 2, to converse 2
entretien *m.* interview 3
   entretien d'embauche *m.* job interview
environnement *m.* environment
envisager *v.* to envision
envoyé(e) spécial(e) *m., f.* correspondent 3
envoyer *v.* to send 1
éolienne *f.* wind turbine
épais(se) *adj.* thick
épanouissement *m.* development
épeler *v.* to spell 1
épinards *m.* spinach 6
époux/épouse *m., f.* spouse 6; husband/wife 6
épuisé(e) *adj.* exhausted
épuiser *v.* to use up
érosion *f.* erosion
escalader *v.* to climb , to scale
esclavage *m.* slavery 4
esclave *m., f.* slave
espace *m.* space
espérer *v.* to hope 1
espionner *v.* to spy 4
esprit *m.* spirit 1
essayer *v.* to try 1
essentiel(le) *adj.* essential 6
estropié(e) *m., f.* cripple 1
établir: s'établir *v.* to settle 5
étendre: s'étendre *v.* to spread 2
éthique *adj.* ethical
étoile (filante) *f.* (shooting) star
étonnant(e) *adj.* surprising 6
étonné(e) *adj.* surprised 6
étonner: s'étonner *v.* to be amazed
étranger/étrangère *m., f.* foreigner 2; stranger 2
être *v.* to be 1
être à la une to be on the front page 3
être accro (à) to be addicted (to)
   être contaminé(e) to be contaminated
   être désolé(e) to be sorry 6
   être perdu(e) to be lost 2
   être promu(e) to be promoted

   être sous pression to be under pressure
évadé(e) *adj.* escaped 4
événement *m.* event 3
évidemment *adv.* obviously 2
évident(e) *adj.* obvious
évoquer *v.* to make think of
exclu(e) *adj.* excluded 5
exigeant(e) *adj.* demanding 6
exiger *v.* to demand 6
exigu/exiguë *adj.* small 2
exhorter *v.* to urge
expérience *f.* experiment
explorer *v.* to explore
exporter: bien s'exporter *v.* to be popular abroad 5
exposition *f.* exhibition; art show
exprès *adv.* on purpose 4
   faire exprès to do it on purpose 4
exprimer *v.* to express 3
extinction: en voie d'extinction *adj.* endangered
extrait *m.* excerpt 3
extraterrestre *m., f.* alien

F

faiblir *v.* to weaken
fâché(e) *adj.* angry 1; mad 1
fâcher: se fâcher (contre) *v.* to get angry (with) 2
faillite: en faillite *adj.* bankrupt
fainéant(e) *m., f.* lazybones
faire *v.* to do 1; to make 1
   faire confiance (à quelqu'un) to trust (someone) 1
   faire du chantage to blackmail 4
   faire la queue to wait in line
   faire match nul to tie (a game)
   faire passer to spread (the word)
   faire sans to do without 5
   faire un effort to make an effort 5
   faire un emprunt to take out a loan
   faire une demande en mariage to propose 6
   faire une expérience to conduct an experiment
faits divers *m.* news items 3
falloir *v.* to be necessary 6; to have to
   Il faut que… One must… 6; It is necessary that… 6
fan (de) *m., f.* fan (of)
fanfare *f.* marching band 2
fascinant(e) *adj.* fascinating
faute *f.* foul
faux/fausse *adj.* false 2; wrong 2
favori(te) *adj.* favorite 2
femme d'affaires *f.* businesswoman
femme politique *f.* politician 4
férié *m.* public holiday 5
ferme *f.* farm
fête foraine *f.* carnival 2

fêter *v.* to celebrate
feu (tricolore) *m.* traffic light 2
feu d'artifice *m.* fireworks display 2
feuillage *m.* foliage
feuilleton *m.* soap opera 3; series 3
fiançailles *f.* engagement 6
fiancer: se fiancer *v.* to get engaged 1
fidèle *adj.* faithful 1
fier/fière *adj.* proud 2
filet (de pêche) *m.* (fishing) net
fille unique *f.* only child 6
film *m.* movie 3
   sortir un film to release a movie 3
fils unique *m.* only child 6
finalement *adv.* finally 3
financier/financière *adj.* financial
fléchettes *f.* darts
fleurir *v.* to flourish 5
fleuve *m.* river
flic *m.* cop 5
foire *f.* fair 2
fois *f.* time
   deux fois *adv.* twice 3
   une fois *adv.* once 3
   une fois que *conj.* once
forcer *v.* to force 1
forces de l'ordre *f.* police 3
forêt (tropicale) *f.* (rain) forest
formateur/formatrice *m., f.* trainer
formation *f.* training
fossé des générations *m.* generation gap 6
fou/folle *adj.* crazy 2
foulard *m.* headscarf 6
foule *f.* crowd 4; mob 4
frais/fraîche *adj.* fresh 2; cool 2
franc/franche *adj.* frank 1, 2
franchement *adv.* frankly 2
frappant(e) *adj.* striking 3
frapper *v.* to knock 1; to hit 1
frisson *m.* thrill
fromagerie *f.* cheese store 6
front *m.* forehead 6
frontière *f.* border 5
fuir *v.* to flee 1
fumé(e) *adj.* smoked 6

G

gagner *v.* to win 4
   gagner les élections to win elections 4
   gagner sa vie to earn a living
galère *f.* nightmare 4
gamin(e) *m., f.* kid 5
gamme de produits *f.* line of products
garde-robe *f.* wardrobe
gaspillage *m.* waste
gaspiller *v.* to waste
gâter *v.* to spoil 6
gène *m.* gene

Français–Anglais

gêne *f.* embarrassment 6
gêné(e) *adj.* embarrassed 2
gêner *v.* to bother 1; to embarrass 1
génétique *f.* genetics
génial(e) *adj.* great 1; terrific 1
gentil(le) *adj.* nice 2
gentiment *adv.* nicely 2; kindly 2
gérant(e) *m., f.* manager
gérer *v.* to manage; to run
gilet *m.* sweater; sweatshirt (with front opening)
gland *m.* acorn
glisser *v.* to glide
gouvernement *m.* government 4
gouverner *v.* to govern 4
grâce à *prep.* thanks to 1
grand(e) *adj.* big 2; tall 2; great 2
grandir *v.* to grow up 6
grand magasin *m.* department store
grand-oncle *m.* great-uncle 6
grand-tante *f.* great-aunt 6
gras/grasse *adj.* fat, plump 4
gratte-ciel *m.* skyscraper 2
graver (un CD) *v.* to burn (a CD)
gravité *f.* gravity
grec/grecque *adj.* Greek 2
grésillement lointain *m.* distant crackling 3
grillé(e) *adj.* grilled 6, broiled 6
grimper à *v.* to climb
gronder *v.* to scold 6
gros/grosse *adj.* fat 2
groupe *m.* musical group; band
guérir *v.* to cure, to heal
guerre *f.* war 1
   guerre (civile) *f.* (civil) war 4
   guerre de Sécession *f.* American Civil War 4

H

habiller: s'habiller *v.* to get dressed 2
habitation *f.* housing 2
habituer: s'habituer à *v.* to get used to 2
haine *f.* hatred 4
harceler *v.* to harass
haut(e) *adj.* high 2
hebdomadaire *m.* weekly magazine 3
hériter *v.* to inherit 6
heureusement *adv.* happily 2
heureux/heureuse *adj.* happy 2
heurter *v.* to hit
hier *adv.* yesterday 2
   hier (matin, soir, etc.) *adv.* yesterday (morning, evening, etc.) 3
histoire *f.* story 1
homme d'affaires *m.* businessman
homme politique *m.* politician 4
honnête *adj.* honest 1
honte *f.* shame 1
   avoir honte (de) to be ashamed (of) 1; to be embarrassed (of) 1

horaire *m.* schedule
hôtel de ville *m.* city/town hall 2
huître *f.* oyster
humain(e) *adj.* human 1
humanité *f.* humankind 5
hurler *v.* to shout
hypermarché *m.* large supermarket 6

I

ici *adv.* here 2
idéaliste *adj.* idealistic 1
immédiatement *adv.* immediately 3
immigration *f.* immigration 5
immigrer *v.* to immigrate 1
immigré(e) *n.* immigrant 5
impartial(e) *adj.* impartial 3; unbiased 3
important(e) *adj.* important 6
impossible *adj.* impossible
inattendu(e) *adj.* unexpected 2
incendie *m.* fire
incertitude *f.* uncertainty 5
incompétent(e) *adj.* incompetent
indice *m.* clue, indication 4
indications *f.* directions 2
   donner des indications to give directions 2
indispensable *adj.* essential 6
individualité *f.* individuality 5
inégal(e) *adj.* unequal 4
inégalité *f.* inequality 4
inférieur(e) *adj.* inferior 2
infidèle *adj.* unfaithful 1
influence *f.* influence 4
   avoir de l'influence (sur) to have influence (over) 4
influent(e) *adj.* influential 3
informatique *f.* computer science
informer: s'informer (par les médias) *v.* to keep oneself informed (through the media) 3
ingénieur *m., f.* engineer
ingrat(e) *adj.* thankless
inhabituel(le) *adj.* unusual
injuste *adj.* unfair 4
injustice *f.* injustice 4
innovant(e) *adj.* innovative
innovation *f.* innovation
inondation *f.* flood
inoubliable *adj.* unforgettable 1
inquiet/inquiète *adj.* worried 1, 2
inquiéter: s'inquiéter *v.* to worry 2
inscrire: s'inscrire *v.* to enroll 6
insensible *adj.* insensitive 2
insolite *adj.* unusual 3
instabilité *f.* instability 5
installer: s'installer *v.* to settle 5
insuffisant(e) *adj.* insufficient
insupportable *adj.* unbearable 6
intégration *f.* integration 5
intégrer: s'intégrer (à un groupe) *v.* to belong (to a group) 1

intellectuel(le) *m., f.* intellectual 6; *adj.* intellectual 2
intéresser: s'intéresser (à) *v.* to be interested (in) 2
interview *f.* interview 3
inventer *v.* to invent
invention *f.* invention
investir *v.* to invest; **s'investir** *v.* to put oneself into
ironique *adj.* ironic
islam *m.* Islam 4

J

jadis *adv.* formerly, in the past
jaloux/jalouse *adj.* jealous 1
jamais *adv.* never 2
jardin public *m.* public garden 2
jetable *adj.* disposable
jeter *v.* to throw 1; to throw away
   jeter par la fenêtre to throw out the window
jeu *m.* game
   jeu vidéo/de société *m.* video/board game
jeune *adj.* young 2
jeunesse *f.* youth 6
joie *f.* joy 1
joli(e) *adj.* pretty 2
jouer *v.* to play
   jouer au bowling to go bowling
jour férié *m.* public holiday 5
journal *m.* newspaper 3
   journal télévisé *m.* news broadcast 3
journaliste *m., f.* journalist 3
juge *m., f.* judge 4
juger *v.* to judge 4
jumeaux/jumelles *m., f.* twin brothers/sisters 6
jupe (plissée) *f.* (pleated) skirt
juré(e) *m., f.* juror 4
jusqu'à ce que *conj.* until
juste *adj.* fair 4
justice *f.* justice 4

K

kidnapper *v.* to kidnap 4
kilo *m.* kilogram 5

L

là(-bas) *adv.* (over) there 2
lâcher *v.* to let go
lagon *m.* lagoon
laisser *v.* to allow to
lancer *v.* to throw 1; **se lancer** *v.* to launch into 5
langue *f.* language 5
   langue maternelle *f.* native language 5

langue officielle *f.* official language 5
lapin *m.* rabbit 1
　poser un lapin (à quelqu'un) to stand (someone) up 1
lapsus *m.* slip of the tongue 3
larme *f.* tear 6
las/lasse *adj.* weary 1
laver: se laver *v.* to wash oneself 2
lecteur de DVD *m.* DVD player
lentement *adv.* slowly 2
lettres *f.* literature 5
lever *v.* to lift 1; **se lever** *v.* to get up 2
lézarder au soleil *v.* to bask in the sun
liaison *f.* affair 1; relationship 1
libéral(e) *adj.* liberal 4
libérer: se libérer *v.* to free oneself 5
liberté *f.* freedom 3, 4
　liberté de la presse *f.* freedom of the press 3
licencier *v.* to lay off; to fire
lié(e) *adj.* close-knit 6
lien *m.* connection 2
lion *m.* lion
lire *v.* to read 3
litre *m.* liter 5
logement *m.* housing 2
loi *f.* law 4
　approuver une loi to pass a law 4
loisirs *m.* leisure; recreation
long/longue *adj.* long 2
　à long terme *adj.* long-term
longtemps *adv.* for a long time 3
lorsque *conj.* when
loyer *m.* rent
Lune *f.* Moon
lutter *v.* to fight 5; to struggle 5
luxe *m.* luxury 5

M

machine à écrire *f.* typewriter
magasin de sport *m.* sporting goods store
maigre *adj.* thin, scrawny 4
maillot *m.* jersey
maintenant *adv.* now 2
maintenir *v.* to maintain 4
maire *m.* mayor 2
mal *adv.* badly 2
　le plus mal *adv.* the worst
　plus mal *adv.* worse
malheureusement *adv.* unhappily 2
malhonnête *adj.* dishonest 1
maltraitance *f.* abuse 5
manger *v.* to eat 1
manifestation *f.* demonstration 2
manquer à *v.* to miss 5
manque de communication *m.* lack of communication 4

maquiller: se maquiller *v.* to put on makeup 2
marché *m.* deal 2
　marché (boursier) *m.* (stock) market
marcher sur les pas de quelqu'un *v.* to follow in someone's footsteps 5
mariage *m.* marriage 1; wedding 1
　faire une demande en mariage to propose 6
marié *m.* groom 6
mariée *f.* bride 6
　robe de mariée *f.* wedding gown 6
marier: se marier avec *v.* to marry 1
marquant(e) *adj.* striking 3
marquer (un but/un point) *v.* to score (a goal/a point)
marre: en avoir marre (de) to be fed up (with) 1
marrer: se marrer *v.* to have fun, to laugh 3
marron *m.* chestnut 2; *adj.* chestnut 2
maternel(le) *adj.* maternal 6
mathématicien(ne) *m., f.* mathematician
maturité *f.* maturity 6
mauvais(e) *adj.* bad 2
　plus mauvais(e) *adj.* worse
　le/la plus mauvais(e) *adj.* the worst
mec *m.* guy 4
médias *m.* media 3
méfier: se méfier de *v.* to be distrustful/wary of 2, to distrust 2
meilleur(e) *adj.* better 2
　le/la meilleur(e) *adj.* the best
mélancolique *adj.* melancholic 1
mélange *m.* mix 1
mêler *v.* to mix
membre *m.* member
même *adj.* same 2; very 2
menace *f.* threat 4
menacer *v.* to threaten 1
mener *v.* to lead 1, 5
mensuel *m.* monthly magazine 3
mentir *v.* to lie 1
mépriser *v.* to have contempt for 6
mer *f.* sea
mériter *v.* to deserve 1; to be worth 1
message publicitaire *m.* advertisement 3
métaphore *f.* metaphor 4
métro *m.* subway 2
　rame de métro *f.* subway train 2
　station de métro *f.* subway station 2
mettre *v.* to put 2
　se mettre à *v.* to begin 2
　se mettre en colère contre to get angry with 1

meurtre *m.* murder 3
mieux *adv.* better 2
　le mieux *adv.* the best
　Il vaut mieux que It is better that... 6
mignon(ne) *adj.* cute 2
milliardaire *m.* billionaire 3
mise en marche *f.* start-up
mobiliser: se mobiliser *v.* to rally 3
modéré(e) *adj.* moderate 4
modernité *f.* modernity
moins *adv.* less
　à moins de *prep.* unless
　à moins que *conj.* unless
moitié *f.* half 5
môme *m., f.* kid 5
monarchie absolue *f.* absolute monarchy 4
mondialisation *f.* globalization 5
montée d'adrénaline *f.* adrenaline rush
monter *v.* to go up 3, to ascend 3
　monter (dans une voiture, dans un train) *v.* to get (in a car, on a train) 2
　monter une entreprise to create a company
moquer: se moquer de *v.* to make fun of 2
morale *f.* moral 4
mort *f.* death 6
morts *m.* dead people 3
mot de passe *m.* password
moteur de recherche *m.* search engine
mouchoir *m.* handkerchief
mourir *v.* to die 3
mouton *m.* sheep
moyens de communication *m.* media 3
mûr(e) *adj.* mature 1
musée *m.* museum 2
musicien(ne) *m., f.* musician
muet(te) *adj.* mute 2
multinationale *f.* multinational company 3
musulman(e) *m., f.* Muslim 4

N

naïf/naïve *adj.* naïve 2
naissance *f.* birth 6
naître *v.* to be born 3
natalité *f.* birthrate 5
naturellement *adv.* naturally 2
naviguer sur Internet/le web to search the Web 3
nécessaire *adj.* necessary 6
nécessiter *v.* to require 6
néfaste : avoir des conséquences néfastes sur *v.* to have harmful consequences on

Français–Anglais

net(te) *adj.* clean 2
nettoyer *v.* to clean 1
neveu *m.* nephew 6
nièce *f.* niece 6
niveau de vie *m.* standard of living 5
noblesse *f.* nobility 4
nœud papillon *m.* bow tie
nombreux/nombreuse *adj.* numerous 5
non-conformiste *adj.* nonconformist 5
nostalgie *f.* nostalgia
notoriété *f.* fame 3
noueux/noueuse *adj.* gnarled
nourrir *v.* to feed 6
nouveau/nouvelle *adj.* new 2
   de nouveau *adv.* again
nouvelle vague *f.* new wave 1
nouvelles *f.* news 3
nouvelles locales/internationales *f.* local/international news 3
nuage de pollution *m.* smog
nucléaire *adj.* nuclear
nuire à *v.* to harm
nuisible *adj.* harmful
nulle part *adv.* nowhere 2
numérique *adj.* digital

O

obsédé(e) *adj.* obsessed
obtenir (des billets) *v.* to get (tickets)
   obtenir un prêt to secure a loan
offrir *v.* to offer 4
opprimé(e) *adj.* oppressed 4
or *m.* gold 2
orange *f.* orange 2; *adj.* orange 2
ordinateur *m.* portable laptop
ordre public *m.* public order 4
orgueilleux/orgueilleuse *adj.* proud 1
oser *v.* to dare to
où *rel. pron.* where; when
ouragan *m.* hurricane
ours *m.* bear
outil *m.* tool
outre *prep.* besides
ouvrir *v.* to open 3
ovni *m.* U.F.O.

P

pacifique *adj.* peaceful 4
page sportive *f.* sports page 3
paix *f.* peace 4
palais de justice *m.* courthouse 2
paniquer *v.* to panic 1
panneau *m.* road sign 2
   panneau d'affichage *m.* billboard 2
paquet *m.* package 5
par *prep.* by; through; on

parabole *f.* satellite dish
parapente *m.* paragliding
parc d'attractions *m.* amusement park
parcourir *v.* to go across
pareil(le) *adj.* similar 5; alike 5
parent(e) *m., f.* relative 6
parfois *adv.* sometimes 2
pari *m.* bet
parler bas/fort *v.* to speak loudly/softly 2
partager *v.* to share 1
parti politique *m.* political party 4
partial(e) *adj.* partial 3; biased 3
particule *f.* particle
partie *f.* game; match
partir *v.* to leave 3
   à partir de *prep.* from 1
partout *adv.* everywhere 2
parvenir à *v.* to attain 5; to achieve 5
paysage *m.* landscape; scenery
passager/passagère *m., f.* passenger 2; *adj.* fleeting 1
passer *v.* to pass by 3
   passer (devant) *v.* to go past 2
passer de: se passer de *v.* to do without
paternel(le) *adj.* paternal 6
patiemment *adv.* patiently 2
patinoire *f.* skating rink
patrie *f.* homeland 6
patrimoine culturel *m.* cultural heritage 5
patron(ne) *m., f.* boss
patte *f.* paw 4
pauvre *adj.* poor 2; unfortunate 2
pauvreté *f.* poverty
payer *v.* to pay 1
péché *m.* sin 4
pêcher *v.* to fish
peigner: se peigner *v.* to comb 2
peine *f.* sorrow 1
   Ce n'est pas la peine que… It is not worth the effort… 6
pendant une heure (un mois, etc.) *adv.* for an hour (a month, etc.) 3
penser *v.* to intend to
pension *f.* benefits 6
pépinière *f.* nursery
percevoir *v.* to perceive
perdre *v.* to lose 4
   perdre les élections to lose elections 4
perdu(e): être perdu(e) to be lost 2
perle *f.* pearl
persévérance *f.* perserverance 5
personnage *m.* character (in a story or play)
personnifier *v.* to personify 4
perte *f.* loss
peser *v.* to weigh 1
pétanque *f.* petanque

petit(e) *adj.* small 2; short 2
petite-fille *f.* granddaughter 6
petit-fils *m.* grandson 6
peu *adv.* little 2
   peu (de) *m.* few 5; a little (of) 5
peu mûr(e) *adj.* immature 1
peuplé(e) *adj.* populated 2
   (peu/très) peuplé(e) *adj.* (sparsely/densely) populated 2
peupler *v.* to populate 2
peur *f.* fear 4
   avoir peur to be afraid 2
   de peur de *prep.* for fear of
   de peur que *conj.* for fear that
   vaincre ses peurs to confront one's fears
peut-être *adv.* maybe 2; perhaps 2
photographe *m., f.* photographer 3
pièce (de théâtre) *f.* (theatre) play
piégé(e) *adj.* trapped 2
piéton(ne) *m., f.* pedestrian 2
pire *adj.* worse
   le/la pire *adj.* the worst
pis *adv.* worse
   le pis *adv.* the worst
place *f.* square 2; plaza 2
placer *v.* to place 1
plaindre: se plaindre *v.* to complain 2
plainte: porter plainte *v.* to file a complaint
plaire *v.* to please 6
plein(e) *adj.* full 2
pleurer *v.* to cry 6
pleuvoir *v.* to rain 3
plongée (sous-marine/avec tuba) *f.* diving/snorkeling
plonger *v.* to dive 1
pluie acide *f.* acid rain
plupart *f., pron.* most (of them) 4
plus *adv.* more
plus vifs *m., f.* those who reacted the fastest 2
plusieurs *adj.* several 4; *pron.* several (of them) 4
poids *m.* weight 4
pointe: en pointe *adv.* forward, up front
poisson *m.* fish
polémique *f.* controversy 5
police *f.* police (force) 2
   agent de police *m.* police officer 2
   commissaire (de police) *m.* police commissioner 5
   commissariat de police *m.* police station 2
   préfecture de police *f.* police headquarters 2
poliment *adv.* politely 2
politique *f.* politics 4
polluer *v.* to pollute 2
pollution *f.* pollution
polyglotte *adj.* multilingual 5
pont *m.* bridge 2

portable *m.* cell phone
porter *v.* to carry
   porter plainte to file a complaint
   porter un toast (à quelqu'un) to propose a toast (to someone)
poser *v.* to pose
   poser sa candidature à to apply for
   poser un lapin (à quelqu'un) to stand (someone) up 1
posséder *v.* to possess 1
possible *adj.* possible 6
poste *m.* position, job
potable *adj.* drinkable
pour *prep.* for; in order to
   pour que *conj.* so that
pourtant *adv.* though 1; however 1
pourvu que *conj.* provided that
pousser *v.* to grow
pouvoir *m.* power 1; *v.* to be able 3; *v.* can 3
   Il se peut que… It's possible that…
précarité *f.* insecurity of income
précisément *adv.* precisely 2
prédire *v.* predict 5
préfecture de police *f.* police headquarters 2
préférer *v.* to prefer 1
préjugé *m.* prejudice 5
   avoir des préjugés to be prejudiced 5
premier/première *adj.* first 2
première *f.* premiere 3
prendre *v.* to take 3; to have 3
   prendre un verre to have a drink
préserver *v.* to preserve
président(e) *m., f.* president 4
presque *adv.* almost 3
presse *f.* press 3
   liberté de la presse *f.* freedom of the press 3
   presse à sensation *f.* tabloid(s) 3
pression *f.* pressure
   être sous pression to be under pressure
prêt *m.* loan
   demander un prêt to apply for a loan
   obtenir un prêt to secure a loan
prétendre *v.* to claim to
prévenir *v.* to prevent
prévu(e) *adj.* foreseen 5
prière *f.* prayer 4
prime *f.* bonus
principes *m.* principles 5
privé(e) *adj.* private 2
probable: peu probable *adj.* unlikely
probablement *adv.* probably 2
prochain(e) *adj.* next 2; following 2
profit *m.* benefit
   retirer un profit de to get benefit out of

profiter de *v.* to take advantage of; to benefit from
profondément *adv.* profoundly 2
projeter *v.* to plan 1, 5
promener: se promener *v.* to take a stroll/walk
promu(e): être promu(e) to be promoted
proposer *v.* to propose 6
propre *adj.* own 2; clean 2
propriétaire *m., f.* owner
prospère *adj.* successful; flourishing
protecteur/protectrice *adj.* protective 2
protégé(e) *adj.* protected
protéger *v.* to protect
prouver *v.* to prove
prudent(e) *adj.* prudent 1
public/publique *adj.* public 2
publicité (pub) *f.* advertisement 3; advertising 3
publier *v.* to publish 3
puce (électronique) *f.* (electronic) chip
puiser *v.* to draw from
puissant(e) *adj.* powerful 4
punir *v.* to punish 6
punition *f.* punishment 4
pur(e) *adj.* pure; clean

Q

quand *conj.* when
quartier *m.* neighborhood 2
que *rel. pron.* that; which
quelque *adj.* some 4
quelque chose *pron.* something 4
quelquefois *adv.* sometimes 2
quelque part *adv.* somewhere 2
quelques-un(e)s *pron.* some 4, a few (of them) 4
quelqu'un *pron.* someone 4
qui *rel. pron.* who; whom; that
quitter *v.* to leave 1,; to leave behind 5
   quitter quelqu'un to leave someone 1
quoique *conj.* although
quotidien(ne) *adj.* daily 2

R

rabat-joie *m.* killjoy, party pooper
racine *f.* root 6
raconter (une histoire) *v.* to tell (a story) 1
radio *f.* radio 3
   animateur/animatrice de radio *m., f.* radio presenter 3
   station de radio *f.* radio station 3
raffermi(e) *adj.* strengthened
raffoler de *v.* to be crazy about 5
raisin *m.* grape 6
   raisin sec *m.* raisin 6

rame de métro *f.* subway train 2
ranger *v.* to tidy up 1
rappeler *v.* to recall 1; to call back 1
rapport *m.* relation 6
rarement *adv.* rarely 2
raser: se raser *v.* to shave 2
rassembler *v.* to gather 2
rassurer: se rassurer *v.* to reassure oneself 2
ravi(e) *adj.* delighted 6
réagir *v.* to react 1
réalisateur/réalisatrice *m., f.* director 3
réaliser (un rêve) *v.* to fulfill (a dream) 5
rebelle *adj.* rebellious 6
récemment *adv.* recently 3
recettes et dépenses *f.* receipts and expenses
recevoir *v.* to receive 3
réchauffement climatique *m.* global warming
recherche *f.* research
   recherche appliquée *f.* applied research
   recherche fondamentale *f.* basic research
récif de corail *m.* coral reef
récolte *f.* harvest
récolter *v.* to harvest
recommander *v.* to recommend 6
récompense *f.* award 5
reconnaître *v.* to recognize 6
recouvert(e) *adj.* covered 3
rédacteur/rédactrice *m., f.* editor 3
redoutable *adj.* formidable 3
réfractaire (à) *adj.* resistant (to)
regarder *v.* to watch
régime totalitaire *m.* totalitarian regime 4
règle *f.* rule 3, 5
régler *v.* to adjust
regretter *v.* to regret 6
réitérer *v.* to reiterate 2
rejeter *v.* to reject 1, 5
rejoindre *v.* to join 1
relation *f.* relationship 6
   avoir des relations to have connections
rembourser *v.* to reimburse
remercier *v.* to thank 6
remplacer *v.* to replace 1
remuer *v.* to move
rémunérer *v.* to pay
rendez-vous *m.* date 1
rendre: se rendre compte de *v.* to realize 2
renier (quelqu'un) *v.* to disown (someone) 4
renouvelable *adj.* renewable
renouveler *v.* to renew 1
rentrer *v.* to go back (home) 3
renverser *v.* to overthrow 4
répéter *v.* to repeat 1; to rehearse 1

Français–Anglais

APPENDICE C

reportage *m.* news report 3
reporter *m.* reporter (male or female) 3
reposer: se reposer *v.* to rest 2
repousser les limites *v.* to push the boundaries
reprendre *v.* to pick up again; to resume
requin *m.* shark
rescapé(e) *m., f.* survivor 2
réseau *m.* network 3
résoudre *v.* to solve
respect des autres *m.* respect for others 4
respecter *v.* to respect 6
respirer *v.* to breathe
responsabilité *f.* responsibility 1
ressembler (à) *v.* to resemble 6, to look like 6
ressentir *v.* to feel 1
ressource *f.* resource
rester *v.* to stay 3
retirer (un profit, un revenu) de to get (benefit, income) out of
retourner *v.* to return 3; **se retourner** *v.* to turn over
retransmettre *v.* to broadcast 3
retransmission *f.* broadcast
réunion *f.* meeting
réunir: se réunir *v.* to get together 2
réussir *v.* to succeed
réussite *f.* success
revanche *f.* revenge
rêve *m.* dream 5
réveiller: se réveiller *v.* to wake up 2
revendication *f.* demand
revenir *v.* to come back 3
revenu *m.* income
   retirer un revenu de to get income out of
rêver de *v.* to dream about 1
rêveur/rêveuse *adj.* full of dreams 2
revoir *v.* to see again
révolter: se révolter *v.* to rebel 4
révolutionnaire *adj.* revolutionary
richesses *f.* wealth 5
rire *v.* to laugh 3
rivière *f.* river
robe *f.* dress
   robe de mariée *f.* wedding gown 6
   robe de soirée *f.* evening gown
roche *f.* rock
rôle *m.* part 3, role 3
rompre *v.* to break up 1
rond-point *m.* rotary 2; roundabout 2
rouler (en voiture) *v.* to drive 2
route *f.* road 1
roux/rousse *adj.* red-haired 2
rubrique société *f.* lifestyle section 3
ruche *f.* beehive
rue *f.* street 2
ruisseau *m.* stream
rupture *f.* breakup 1

S

sable *m.* sand 6
salaire *m.* salary
   salaire minimum *m.* minimum wage
saltimbanque *m.* street performer 3; entertainer 3
sans *prep.* without
   sans doute *adv.* no doubt 2
   sans que *conj.* without
sans-abri *m., f.* homeless person 2
sauf *adv.* except
saumon *m.* salmon 6
saut à l'élastique *m.* bungee jumping
sauter *v.* to jump
sauvegarder *v.* to save
sauver *v.* to save 4
savoir *v.* to know (facts) 3; to know how to 3
scandale *m.* scandal 4
scientifique *m., f.* scientist
scolarisation *f.* schooling 5
sec/sèche *adj.* dry
sécheresse *f.* drought
secours *m.* rescue workers 2
secousses *f.* tremors 2
sécurité *f.* security 4, safety 4
   en sécurité *adj.* sure 2
séduire *v.* to seduce 3; to captivate 3
séduisant(e) *adj.* attractive 1
sembler *v.* to appear to
   Il semble que… It seems that…
sens figuré/littéral *m.* figurative/literal sense
sensibiliser (le public à un problème) *v.* to increase (public) awareness (of an issue) 3
sensible *adj.* sensitive 1
sentir bon/mauvais *v.* to smell good/bad 2
servir *v.* to serve 2; **se servir de** *v.* to use 2
seul(e) *adj.* only 2; alone 2, 5
si *conj.* if
siffler *v.* to whistle (at)
sifflet *m.* whistle
singe *m.* monkey
site Internet *m.* Internet site 3
site web *m.* Web site 3
sketch *m.* skit 2
ski *m.* skiing
   ski alpin/de fond *m.* downhill/cross-country skiing
slip *m.* underpants (for males)
soigner *v.* to treat; to look after (someone)
soin *m.* care 6
soldat *m.* soldier 1
soleil *m.* sun
solliciter *v.* to solicit 2
   solliciter un emploi to apply for a job
sonner *v.* to strike 1; to sound 1

sortir avec *v.* to go out with 1
   sortir un film to release a movie 3
sou *m.* penny
soucier: se soucier (de quelque chose) *v.* to care (about something)
soudain *adv.* suddenly 2
souffler *v.* to blow
souffrir *v.* to suffer 4
souhaiter *v.* to hope 6; to wish to
soulager *v.* to relieve 1
soûler *v.* to bug 6; to talk to death 6
souliers *m.* shoes
soumis(e) *adj.* submissive 6
source *f.* (aquatic) stream
   source d'énergie *f.* energy source
sourd(e) *adj.* deaf 5
sournoisement *adv.* slyly
sous-titres *m.* subtitles 3
soutenir *v.* to support 5
soutien *m.* support 2
souvenir: se souvenir de *v.* to remember 2
souvent *adv.* often 2
spécialisé(e) *adj.* specialized
spectacle *m.* show; performance
spectateur/spectatrice *m., f.* spectator
spot publicitaire *m.* advertisement 3
stage (rémunéré) *m.* (paid) training course
stagiaire *m., f.* trainee
station *f.* station 2
   station de métro *f.* subway station 2
   station de radio *f.* radio station 3
stimulant(e) *adj.* challenging
stratégie commerciale *f.* marketing strategy
strict(e) *adj.* strict 6
succès: à succès *adv.* bestselling 5
suggérer *v.* to suggest 6
suivre *v.* to follow 3
supérette *f.* mini-market 6
superficie *f.* surface area; territory
supplice *m.* torture 1
supporter (de) *m.* fan; supporter
supposer *v.* to assume 5
supposition *f.* assumption 5
sur *prep.* on 5
sûr(e) *adj.* safe 2; sure
sûrement *adv.* surely 3
sûreté publique *f.* public safety 4
surfer sur Internet/le web to search the Web 3
surmonter *v.* to overcome 6
surnom *m.* nickname 6
surpeuplé(e) *adj.* overpopulated 5
surpopulation *f.* overpopulation 5
surprenant(e) *adj.* surprising 6
surtout *adv.* above all 2
surveiller *v.* to keep an eye on

VOCABULAIRE

survie *f.* survival
survivre *v.* to survive **6**
syndicat *m.* labor union
système féodal *m.* feudal system **4**

T

tableau *m.* painting
taire: se taire *v.* to be quiet **2**
talons (aiguilles) *m.* (stiletto) heels
tant de… *adv.* so many . . . **6**
   tant que *conj.* as long as
tard *adv.* late **2**
tas de *m.* a lot of **5**
tasse *f.* cup **5**
taxe *f.* tax
tel(le) *adj.* such a(n) **4, 5**
télécharger *v.* to download
téléphone portable *m.* cell phone
télescope *m.* telescope
téléspectateur/téléspectatrice *m., f.* television viewer **3**
téléspectateurs *m.* TV audience **3**
témoigner de *v.* to be witness to **5**
témoin *m.* witness **5**; witness **6**; best man **6**; maid of honor **6**
temps *m.* time **2**
   de temps en temps *adv.* from time to time **2**
   temps de travail *m.* work schedule
tenace *adj.* tenacious
tendresse *f.* affection **6**
tendu(e) *adj.* tense **6**
tenir *v.* to hold **4**
tennis *f.* sneakers , tennis shoes
tenter *v.* to attempt; to tempt
terrain (de foot) *m.* (soccer) field
terre *f.* land
terrorisme *m.* terrorism **4**
terroriste *m., f.* terrorist **4**
théâtre *m.* theater
théorie *f.* theory
ticket *m.* ticket
tigre *m.* tiger
timide *adj.* shy **1**
tirer: se tirer *v.* to leave, take off **4**
titre *m.* headline **3**
tolérance *f.* tolerance **4**
tolérer *v.* to tolerate
tomber *v.* to fall **1**
   tomber amoureux/amoureuse (de) to fall in love (with) **1**
ton *m.* tone
tortue *f.* turtle
tôt *adv.* early **2**
toucher *v.* to get/receive (a salary)
toujours *adv.* always **2**
tourner *v.* to shoot (a film) **3**
tous/toutes *pron.* all (of them) **4**
tout(e)/tous/toutes (les) *adj.* every **4**, all **4**
tout *pron.* everything **4**; *adv.* very
   tout à coup *adv.* all of a sudden **3**
   tout de suite *adv.* right away **3**
toxique *adj.* toxic

trac *m.* stage fright **3**
   avoir le trac to have stage fright **3**
trahison *f.* betrayal **4**
train *m.* train **2**
   monter dans un train to get on a train **2**
traîner *v.* to hang around **6**; to drag **6**
traite des Noirs *f.* slave trade **4**
traiter *v.* to treat **6**
   traiter avec condescendance to patronize **6**
tranquille *adj.* calm **1**; quiet **1**
transports en commun *m.* public transportation **2**
travail manuel *m.* manual labor **5**
travailler dur *v.* to work hard **2**
travailleur/travailleuse *adj.* hard-working **2**
travailleur/travailleuse manuel(le) *m., f.* blue-collar worker **6**
travaux *m.* construction **2**
travers: à travers *prep.* throughout **3**
tremblement de terre *m.* earthquake **2**
trembler *v.* to shake **2**
très *adv.* very **2**
tressaillement du sol *m.* earth tremor **2**
tribunal *m.* court **4**
tristesse *f.* sadness **1**
tromper *v.* to deceive **2**; **se tromper** *v.* to be wrong **1**; to be mistaken **1**
trop *adv.* too many/much **2**
   trop de too much of **5**
trottoir *m.* sidewalk **2**
trou noir *m.* black hole
troupeau *m.* flock
trouver: se trouver *v.* to be located **2**
tuer *v.* to kill **4**

U

uni(e) *adj.* close-knit **6**
union *f.* union **1**
   vivre en union libre to live together (as a couple) **1**
unir *v.* to unite **2**
urbaniser *v.* to urbanize
urbanisme *m.* city/town planning **2**

V

vacancier/vacancière *m., f.* vacationer
vaincre *v.* to defeat **4**
   vaincre ses peurs to confront one's fears
valeur *f.* value **5**
valoir *v.* to be worth **6**
   valoir la peine to be worth it
vedette (de cinéma) *f.* (movie) star (male or female) **3**
veille *f.* day before
vendeur/vendeuse *m., f.* salesman/woman
vengeance *f.* revenge **5**
venir *v.* to come **3**

vente *f.* sale **5**
vernissage *m.* art exhibit opening
verre *m.* glass **5**
   prendre un verre to have a drink
vestiaires *m.* locker room
veuf/veuve *m., f.* widower/widow **1**; *adj.* widowed **1**
victime *f.* victim **4**
victoire *f.* victory **4**
victorieux/victorieuse *adj.* victorious **4**
vide *adj.* empty **2**
vidéoclip *m.* music video **3**
vie *f.* life
   gagner sa vie to earn a living
   niveau de vie *m.* standard of living **5**
   vie nocturne *f.* nightlife **2**
vieillesse *f.* old age **6**
vieillir *v.* to grow old **6**
vieux/vieille *adj.* old **2**
violence *f.* violence **4**
violon *m.* violin **2**
virer *v.* to fire
vite *adv.* quickly **2**
vivre *v.* to live **1**
   vivre de sa plume to earn one's living as a writer **5**
   vivre en union libre to live together (as a couple) **1**
   vivre quelque chose par l'intermédiaire de quelqu'un to live something vicariously through someone
   vivre (quelque chose) par procuration to live (something) vicariously
vœu *m.* wish **5**
voie *f.* lane **2**; road **2**; track **2**; means **2**; channel **2**
voir *v.* to see **3**
voiture *f.* car **2**
   monter dans une voiture to get in a car **2**
volaille *f.* poultry **6**
voler *v.* to steal **5**; to fly
voleur/voleuse *m., f.* thief **4**
voter *v.* to vote **4**
vouloir *v.* to want **3**
   en vouloir (à) to have a grudge **5**
   s'en vouloir *v.* to be angry with oneself **5**
voyager *v.* to travel **1**
voyou *m.* hoodlum **6**
vrai(e) *adj.* real **2**; true **2**
vraiment *adv.* really **2**; truly **2**
VTT (vélo tout terrain) *m.* mountain bike

W

wagon *m.* subway car **2**
web *m.* Web **3**

Anglais–Français

A

above: above all surtout *adv.* 2
absolute monarchy monarchie absolue *f.* 4
absolutely absolument *adv.* 2
abuse abus *m.* 4; maltraitance *f.* 5; abuser *v.* 4
   abuse of power abus de pouvoir *m.* 4
acceptance acceptation *f.* 4
accountant comptable *m., f.*
achieve parvenir à *v.* 5
acid rain pluie acide *f.*
acorn gland *m.*
act se comporter *v.* 3
active actif/active *adj.* 2
activist: militant activist activiste *m., f.* 4
actor comédien(ne) *m., f.* 3
adapt s'adapter *v.* 5
addicted: to be addicted (to) être accro (à) *v.*
addiction dépendance *f.*
address adresse *f.*
adjust régler *v.*
admire admirer *v.*
adrenaline rush montée d'adrénaline *f.*
adulthood âge adulte *m.* 6
advance avancer *v.* 1
advanced avancé(e) *adj.*
advertisement message publicitaire *m.* 3, spot publicitaire *m.* 3, publicité *f.* 3, pub *f.* 3
advertising publicité *f.* 3, pub *f.* 3
advisor conseiller/conseillère *m., f.*
affair liaison *f.* 1
affection tendresse *f.* 6
affectionate affectueux/affectueuse *adj.* 1
afraid: to be afraid avoir peur 2
after après que *conj.*
again encore *adv.* 2, de nouveau *adv.*
alien extraterrestre *m., f.*
alike pareil(le) *adj.* 5
all tous/toutes *pron.* 4; tout(e)/tous/toutes *adj.* 4
   all of a sudden tout à coup *adv.* 3
allow to laisser *v.*
almost presque *adv.* 3
alone seul(e) *adj.* 2, 5
already déjà *adv.* 2
although bien que *conj.* quoique *conj.*
always toujours *adv.* 2
amazed: to be amazed s'étonner *v.*
amuse amuser *v.* 2
amusement park parc d'attractions *m.*
ancestor ancêtre *m., f.* 1
ancient ancien(ne) *adj.* 2
anger colère *f.* 4; fâcher *v.* 2
angry fâché(e) *adj.* 1
   to be angry with oneself s'en vouloir *v.* 5
   to get angry with se mettre en colère contre 1, se fâcher contre *v.* 2
annoy agacer *v.* 1, énerver *v.* 1
another un(e) autre *adj.* 2
antimatter antimatière *m.*
anxious anxieux/anxieuse *adj.* 1
appear apparaître *v.* 3; **to appear to** sembler *v.*
applaud applaudir *v.*
applied research recherche appliquée *f.*
apply for poser sa candidature pour
   to apply for a job solliciter un emploi
   to apply for a loan demander un prêt
archipelago archipel *m.*
army armée *f.* 4
arrive arriver *v.* 3
art exhibit opening vernissage *m.*
art show exposition *f.*
as … as aussi … que *adv.*
   as long as tant que *conj.*
   as soon as dès que *conj.*, aussitôt que *conj.*
ascend monter *v.* 3
ashamed: to be ashamed (of) avoir honte (de) 1
ask demander *v.* 2
asparagus asperge *f.* 6
assimilation assimilation *f.* 5
assume supposer *v.* 5
assumption supposition *f.* 5
astrologer astrologue *m., f.*
astronaut astronaute *m., f.*
astronomer astronome *m., f.*
at à *prep.* 5; en 5
   at last enfin *adv.* 2
   at that moment à ce moment-là 3
   at the place or home of chez *prep.* 5
ATM distributeur automatique *m.*
ATM card carte de retrait *f.*
atmosphere ambiance *f.* 2
attain parvenir à *v.* 5
attempt tenter *v.*
attention attention *f.* 3
attract attirer *v.* 5
attractive séduisant(e) *adj.* 1
award récompense *f.* 5

B

bad mauvais(e) *adj.* 2
badly mal *adv.* 2
bad-mannered mal élevé(e) *adj.* 6
ball ballon *m.*
band groupe *m.*
bankrupt en faillite *adj.*
bankruptcy banqueroute *f.*
barrier reef barrière de corail *f.*
basic research recherche fondamentale *f.*
bask in the sun lézarder au soleil *v.*
be être *v.* 1
   to be able pouvoir *v.* 3
   to be afraid avoir peur 2
   to be addicted (to) être accro (à) *v.*
   to be amazed s'étonner *v.*
   to be angry with oneself s'en vouloir *v.* 5
   to be confident avoir confiance en soi 1
   to be contaminated être contaminé(e)
   to be crazy about raffoler *v.* 5
   to be distrustful of se méfier de *v.* 2
   to be embarrassed avoir honte (de) 1
   to be homesick avoir le mal du pays 5
   to be in debt avoir des dettes
   to be interested (in) s'intéresser (à) 2
   to be located se trouver *v.* 2
   to be lost être perdu(e) 2
   to be mistaken se tromper *v.* 1, 2
   to be on the front page être à la une 3
   to be popular abroad bien s'exporter *v.* 5
   to be prejudiced avoir des préjugés 5
   to be promoted être promu(e)
   to be quiet se taire *v.* 2
   to be sorry être désolé(e) 6
   to be under pressure être sous pression
   to be wary of se méfier de *v.* 2
   to be witness to témoigner de *v.* 5
   to be worth it valoir la peine *v.*
   to be wrong se tromper *v.* 1
bear ours *m.*
beautiful beau/belle *adj.* 2
because car *conj.* 4
become devenir *v.* 3
   to become rich s'enrichir *v.* 5
bed lit *m.*
   to go to bed se coucher *v.* 2
beehive ruche *f.*
before avant de *prep.*; avant que *conj.*
begin commencer *v.* 1; se mettre à *v.* 2; débuter *v.* 6
behave se comporter *v.* 3
behavior comportement *m.* 3; conduite *f.* 2
behind derrière *prep.* 5

belief croyance *f.* 4
belong (to) appartenir (à) *v.* 5; **to belong (to a group)** s'intégrer (à un groupe) *v.* 1
belongings affaires *f.* 6
beneficial effect bienfait *m.*
benefit from profiter de *v.*
   to get benefit out of retirer un profit de
benefits pension *f.* 6
bermuda shorts (a pair of) bermuda *m.*
best: the best le/la meilleur(e) *adj.*; le mieux *adv.*
best man témoin *m.* 6
bestselling à succès *adv.* 5
bet pari *m.*
betrayal trahison *f.* 4
better meilleur(e) *adj.* 2; mieux *adv.* 2
   It is better that… Il vaut mieux que… 6
   to better oneself s'améliorer *v.* 5
biased partial(e) *adj.* 3
big grand(e) *adj.* 2
bilingual bilingue *adj.* 1
billboard panneau d'affichage *m.* 2
billionaire milliardaire *m.* 3
biochemical biochimique *adj.*
biologist biologiste *m., f.*
birth naissance *f.* 6
   to give birth accoucher *v.* 6
birthrate natalité *f.* 5
black hole trou noir *m.*
blackmail faire du chantage *v.* 4
blend in s'assimiler à *v.* 1
blow souffler *v.*
blue-collar worker travailleur/travailleuse manuel(le) *m., f.* 6
board game jeu de société *m.*
bonus prime *f.*
border frontière *f.* 5
bore ennuyer *v.* 1
bored: to get bored s'ennuyer *v.* 2
born: to be born naître *v.* 3
boss patron(ne) *m., f.*
bossy autoritaire *adj.* 6
bother gêner *v.* 1, ennuyer *v.* 2, déranger *v.* 1, 6
bottle bouteille *f.* 5
bouquet bouquet de la mariée *m.* 6
bowling bowling *m.*
   to go bowling jouer au bowling
bow tie nœud papillon *m.*
box boîte *m.* 5
boxer shorts caleçon *m.*
breakup rupture *f.* 1
break up rompre *v.* 1
breathe respirer *v.*
bride mariée *f.* 6
bridge pont *m.* 2

briefly brièvement *adv.* 2
bring someone amener *v.* 1
broadcast retransmission *f.*; retransmettre *v.* 3
broiled grillé(e) *adj.* 6
brother-in-law beau-frère *m.* 6
brown *(hair)* châtain *adj.* 2
brush se brosser *v.* 2
budget budget *m.*
bug soûler *v.* 6
build construire *v.* 2
building édifice *m.* 2
bungee jumping saut à l'élastique *m.*
burn brûler *v.* 5; graver (un CD) *v.*
bus stop arrêt d'autobus *m.* 2
businessman homme d'affaires *m.*
businesswoman femme d'affaires *f.*
buy acheter *v.* 1

C

call appeler *v.* 1
   to call back rappeler *v.* 1
calm tranquille *adj.* 1
can boîte *m.* 5; pouvoir *v.* 3
Canadian canadien(ne) *adj.* 2
captain capitaine *m.*
captivate séduire *v.* 3
car voiture *f.* 2
   to get in a car monter dans une voiture 2
cards cartes *f.*
   playing cards cartes à jouer *f.*
care soin *m.* 6
   to care (about something) se soucier (de quelque chose) *v.*
careful prudent(e) *adj.* 1
carnival fête foraine *f.* 2
carry porter *v.*
case: in case au cas où *conj.*
catch: to catch sight of apercevoir *v.* 2
cause cause *f.* 5
cavity carie *f.*
CD-ROM CD-ROM *m.*
celebrate célébrer *v.*, fêter *v.*
celebrity célébrité *f.* 3
cell cellule *f.*
cell phone (téléphone) portable *m.*
censorship censure *f.* 3
certain certain(e) *adj.* 4
certainly certainement *adv.* 3
challenge défi *m.* 5
challenging stimulant(e) *adj.*
change changement *m.*
   change of scenery dépaysement *m.* 1
channel voie *f.* 2
chaos chaos *m.* 5
character caractère *m.* 6; *(in a story or play)* personnage *m.*
charcoal charbon de bois *m.*
charming charmant(e) *adj.* 1

chat bavarder *v.*; causer *v.*
chatterbox bavard(e) *m., f.* 5
checking account compte de chèques *m.*
cheese store fromagerie *f.* 6
chemist chimiste *m., f.*
chestnut marron *m.* 2; marron *adj.* 2
child enfant *m., f.* 6
   only child enfant unique *m., f.* 6; fille/fils unique *m., f.* 6
childhood enfance *f.* 6
chip puce *f.*
choose choisir *v.* 3
Christian chrétien(ne) *m., f.* 4
Christianity christianisme *m.* 4
cinema cinéma *m.* 2
circus cirque *m.* 3
citizen citoyen(ne) *m., f.* 2
city center centre-ville *m.* 2
city dweller citadine(e) *m., f.* 2
city hall hôtel de ville *m.* 2
city planning urbanisme *m.* 2
civil war guerre civile *f.* 4
   American Civil War guerre de Sécession *f.* 4
claim to prétendre *v.*
clear away déblayer *v.*
clean nettoyer *v.* 1; net(te) *adj.* 2, propre *adj.* 2; pur(e) *adj.*
climb escalader *v.*; grimper à *v.*
clone cloner *v.*
close-knit uni(e) *adj.* 6; lié(e) *adj.* 6
clue indice *m.* 4
coach entraîneur *m.*
coal charbon *m.*
colonist colon *m.* 4
column chronique *f.* 3
comb se peigner *v.* 2
come venir *v.* 3
   to come back revenir *v.* 3
comedy comédie *f.*
commissioner commissaire *m.* 5
commit (to someone) s'engager (envers quelqu'un) *v.* 1
company entreprise *f.*
competent compétent(e) *adj.*
competition concurrence *f.*
complain se plaindre *v.* 2
complete complet/complète *adj.* 2
computer science informatique *f.*
concrete béton *m.* 2
condition condition *f.*
   on the condition that à condition que *conj.*
conduct an experiment faire une expérience *v.*
confide confier *v.* 6
confident: to be confident avoir confiance en soi 1
conformist conformiste *adj.* 5
confront one's fears vaincre ses peurs
confusedly confusément *adv.* 2

Anglais–Français

APPENDICE C

connection lien *m.* 2
conservative conservateur/
 conservatrice *adj.* 2, 4
consider considérer *v.* 1
constantly constamment *adv.* 2
construction travaux *m. pl.* 2
consult consulter *v.*
consultant consultant(e) *m., f.*
contaminated: to be contaminated
 être contaminé(e)
contempt: to have contempt for
 mépriser *v.* 6
contribute contribuer (à) *v.*
controversy polémique *f.* 5
converse s'entretenir (avec) *v.* 2
convince convaincre *v.* 3
cool frais/fraîche *adj.* 2, chouette *adj.*
cop flic *m.* 5
coral reef récif de corail *m.*
correspondent envoyé(e) spécial(e)
 m., f. 3
cost a lot coûter cher *v.* 2
co-tenant colocataire *m., f.* 2
courage courage *m.* 5
court tribunal *m.* 4
cover couverture *f.* 3; couvrir *v.* 4
covered recouvert(e) *adj.* 3
courthouse palais de justice *m.* 2
crackling grésillement *m.* 3
crazy fou/folle *adj.* 2
 to be crazy about raffoler *v.* 5
cream crème *f.* 2; crème *adj.* 2
create créer *v.*
 to create a company monter une
 entreprise
credit card carte de crédit *f.*
crime crime *m.* 4
criminal criminel(le) *m., f.* 4
cripple estropié(e) *m., f.* 1
cross-country skiing ski de fond *m.*
crosswalk clous *m. pl.* 2
crowd foule *f.* 4
cruel cruel(le) *adj.* 2
cruelty cruauté *f.* 4
cry pleurer *v.* 6
cultural heritage patrimoine culturel
 m. 5
culture shock choc culturel *m.* 1
cup tasse *f.* 5
cure guérir *v.*
current events actualité *f.* 3
cut oneself se couper *v.* 2
 to cut off from couper de *v.*
cute mignon(ne) *adj.* 2
cutting edge de pointe *adj.*
cyberspace cyberespace *m.*

D

daily quotidien(ne) *adj.* 2
damaged abîmé(e) *adj.*
damages dégâts *m.* 3
danger danger *m.*
dangerous dangereux/dangereuse
 adj. 2
dare to oser *v.*
daredevil casse-cou *m.*
darts fléchettes *f.*
date rendez-vous *m.* 1
daughter-in-law belle-fille *f.* 6
day jour *m.*
 day before veille *f.*
dead people morts *m.* 3
deaf sourd(e) *adj.* 5
deal marché *m.* 2
dear cher/chère *adj.* 2
death décès *m.* 3; mort *f.* 6
debt dette *f.*
 to be in debt avoir des dettes
deceased décédé(e) *adj.* 6; défunt(e)
 m., f. 3
deceive tromper *v.* 2
decolonization décolonisation *f.* 5
decrease baisser *v.* 5
dedicate oneself to se consacrer à
 v. 4
defeat défaite *f.* 4; vaincre *v.* 4
defend défendre *v.* 4
deforestation déforestation *f.*
delighted ravi(e) *adj.* 6
demand revendication *f.*; exiger *v.* 6
demanding exigeant(e) *adj.* 6
democracy démocratie *f.* 4
demonstration manifestation *f.* 2
department store grand magasin *m.*
deposit déposer *v.*
depressed déprimé(e) *adj.* 1
deputy député(e) *m., f.* 4
descend descendre *v.* 3
describe décrire *v.* 6
deserve mériter *v.* 1
desire désirer *v.* 6
despair désespoir *m.*
desperate désespéré(e) *adj.* 1
destroy détruire *v.*
determination acharnement *m.*
development développement *m.* 5;
 épanouissement *m.*
dialog dialogue *m.* 5
dictatorship dictature *f.* 4
die mourir *v.* 3
different autre *adj.* 2
digital numérique *adj.*
digital camera appareil (photo)
 numérique *m.*
directions indications *f.* 2
 to give directions donner des
 indications 2
director réalisateur/réalisatrice *m.,
 f.* 3
discover découvrir *v.* 4
discovery découverte *f.*
 (breakthrough) discovery
 découverte (capitale) *f.*

dishonest malhonnête *adj.* 1
disillusioned désabusé(e) *adj.* 1
disorientation dépaysement *m.* 1
disown (someone) renier (quelqu'un)
 v. 4
disposable jetable *adj.*
distant lointain(e) *adj.* 3
distrust se méfier de *v.* 2
distrustful: to be distrustful of se
 méfier de *v.* 2
disturb déranger *v.* 6
dive plonger *v.* 1
diversity diversité *f.* 5
diving plongée sous-marine *f.*
divorce divorce *m.*
 to get a divorce divorcer *v.* 1
DNA ADN *m.*
do faire *v.* 1
 to do without faire sans 5; se
 passer de
documentary documentaire *m.* 3
dolphin dauphin *m.*
doubt douter *v.* 2
 no doubt sans doute *adv.* 2
doubtful: It is doubtful... Il est
 douteux...
downhill skiing ski alpin *m.*
download télécharger *v.*
downtown centre-ville *m.* 2
drag traîner *v.* 6
drama course cours d'art dramatique
 m. 3
draw tirer *v.*
 to draw attention to attirer
 l'attention (sur) 3
 to draw from puiser *v.*
dream about rêver de *v.* 1
dreams, full of rêveur/rêveuse *adj.* 2
drink boire *v.* 3
 to have a drink prendre un verre
drinkable potable *adj.*
drive rouler (en voiture) *v.* 2;
 conduire *v.* 3
driver conducteur/conductrice *m., f.* 2
drought sécheresse *f.*
drown s'enfoncer *v.* 1
drums batterie *f.* 2
dry sec/sèche *adj.*
due to dû/due *adj.* 5
duty devoir *m.* 4
DVD player lecteur de DVD *m.*

E

each chaque *adj.* 4
early tôt *adv.* 2
earn a living gagner sa vie
earn one's living as a writer vivre
 de sa plume *v.* 5
earth tremor tressaillement du sol
 m. 2
earthquake tremblement de terre *m.*
eat manger *v.* 1

VOCABULAIRE

economic crisis crise économique *f.*
editor rédacteur/rédactrice *m., f.* 3
effort effort *m.* 5
   to make an effort faire un effort 5
egocentric égocentrique *adj.* 3
elect élire *v.* 4
election élection *f.* 4
   to lose elections perdre les élections 4
   to win elections gagner les élections 4
electronic chip puce électronique *f.*
e-mail address adresse e-mail *f.*
embarrass gêner *v.* 1
embarrassed gêné(e) *adj.* 2
   to be embarrassed avoir honte (de) 1
embarrassment gêne *f.* 6
emigrant émigré(e) *m., f.* 5
emigrate émigrer *v.* 1
emotional émotif/émotive *adj.* 1
employee employé(e) *m., f.*
empty vide *adj.* 2
endangered en voie d'extinction *adj.*
ending dénouement *m.*
energy énergie *f.*
energy consumption consommation d'énergie *f.*
energy source source d'énergie *f.*
engaged: to get engaged se fiancer *v.* 1
engagement fiançailles *f.* 6
engagement ring bague de fiançailles *f.* 6
engineer ingénieur *m., f.*
enormously énormément *adv.* 2
enough assez de *adj.* 5
   that's enough ça suffit 4
enroll s'inscrire *v.* 6
enslavement asservissement *m.* 4
enter entrer *v.* 3
entertain divertir *v.* 3
entertainer saltimbanque *m.* 3
entertaining divertissant(e) *adj.* 3
entertainment divertissement *m.* 3
enthusiastic enthousiaste *adj.* 1
entrepreneur entrepreneur/entrepreneuse *m., f.*
entrust confier *v.* 6
environment environnement *m.*
envision envisager *v.*
equal égal(e) *adj.* 4
equality égalité *f.* 4
erase effacer *v.* 1
erosion érosion *f.*
escaped évadé(e) *adj.* 4
essential essentiel(le) *adj.* 6, indispensable *adj.* 6
ethical éthique *adj.*
evening gown robe de soirée *f.*
event événement *m.* 2
every chaque *adj.* 4, tout(e)/tous/toutes (les) *adj.* 4
everything tout *pron.* 4

everywhere partout *adv.* 2
except sauf *prep.*
excerpt extrait *m.* 3
excited enthousiaste *adj.* 1
excluded exclu(e) *adj.* 5
executive cadre *m.*
exhausted épuisé(e) *adj.*
exhibition exposition *f.*
expect s'attendre à *v.* 2; **to expect to** compter *v.*; **to expect something** s'attendre à quelque chose *v.* 3
expenses dépenses *f.*
expensive cher/chère *adj.* 2
experiment expérience *f.*
explore explorer *v.*
express exprimer *v.* 3

F

face affronter *v.* 6
fade (away) s'en aller *v.* 1
fair foire *f.* 2; juste *adj.* 4
faithful fidèle *adj.* 1
fall tomber *v.* 1
   to fall in love (with) tomber amoureux/amoureuse (de) 1
false faux/fausse *adj.* 2
fame notoriété *f.* 3
fan (of) fan (de) *m., f.*; supporter (de) *m.*
farm ferme *f.*
fascinating fascinant(e) *adj.*
fat gros(se) *adj.* 2; gras(se) *adj.* 4
father-in-law beau-père *m.* 6
favorite favori/favorite *adj.* 2
fear peur *f.* 4; craindre *v.* 6
   for fear of de peur de *prep.*
   for fear that de peur que *conj.* de crainte que *conj.*
   to confront one's fears vaincre ses peurs
fed: to be fed up (with) en avoir marre (de) 1
feed nourrir *v.* 6
feel ressentir *v.* 1
feudal system système féodal *m.* 4
few (of them) quelques-un(e)s *pron.* 4; (un) peu de 5
field: (soccer) field terrain (de foot) *m.*
fight combattre *v.* 4; lutter *v.* 5; se battre *v.*
fighter combattant(e) *m., f.*
figure chiffre *m.*
   to figure it out se débrouiller *v.*
file a complaint porter plainte *v.*
film critic critique de cinéma *m., f.* 3
final dernier/dernière *adj.* 2
finally enfin *adv.* 2; finalement *adv.* 3
financial financier/financière *adj.*
fire incendie *m.*; licencier *v.*, virer *v.*
fire station caserne de pompiers *f.* 2
fireworks display feu d'artifice *m.* 2
first premier/première *adj.* 2; d'abord *adv.* 2
fish poisson *m.* pêcher *v.*

fishing net filet (de pêche) *m.*
flag drapeau *m.* 4
flaw défaut *m.* 3
flee fuir *v.* 1
fleeting passager/passagère *adj.* 1
flirt draguer *v.* 1
flock troupeau *m.*
flood inondation *f.*
flourish fleurir *v.* 5
flourishing prospère *adj.*
flow couler *v.* 1
fly voler *v.*
foliage feuillage *m.*
follow suivre *v.* 3
following prochain(e) *adj.* 2
follow in someone's footsteps marcher sur les pas de quelqu'un *v.* 5
food *(type or kind of)* aliment *m.* 6; *(before a noun)* alimentaire 6
for car *conj.* 4; pour *prep.*
   for an hour (a month, etc.) pendant une heure (un mois, etc.) *adv.* 3
   for fear of de peur de *prep.*
   for fear that de peur que *conj.* de crainte que *conj.*
force forcer *v.* 1
forehead front *m.* 6
foreigner étranger/étrangère *m., f.* 2
forest forêt *f.*
forge: to forge ahead aller de l'avant 5
former ancien(ne) *adj.* 2
formerly jadis *adv.*
formidable redoutable *adj.* 3
forseen prévu(e) *adj.* 5
forward en pointe *adv.*
foul faute *f.*
frank franc(he) *adj.* 1
frankly franchement *adv.* 2
freedom liberté *f.* 3
   freedom of the press liberté de la presse *f.* 3
free kick coup franc *m.*
free oneself se libérer *v.* 5
fresh frais/fraîche *adj.* 2
friendship amitié *f.* 1
from à partir de *prep.* 1
   from time to time de temps en temps *adv.* 2
front: in front of devant *prep.* 5
fuel combustible *m.*
fulfill (a dream) réaliser (un rêve) *v.* 5
full plein(e) *adj.* 2
fun: to have fun s'amuser *v.* 2, se marrer *v.* 3
   to make fun of se moquer de *v.* 2

G

game partie *f.*
gang bande *f.* 5
gather rassembler *v.* 2
gene gène *m.*

Anglais–Français

generation gap fossé des générations m. 6
genetics génétique f.
gently doucement adv. 2
get (a salary) toucher v.
   to get a divorce divorcer v. 1
   to get a signal capter v.
   to get along well s'entendre bien 1
   to get along with s'entendre bien avec 2
   to get angry with se mettre en colère contre 1, se fâcher contre v. 2
   to get benefit out of retirer un profit de
   to get bored s'ennuyer v. 2
   to get dressed s'habiller v. 2
   to get engaged se fiancer v. 1
   to get hurt (se) blesser v.
   to get (in a car, on a train) monter (dans une voiture, dans un train) v. 2
   to get income out of retirer un revenu de
   to get off descendre v. 2
   to get (tickets) obtenir (des billets)
   to get together se réunir v. 2
   to get up se lever v. 2
   to get used to s'habituer à v. 2
   to get worse empirer v.
gift shop boutique de souvenirs f.
give donner v. 2
   to give birth accoucher v. 6
   to give directions donner des indications 2
glass verre m. 5
glide glisser v.
globalization mondialisation f. 5
global warming réchauffement climatique m.
gnarled noueux/noueuse adj.
go aller v. 1
   to go (away) s'en aller v. 1, 2
   to go across parcourir v.
   to go back (home) rentrer v. 3
   to go beyond one's limits se dépasser v.
   to go bowling jouer au bowling
   to go down descendre v. 2
   to go out with sortir avec v. 1
   to go past passer (devant) v. 2
   to go to bed se coucher v. 2
   to go up monter v. 3
goal but m. 5
gold or m. 2
good bon(ne) adj. 2
goodbye au revoir 5
   to say goodbye dire au revoir 5
gossip commérages m. 1
govern gouverner v. 4
government gouvernement m. 4
granddaughter petite-fille f. 6

grandson petit-fils m. 6
grape raisin m. 6
gravity gravité f.
great génial(e) adj. 1; grand(e) adj. 2; chouette adj.
great-aunt grand-tante f. 6
great-grandfather arrière-grand-père m. 6
great-grandmother arrière-grand-mère f. 6
great-uncle grand-oncle m. 6
Greek grec/grecque adj. 2
grilled grillé(e) adj. 6
groom marié m. 6
grow augmenter v. 5; pousser v.
   to grow old vieillir v. 6
   to grow up grandir v. 6
grudge: to have a grudge en vouloir (à) v. 5
guess deviner v. 5
guilty coupable adj. 4
guy mec m. 4

H

habitat: provide a habitat for abriter v.
half moitié f. 5
half brother demi-frère m. 6
half sister demi-sœur f. 6
handkerchief mouchoir m.
handsome beau adj. 2
hang around traîner v. 6
happily heureusement adv. 2
happy heureux/heureuse adj. 2, content(e) adj. 6
harass harceler v.
hard-working travailleur/travailleuse adj. 2
harm nuire à v.
harmful nuisible adj.
harmful: have harmful consequences on avoir des conséquences néfastes sur v.
harvest récolte f. récolter v.
hate détester v.
hatred haine f. 4
have avoir v. 1; prendre v. 3
   to have a drink prendre un verre
   to have a good time se divertir v.
   to have a grudge en vouloir (à) v. 5
   to have connections avoir des relations
   to have contempt for mépriser v. 6
   to have fun s'amuser v. 2; se marrer v. 3
   to have harmful consequences on avoir des conséquences néfastes sur v.
   to have influence (over) avoir de l'influence (sur) 4
   to have stage fright avoir le trac 3
   to have to devoir v. 3; falloir v. 3

head of a company chef d'entreprise m.
headline gros titre m. 3
headscarf foulard m. 6
heal guérir v.
heap amas m.
hear entendre v. 2
heels talons m.
here ici adv. 2
heritage patrimoine m. 5
   cultural heritage patrimoine culturel m. 5
high haut(e) adj. 2
hire embaucher v.
hit frapper v. 1; heurter v.
hold tenir v. 4
homeland patrie f. 6
homeless person sans-abri m., f. 2
homesick: to be homesick avoir le mal du pays 5
honest honnête adj. 1
hoodlum voyou m. 6
hope espérer v. 1, souhaiter v. 6
housing logement m. 2, habitation f. 2
however pourtant adv. 1
human humain(e) adj. 1
humankind humanité f. 5
human rights droits de l'homme m. 4
hunt chasser v.
hurricane cyclone m. 2; ouragan m.
hurry se dépêcher v. 2
husband époux m. 6

I

idealistic idéaliste adj. 1
i.e. c'est-à-dire
if si conj.
illiterate analphabète adj. 4
immature peu mûr(e) adj. 1
immediately immédiatement adv. 3
immigrant immigré(e) n. 5
immigrate immigrer v. 1
immigration immigration f. 5
impartial impartial(e) adj. 3
important important(e) adj. 6
impossible impossible adj.
imprison emprisonner v. 4
improve améliorer v. 2
in dans prep. 5; en prep. 5; à prep. 5
   in case au cas où conj.
   in front of devant prep. 5
   in general en général adv. 2
   in order that afin que conj.
   in order to pour prep.
income revenu m.
   to get income out of retirer un revenu de
incompetent incompétent(e) adj.
increase (public) awareness (of an issue) sensibiliser (le public à un problème) v. 3
indication indice m. 4

individuality individualité *f.* 5
inequality inégalité *f.* 4
inferior inférieur(e) *adj.* 2
inferiority complex complexe d'infériorité *m.* 6
influence influence *f.* 4
   to have influence (over) avoir de l'influence (sur) 4
influential influent(e) *adj.* 3
inherit hériter *v.* 6
injure (oneself) (se) blesser *v.*
injured person blessé(e) *m., f.* 2, 3
injustice injustice *f.* 4
innovation innovation *f.*
innovative innovant(e) *adj.*
insecurity of income précarité *f.*
insensitive insensible *adj.* 2
inside dans *prep.* 5; dedans *adv.* 2,
instability instabilité *f.* 5
insufficient insuffisant(e) *adj.*
integration intégration *f.* 5
intellectual intellectuel(le) *m., f.* 6; intellectuel(le) *adj.* 2
intend to penser *v.*
Internet site site Internet *m.* 3
intersection croisement *m.* 2
interview entretien *m.* 3, interview *f.* 3
   job interview entretien d'embauche *m.*
invent inventer *v.*
invention invention *f.*
invest investir *v.*
investigate enquêter (sur) *v.* 3
ironic ironique *adj.*
Islam islam *m.* 4

J

jabber baragouiner *v.* 4
jealous jaloux/jalouse *adj.* 1
jersey maillot *m.*
job poste *m.*, emploi *m.*, boulot *m.*
job interview entretien d'embauche *m.*
join rejoindre *v.* 1
journalist journaliste *m., f.* 3
joy joie *f.* 1
judge juge *m., f.* 4; juger *v.* 4
jump sauter *v.*
juror juré(e) *m., f.* 4
justice justice *f.* 4

K

keep garder *v.*
   to keep an eye on surveiller *v.*
   to keep from (doing something) empêcher (de) *v.* 2
   to keep oneself informed (through the media) s'informer (par les médias) *v.* 3
kid gamin(e) *m., f.* 5, môme *m., f.* 5
kidnap enlever *v.* 4, kidnapper *v.* 4
kill tuer *v.* 4

killjoy rabat-joie *m.*
kilogram kilo *m.* 5
kindly gentiment *adv.* 2
kindness bonté *f.* 6
knock frapper *v.* 1
know connaître *v.* 3; savoir *v.* 3

L

labor union syndicat *m.*
lack of communication manque de communication *m.* 4
ladder échelle *f.*
lagoon lagon *m.*
land terre *f.*; atterrir *v.*
landscape paysage *m.*
lane voie *f.* 2
language langue *f.* 5
   native language langue maternelle *f.* 5
   official language langue officielle *f.* 5
laptop ordinateur portable *m.*
last dernier/dernière *adj.* 2
   at last enfin *adv.* 2
   last Monday (Tuesday, etc.) lundi (mardi, etc.) dernier *adv.* 3
late tard *adv.* 2
launch: to launch into se lancer *v.* 5
laugh rire *v.* 3
law loi *f.* 4
   to pass a law approuver une loi 4
lawyer avocat(e) *m., f.* 4
lay off licencier *v.*
lazybones fainéant(e) *m., f.*
lead mener *v.* 1, 5
leave partir *v.* 3; quitter *v.*; se tirer *v.* 4
   to leave behind quitter *v.* 5
   to leave someone quitter quelqu'un *v.* 1
leisure loisir(s) *m.*
lemon citron *m.* 6; citron *adj.* 2
less moins *adv.*
let go lâcher *v.*
liberal libéral(e) *adj.* 4
lie mentir *v.* 1
lifestyle section rubrique société *f.* 3
lift lever *v.* 1
like aimer *v.* 1
little of (un) peu de 5
lime citron vert *m.* 6
limp boiter *v.* 1
line queue *f.*
   line of products gamme de produits *f.*
   to wait in line faire la queue
lion lion *m.*
listen écouter *v.*
listener auditeur/auditrice *m., f.* 3
liter litre *m.* 5
literature lettres *f.* 5
little peu *adv.* 2
live vivre *v.* 1

   to live (something) vicariously vivre (quelque chose) par procuration
   to live something vicariously through someone vivre quelque chose par l'intermédiaire **de quelqu'un**
   to live together (as a couple) vivre en union libre 1
live en direct *adj., adv.* 3
lively animé(e) *adj.* 2
loan prêt *m.*; emprunt *m.*
   to apply for a loan demander un prêt
   to secure a loan obtenir un prêt
   to take out a loan faire un emprunt
located: to be located se trouver *v.* 2
locker room vestiaires *m.*
look regarder *v.*
   to look after (someone) soigner *v.*
   to look like ressembler (à) *v.* 6
long long/longue *adj.* 2
   as long as tant que *conj.*
long-term à long terme *adj.*
lose perdre *v.* 4
   to lose heart se décourager *v.* 5
   to lose elections perdre les élections 4
loss perte *f.*
lost perdu(e) *adj.* 2
   to be lost être perdu(e) 2
lot: a lot beaucoup *adv.* 2
   a lot of beaucoup de 5, un tas de 5
love aimer *v.* 1
lovers amants *m.* 1
low bas(se) *adj.* 2
lumberjack bûcheron *m.*
luxury luxe *m.* 5

M

mad fâché(e) *adj.* 1
maid of honor témoin *m.* 6
maintain maintenir *v.* 4
make faire *v.* 1
   to make an effort faire un effort 5
   to make fun of se moquer de *v.* 2
   to make think of évoquer *v.*
makeup: to put on makeup se maquiller *v.* 2
manage gérer *v.*, diriger *v.*; se débrouiller *v.*
manager gérant(e) *m., f.*
manual labor travail manuel *m.* 5
many bien des *adj.* 5
marching band fanfare *f.* 2
market marché *m.*
marketing strategy stratégie commerciale *f.*
marriage mariage *m.* 1
marry se marier avec *v.* 1
match partie *f.*
maternal maternel(le) *adj.* 6

mathematician mathématicien(ne) *m., f.*
mature mûr(e) *adj.* **1**
maturity maturité *f.* **6**
maybe peut-être *adv.* **2**
mayor maire *m.* **2**
means voie *f.* **2**
media moyens de communication *m.* **3**; médias *m.* **3**
meeting réunion *f.*
melancholic mélancolique *adj.* **1**
member membre *m.*, adhérent(e) *m., f.*
metaphor métaphore *f.* **4**
militant activist activiste *m., f.* **4**
mini-market supérette *f.* **6**
minimum wage salaire minimum *m.*
miss manquer à *v.* **5**
missing person disparu(e) *m., f.* **2**
mistaken: to be mistaken se tromper *v.* **1, 2**
mix mélange *m.* **1**; mêler *v.*
mixed couple couple mixte *m.* **4**
mob foule *f.* **4**
moderate modéré(e) *adj.* **4**
modernity modernité *f.*
moment moment *m.* **3**
   at that moment à ce moment-là **3**
monarchy monarchie *f.* **4**
   absolute monarchy monarchie absolue *f.* **4**
monkey singe *m.*
monthly magazine mensuel *m.* **3**
Moon Lune *f.*
moral morale *f.* **4**
more plus *adv.*
moronic débile *adj.* **2**
most plupart *f. pron.* **4**
mother-in-law belle-mère *f.* **6**
mountain bike VTT (vélo tout terrain) *m.*
mountain climbing alpinisme *m.*
mountain range chaîne montagneuse *f.*
move émouvoir *v.* **3**; déménager *v.* **1, 6**; remuer *v.*
   to move forward avancer *v.* **1**
movie star vedette de cinéma *f.* **3**
movie theater cinéma *m.* **2**
moving émouvant(e) *adj.*
much: too much of trop de **5**
mud boue *f.* **1**
multilingual polyglotte *adj.* **5**
multinational company (entreprise) multinationale *f.* **3**
murder meurtre *m.* **3**
museum musée *m.* **2**
musical group groupe *m.*
musician musicien(ne) *m., f.*
music video clip vidéo *m.* **3**, vidéoclip *m.* **3**
Muslim musulman(e) *m., f.* **4**
must devoir *v.* **3**
   One must... Il faut que... **6**
mute muet(te) *adj.* **2**

mutual aid entraide *f.*

N

naïve naïf/naïve *adj.* **2**
native language langue maternelle *f.* **5**
natural disaster catastrophe naturelle *f.* **2**
naturally naturellement *adv.* **2**
necessary nécessaire *adj.* **6**
   It is necessary that... Il faut que... **6**
neglect délaisser *v.*
neighborhood quartier *m.* **2**
nephew neveu *m.* **6**
nervous breakdown crise d'hystérie *f.* **1**
net filet *m.*
network chaîne *f.* **3**; réseau *m.* **3**
never jamais *adv.* **2**
new nouveau/nouvelle *adj.* **2**
news nouvelles *f.* **3**
   international news nouvelles internationales *f.* **3**
   local news nouvelles locales *f.* **3**
news broadcast journal télévisé *m.* **3**
news items faits divers *m.* **3**
newspaper journal *m.* **3**
news report reportage *m.* **3**
new wave nouvelle vague *f.* **1**
next prochain(e) *adj.* **2**; ensuite *adv.* **2**
   next day lendemain *m.*
nice gentil/gentille *adj.* **2**
nicely gentiment *adv.* **2**
nickname surnom *m.* **6**
niece nièce *f.* **6**
nightlife vie nocturne *f.* **2**
nightmare cauchemar *m.* **1**; galère *f.* **4**
nobility noblesse *f.* **4**
noisily bruyamment *adv.* **2**
noisy bruyant(e) *adj.* **2**
nonconformist non-conformiste *adj.* **5**
nostalgia nostalgie *f.*
notebook calepin *m.* **2**
notice s'apercevoir *v.*
now maintenant *adv.* **2**
nowhere nulle part *adv.* **2**
nuclear nucléaire *adj.*
number chiffre *m.*
numerous nombreux/nombreuse *adj.* **5**
nursery pépinière *f.*

O

oak tree chêne *m.*
obsessed obsédé(e) *adj.*
obvious évident *adj.*
obviously évidemment *adv.* **2**
offer offrir *v.* **4**

official language langue officielle *f.* **5**
often souvent *adv.* **2**
old ancien(ne) *adj.* **2**; vieux/vieille *adj.* **2**
old age vieillesse *f.* **6**
on sur *prep.* **5**
   on the condition that à condition que *conj.*
once une fois *adv.* **3**; une fois que *conj.*
one-on-one duel *m.*
only seul(e) *adj.* **2**
open ouvrir *v.* **3**
oppressed opprimé(e) *adj.* **4**
orange orange *f.* **2**; orange *adj.* **2**
organic bio(logique) *adj.* **6**
outcome dénouement *m.*
outdoors en plein air *adj.*
outside dehors *adv.* **2**
outskirts banlieue *f.* **2**
overcome surmonter *v.* **6**
overpopulated surpeuplé(e) *adj.* **5**
overpopulation surpopulation *f.* **5**
overthrow renverser *v.* **4**
overwhelmed accablé(e) *adj.* **1**
owe devoir *v.*
own propre *adj.* **2**
owner propriétaire *m., f.*
oyster huître *f.*
ozone layer couche d'ozone *f.*

P

package paquet *m.* **5**
page page *f.* **3**
   sports page page sportive *f.* **3**
   to be on the front page être à la une **3**
paid training course stage rémunéré *m.*
painting tableau *m.*
panic paniquer *v.* **1**
parade défilé *m.* **2**
paragliding parapente *f.*
part rôle *m.* **3**
partial partial(e) *adj.* **3**
particle particule *f.*
party pooper rabat-joie *m.*
pass passer *v.* **3**
   to pass a law approuver une loi **4**
passenger passager/passagère *m., f.* **2**
password mot de passe *m.*
past jadis *adv.*
paternal paternel(le) *adj.* **6**
patiently patiemment *adv.* **2**
patronize traiter avec condescendance **6**
paw patte *f.* **4**
pay payer *v.* **1**; rémunérer *v.*
peace paix *f.* **4**
peaceful pacifique *adj.* **4**
pearl perle *f.*
pebble(s) caillou (cailloux) *m.*
pedestrian piéton(ne) *m., f.* **2**

VOCABULAIRE

penny sou *m.*
perceive apercevoir *v.*; percevoir *v.*
performance spectacle *m.*
perhaps peut-être *adv.* 2
perseverance persévérance *f.* 5
persist relentlessly s'acharner sur *v.* 5
personality caractère *m.* 6
personify personnifier *v.* 4
persuade convaincre *v.* 3
pétanque boules *f.*, pétanque *f.*
phone téléphone *m.*
photographer photographe *m., f.* 3
pick up again reprendre *v.*
pig cochon *m.*
pile amas *m.*
place placer *v.* 1
   to take place se dérouler *v.* 6
plan projeter *v.* 1, 5
play pièce (de théâtre) *f.*
playing cards cartes à jouer *f.*
plaza place *f.* 2
please plaire *v.* 6
pleated plissé(e) *adj.*
plump gras(se) *adj.* 4
police police *(force) f.* 2; forces de l'ordre *f.* 3
police commissioner commissaire (de police) *m.* 5
police headquarters préfecture de police *f.* 2
police officer agent de police *m.* 2
police station commissariat de police *m.* 2
political party parti politique *m.* 4
politician homme/femme politique *m., f.* 4
politics politique *f.* 4
politely poliment *adv.* 2
pollute polluer *v.*
pollution pollution *f.*
pool billard *m.*
poor pauvre *adj.* 2
popular: be popular abroad bien s'exporter *v.* 5
populate peupler *v.* 2
populated peuplé(e) *adj.* 2
   densely populated très peuplé(e) *adj.* 2
   sparsely populated peu peuplé(e) *adj.* 2
position poste *m.*
possess posséder *v.* 1
possible possible *adj.* 6
   It's possible that... Il se peut que...
poultry volaille *f.* 6
poverty pauvreté *f.*
power pouvoir *m.* 1
   abuse of power abus de pouvoir *m.* 4
powerful puissant(e) *adj.* 4
prayer prière *f.* 4
precisely précisément *adv.* 2

preconceived idea a priori *m.*
predict prédire *v.* 5
prefer préférer *v.* 1
prejudiced: to be prejudiced avoir des préjugés 5
premiere première *f.* 3
preserve préserver *v.*
preservative conservateur *m.* 6
president président(e) *m., f.* 4
press presse *f.* 3
   freedom of the press liberté de la presse *f.* 3
pressure pression *f.*
pretty joli(e) *adj.* 2
prevent prévenir *v.*
principles principes *m.* 5
private privé(e) *adj.* 2
probably probablement *adv.* 2
profit bénéfice *m.*
profoundly profondément *adv.* 2
promoted promu(e) *adj.*
propose proposer *v.* 6; faire une demande en mariage 6
   to propose a toast porter un toast (à quelqu'un)
protect protéger *v.*
protected protégé(e) *adj.*
protective protecteur/protectrice *adj.* 2
proud orgueilleux/orgueilleuse *adj.* 1; fier/fière *adj.* 2
prove prouver *v.*
provide a habitat for abriter *v.*
   provided (that) à condition de *prep.*
   provided that pourvu que *conj.*
public public/publique *adj.* 2
public garden jardin public *m.* 2
public holiday (jour) férié *m.* 5
public order ordre public *m.* 4
public safety sûreté publique *f.* 4
public transportation transports en commun *m.* 2
publish publier *v.* 3
publisher éditeur/éditrice *m., f.* 3
punish punir *v.* 6
punishment punition *f.* 4, châtiment *m.* 5
pure pur(e) *adj.*
push the boundaries repousser les limites *v.*
put mettre *v.* 2
   to put oneself into s'investir *v.*
   to put on makeup se maquiller *v.* 2
   to put up with supporter *v.*

Q

quickly vite *adv.* 2
quiet tranquille *adj.* 1
   to be quiet se taire *v.* 2
quit démissionner *v.*
quite assez *adv.* 2

R

race course *f.*
radio listener auditeur/auditrice *m., f.* 3
radio presenter animateur/animatrice de radio *m., f.* 3
radio station station de radio *f.* 3
rain pleuvoir *v.* 3
rainbow arc-en-ciel *m.*
rain forest forêt tropicale *f.*
raise (in salary) augmentation (de salaire) *f.*; **to raise (children)** élever (des enfants) *v.* 6
raisin raisin sec *m.* 6
rally se mobiliser *v.* 3
rarely rarement *adv.* 2
raw material matière première *f.*
react réagir *v.* 1
read lire *v.* 3
real vrai(e) *adj.* 2
realize se rendre compte de 2; s'apercevoir *v.* 2
really vraiment *adv.* 2
reassure oneself se rassurer *v.* 2
rebel se révolter *v.* 4
rebellious rebelle *adj.* 6
recall rappeler *v.* 1
receipts and expenses recettes et dépenses *f.*
receive recevoir *v.* 3; **to receive (a salary)** toucher *v.*
recently récemment *adv.* 3
recognize reconnaître *v.* 6
recommend recommander *v.* 6
record enregistrer *v.* 3
recreation loisir(s) *m.*
red-haired roux/rousse *adj.* 2
referee arbitre *m.*
regret regretter *v.* 6
rehearse répéter *v.* 1
reimburse rembourser *v.*
reiterate réitérer *v.* 2
reject rejeter *v.* 1, 5
relation rapport *m.* 6, relation *f.* 6
relationship liaison *f.* 1; rapport *m.* 6, relation *f.* 6
relative parent(e) *m., f.* 6
relax se détendre *v.* 2
release a movie sortir un film *v.* 3
relieve soulager *v.* 1
rely on compter sur *v.* 1
remember se souvenir de *v.* 2
renew renouveler *v.* 1
renewable renouvelable *adj.*
rent loyer *m.*
repeat répéter *v.* 1
replace remplacer *v.* 1
reporter reporter *m.* 3
representative député(e) *m., f.* 4
require nécessiter *v.* 6
rescue workers secours *m.* 2
research recherche *f.*; enquêter (sur) *v.* 3

Anglais–Français

APPENDICE C

applied research recherche appliquée *f.*
basic research recherche fondamentale *f.*
researcher chercheur/chercheuse *m., f.*
resemble ressembler (à) *v.* 6
resistant (to) réfractaire (à) *adj.*
resource ressource *f.*
respect respecter *v.* 6
    respect for others respect des autres *m.* 4
responsibility responsabilité *f.* 1
rest se reposer *v.* 2
resume reprendre *v.*
return retourner *v.* 3
revenge vengeance *f.* 5, revanche *f.*
revolutionary révolutionnaire *adj.*
rich riche *adj.*
    to become rich s'enrichir *v.* 5
right away tout de suite *adv.* 3
ring bague *f.* 3
    engagement ring bague de fiançailles *f.* 6
    wedding ring alliance *f.* 6
riot émeute *f.* 3
river fleuve *m.*, rivière *f.*
road route *f.* 1; voie *f.* 2
road sign panneau *m.* 2
rock roche *f.*
role rôle *m.* 3
roommate colocataire *m., f.* 2
root racine *f.* 6
rotary rond-point *m.* 2
roundabout rond-point *m.* 2
rule règle *f.* 3, 5
run courir *v.* 3; gérer *v.*; diriger *v.*;
    to run (water) couler *v.* 1
run over écrasé(e) *adj.* 3

S

sadness tristesse *f.* 1
safe sûr(e) *adj.* 2; en sécurité *adj.* 2
safety sécurité *f.* 4
    public safety sûreté publique *f.* 4
salary salaire *m.*
sale vente *f.* 5
salmon saumon *m.* 6
same même *adj.* 2
sand sable *m.* 6
salesman vendeur *m.*
saleswoman vendeuse *f.*
satellite dish parabole *f.*
save sauver *v.* 4; sauvegarder *v.*; économiser *v.*
savings économies *f.*
savings account compte d'épargne *m.*
say dire *v.* 3
    to say goodbye dire au revoir 5
scale escalader *v.*
scandal scandale *m.* 4
scenery paysage *m.*
schedule horaire *m.*

schooling scolarisation *f.* 5
scientist scientifique *m., f.*
scold gronder *v.* 6
score (a goal/a point) marquer (un but/un point) *v.*
scrawny maigre *adj.* 4
screen écran *m.* 3
sea mer *f.*
search engine moteur de recherche *m.*
search the Web naviguer sur Internet/le web *v.* 3, surfer sur Internet/le web *v.* 3
secure a loan obtenir un prêt
security sécurité *f.* 4
seduce séduire *v.* 3
see voir *v.* 3; **to see again** revoir *v.*
It seems that... Il semble que...
self-esteem amour-propre *m.* 6
selfish égoïste *adj.* 6
sell vendre *v.* 3
selling point argument de vent *m.*
send envoyer *v.* 1
sense sens *m.*
    figurative sense sens figuré *m.*
    literal sense sens littéral *m.*
sensitive sensible *adj.* 1
series feuilleton *m.* 3
serve servir *v.* 2
settle (s')établir *v.* 5; s'installer *v.* 5
several plusieurs *pron., adj.* 4
shake agiter *v.*; trembler *v.* 2
share partager *v.* 1
shark requin *m.*
shave se raser *v.* 2
sheep mouton *m.*
shepherd(ess) berger/bergère *m., f.*
shoes souliers *m.*
shoot (a film) tourner *v.* 3
short court(e) *adj.* 2; petit(e) *adj.* 2
short-term à court terme *adj.*
shout hurler *v.*
show spectacle *m.*
shut away cloîtré(e) *adj.*
shy timide *adj.* 1
sidewalk trottoir *m.* 2
signal: to get a signal capter *v.*
silver argent *m.* 2
similar pareil(le) *adj.* 5
sin péché *m.* 4
single célibataire *adj.* 1
sister-in-law belle-sœur *f.* 6
sit s'asseoir *v.*
skating rink patinoire *f.*
skirt: (pleated) skirt jupe (plissée) *f.*
skit sketch *m.* 2
skyscraper gratte-ciel *m.* 2
slave esclave *m., f.*
slave trade traite des Noirs *f.* 4
slavery esclavage *m.* 4
sleep dormir *v.* 4
    sleep outdoors dormir à la belle étoile *v.* 2
slip of the tongue lapsus *m.* 3
slowly lentement *adv.* 2

slyly sournoisement *adv.*
small exigu/exiguë *adj.* 2; petit(e) *adj.* 2
smell good/bad sentir bon/mauvais *v.* 2
smog nuage de pollution *m.*
smoked fumé(e) *adj.* 6
sneakers baskets *f.*, tennis *f.*
snorkeling plongée avec tuba *f.*
so alors *adv.* 2; donc *adv.* 2
    so many... tant de... *adj.* 6
    so much/many autant *adv.* 2
    so that pour que *conj.*
soap opera feuilleton *m.* 3
soccer field terrain de foot *m.*
social level couche sociale *f.* 5
soft doux/douce *adj.* 2
soldier soldat *m.* 1
sold out *adj.* complet
solicit solliciter *v.* 2
solve résoudre *v.*
some quelques-un(e)s *pron.* 4; quelque *adj.* 4
someone quelqu'un *pron.* 4
something quelque chose *pron.* 4
sometimes parfois *adv.* 2; quelque fois *adv.* 2
somewhere quelque part *adv.* 2
son-in-law beau-fils *m.* 6
soon bientôt *adv.* 2
    as soon as dès que *conj.*, aussitôt que *conj.*
sorrow peine *f.* 1
sorry désolé(e) *adj.* 6
    to be sorry être désolé(e) 6
soul âme *f.*
soul mate âme sœur *f.* 1
sound sonner *v.* 1
sound track bande originale *f.* 3
space espace *m.*
speak softly/loudly parler bas/fort *v.* 2
    to speak to one another s'adresser la parole *v.*
special effects effets spéciaux *m.* 3
specialized spécialisé(e) *adj.*
spectator spectateur/spectatrice *m., f.*
spell épeler *v.* 1
spell check correcteur orthographique *m.*
spider araignée *f.*
spinach épinards *m.* 6
spirit esprit *m.* 1
spoil gâter *v.* 6
sporting goods store magasin de sport *m.*
sports club club sportif *m.*
sports page page sportive *f.* 3
sports training school centre de formation *m.*
spouse époux/épouse *m., f.* 6
spread s'étendre *v.* 2
    to spread (the word) faire passer
spring (aquatic) source *f.*

spy espionner *v.* 4
square place *f.* 2
stage fright trac *m.* 3
   to have stage fright avoir le trac *v.* 3
stand (someone) up poser un lapin (à quelqu'un) 1
standard of living niveau de vie *m.* 5
star: (movie) star vedette (de cinéma) *f.* 3; **(shooting) star** étoile (filante) *f.*
start-up mise en marche *f.*
stay rester *v.* 3
steal voler *v.* 5
stepdaughter belle-fille *f.* 6
stepfather beau-père *m.* 6
stepmother belle-mère *f.* 6
stepson beau-fils *m.* 6
still encore *adv.* 2
stiletto heels talons aiguilles *m.*
stock market marché boursier *m.*
stop (oneself) s'arrêter *v.* 2
   to stop from (doing something) empêcher (de) *v.* 2
stranger étranger/étrangère *m., f.*
stream ruisseau *m.*
street rue *f.* 2
street performer saltimbanque *m.* 3
strengthened raffermi(e) *adj.*
strict strict(e) *adj.* 6
strike sonner *v.* 1
striking frappant(e) *adj.* 3, marquant(e) *adj.* 3
stroll: to take a stroll se promener *v.*
struggle lutter *v.* 5
submissive soumis(e) *adj.* 6
subscriber abonné(e) *m., f.*
subscription abonnement *m.*
subtitles sous-titres *m.* 3
suburb banlieue *f.* 2
subway car wagon *m.* 2
subway station station de métro *f.* 2
subway train rame de métro *f.* 2
succeed réussir *v.*
success réussite *f.*
successful prospère *adj.*
such a(n) tel(le) *adj.* 4, 5
sudden: all of a sudden tout à coup *adv.* 3
suddenly soudain *adv.* 2
suffer souffrir *v.* 4
suggest suggérer *v.* 6
sun soleil *m.*
   to bask in the sun lézarder au soleil *v.*
supermarket: large supermarket hypermarché *m.* 6
supervisory staff encadrement *m.*
support soutien *m.* 2; soutenir *v.* 5;
   support (a cause) soutenir (une cause) *v.* 3
supporter supporter (de) *m.*
sure sûr(e) *adj.*
surely sûrement *adv.* 3
surface area superficie *f.*

surprised étonné(e) *adj.* 6
surprising étonnant(e) *adj.* 6, surprenant(e) *adj.* 6
surround oneself with s'entourer de *v.*
survival survie *f.*
survive survivre *v.* 6
survivor rescapé(e) *m., f.* 2
suspect se douter (de) *v.* 2
swallow engloutir *v.* 2
sweater *(with front opening)* gilet *m.*
sweatshirt *(with front opening)* gilet *m.*
sweep balayer *v.* 1
sweet doux/douce *adj.* 2
swing se balancer *v.*

T

tabloid(s) presse à sensation *f.* 3
take prendre *v.* 3
   to take action agir *v.*
   to take advantage of profiter de *v.*
   to take a stroll/walk se promener *v.*
   to take place se dérouler *v.* 6
   to take someone emmener *v.* 1
   to take out a loan faire un emprunt
tale conte *m.* 5
talk s'entretenir (avec) *v.* 2
   to talk to death soûler *v.* 6
tall grand(e) *adj.* 2
tax taxe *f.*
team club *m.*
tear larme *f.* 6
tear déchirer *v.*
telescope télescope *m.*
television viewer téléspectateur/téléspectatrice *m., f.* 3
tell (a story) raconter (une histoire) *v.* 1
tempt tenter *v.*
tenacious tenace *adj.*
tennis shoes baskets *f.*, tennis *f.*
tense tendu(e) *adj.* 6
terrific génial(e) *adj.* 1
territory superficie *f.*
terrorism terrorisme *m.* 4
terrorist terroriste *m., f.* 4
thank remercier *v.* 6
   thanks to grâce à *prep.* 1
thankless ingrat(e) *adj.*
that que *rel. pron.*; qui *rel. pron.*
   that's enough ça suffit 4
   that is to say c'est-à-dire
then alors *adv.* 2; ensuite *adv.* 2
theory théorie *f.*
there là *adv.* 2
   over there là-bas *adv.* 2
thick épais(se) *adj.*
thief voleur/voleuse *m., f.* 4
thin maigre *adj.* 4
those who reacted the fastest plus vifs *m., f.* 2
though pourtant *adv.* 1

threat menace *f.* 4
threaten menacer *v.* 1
thrifty économe *adj.* 1
thrill frisson *m.*
throw lancer *v.* 1; jeter *v.* 1
   to throw away jeter *v.*
   to throw out the window jeter par la fenêtre *v.*
thus ainsi *adv.* 2
thwart contrarier *v.*
ticket billet *m.*, ticket *m.*
   to get tickets obtenir des billets
tidy up ranger *v.* 1
tie (a game) faire match nul
tiger tigre *m.*
time temps *m.* 2; fois *f.* 3
   for a long time longtemps *adv.* 3
   from time to time de temps en temps *adv.* 2
   to have a good time se divertir *v.*
toast toast *m.*
   to propose a toast porter un toast (à quelqu'un)
today aujourd'hui *adv.* 2
together: to get together se réunir *v.* 2
tolerance tolérance *f.* 4
tolerate tolérer *v.*
tomorrow demain *adv.* 2
tone ton *m.*
too aussi *adv.*
   too many/much trop *adv.* 2
tool outil *m.*
torture supplice *m.* 1
totalitarian regime régime totalitaire *m.* 4
town center centre-ville *m.* 2
town dweller citadin(e) *m., f.* 2
town hall hôtel de ville *m.* 2
town planning urbanisme *m.* 2
toxic toxique *adj.*
track voie *f.* 2
traffic circulation *f.* 2
traffic jam embouteillage *m.* 2
traffic light feu (tricolore) *m.* 2
train train *m.* 2
   to get on a train monter dans un train 2
trainee stagiaire *m., f.*
trainer formateur/formatrice *m., f.*
training formation *f.*
training course stage *m.*
transportation transport *m.* 2
trapped piégé(e) *adj.* 2
trash déchets *m.*
travel voyager *v.* 1
tremors secousses *f.* 2
treat traiter *v.* 6; soigner *v.*
trick duper *v.* 2
trigger déclencher *v.* 5
trivial anecdotique *adj.* 5
truck: small truck camionnette *f.*
true vrai(e) *adj.* 2
truly vraiment *adv.* 2

Anglais–Français

trust (someone) faire confiance (à quelqu'un) 1
try essayer *v.* 1
  to try to "pick up" draguer *v.* 1
turn tourner *v.*
  to turn over se retourner *v.*
turtle tortue *f.*
TV audience téléspectateurs *m.* 3
twice deux fois *adv.* 3
twin: twin brothers jumeaux *m.* 6;
  twin sisters jumelles *f.* 6
typewriter machine à écrire *f.*

U

U.F.O. ovni *m.*
unbearable insupportable *adj.* 6
unbiased impartial(e) *adj.* 3
uncertainty incertitude *f.* 5
underpants *(for females)* culotte *f.*;
  (for males) slip *m.*
underpriviliged défavorisé(e) *adj.* 5
understanding compréhension *f.* 5
undertake entreprendre *v.*
undress se déshabiller *v.* 2
unemployed au chômage *adj.*
unemployed person chômeur/ chômeuse *m., f.*
unemployment chômage *m.*
unethical contraire à l'éthique *adj.*
unequal inégal(e) *adj.* 4
unexpected inattendu(e) *adj.* 2
unfair injuste *adj.* 4
unfaithful infidèle *adj.* 1
unforgettable inoubliable *adj.* 1
unhappily malheureusement *adv.* 2
unite unir *v.* 2
unless à moins de *prep.*;
  à moins que *conj.*
unlikely peu probable *adj.*
until jusqu'à ce que *conj.*
unusual inhabituel(le) *adj.*, insolite *adj.* 3
updated actualisé(e) *adj.* 3
up front en pointe *adv.*
upset contrarié(e) *adj.* 1
urbanize urbaniser *v.*
urge exhorter *v.*
use se servir de *v.* 2
  to use up épuiser *v.*

V

vacationer vacancier/vacancière *m., f.*
value valeur *f.* 5
van: small van camionnette *f.*
very même *adj.* 2; très *adv.* 2
victim victime *f.* 4
victorious victorieux/victorieuse *adj.* 4
victory victoire *f.* 4
video game jeu vidéo *m.*
violence violence *f.* 4
violin violon *m.* 2

vote voter *v.* 4

W

wait (for) attendre *v.* 2
  to wait in line faire la queue
  waiting for en attendant que *conj.*
wake up se réveiller *v.*
walk: to take a walk se promener *v.*
want vouloir *v.* 3;
  to want to désirer *v.*
war guerre *f.* 1
  civil war guerre civile *f.* 4
wardrobe garde-robe *f.*
warehouse entrepôt *m.*
wary: to be wary of se méfier de *v.* 2
wash oneself se laver *v.* 2
waste gaspillage *m.*; gaspiller *v.*
watch regarder *v.*
weaken faiblir *v.*
weapon arme *f.* 4
weary las/lasse *adj.* 1
wealth richesse *f.* 5
Web web *m.* 3
Web-site site web *m.* 3
wedding mariage *m.* 1
wedding gown robe de mariée *f.* 6
wedding ring alliance *f.* 6
weekly magazine hebdomadaire *m.* 3
weigh peser *v.* 1
weight poids *m.* 4
well bien *adv.* 2
well-being bien-être *m.*
well-mannered bien élevé(e) *adj.* 6
when quand *conj.*, lorsque *conj.*;
  où *rel. pron.*
where où *rel. pron.*
which que *rel. pron.*
  of which dont *rel. pron.*
whisper chuchoter *v.* 6
whistle sifflet *m.*; siffler *v.*
white blanc/blanche *adj.* 2
who qui *rel. pron.*
whom qui *rel. pron.*
  of whom dont *rel. pron.*
whose dont *rel. pron.*
widow veuve *f.* 1
widowed veuf/veuve *adj.* 1
widower veuf *m.* 1
wife épouse *f.* 6
willing (to) disposé(e) *adj.*
win gagner *v.* 4
  to win elections gagner les élections 4
wind turbine éolienne *f.*
wish vœu *m.* 5; **to wish to** souhaiter *v.*
without sans *prep.*; sans que *conj.*
witness témoin *m.* 5, 6
  to be witness to témoigner de *v.* 5
wonder se demander *v.* 2
work (hard) travailler (dur) *v.* 2
worker travailleur/travailleuse *m., f.* 6
  blue-collar worker travailleur/ travailleuse manuel(le) *m., f.* 6

work schedule temps de travail *m.*
worried inquiet/inquiète *adj.* 1, 2
worry s'inquiéter *v.* 2
worse plus mauvais(e) *adj.*, pire *adj.*; plus mal *adv.*, pis *adv.*
  to get worse empirer *v.*
worst: the worst le/la plus mauvais(e) *adj.*, le/la pire *adj.*; le plus mal *adv.*, le pis *adv.*
worth: to be worth mériter *v.* 1; valoir *v.* 6
  It is not worth the effort... Ce n'est pas la peine que...6
  to be worth it valoir la peine
write écrire *v.* 3
wrong faux/fausse *adj.* 2
  to be wrong se tromper *v.* 1

Y

yell crier *v.* 1
yesterday hier *adv.* 2
  yesterday (morning, evening, etc.) hier (matin, soir, etc.) *adv.* 3
young jeune *adj.* 2
youth jeunesse *f.* 6

Index

A

à
  contractions with **lequel** 27
  with indirect objects 101

activities 79
adjectives
  comparative 262
  demonstrative 250
  gender and agreement 60–61
  indefinite 139
  interrogative 27
  position 61
  possessive 246
  superlative 262
adverbs
  comparative 262
  formation 64
  position 65, 97
  superlative 262
aller
  futur 264
  imperative 240
  passé composé 100
  passé simple 252
  present 23
  present subjunctive 212
  with infinitive (**futur proche**) 23
articles
  definite 242
  indefinite 242
  partitive 172–173

Auteurs
  Apollinaire, Guillaume 35
  Diop, Lamine Sine 229
  Duras, Marguerite 113
  Juraver, Jean 151
  Laferrière, Dany 73
  Sathoud, Ghislaine 189

avoir
  as auxiliary verb in **passé composé** 96–97
  expressions with 22
  futur 264
  imperative 240
  passé simple 252
  present 22
  present subjunctive 212

C

c'est 272
  vs. **il/elle est** 244
  with adjectives 244
-ci 272, 250

city life 79
comparative
  of adjectives 262
  of adverbs 262
conditionnel
  formation and uses 268
  past 278
conjunctions
  with the **futur** 264
  with the future perfect 280
  with the subjunctive 266
connaître
  present 220
contractions
  with **à** 27
  with **de** 27

D

de
  contractions with **lequel** 27
  for possession 246
  in passive voice 284
  used after a negative 139
  with expressions of quantity 173
  with partitives 172–173
definite articles 242
demonstrative adjectives 250
demonstrative pronouns 272
directions 79
direct object pronouns 254
disjunctive pronouns 258
dont 217

E

en
  uses 177
-er verbs
  conditionnel 268
  futur 264
  imperative 242
  imparfait 248
  passé composé 96
  past subjunctive 266
  present 238
  present subjunctive 212
  with spelling changes 18–19
être
  as auxiliary verb in **passé composé** 100–101
  futur 264
  imperative 240
  imparfait 248
  in passive voice 284
  passé simple 252
  present 22
  present subjunctive 212

expressions
  of quantity 173
  with **avoir** 22
  with **faire** 23

F

faire
  expressions with 23
  futur 264
  passé composé 96
  present 23
  present subjunctive 212
faire causatif, formation and uses 276
family and relatives 233
feelings 39
food vocabulary 233
futur proche (**aller** + *infinitive*) 23
futur simple
  formation and uses 264, 280
  with **si** 264, 282
  with conjunctions 264
future perfect, formation and uses 280

G

Galerie de créateurs
  Alaia, Azzedine 210
  Amete, Franky 133
  Arthus-Bertrand, Yann 55
  Blou, Léna 132
  Bocuse, Paul 54
  Césaire, Aimé 132
  Child, Julia 17
  Djura 210
  Duras, Marguerite 55
  Ferron, Marcelle 94
  Keïta, Seydou 171
  Laliberté, Guy 95
  L'Enfant, Pierre Charles 16
  Lock, Édouard 94
  Maillet, Antonine 95
  Poujol-Oriol, Paulette 133
  Rodrigue, George 16
  Rykiel, Sonia 54
  Saint Laurent, Yves 211
  Sembène, Ousmane 170
  Sow, Ousmane 171
  Starck, Philippe 17
  Tadjo, Véronique 170
  Tuéni, Nadia 211

H

household appliances 8
household chores 23

I

if clauses 135, 282, 278
il/elle est
   vs. **c'est** 244
   with adjectives 244
immigration terms 195
imparfait
   formation and uses 248
   vs. **passé composé** 104–105
imperative
   formation 57, 240
   order of pronouns 181
indefinite adjectives and pronouns 139
indefinite articles 242
indirect object pronouns 254
infinitives
   with impersonal constructions 244
interrogative words 26
-ir verbs
   conditionnel 268
   futur 264
   imperative 240
   imparfait 248
   passé composé 96, 100
   past subjunctive 266
   present tense of irregular verbs 142–143
   present tense of regular verbs 238
   present subjunctive 212

L

-la 250, 272
laws and rights 155
leisure activities 23
lequel, laquelle, etc. 27, 217

M

media terms 117
-même(s) 258
movies and television 118

N

negation and negative expressions 138–139, 240, 278, 280
nouns
   formation of plural 242
   gender 242

O

occupations 79, 117, 155
on 284
où 216

P

partitives 172–173
   with negative 139
passé composé
   with **avoir** 96-97
   with **être** 100–101
   vs. **imparfait** 104–105
passé récent (venir de + *infinitive*) 135, 143
passé simple, formation and uses 252
passive voice, formation and uses 284
past conditional, formation and uses 278
pastimes 23
past participles
   agreement 96, 100, 256, 278, 280
   irregular 96, 100
   regular 96

Pays/Régions
   L'Afrique de l'Ouest 166–167
   L'Afrique du Nord 206–207
   Les Antilles 128–129
   Les États-Unis 12–13
   La France 50–51
   Le Liban 206–207
   Le Québec 90–91

people 79, 117, 155
personalities 39, 233
personal relationships 39
places in a town or city 79, 233
plus-que-parfait, formation and uses 134–135, 282
politics 155
possessive adjectives 246
possessive pronouns 260
prepositions
   of location 176
present participles, formation and uses 274
present tense
   regular verbs 238
   irregular verbs *See verb tables* 305–316
   spelling-change verbs 18–19
problems and solutions 195
pronouns
   demonstrative 272
   direct object 254
   disjunctive 258
   en 177
   indefinite 139
   indirect object 254
   interrogative 27
   on 284
   order of 180–181, 240, 254, 278, 280
   possessive 260
   reflexive 56
   relative 216–217
   subject 258
   y 176

Q

quantity, expressions of 173
que 216, 270
quel, quelle, etc. 27
questions, formation of 26–27, 138
qui 216

R

-re verbs
   conditionnel 268
   futur 264
   imparfait 248
   imperative 240
   passé composé 96
   past subjunctive 266
   present tense of irregular verbs 220–221
   present tense of regular verbs 238
   present subjunctive 212
reflexive verbs
   future perfect 280
   imperative 57
   passé composé 101
   past conditional 278
   past subjunctive 266
   present 56–57
   reciprocal 57, 101
relative pronouns 216–217
rendre with adjectives 276

S

security and threats 155
si clauses 135, 278, 282
society and change 195
spelling-change verbs
   conditionnel 268
   futur 264
   imparfait 248
   present tense 18–19
   present subjunctive 212
sports vocabulary 23
stages of life 233
subject pronouns 258
subjunctive
   after indefinite antecedents 270
   in superlative statements 270
   present 212
   past 266
   vs. infinitive 266
   with conjunctions 266
   with expressions of doubt 266
   with expressions of emotion 213
   with expressions of will 213
   with impersonal expressions 213
superlative
   of adjectives 262
   of adverbs 262

venir de + *infinitive* 135, 143

weather expressions 23

y, uses 176

APPENDICE E

Sources

Text Credits

36–37 © Guillaume Apollinaire, "Le Pont Mirabeau," from *Alcools*, 1913.
74–77 © Dany Laferrière, *Tout bouge autour de moi*, from *Le Nouvel Observateur*, 21 January 2010. Reprinted by permission of *Le Nouvel Observateur*.
114–115 © Marguerite Duras, *La Télé et la mort*, from *La Vie matérielle* © Éditions P.O.L. 1987.
152–153 © Jean Juraver, "Chien maigre et chien gras," from *Contes créoles*, 1985, reprinted by permission of Présence Africaine.
190–193 © Ghislaine Sathoud, "Marché de l'espoir," reprinted by permission of the author.
230–231 © Lamine Sine Diop, "Père mère," from *Poèmes et récits d'Afrique noire, du Maghreb, de l'océan Indien et des Antilles*, reprinted by permission of Le cherche midi éditeur.

Photography Credits

All images © Vista Higher Learning unless otherwise noted.

Cover: © MELBA PHOTO AGENCY/Alamy.

Master Art: 9, 47, 87, 125, 163, 203 (full pg) © Randall Fung/Corbis.

Lesson One: 2 (full pg) © Veer; 3 (mr) © Lee Celano/Reuters/Corbis; 4 (tl) Anne Loubet; (ml) Anne Loubet; (bl) Markus Moellenberg/Corbis; (tr) © Royalty-Free/Corbis; (mr) © Roy McMahon/Corbis; 12 (t) © Masterfile; 13 (tl) © Public Address - ullstein bild / The Granger Collection; (tr) © Bettmann/Corbis; (tm) © Stefano Bianchetti/Corbis; (bm) © Jeff Mitchell/Reuters/Corbis; (br) © Rob Rich/Everett Collection; 14 (b) © Image Brocker/Glow Images; 16 (tl) © Northwind Pictures Archive; (tm) © Artist Unknown © courtesy Hall of Fame, Prince George's County, Maryland, Inc.; (bm) George Rodrigue, Blue Dog, 1984. © M. Timothy O'Keefe/Alamy; (br) © Terese Loeb Kreuzer/Alamy; 17 (tl) © Bettman/Corbis; (ml) Michael Robinson/Beateworks/Corbis; (mr) © Formichev Mikhail/Itar-Tass; 18 (tm) Anne Loubet; (bm) Pascal Pernix; (b) Rossy Llano; 19 (t) Anne Loubet; (m) Anne Loubet; (b) Pascal Pernix; 21 Anne Loubet; 22 Anne Loubet; 23 (t) Anne Loubet; (b) Anne Loubet; 24 © David H. Wells/Corbis; 25 (tr) Anne Loubet; (mr) Anne Loubet; (bl) Anne Loubet; (br) Pascal Pernix; 26 (m) Pascal Pernix; 29 (tl) Anne Loubet; (tr) Anne Loubet; (bl) Anne Loubet; (br) Anne Loubet; 32 © Lee Celano/Reuters/Corbis; 33 © Chris Graythen/Getty Images; 34 © Patrick Bronson/Dreamstime; 35 (t) © 2010 Estate of Pablo Picasso/Artists Rights Society (ARS), New York; (b) © Time & Life Pictures/Getty Images; 36 © Jean-Marc Charles/Sygma/Corbis.

Lesson Two: 40 (full pg) © Franco Cogoli/Grand Tour/Corbis; 41 (b) © Jean Ayissi/Getty Images; 42 (tl) Pascal Pernix; (bl) Isabelle Alouane; (bm) Rossy Llano; (br) © Radius/Superstock; 49 (b) Pascal Pernix; 50 (t) © Bryan F. Peterson/Corbis; (m) © Charles & Josette Lenars/Corbis; 51 (tl) © Michel Setboun/Corbis; (tr) © Photononstop/Superstock; (tm) © Picture Contact BV/Alamy; (bm) © Chad Ehlers/Alamy; (br) © David C. Tomlinson/Getty Images; 52 © Sgaunet/123RF; 54 (tl) © Catherine Karnow/Corbis; (bm) © Remy de la Mauviniere; (br) © Giovanni Giannoni; 55 (t) © Julio Donoso/Sygma/Corbis; (m) © Yann Arthus-Bertrand/Corbis; 56 (l) Media Backery; (r) Royalty-Free/Corbis; 62 © Hans Peter Merten/Corbis; 63 (ml) David Morris/Alamy; (mr) © Andrzej Gorkowski/Alamy; (bl) © Rayman/Getty Images; (br) © George Simhoni/Masterfile; 70 © AFP/Getty Images; 71 © Bill Wymar/Alamy; 72 © Gail Mooney/Corbis; 73 © Getty Images; 74 © AFP/Getty Images; 77 © Ariana Cubillos/AP.

Lesson Three: 80 (full pg) © Jon Feingersh/Age Fotostock; 81 (m) © SHAMIL ZHUMATOV/Reuters/Corbis; 82 (tl) Martín Bernetti; (mm) © Michael Krasowitz/Getty Images; (tr) © E.J. Baumeister Jr./Alamy; 90 (t) © Mike Blake/Reuters/Corbis; (m) © Bettman/Corbis; (tl) © Bettman/Corbis; (tr) © Age Fotostock/Superstock; (tm) © Megapress/Alamy; (bm) © Marcel Pelletier/iStockphoto; (br) © Rudy Sulgan; 92 (l) Alt-6/Alamy; 94 (l) © Hemis/Alamy; (r) © Ullstein Bild/The Granger Collection, New York; 95 (t) © Sophie Bassouls/Sygma/Corbis; (m) © Stephane Cardinale/People Avenue/Corbis; (b) © CHRIS MARTINEZ/La Opinion/Newscom; 96 (m) Anne Loubet; 97 (tl) Anne Loubet; (tr) © Pascal Pernix; 100 (bl) Anne Loubet; (br) Anne Loubet; 101 (t) Pascal Pernix; (b) Pascal Pernix; 104 (b) Pascal Pernix; 107 (b) Anne Loubet; 110 © SHAMIL ZHUMATOV/Reuters/Corbis; 112 © SERGEI ILNITSKY/epa/Corbis; 113 (t) ©Julio Donoso/Sygma/Corbis; 114 © Images.com/Corbis.

SOURCES

Lesson Four: 118 (full pg) © Laurence Dutton/Getty Images; **119** © Les Stone/The Image Works; **120** (tm) © Superstock; (br) Anne Loubet; **123** (b) Anne Loubet; **127** (m) © Hemis/Alamy; **128** (t) © Jon Arnold Images/DanitaDelimont.com; (b) © Patrick Eden/Alamy; **129** (t) © Guido Cozzi/Atlantide Phototravel/Corbis; (tm) © David Sanger Photography/Alamy; (bm) © Photononstop/Superstock; (b) © Reunion des Musees Nationaux/Art Resource,NY; **130** © James Steidl/Shutterstock; **132** (m) © François Laroulandie; (t) © Daniel Dabriou; (b) PIMENTEL JEAN/COLLECTION CORBIS KIPA; **133** (t) © Djems Olivier; (ml) *Oli Mi Boen/Tiens moi fort* © Franky Amete,2005 Owned by the Art Gallery Guyanart, Propriété de la gallerie d'art Guyanart; (mr) © Franky Amete courtesy of Guyanart Gallery; **135** Anne Loubet; **137** (b) © Thierry Tronnel/Sygma/Corbis; **145** (l) © Jon Arnold Images Ltd/Alamy; (r) © Robert Harding Picture Library Ltd/Alamy; **148** © Les Stone/The Image Works; **150** © Media Backery; **151** © Thomas C. Spear; www.lehman.cuny.edu/ile.en.ile; **152** © Philip James Corwin/Corbis.

Lesson Five: 156 (full pg) © Ryan McVay/Getty Images; **157** (m) © Nic Bothma/epa/Corbis; **158** (bm) © Tom Grill/Corbis; (mr) Pascal Pernix; **166** (t) © AFP/Getty Images; **167** (tl) © Christophe Boisvieux/Corbis; (tr) © Photononstop/Superstock; (tm) © Nik Wheeler/Corbis; (bm) © Martin Harvey/Corbis; (b) © Julian Calder/Corbis; **168** © AFP/Getty Images; **170** (l) © Caroline Penn/Corbis; (mr) © Présence Africaine Editions; (br) © Présence Africaine Editions; **171** (t) © Seydou Keita/trunkarchive.com; (b) © GAUDENTI SERGIO/CORBIS KIPA; **173** © Anne Loubet; **175** Rossy Llano; **176** Anne Loubet; **184** © Albrecht G. Schaefer/Corbis; **186** © Nic Bothma/epa/Corbis; **188** © Francis Apesteguy/Sardine Photos/Newscom; **189** © Guislaine Sathoud; **190-191** © Sue Cunningham Photographic/Alamy; **192** © Edward Parker/Alamy.

Lesson Six: 196 (full pg) © Denis Felix/Getty Images; **197** (m) © AFP/Getty Images; **198** (tl) © Getty Images/Workbookstock; (mt) Pascal Pernix; **206** (t) © Daryl Benson/Masterfile; (mr) © Age Fotostock/Superstock; **207** (tl) © Martin Harvey/Corbis; (tr) © Ovia Images/Alamy; (tm) © Peter Arnold, Inc./Alamy; (bm) © Peter Adams/Getty Images; (br) © Yadid Levy/Alamy; **208** © Olivier Goujon/Superstock; **210** (tl) © Sipa Press; (bl) © Jean François Rault/Kipa/Corbis; (br) © Pierre Vauthey/CORBIS SYGMA; **211** (t) © An-Nahar Research Center for Documentation; (br) © Bettina Schwarzwaelder/dpa/Corbis; (bl) © Reuters /Corbis; **215** (b) © Ocean/Corbis; **219** Anne Loubet; **223** © Nancy Ney/Getty Images; **226** © AFP/Getty Images; **227** © Photononstop/Superstock; **230** © Marc Ohrem-Le Clef/Corbis.

Fiches de grammaire: 238 (t) Anne Loubet; (m) Anne Loubet; **240** (m) Anne Loubet; **241** (bml) Pascal Pernix; (bmr) Pascal Pernix; (br) Anne Loubet; **244** Anne Loubet; **245** (b) Rossy Llano; (bl) Pascal Pernix; (br) Anne Loubet; **248** (mr) Anne Loubet; **250** (t) Pascal Pernix; **254** Pascal Pernix; **256** (t) Pascal Pernix; **260** (t) Anne Loubet; **276** (t) Anne Loubet; (b) Pascal Pernix; **277** (bl) Anne Loubet; **279** © Bettman/CORBIS **285** © Thuy Nguyen.

Le Zapping Credits

- **15** © Clairefontaine
- **53** © Webcarnews.com
- **93** © Éditions Apaches
- **131** © CDH
- **169** © Oxfam-Magasins du monde (Belgium)
- **209** © Wizdeo

About the Author

Cherie Mitschke received her Ph.D. in Foreign Language Education with specializations in French and English as a Second Language from the University of Texas at Austin in 1996. She has taught French at Southwest Texas State University and Austin Community College and was Assistant Professor of French at Southwestern University in Georgetown, Texas. Dr. Mitschke is also an experienced writer and editor of French educational materials who has worked with several major educational publishing houses.

Communication

4 Votre personnalité À deux, posez-vous des questions à tour de rôle. Utilisez des verbes irréguliers en **-ir** dans vos réponses.

- Tu dors jusqu'à quelle heure le week-end?
- Sors-tu souvent le week-end? Avec qui?
- Souffres-tu beaucoup de la chaleur en été? Du froid en hiver?
- Qu'offres-tu à tes parents pour leur anniversaire? À ton/ta meilleur(e) ami(e)?
- Est-ce que tu es devenu(e) la personne que tu rêvais de devenir?
- Pars-tu en vacances tous les ans? Où vas-tu?

5 Saint-Barthélemy ou Marie-Galante? Sandra et Timothée planifient leurs prochaines vacances. Sandra veut aller à Saint-Barthélemy, mais Timothée préfère visiter l'île de Marie-Galante.

A. À deux, décidez quelles phrases de la liste correspondent à chaque île, puis complétez le tableau.

- Partir en randonnée
- Dormir sur la plage
- Devenir un(e) aventurier/aventurière
- Découvrir la nature luxuriante de l'île
- Sortir en boîte de nuit
- Revenir enchanté(e) de ses vacances

Saint-Barthélemy	Marie-Galante

Note CULTURELLE

Saint-Barthélemy est la Côte d'Azur des Antilles françaises. Par contre, loin d'être le paradis des milliardaires, **Marie-Galante** est une île de rêve pour les fous de nature, qui apprécient beaucoup ses plages.

B. Sandra et Timothée reviennent de leur voyage. À l'aide des phrases ci-dessus, imaginez un dialogue où ils expliquent ce qu'ils ont fait. Faites-le pour chaque île.

La valeur des idées

Synthèse

L'Union pour la démocratie française
(UDF)
Vous avez voté pour Antoine Éraste en 2007

Parce que vous n'aviez jamais eu un candidat aussi incorruptible! Sortez de chez vous et votez UDF!

Il faut réélire Antoine!

Le Parti socialiste guyanais **PSG**

Personne n'a le droit d'être au chômage!

Tel est l'idéal de **THÉLOR MADIN.**

Pour ne plus souffrir, courez aux urnes°!

Le Front national (FN)

Pour maintenir une Cayenne en action et pour ne pas revenir en arrière°!

Votez pour Jean-Baptiste Pancrace, qui n'a jamais peur de prendre les bonnes décisions.

Le Parti écologique **LES VERTS**

Pour ne plus jamais perdre face à la pollution,

FLEUR DESMARAIS

est la solution!

Chacun doit voter pour les Verts!

urnes *polls* en arrière *backward*

1 Interview En Guyane, c'est le moment d'élire un nouveau député. Lisez les slogans des différents partis politiques. Choisissez un slogan et imaginez un entretien entre le candidat et un journaliste. Utilisez le plus-que-parfait et d'autres structures de cette leçon.

2 Reproches Vous rencontrez l'ancien(ne) député(e) de la Guyane, dont vous n'êtes pas satisfait(e). À deux, imaginez la scène. Utilisez des expressions négatives, et des pronoms et des adjectifs indéfinis, pour lui donner votre opinion.

> **Modèle** Vous n'aviez jamais écouté la voix de certaines personnes avant de commencer votre campagne.

3 Demandes On demande beaucoup de choses aux hommes et aux femmes politiques, pendant la période des élections. Par petits groupes, imaginez qu'un(e) étudiant(e) soit le/la candidat(e) et inventez cinq questions que les gens lui poseraient. Utilisez le plus possible les structures et le vocabulaire de cette leçon.

4 Élection Avez-vous déjà pris part à une élection ou à sa préparation? Pour quel événement était-ce? Qu'avez-vous fait? Par groupes de quatre, expliquez à vos camarades les impressions positives et négatives que vous avez ressenties à cette occasion.

CULTURE

Préparation

Vocabulaire de la lecture
- un colon colonist
- l'esclavage (m.) slavery
- évadé(e) escaped
- renverser to overthrow
- se révolter to rebel
- vaincre (irreg.) to defeat

Vocabulaire utile
- l'asservissement (m.) enslavement
- la guerre de Sécession the American Civil War
- une monarchie absolue absolute monarchy
- la noblesse nobility
- l'ordre (m.) public public order
- un régime totalitaire totalitarian regime
- la sûreté publique public safety
- un système féodal feudal system
- la traite des Noirs slave trade

1 **Un peuple révolté** Complétez ce petit résumé (*summary*) de la Révolution française à l'aide des mots de la liste de vocabulaire.

Avant la Révolution, la France était une (1) _monarchie absolue_. La population était divisée en trois grands groupes: le peuple, le clergé et la (2) _noblesse_. En 1789, le peuple commence à (3) _se révolter_ contre l'injustice du (4) _système féodal_ qui existait depuis le Moyen Âge et qui perpétuait (5) _l'asservissement_ d'une grande partie de la population française au profit des nobles. Le 14 juillet 1789, le peuple prend la Bastille, un symbole de la tyrannie royale. Quelques années plus tard, le roi Louis XVI est (6) _renversé_, la royauté est abolie et l'An I de la République française est proclamé.

2 **Colonisation et esclavage** Répondez aux questions et comparez vos réponses avec celles d'un(e) camarade.

1. Citez les différents types de régimes politiques. Quelles sont leurs caractéristiques?
2. Quels ont été les grands empires coloniaux? Pourquoi ces pays sont-ils devenus colonisateurs?
3. Pouvez-vous citer d'anciennes colonies françaises? Où sont-elles situées? Savez-vous quand et comment elles ont obtenu leur indépendance?
4. À quoi vous fait penser le terme «esclavage»? Expliquez.
5. Que savez-vous d'Haïti?

3 **Les droits de l'homme** Par groupes de quatre, discutez de ces deux extraits de la **Déclaration des droits de l'homme et du citoyen**. Puis, comparez vos idées avec celles d'un autre groupe.

> *Article 1: Les hommes naissent et demeurent (remain) libres et égaux en droits.*
>
> *Article 6: La loi est l'expression de la volonté générale [...] Elle doit être la même pour tous...*

- Êtes-vous d'accord avec les valeurs présentées par ces deux extraits?
- Connaissez-vous des pays où ces principes ne sont pas en vigueur?
- L'égalité existe-t-elle pour tout le monde dans votre pays?

Practice more at vhlcentral.com.

La valeur des idées

CULTURE

HAÏTI
soif de liberté

Leçon 4

CULTURE

Audio: Reading

Haïti est réellement née le 1ᵉʳ janvier 1804, le jour de la proclamation de son indépendance. L'île devient alors le premier État noir indépendant. Comment y est-elle arrivée?

La société haïtienne, basée sur l'esclavage, était composée de Blancs, de libres°, d'esclaves et de Noirs marrons. Extrêmement prospère, l'île était le premier producteur mondial de sucre et la plus riche des colonies françaises. C'est la Déclaration des droits de l'homme en France (1789) qui constitue l'élément déclencheur° de la révolution.

En 1791, des esclaves noirs se révoltent contre les colons blancs: c'est le début de la Révolution haïtienne. Pierre Dominique Toussaint Louverture (1743–1803) est un ancien esclave et un des seuls Noirs révolutionnaires qui sachent lire et écrire. Il se joint aux Espagnols, qui occupent l'est de l'île, pour combattre les Français et l'esclavage. Il est fait prisonnier en 1802 et déporté en France, où il mourra en 1803. Avant de quitter Haïti, il dira: «En me renversant°, on n'a abattu° à Saint-Domingue que le tronc de l'arbre de la liberté, mais il repoussera° car ses racines° sont profondes et nombreuses.» Il a raison. Jacques Dessalines, son lieutenant, continue la lutte et finira par vaincre les Français en automne 1803. Il proclame l'indépendance en 1804.

«Cet achat de nègres, pour les réduire en esclavage, est un négoce° qui viole la religion, la morale, les lois naturelles, et tous les droits de la nature humaine.» Cette phrase est écrite en France en 1776, mais la France n'abolit l'esclavage qu'en 1794, par une loi qui ne sera jamais appliquée. Il faut attendre 1848 pour que la France l'abolisse vraiment. La fin de l'esclavage en Haïti est la conséquence de sa lutte pour l'indépendance et de la victoire du peuple haïtien sur les planteurs blancs.

Aujourd'hui, Haïti a une culture où les arts français et africains fusionnent. La France a eu beaucoup d'influence en Haïti jusqu'au milieu du 20ᵉ siècle, et cela se ressent dans les textes, marqués par les courants° littéraires français. Puis, dans les années 1950, il y a une révolution de l'écriture. Les écrivains prennent conscience du sentiment d'être haïtiens et cessent de copier les auteurs français. Les racines africaines et la réalité sociale de l'île les inspirent. D'ailleurs°, le créole devient langue littéraire.

Mais en Haïti, c'est la peinture qui est le moyen d'expression artistique le plus courant. Elle est présente partout, et tout le monde a peint au moins une fois dans sa vie. C'est pourquoi le style artistique haïtien va d'un extrême à l'autre, du naïf au surréalisme. On y trouve les mêmes thèmes que dans la littérature: l'origine, les peines° et les espoirs de la société haïtienne.

En 2006, après une période de grands troubles politiques, le peuple élit René Préval Président de la République. Depuis l'indépendance d'Haïti, il est le troisième président élu démocratiquement. On peut donc espérer un avenir meilleur pour cette société qui, ne l'oublions pas, est la première à s'être libérée de l'esclavage. ■

free black men

trigger

By overthrowing me/ brought down

will grow again/ roots

trade

trends

Moreover

sufferings

Des mots...

Gary Victor (1958–) l'un des écrivains les plus lus, est l'auteur de nouvelles,° de livres pour la jeunesse et de romans. **Kettly Mars** (1958–) décrit, dans ses poèmes, les émotions qu'elle ressent devant l'amour, la beauté de la nature et les objets quotidiens. Avec d'autres auteurs de l'île, qui écrivent en français ou en créole, ils sont garants d'une réelle littérature haïtienne.

short stories

Des couleurs...

La peinture haïtienne, c'est d'abord de la couleur, vive et généreuse. **Gérard Fortune** (vers 1930–) est l'un des peintres les plus importants de sa génération. Il commence à peindre en 1978, après avoir été pâtissier. Dans ses tableaux, il mélange le vaudou et le christianisme. **Michèle Manuel** (1935–) vient d'une famille riche et apprend à peindre à **Porto-Rico** et aux **États-Unis.** Ses scènes de marchés sont particulièrement appréciées.

La valeur des idées

CULTURE

Analyse

1 Compréhension Répondez aux questions par des phrases complètes.

1. Décrivez brièvement la société haïtienne avant 1804.
2. Qu'est-ce que la Déclaration des droits de l'homme de 1789 a déclenché en Haïti?
3. Qu'est-ce que l'île d'Haïti a obtenu en 1804?
4. Qui était Pierre Dominique Toussaint Louverture?
5. Quelle différence y a-t-il entre la littérature haïtienne d'avant 1950 et celle d'aujourd'hui?
6. Quelle est la forme d'expression artistique la plus courante en Haïti?

2 Réflexion Répondez aux questions, puis comparez vos réponses avec celles d'un(e) camarade de classe.

1. Ce sont la **Déclaration des droits de l'homme** de 1789 et la Révolution française qui ont été les éléments déclencheurs de la révolte des esclaves en Haïti. Pourquoi, à votre avis?
2. Commentez cette citation de Toussaint Louverture: «En me renversant, on n'a abattu à Saint-Domingue que le tronc de l'arbre de la liberté, mais il repoussera car ses racines sont profondes et nombreuses.»
3. En 1776, on pouvait lire que l'esclavage violait les droits de la nature humaine. Mais il a fallu plus de 70 ans à la France pour réellement abolir l'esclavage. Pourquoi, à votre avis?

3 Perdu Par groupes de trois, imaginez que vous soyez naufragé(e)s (*shipwrecked*) sur une île déserte des Antilles. Vous devez créer une nouvelle civilisation. Quels sont les dix droits principaux dont bénéficieront les citoyens de cette île? Comparez votre nouvelle déclaration des droits de l'homme avec celles des autres groupes.

4 Sûreté publique ou liberté individuelle? Les attentats terroristes de ce début de siècle ont déclenché un débat sur l'équilibre entre la sûreté publique et la liberté individuelle. À votre avis, est-il nécessaire de sacrifier certaines libertés individuelles pour assurer une plus grande sécurité? Par groupes de trois, discutez de ce sujet, puis présentez le résultat de votre discussion à la classe.

Practice more at **vhlcentral.com**.